哲学通论十五讲

洪晓楠　著

人民出版社

责任编辑:陈寒节

责任校对:湖 催

图书在版编目(CIP)数据

哲学通论十五讲 / 洪晓楠著. 北京:人民出版社,2012.2
(科学与人文研究丛书)
ISBN 978 - 7 - 01 - 010644 - 1

Ⅰ.①哲… Ⅱ.①洪… Ⅲ.①哲学 - 研究 Ⅳ.①B0

中国版本图书馆 CIP 数据核字(2012)第 013583 号

哲学通论十五讲

ZHEXUE TONGLUN SHIWUJIANG

洪晓楠 著

人 民 出 版 社 出版发行

(100706 北京朝阳门内大街 166 号)

北京集惠印刷有限责任公司印刷 新华书店经销

2012 年 2 月第 1 版 2012 年 2 月第 1 次印刷
开本:710 毫米×1000 毫米 1/16 印张:28.25
字数:227 千字 印数:0,001~2,200 册

ISBN 978 - 7 - 01 -010644 - 1 定价:56.00 元

邮购地址:100706 北京朝阳门内大街 166 号
人民东方图书销售中心 电话:(010)65250042 65289539

教育部"新世纪优秀人才支持计划"资助成果

大连理工大学"985 工程"三期"科技、人文与社会发展研究创新平台"资助成果

《科学与人文研究丛书》总序

　　科学和人文是一对孪生兄妹,两者可以说是"相融是利,相离则是'半个人'"(杨叔子语)。

　　英文的 science 一词基本上指 natural science(自然科学),但 science 来自拉丁文 scientia,而后者涵义更广泛,是一般意义上的"知识"。德文的 wissenschaft(科学)与拉丁文的 scientia 类似,含义较广,不仅指自然科学,也包括社会科学以及人文学科。我们知道德国人喜欢在非常广泛的意义上使用"科学"这个词,比如黑格尔讲哲学科学、狄尔泰讲精神科学、李凯尔特讲文化科学等。这些词的历史性关联暗示了一个更深层更广泛的思想传统,狭义的自然"科学"只有在这个深广的思想传统之下才有可能出现和发展。从静态的观点看科学是一种认识成果,是一种系统化、理论化的知识体系。在欧洲,文艺复兴运动之前,科学是小规模的运动,主要是少数学者和哲人的个人活动。文艺复兴运动之后,才相继建立了一批大学和科学院。尤其 19 世纪以后,科学活动的规模空前扩展,科学的社会化和社会的科学化才迅速发展。到现在,科学活动不再是少数人进行的纯学术研究,而是由众多社会成员参加,对于整个社会而言,科学研究成为一种专门的社会事业、社会结构中的一个独立部门。如今运用动态的观点把它看作是人类进行社会实践的一种特殊形式,认识世界的一种过程,生产科学知识的一种特殊的社会活动。科学技术能使人类认识未知世界,帮助人类提高认识能力,同时人的认识世界的预测能力更是全面提高,突出人的主体性,表现了科学认识的能动性。在人类文化发展过程中,随着自然科学的不断发展,它的地位不断提升,成为一种高尚的文化成就。早在 17 ~ 18 世纪,科学就已成为一个重要的文化因素,被纳入整个文化体系,发挥着重要的文化功能。到了19世纪中期,科学文化更是蓬勃发展,在某些人心目中,科学文化简直是文化的典范,代表着文化的未来。如今,在这个文化多元化的社会,科学文化是其有机组成部分,而且成为一种相对独立的文化过程。社会文化是一个复杂的系统,是物质成果和精神成果的总汇,对社会文化的发展起到巨大推动作用,而且科学发展离不开一定的社会文化背景,受到其他文化因素的制约和影响,如政治、民族的精神状态和文化传统。

英文的 Humanities 直接来源于拉丁文 Humanitas,而拉丁文 Humanitas 继承了希腊文 paideia 的意思,即对理想人性的培育、优雅艺术的教育和训练。公元2世纪罗马作家格利乌斯(Aulus Gellius)的一段话成了 Humanitas 的经典定义:

那些说拉丁语以及正确使用这种语言的人,并没有赋予 Humanitas 一词以一般以为具有的含义,即希腊人所谓的 philanthropia,一种一视同仁待人的友爱精神和善意。但是,他们赋予 humanitas 以希腊文 paideia 的意思,也就是我们所说的"eruditionem institutionemque in bonas artes",或者"美优之艺的教育与训练"(education and training in the liberal arts)。热切地渴望和追求这一切的人们,具有最高的人性。因为在所有动物中,只有人才追求这种知识,接受这种训练,因此,它被称作"Humanitas"或"Humanity"(人性)。①

汉语的"人文"一词同样有这两方面的意思。最早出现"人文"一词的《易经·贲》中说:"观乎天文以察时变,观乎人文以化成天下。"这里的人文就是教化的意思。中国的人文教化同样一方面是强调人之为人的内修,另一方面是强调礼乐仪文等文化形式。那么人之为人最重要的是什么呢?一般认为,以儒学为代表的中国思想把理想人性规定为"仁",在孔子那里,仁者人也,人者仁也,两者互训互通。仁通过什么方式可以获得呢?克己复礼为仁! 礼是实现仁的教化方式。

---

① 参见吴国盛:《反思科学》,新世界出版社2004年版,第33—34页。

人文学科一词来源于公元前 55 年，西塞罗在其《论雄辩家》一书中首先把 humanties（人之品质）列为辩论者的一项基本训练项目。后来经过希腊罗马修辞学学者的发挥，humanitas 就成了古典文科教育的基本大纲。再往后，由圣·奥古斯丁和其他教父们使之转为基督教服务，它又构成了中世纪基督教徒的基础教育，构成了称之为 artes，bone artes（"通艺"）或 artes liberals（"自由艺术"）的研究领域，其中包括数学技艺和语言艺术，也包括某些科学，历史学以及哲学。欧洲十五六世纪时期开始使用此词。原指同人类利益有关的学问，以区别于中世纪占统治地位的神学。后含义几经演变。狭义指拉丁文、希腊文、古典文学的研究，包括哲学、经济学、政治学、史学、法学、文艺学、伦理学、语言学等等。20 世纪上半叶，中国大学仿照美国体制分为 3 个学院，其中的文学院教授的就是人文学，简称文科，以别于教授自然科学的理学院和教授社会学的法学院。

科学与人文都是社会文化现象，所以对它们的考察不能脱离时代背景和社会系统去孤立分析。科学与人文本来是统一的。在古希腊时代至欧洲中世纪科学和人文皆被包含于哲学之中，是处于一种相互包容、相互渗透的状态之中，当然，这种浑然未分的统一是由于科学和人文学科皆未分化的结果。近代以后，当人文学科从中世纪的神学解放出来，尤其是科学真正意义上从自然哲学中分离出来时，科学与人文真正走向独立。此阶段的科学与人文之间的关系表现为双向互动的主要特征，一方面表现为科学与人文相互依存，相互促进机制；另一方面表现为科学与人文之间相互对立，彼此竞争的互斥机制。人文运动把科学从神学中解放出来，促进了科学的发展，科学的发展反过来又推动了人文主义的传播。用理性来对抗神学迷信，就是这一阶段科学与人文携手共进的重要目的之一。从 18 世纪中期开始，科学在西方已不仅仅是一种观点或学说了，它已是建制化的活动，已是最有权威性的实践。到 19 世纪下半叶，科学成为主旋律，几乎占领了整个知识领域，在这种社会背景下，人们相信只要掌握了科学就能给人类带来美好的未来。另外科学对社会系统的作用愈来愈大，成为推动社会系统进步的主要力量，从而导致在一定程度上把自然科学绝对化，产生了以实证主义为代表的科学主义观,强调知识必须建立在确实可靠的基础上,只有经验的知识才是确实可靠的,即实证的。科学几乎成为衡量万物的尺度,即"判定什么存在或不存在的尺度"。科学主义的诞生不仅否定了宗教权威,而且动摇了以人的感性经验为基础而建立起来的人文知识体系。而这一时期人文精神对社会的影响日渐消退。科学与人文之间表现出逐渐分离的趋势。人文固守绝对价值目标,忽视通往这一理想境界的现实道路。

近代以来,科学探索与人文探索关注事物的角度、它们的知识系统、文化思维、问题域和观念系统等等不同,科学和人文处于分化,对峙状态,甚趋于紧张。另一原因是人为原因,这就是受现实的功利价值、经济效益趋使。在现代社会,随着实证科学和近代技术的兴起,人与自然之间发生了角色转换。由于社会制度的作用,自然界开始变成被人们操纵的对象和被人们利用的工具,人本身变成了中心。科学作为工具价值的一面和作为目的价值的一面出现了严重的背离,以致在资本主义国家产生了科学的异化现象,科学技术对大自然的征服,导致了全球性问题的出现。全球性问题的出现,把当代人类推向了严重的生存困境。科学成了统治人的外部强制力量,这种状况,在科学技术迅猛发展的 20 世纪,西方的人本主义思想家不是对科学本身的异己性进行批判,而是对科学本身进行拒斥,用人文世界拒斥科学世界,从根本上否定科学精神和理性精神,并用艺术精神和非理性主义来取而代之;而实证主义、科学主义的思想家则把科学的人文价值从科学的价值中剥离出来,把科学理解为与人生存的意义完全无关的关于纯粹事实的科学,并进而用科学世界拒斥人文世界,科学与人文截然割裂。科学主义者突出强调的是科学和理性的重要性,强调要用科学的观点、方法和标准来审视别的文化,忽视或贬低人文文化的意义和价值;而人本主义者则突出强调艺术和非理性的重要性,强调要以"人"为本来审视一切文化,排斥和否定科学的意义和价值,于是,科学文化和人文文化、科学精神与人文精神的分离和对立便进一步加深了。19 世纪末最接近于对"两种文化"的分野进行表述的,是标榜新康德主义的弗莱堡历史学派传人李凯尔特,他提出了自然与文化、自然科学与历史的文化科学这两种基本对立。

自从实证主义产生之后,科学与人文之间的分别日益明显。实证主义提出"拒斥形而上学"的口号,实际上就是要严格区别科学与形而上学,逻辑实证主义继承了实证主义"拒斥形而上学"的传统,提出了分界问题,即科学与非科学、科学与形而上学的分界。兹后这一问题成为科学哲学的一个主要问题被科学哲学家们广泛而激烈地争论。从总体上来看,自 19 世纪上半叶到 20 世纪中叶;思想家们大都在论证两种文化的独特性,给它们划界。实际上,这无意中加深了两种文化的裂痕。自 20 世纪中叶之后,思想家们大多从揭露两种文化的分化的弊端出发,寻求弥合两种文化裂痕的途径和方式。

现代西方人本主义者同狭隘的实证主义者和功利主义者一样,从根本上无法看到科学的人文意义和人文价值。人本主义者只看到科学技术对人、自然和社会的负面影响,将科学技术在资本主义条件下的异化直接归咎于科学技术本身,而看不到科学技术对于推动生产力的发展和促进社会的全面进步所起的巨大作用,因而看不到科学技术同人的生存、栖居、自由和发展的深刻的一致性。

由此可见,近代人文主义运动在近代前期带来了科学的发展,并促进了科学的发展,另一方面在近代后期,由于科学自身独立的发展,特别是科学的功利主义的应用,造成了科学与人文的相互排斥,相互分离。在某种意义上,无论是科学主义的悲剧还是悲观的科学虚无主义的误区,归根到底都是由于离开了科学与人文的整合所致。

从整个世界教育发展的历史来看,不管是中国还是西方,古代的教育都十分重视人的素质的培养。但是近代以来,随着科学技术的发展,传统的人文教育逐渐被专业技术教育所取代。中国在 19 世纪后期开始学习西方,发展专业技术教育。在 20 世纪专业技术教育得到蓬勃发展。尤其是在 20 世纪 50 年代我国高等教育深受原苏联的影响,文理分家,理工分校,专业面狭窄。我国的数、理、化、天、地、生、文史、哲、法、经、社、农、医、工程等主要学科中,理工科比例太大,造成畸形发展。人们在思想上重工轻农,重理轻文,重"硬科学"轻"软科学",即便在文科中,人们又存在着重社会科学轻人文学科的倾向。

当前,对于理工科大学生来说,加强人文素质教育尤其重要;对于文科大学生来讲,提高科学素养也是当务之急的问题。通过近十几年来的努力,人们已经逐渐形成了"大"文化素质教育观。科学教育和人文教育要相融,科学文化与人文文化要相融,科学素质和人文素质要相融。相融则利,相离则弊。科学素质、科学精神,人文素质、人文精神就是在科学知识、人文知识中形而下的东西,经过人的努力,特别是经过人的实践,在实践中深思,在实践中体悟,在实践中磨炼,内化升华,形成形而上的精神世界的东西。科学精神也是人文精神。精神就是人文的东西,所以科学精神就是求真的人文精神;而人文精神,就是应以"实事求是"作为其基础的求善精神,从这一角度讲,就是求善的科学精神。科学与人文都有共同的追求。科学追求真,人文追求善,两者结合,保证追求正确,保证结果可以完美。这就是追求真善美高度的统一,而这种统一是创新。创新是一个民族的灵魂,是一个国家兴旺发达的不竭动力,真善美都是围绕着要建设一个更美好的新的明天。一个正确的思想,一个创造性的思想,必定是逻辑思维同形象思维、科学技术思维跟人文艺术思维的高度的统一。

大连理工大学人文社会科学学院自 1999 年成立以来,学院的发展得到了学校领导以及学界同仁、社会各界的亲切关怀和大力支持。经过 10 年的努力,学院在人文社会科学发展方面基本实现了三个方面的转变:在教学上,由以"两课"为主的教学工作向以思想政治理论课为主导、文化素质教育为基础、人文社会科学类专业教育快速发展模式的转变;在人才培养上,由专本科和短期培训为主向本科生、研究生培养为主转变;在教学与科研关系上,由教学主导型向学科建设为基础、教学科研、社会服务并重的模式转变。目前,随着学科快速发展的需要,学校在原思想政治理论课教研中心的基础上,又组建了马克思主义学院。新的人文社会科学学院正在按照"文理渗透、中西融汇、学研一体、博专结合"的理念,努力形成以文理工管交叉渗透为特色的人文社会科学学科群。

2006年大连理工大学决定设立人文社会科学研究基金,2007年就拿出112万专款用来支持人文社会科学研究,同时决定以后每年拿出100万元作为学校人文社会科学研究基金,这可以说是学校历史上的一个重大突破。2009年学校又提出文科要入主流,这对我们来说,不仅是一种期待,更是一份沉甸甸的责任。在这个过程中,我们人文社会科学学院理所当然地要一马当先,提升我们的学科水平。基于此,我们在编辑出版"科技哲学与科技管理丛书"的同时,结合我们学院学科较多、覆盖面宽、涉及面广的特点,本着"各美其美,美人之美,美美与共,和谐人文"的宗旨,编辑出版"科学与人文研究丛书"。这套丛书是一套跨越科学与人文两个研究领域的综合性丛书,具有基础性、交叉性、哲理性、现实性、综合性的特点,内容主要涵盖科学与人文综合研究的诸多方面。举凡涉及科学、人文及其关系的内容,均收入这套丛书。这套丛书是我校"211工程"和"985工程"建设项目的内在组成部分,其中的著作或者是我们学院部分教师承担的各级各类研究课题的成果,或者是来自名校的年轻博士的博士论文。我们希望通过这套丛书的持续不断的出版和若干年的努力,不仅进一步搞好我们的学科建设,形成我们的学科特色,而且为实现"文理渗透、中西融汇",促进我国科学与人文的交融发展贡献我们微薄的力量。

洪晓楠

2009年8月8日于大连

我仰望星空，

它是那样寥廓而深邃；

那无穷的真理，

让我苦苦地求索、追随。

我仰望星空，

它是那样庄严而圣洁；

那凛然的正义，

让我充满热爱、感到敬畏。

我仰望星空，

它是那样自由而宁静；

那博大的胸怀，

让我的心灵栖息、依偎。

我仰望星空，

它是那样壮丽而光辉；

那永恒的炽热，

让我心中燃起希望的烈焰、响起春雷。

——温家宝

如果不对假定的前提进行检验，将它们束之高阁，社会就会陷入僵化，信仰就会变成教条，想象就会变得呆滞，智慧就会陷入贫乏。社会如果躺在无人质疑的教条的温床上睡大觉，就有可能会渐渐煙掉。要激励想象，运用智慧，防止精神生活陷入贫瘠，要使对真理的追求（或者对正义的追求，对自我实现的追求）持之以恒，就必须对假设质疑，向前提挑战，至少应做到足以推动社会前进的水平。

——[英国哲学家]I.伯林

徜徉在哲学世界中，是为了超越世界中所有被意识侵蚀的物的桎梏而走向漂泊；徜徉在存在的敞亮中，是为了想起和唤醒人自身究竟是怎么回事的觉悟；徜徉在形而上学中，是为了经验极限状态和献身超验……思想的展开并不仅仅是对异在物的认知，并不是指向一个不相干的东西，思想本身就是一个能否发挥烛亮、唤醒和交易作用的行动。

——[德国哲学家]雅斯贝尔斯

目 录

Table of Contents

第一讲 导 言

*有两种东西，我们愈时常、愈反复加以思维，它们就给人心灌注了时时在翻新、有加无已的赞叹和敬畏：头上的星空和内心的道德法则。*①

——[德国哲学家]康德

哲学通论，有时也称作哲学概论、哲学导论，就这门课程作为西方国家高等院校的哲学专业或通识类课程而言，据不完全了解，大概有二百余年的历史。《哲学通论》究竟讲些什么？关注哪些问题？涉及哪些领域？应该说，在不同的学者看来，关注和研究的问题也有很大的不同。为了说明这个问题，现仅就笔者手头所有的著作和教材做一介绍，并给予分析。

一、国外对哲学通论的研究状况

18 世纪以来，一些著名的哲学家先后出版了他们各自的有关哲学导论或哲学概论的书。例如，A. 鲍姆加登(AlexanderGottlieb Baumgarten，1714—1762)的《哲学全书纲要》(1769)、J. 赫尔巴特(Johann Friedrich Herbart，1776—1841)的《哲学导论教程》(1813)，尤其是黑格尔(Georg Wilhelm Hegel，1770—1831)的《哲学全书纲要》(1817)一书遍及逻辑、形上学、自然哲学以及论人心与道德文化之精神哲学，可以说是成一家之言的西方哲学概论。在黑格尔之后，又有德国著名的新康德主义哲学家威廉·文德尔班(Wilheim Windelband，1848—1915)的《哲学史教程》(1892)和《哲学概论》(1914)，其中《哲学史教程》是一部用新康德主义观点系统地阐述以往哲学

---

① 康德：《实践理性批判》，商务印书馆 1960 年版，第 164 页。

体系及其发展史,特别是哲学问题和哲学概念的形成和发展史的著作。

雅斯贝尔斯(Karl Jaspers,1883—1969)基于系列广播讲演稿修订而成的《智慧之路——哲学导论》(1954)从一种全新的角度来探讨哲学,回答了哲学究竟是什么,哲学与科学的异同、分合,并论述了"人"是什么,人应当如何认识自己,人应该如何去看待这个"世界",以及人与世界的关系等,应该说这是一部非常具有吸引力的哲学导论。有学者指出,H. 列斐伏尔(Henri Lefebvre,1901—1994)于1965年出版了《元哲学导论》一书,首次提出了"元哲学"概念。所谓元哲学,指以哲学的对象为研究内容的理论和学说。近现代西方哲学家认为,哲学与其他科学尤其是自然科学的一个重要差别在于,没有完全确定的研究对象,不同的哲学家对哲学的研究对象常有不同的理解。哲学虽已有几千年的历史,但仍会使人一再提出"什么是哲学"的问题。

在美国颇有影响的、现已经出了第八版的由罗伯特·保罗·沃尔夫(RobertPaul Wolff)教授撰写的《哲学概论》(About Philosophy)一书是一本内容丰富、文字流畅、深入浅出,且兼顾当代哲学研究发展趋势与社会脉动的著作。全书共八章,外加一个附录:如何撰写哲学论文? 除第一章介绍何谓哲学外,其余各章囊括了认识论、形而上学、心灵哲学、科学哲学、伦理学、社会政治哲学、艺术哲学、宗教哲学等哲学的重要的分支领域,通过该书,读者可以对哲学的学术研究领域有一个宏观的鸟瞰。特别值得指出的是,该书每章后面都附有与各哲学分支领域理论相关的"当前热门话题",例如与认识论相关的"虚拟实境",与形而上学和心灵哲学相关的"电脑能够思考吗?",与科学哲学相关的"传统医学是否合乎科学?",与应用伦理学相关的同性恋婚姻、医疗伦理、人体器官买卖等争议性话题,与社会政治哲学相关的"肯认行动",与艺术哲学相关的"色情、艺术与审查制度",与宗教哲学相关的"新兴教派:是宗教,还是狂热?"等等。通过这些与当前社会脉动紧密相关的议题的探讨,使我们感受到哲学不再是象牙塔中抽象与深奥难懂的理论,而变成可以帮助我们厘清日常生活困惑与难题的有力工具。

美国学者 J. P. 蒂洛(Jacques P. Thiroux)于1985年出版的《哲学:理

论与实践》是一部力图把哲学的理论与应用同学生们的日常生活结合起来的简明易懂的哲学教科书。本书由六篇十六章构成,其中第一篇是全书的总纲。在第一篇中,作者首先提出了哲学研究的三大领域:形而上学、伦理学和认识论,而全书的写作正是以这三大领域为线索展开的。第一章,作者具体回答了哲学和哲学的功用的问题;第二章,学会哲学思考,可以说是较之大多数哲学入门教材不同的,在其中提示了怎样阅读哲学的原始资料和第二手资料,怎样写作哲学论文,以及怎样参加哲学考试以检验自己的哲学水平。形而上学部分包括在第二篇人的本质和第四篇宗教哲学之中;伦理学部分是第三篇的内容;认识论是第五篇的内容;第六篇只有一章,以指导学生如何选择课题和写作论文——建构自己的世界观——为手段,对全书作了概括性的总结。该书最鲜明的特点就是在每章的后面都设有鼓励学生们把自己的哲学观点运用于学校、工作和人与人的相互关系中的"实例",同时还附有各章提要,以便帮助学生复习每一章的基本内容,此外,从第一章到第十五章,每章后面还设有"研讨附加题"。这些实例和研讨附加题为学生提供了比哲学本身更为开阔的视野,为我们提供了理论与实践相结合的最佳范例。

我于2002年上半年在美国哈佛大学做高级访问学者,当我们几位来自中国的教授向当时哈佛大学哲学系主任科斯佳教授提及请她向中国的学者和学生推荐一本了解英美哲学或者说哲学的著作时,科斯佳教授毫不犹豫地就推荐了托马斯·内格尔(Thomas Nagel)的《What Does It All Mean——A Very Short Introduction to Philosophy》(该书现已由宝树先生翻译成中文,中文版作者译为《你的第一本哲学书》,也可以直译为《哲学告诉我们什么?——一部非常简短的哲学导论》),该书由一个导言,外加九章构成,分别论述外部世界是否存在、他人的心灵、身心问题、词语的意义、自由意志、对与错、公正、死亡、生活的意义。

本书作为一部简明的哲学导论,是为那些对哲学基本上一无所知的人撰写的。人们通常只有在进入大学的时候才开始学习哲学,而我假定绝大多数读者都将是达到大学入学的年龄,或者更年长一些的。但年龄对哲学的本性来说是无关紧要的,如果那些喜欢抽象思想和理论论证的聪明的高中生,也对本身感兴趣的话,我会非常高兴的——其实他们都应该读一读这本哲学导论。

在我们学习关于世界的大量知识之前,我们的分析能力通常已然高度发展了;而且在14岁左右,许多人都开始思考涉及自身的哲学问题了——譬如,真实存在着的究竟是什么?我们能够知道一些东西吗?事物真有对错之分吗?生活是否有意义?死亡是否是人生的终结?这些问题虽已经过几千年汗牛充栋的讨论,但哲学的素材是直接来自世界以及我们与世界的关系的,而不是来自过去的著作。这就是为什么那些问题总是一而再再而三地反复出现在没有阅读过相关著作的人的头脑当中。

本书是对9个哲学问题的直接的导论,每一个问题都可就其自身来理解,而无需参照思想史。我不打算讨论昔日那些伟大的哲学著作,以及它们的文化背景。哲学的核心其实在于那些特定的问题,正是这些问题让具有反思能力的人类头脑自然而然地感到困惑;而学习哲学的最好的开端,就在于直接思考它们。一旦你这样做了,你就会更好地领会其他人的著作,因为他们也在尝试解决同样的问题。①

哈佛大学哲学系开设了《哲学导论》方面的相关课程,例如,2001—2002年度对低年级学生开设了一门《哲学问题导论》的课。据哈佛大学课程介绍,此课主要旨在介绍当代哲学方法,研究诸如——心身关系、计算机(电脑)有自己的心智吗?是什么使你成为你自己?人的身体能死而复生吗?你的克隆能够与你不同吗?未来如何变成现实?人如何没有自由意志,那意味着什么?——等一系列问题。

剑桥大学哲学系网站上有这样一段话:

---

① 参见[美]托马斯·内格尔(Thomas Nagel):《你的第一本哲学书》,宝树译,当代中国出版社2005年版,第1—2页。

Why philosophy?

Do you enjoy constructing and demolishing arguments on the pros and cons of general issues? Do you relish puzzle – solving of various kinds? Do you like subjects such as mathematics which emphasise rigorous thought? If so, you might well find that philosophy is the right subject for you. (你乐意从正反两个方面来建立和推翻论点吗？你喜欢尝试解决各种难题的方法吗？你喜欢像数学那样具有严格思想性的学科吗？那么，你就适宜于研究哲学。)

Philosophy aims to resolve problems which are extremely general and in some sense 'ultimate', such as the nature of reality, the purpose of human existence, the basis of knowledge, and the foundations of value. It also scrutinises and evaluates the methods that are used to answer such questions. (哲学的目标是解决一般的和终极的问题，例如：实在的性质，人的生存的目的，知识的根据和价值的基础。哲学还审查和评价通常用来解决上述那些问题的方法。)

二、港台对哲学通论的研究状况

在港台学界，在哲学通论方面的教科书影响比较大的，我个人以为是唐君毅先生于 1961 年出版的《哲学概论》(上下)。我手边的这套是我第二次访问香港时在开益书店所购，属于唐君毅全集第二十一、二十二卷。《哲学概论》上卷主要讲哲学总论和知识论，下卷主要讲形而上学和价值论。第一部哲学总论：第一章讲述哲学之意义，第二章论述东西哲学中之哲学之意义，第三、四、五、六、七、八章分论哲学之内容：名理学之逻辑、知识论，天道论之形上学，人性论、价值论，文化哲学；第九、十章论述哲学之方法与态度；第十一章论述哲学之价值。第二部知识论共十九章；第三部天道论——形而上学共计十九章；第四部人道论——价值论计九章。唐氏之《哲学概论》初意，是"直接中国哲学之传统，而以中国哲学之材料为主，而以西方印度之材料为辅。于问题之分析,求近于英国式之哲学概论。于答案之罗列,求近于美国式之哲学概论。而各问题之诸最后答案,则可配合成一系统,近德国式之哲学概论。期在大之可证成中国哲学传统中之若干要义,小之则成一家之言。"①

台湾辅仁大学邬昆如教授主编的《哲学概论》于2005年被引进到中国大陆,该书通过对"三史"(中国哲学史、西方哲学史和印度哲学史、"六论"(逻辑学、认识论、形而上学、伦理学、价值哲学和哲学总论),深入浅出而又全面地介绍了哲学发展历程、世界三大哲学传统的风格特点以及当下世界哲学发展的前沿风貌。

沈清松教授主编的《哲学概论》"兼顾了长远的哲学传统与其最新发展,哲学的专业性与相关性并重,平衡地看待哲学知识的累积与人生智慧的熏陶,并留意自然科学与社会科学的哲学基础"。② 该书共十一章,第一章导论——哲学的重新定位,从第二章到第十章分论伦理学、知识论、科学哲学、自然科学的哲学基础、形而上学、经济问题的哲学探讨、政治哲学、美学与艺术哲学、宗教哲学,最后一章论述中西哲学的现况与展望。

三、祖国大陆对哲学通论的研究状况

20世纪20年代中华书局出版了李达译的《唯物史观解说》(荷)郭泰著,随后出版了《哲学概论》(邹谦著)、《哲学通论》(范寿康著)、《哲学要论》(赵纪彬编著)等多种。

20世纪30年代出版了范锜著《哲学概论》。另有《哲学纲要》两种,是供师范学校用的,一为蔡元培编,一为黄忏华编,以及以"发凡"、"浅说"、"初步"命名的哲学概论多种。并出版了从不同层面进行哲学分析的书,如张东荪著《科学与哲学》,方东美著《科学哲学与人生》、梁漱溟著《东西文化及其哲学》,以及范寿康著《认识论》、李参史著《意识论》等。

① 唐君毅:《哲学概论》(上),台湾学生书局1996年版,第八页。
② 沈清松:《哲学概论》,贵州人民出版社2004年版,主编序,第3页。

我个人喜爱哲学导论，缘于十几年前看过家乡哲学前辈方东美先生1936 年在商务印书馆出版的《科学哲学与人生》一书。可以说，方先生的这部著作是他那个年代最好的哲学导论之一。全书中西融会、古今贯通。第一章绪论主要讲哲学思想缘何而起，第二章申论希腊哲学之意义，第三、四章科学的宇宙观与人生问题分论物质科学、生物科学，第五章人性之分析，第六章论生命悲剧之二重奏。

大陆在解放以前，各大学哲学系一般都开设"哲学概论"课程，解放之后，大陆一度取消了这门课程，而以"马克思主义哲学原理"取而代之，从 20世纪 80 年代开始，大陆逐渐重视和恢复"哲学概论"课程。

华东师范大学张天飞、童世骏教授自 20 世纪 90 年代开始为哲学系本科生，后又扩大到为该校人文学院各系开设《哲学概论》的通识课程，并于1997 年在华东师范大学出版社出版《哲学概论》一书。该书的封底是这样介绍《哲学概论》的："本书是建国后国内学者撰写的第一部论析哲学本身而非某一种哲学的著作"。在笔者看来，国内解放后第一部论述与哲学概（导）论论题相关的专著是复旦大学俞吾金教授于 1986 年在上海人民出版社出版的《思考与超越——哲学对话录》。该书仿照苏格拉底或柏拉图以对话的方式具体讨论了哲学与时代、哲学与现实、哲学与实践、哲学与人、哲学与常识、哲学与问题、哲学与谬误、哲学与悖论、哲学与理解、哲学与审美、哲学与价值、哲学与无意识、哲学与方法、哲学与创造、哲学与选择、哲学与品格等问题，在 20 世纪 80 年代，作者当时讨论的很多问题都具有学术的前沿性，集学术性、前沿性、深刻性、通俗性于一体，"思考与超越"代表了作者对哲学本性的理解。可以说这是一部融会古今、贯通中（中国哲学）西（西方哲学）马（马克思主义哲学）的著作。由于作者具有深厚的哲学底蕴和较好文学功底，将哲学的问题结合文学语言、神话故事来阐述，突破了当时教科书的模式，获得了巨大的成功。这一点，仅从该书的发行量就可以看出来。该书 1986 年初版发行 1 万 3 千余册，仅仅一年就售罄，1987 年再次印刷 2 万余册。

孙正聿教授自 1995 年秋季起为吉林大学哲学系以及文科其他院系的

学生讲授"哲学通论"课程,并在讲稿的基础上经过整理于 1998 年出版《哲学通论》一书,该书封二"内容提要"写道:"本书是国家教育委员会'面向21世纪课程教材',是建国后第一部系统论述'哲学本身'的《哲学通论》"。

1998 年欧阳康教授出版了《哲学研究方法论》一书,该书第一编的标题就是元哲学问题研究,统观该书的内容,我们可以把该书看成是一部反映现代哲学发展状况的哲学导论,也是国内第一部专论哲学研究方法论的著作。

自 2000 年之后,国内学界出版的《哲学概论》、《哲学导论》之类的著作如雨后春笋。2000 年出版了三部有关《哲学导论》的著作和教材。

第一部是孙正聿在中国人民大学出版社出版《哲学导论》。该书封底是这样介绍的:本书是一部论述哲学本身、引导人们进入哲学思考的专著性教材,系统探讨了哲学与宗教、哲学与艺术、哲学与常识、哲学与科学的关系,阐述了哲学的思维方式、生活基础、派别冲突、历史演进及哲学的修养与创造,是人们在追问"哲学究竟是什么"的过程中形成哲学的批判精神、创新意识和辩证智慧。在该书后记中,作者阐述了"哲学通论"与"哲学导论"、"哲学概论"的关系。作为哲学的"导论"、"概论"或"通论",它们的根本出发点和基本内容都应当是"论哲学",即都是以"哲学"自身为对象而予以论述;然而,它们"论哲学"的侧重点却各有不同。"导论"侧重于"引导"和"导入",因而应该着重于深入研究哲学之前的知识性的和思想性的准备工作,即着重于分析或梳理有关哲学自身的若干重要问题,如哲学的学科状况,哲学的研究领域,哲学的社会功能,特别是哲学的主要特性等等;"概论"侧重于"概括"和"概述",因而应该着重于概略性地叙述哲学的相关领域,即着重于概括或归纳哲学各主要学科或分支的主要内容,如分述自然哲学、历史哲学、道德哲学、文化哲学、宗教哲学等等;"通论"则侧重于"通达"或"疏通",因而应该着重于对哲学自身的追问,即着重于从学理上探讨"哲学究竟是什么"。①

---

① 孙正聿:《哲学导论》,中国人民大学出版社 2000 年版,后记。

第二部是复旦大学王德峰教授出版的《哲学导论》,该书除一个前言、结束语之外,主要有五章内容,分别论述哲学:人类文明精神的精华、哲学的诞生、本体论与形而上学、认识论与先验哲学、历史哲学,这也是一部研究性的专著性教材。

第三部是东南大学田海平教授出版的《哲学的追问》,该书有一个副标题叫"从'爱智慧'到'弃绝智慧'",书前由我国著名哲学家高清海先生作序——"在历史中理解人、理解哲学"。

2001年湖南师范大学哲学系舒远招教授联络国内几所师范大学教师编写了《智慧的芳香——哲学概论》,该书作为文化素质修养丛书在科学出版社出版。此书分别论述了什么是哲学、哲学的特质、哲学的分类、哲学的派系、哲学的历程、中外哲学家剪影、哲学的危机、哲学的未来、步入哲学王国的门径,此外书后附有:大学生哲学素质的培养与哲学教学的改革。2002年北京大学教授张世英、胡军分别出版了《哲学导论》和《哲学是什么》,前者作为北京市高等教育精品教材建设立项项目,并列入北京大学哲学教材系列;后者属于《人文社会科学是什么》丛书。同年,湖南大学杨方(杨君武)教授出版《元哲学》一书,该书分别论述了哲学对象、哲学分类、哲学派系、哲学功能、哲学素质等问题。山东大学何中华教授出版《哲学:走向本体澄明之境》,全书除前言外,共有十五章,分别为:生存悖论与哲学、"在"与"在者"划界、哲学有无"历史"?、哲学与"三一式"、哲学何为?、原始文化与哲学、哲学与社会、哲学的表征与解读、哲学的歧途、哲学的时代性与民族性、哲学与宗教、马克思哲学观的启示、形而上学与现时代、"哲学的终结"?、通向哲学之路。

2003年中国人民大学出版社出版了郭湛教授主编的《哲学素质培养》一书,2005年人民出版社出版了武汉大学童鹰教授的《哲学概论》,该书共分八章,分别论述什么是哲学、哲学的基本问题、哲学的学科体系、哲学的发展历程、哲学的一般发展规律、哲学与科学的关系、哲学与宗教的关系、哲学的学习和研究方法。2006年叶秀山教授根据在北京大学讲授《哲学导论》课录音出版了《哲学要义》一书,该书以论带史,以史显论,将西方哲学的千年历程和作者 50 年来研究哲学的丰富经验,融合在对哲学理论的论述中,深富哲学的内在张力,并对哲学的一些理论问题,如哲学的危机和哲学的可能、哲学的权利、形而上学与哲学、存在论的古今变异、知识论与存在论、宗教与价值论等进行了较为系统地论述。

四、为什么要开设《哲学通论》课程?

《哲学通论》课程可以说是一门专门论述关于哲学而不是某一种哲学的课程。

《哲学通论》课程是一门带领学生全面了解哲学的通识性课程。其主要内容包括了解哲学研究的基本领域、应用领域;哲学研究的问题,哲学究竟有没有进步? 哲学基本的形态、哲学学派、哲学形式与哲学内容的关系;哲学与科学、历史、宗教、文学究竟有什么区别,以及它们与哲学之间的联系? 我们人类为什么需要哲学? 人类没有哲学行不行? 对我们来说,最关心的一个问题就是大学生为什么要学习哲学? 哲学是无用的还是万能的还是其他什么? 如何衡论与准确定位哲学的地位? 哲学家与一般的哲学教授、哲学工作者之间是否有区别,如果有区别,区别究竟在哪些方面? 运用什么标准来确定这些区别? 如何学习与研讨哲学?

既然不存在一门超越任何一派哲学的哲学,那么哲学通论如何可能? 哲学通论需要区别哲学一般与哲学特殊的关系,因此哲学通论既然是关于哲学而不是关于某一种哲学的课程,因此它就离不开任何具体的哲学学派或哲学家,那么如何来选定一些具有代表性的哲学家和哲学观点进行介绍和论述? 在我个人看来,这就是不同的哲学通论课程或教材自己的特色所在。

就像要理解康德的哲学,就必须要了解康德的时代一样,我讲授《哲学通论》课程,学习我所理解的哲学,也要了解一下我的问题意识。

我希望跨越“两种文化”(C. P. 斯诺),跨越理解和沟通由莎士比亚(隐喻人文科学)、热力学第二定律(隐喻自然科学)所意蕴的科学文化和人文文化,追求科学文化与人文文化的统一,因此在我心中的哲学观是一种大哲学观。

从 1988 年我到安徽师范大学政教系读研究生（一个门外汉，一个半路出家的人）到 1993 年底，我接到入典《中国社会科学家大辞典》，成为一个"名义上"的社会科学家。因为按照我自己对"家"的理解，我当时觉得自己还差得很远，还需要努力、再努力。整整五年的时间，浸润的是自己对这种大哲学观探索的艰辛。我在自己的硕士论文的后记中是这样记载我的研究生三年生活的：回想起来，在这三年的研究生学业中，自己是泛滥于百家，出入于现代西方哲学和现代中国哲学，当然，任何时候我都没有忘记自己的专业是马克思主义哲学，包括以马克思主义哲学的观点和精神去阅读、理解、阐释，批判地吸取现代文化的成果。我在学习时深深地感到自己的功底还不深，马克思恩格斯的书读的还不够，我觉得，这些都是自己今后努力的方向，"虽不能至然心向往之"。

我在《哲学通论十五讲》中，将会涉及众多的哲学家，既有中国的（如冯友兰、冯契、贺麟、张岱年、方克立等），也有外国的（如康德、黑格尔、雅斯贝尔斯、萨特、海德格尔、伯林等）；既有古代的（如亚里士多德、柏拉图、朱熹、陆象山等），也有现代的（如金岳霖、牟宗三、唐君毅、哈贝马斯、德里达、罗蒂等）。就我本人而言，可能更多地受到了冯友兰、冯契、方克立、雅斯贝尔斯等人著作的影响，这些影响将体现在我后面讲述的内容之中。没有前辈学者打下的良好基础，无论如何我是不敢来讲授《哲学通论》这门课程的，因为这门课程要求主讲人既要纵论古今中外，又要贴近生活、贴近现实，真可谓"融汇中西马，综合促创新"①。

思考题

1. 选择一本有关哲学通论类的教材，看看其究竟讨论了哪些问题？你对这些问题是怎么看的？

2. 为什么说不存在一门超越任何一派哲学的哲学？

---

① 这是我个人研究哲学的座右铭，见 2001 年《中国哲学年鉴》"学者简介"。

第二讲 何为哲学？

哲学原就是怀着一种乡愁的冲动到处去寻找家园。

——[德国诗人]诺瓦利斯语①

什么是哲学？这一问题可以说是元哲学的根本问题。有一位日本学者曾说过："对于哲学家来说最糟糕的，因而也是刁难哲学家的最好方法，恐怕就是提出'什么是哲学'这一问题。哲学家们从事着各不相关的种种活动，恐怕是很多场合连哲学家本人也不太清楚同行在做些什么。"②这充分表明哲学家对什么是哲学这一问题回答是如此不同，以至于很难有一个十分确定的答案。谈到这一点，可能有人就会问了：你为什么说"什么是哲学"这一问题难以回答呀？实际上这多简单呀，我们只要查查字典或翻阅相关资料，就可以得到这一问题的答案。然而，事实上并不是这样，如果我们翻看不同的字典，查阅不同的资料，就会发现古今中外的哲学家们对哲学各有一番不同的说辞，为了弄清楚这一问题，首先我们对"哲学"这一概念作一番语义分析。

一、哲学的产生

世界上为什么要有哲学？我们为什么要研究哲学？我们应该怎样来研究哲学？世界是什么？人是什么？"我"自己又是什么？它们在川流不

---

① 诺瓦利斯（Novalis），原名格奥尔格·菲力普·弗里特里希·弗莱赫尔·冯·哈尔登堡 Georg Philipp Friedrich Freiherr von Hardenberg（1772—1801），德国浪漫主义诗人。代表作有《圣歌》（1799），《夜之赞歌》（1800）等。

② 竹尾治一郎：《日本有哲学吗？》，延边大学主编：《东方哲学研究》1980 年第 1 期。

息的变化中到底从哪里来? 又要到哪里去? ……人们必须以自己的思考为世界、为自己找到一个原因,同时又要找到一个归宿,达到一个明确的意识。唯此,人才能真正地懂得自己的价值和使命。①

1. 哲学的起源

人类最早是透过艺术(绘画、雕塑、音乐)和宗教(各种宗教活动)的表达,以解决生命、生存和死亡中的各种问题,并试图理解他(她)们周围的环境及隐藏在环境背后的东西。

在正规系统哲学产生之前,人们将试图回答有关自然界及人类的问题、对人行为的规范、某个地方或团体的风俗习惯等透过故事、寓言、传奇等形式,以口头传播方式,大量流传下来。

从一定的意义上来说,哲学源于惊异。这种惊异包含着惊奇、怀疑和探究三个层面:

(1)惊奇:对世界充满惊奇,是哲学产生的根本前提,这种惊奇是与人的生存直接相关的,是一种生命的感怀;

(2)怀疑:惊奇引发兴趣,兴趣引发怀疑,即对感官(经验)的怀疑,对认知(理性)的怀疑,对世界之为世界、我之为我、并且世界是"我的世界"的怀疑;

(3)探究:有怀疑就会有观察、思考、探询、研究和反思,哲学就诞生于探究,诞生于对生活的执着和对真理的渴望。

西方正规系统哲学是从公元前六世纪泰勒斯(Thales)开始,苏格拉底及柏拉图是重要转折点,亚里士多德集大成。

2. 轴心时代

德国著名的哲学家雅斯贝尔斯在20世纪40年代曾提出"轴心时代"的概念。他在1949年出版的《历史的起源与目标》中重新考察塑造人类文化几大精神传统时,把印度、中国与成为欧美文化先驱的以色列、希腊相提并论,认为若以公元前一千年为上限,即公元前800至公元前

---

① 李远:《论哲学研究的问题意识》,《哲学研究》1992年第9期。

200 年之间,尤其是公元前 600 至前 300 年间,是人类文明的"轴心时代"。"轴心时代"发生的地区大概是在北纬 30 度上下,就是北纬 25 度至 35 度区间。这段时期是人类文明精神的重大突破时期。在轴心时代里,各个文明都出现了伟大的精神导师———古希腊有苏格拉底、柏拉图、亚里士多德,以色列有犹太教的先知们,古印度有释迦牟尼,中国有孔子、老子……他们提出的思想原则塑造了不同的文化传统,也一直影响着人类的生活。而且更重要的是,虽然中国、印度、中东和希腊之间有千山万水的阻隔,但它们在轴心时代的文化却有很多相通的地方。轴心文化经过了两三千年的发展已经成为人类文化的主要精神传统,对现代人进行全面而深入的反思就不能不溯源到以色列的犹太教、希腊哲学、中国的儒道两家和印度的兴都教与佛学。

专栏一:轴心时代的哲学突破

西方哲学

泰勒斯(Thales,盛年约在公元前 585 年),古希腊哲学家,从亚里士多德开始被尊为西方哲学的始祖。

赫拉克利特(Herakleitos,盛年约在公元前 504 - 501 年),古希腊哲学家,辩证法的创始人之一。

巴门尼德(Parmenides,盛年约在公元前 504—501 年),古希腊哲学家,存在论(本体论)的奠基人。

德谟克里特(Demokritos,盛年约在公元前 420 年),古希腊哲学家,原子论的创始人。

苏格拉底(Sokrates,公元前 468—399 年),古希腊哲学家,与耶稣、孔子和释迦牟尼一同被尊为人类的导师。

柏拉图(Platon,公元前 427—347 年),古希腊哲学家,苏格拉底的学生,著有《苏格拉底的申辩》、《理想国》、《巴门尼德》、《智者》等对话体著作。

亚里士多德(Aristotles,公元前384—322年)柏拉图的学生,希腊哲学的集大成者,百科全书式的哲学家,许多学科的创始人,代表作《工具论》、《物理学》、《形而上学》、《尼各马可伦理学》、《政治学》。

伊壁鸠鲁(Epikouros,约公元前341—270年),古希腊哲学家,幸福主义伦理学的创始人之一。

皮浪(Pyrrhon,约公元前360—270年),古希腊哲学家,怀疑主义的创始人。

中国哲学

孔子(约公元前551—前479)

老子(略长于孔子)

墨子(约公元前476—前390)

孟子(约公元前372—前289)

庄子(约公元前369—前286)

荀子(约公元前313—前238)

韩非子(约公元前280—前233)

印度佛教

悉达多·乔答摩·释迦牟尼(公元前560—前489)

在轴心期,形成了不同的哲学经典,比如中国哲学经典,有《论语》、《孟子》、《老子》、《庄子》等等,多数在春秋战国那个时候形成的哲学经典,他们把中国人自己的哲学探索,形成了儒家、道家、法家、阴阳家、名家等很多,形成诸子百家,都是经典。在西方也一样,柏拉图、亚里士多德,苏格拉底,还有很多,都形成了希腊的哲学经典;在印度,《奥义书》、佛教、耆那教,还有好多,在那个时候也是个百家争鸣的时代,用佛教的话说,就是除了佛教以外,还有九十六种外道,也形成了它的经典。

从历史发展的角度看,"轴心时代"有生命力的精神传统,对人类文明的产生和发展带来了深远的影响。犹太教及其后来发展出的基督教和伊斯兰教,苏格拉底时代以理性为导向的科学精神和希腊城邦政治所孕育的民主制度,融汇到西方文明之中,成为文艺复兴和启蒙运动之后充分发挥的精神资源,从而造就了近几百年来大盛于西欧北美的文化系统。佛教从南亚到东南亚、中国、韩国、日本,以及20世纪弘法到欧美,也正在产生不可低估的影响。中华文化具有悠久的历史和丰厚的遗产。十四五世纪以前,中华文化一直处于世界领先地位,以自己圆熟的哲理、精致的典籍、实用的科技,为人类的进步作出了巨大的贡献。

轴心时代,在全世界只有三个地方,或者是四个地方,产生了哲学,其他任何地方都没有。印度、中国和希腊,象三个点一样,构成了中心,也可以加上以色列,以色列是犹太教兴起的时候,是宗教,与其他三个区别开来。只有这三个地方形成了哲学,其他地方都没有。这是一个事实。所以,有学者经常问:日本有哲学吗? 美国有哲学吗? 德国、法国还不知道在哪里呢! 俄罗斯还不知道在哪里呢! 可是就在那个时候,也就是轴心时代,世界上不同的三个地方就形成了哲学,有人称之为"哲学的突破",突破什么? 向谁突破? 是哪一个突破? 突破是突破宗教神话,因为宗教神话是一个感性的,信仰的思维模式,原始的思维模式。在轴心时代,人们第一次用理性、用大脑来考虑宇宙人生问题,这显然是一个哲学的突破。

在轴心时代以前,世界上古代的文明也很多,至少有五大文明,除了中国文明、印度文明,还有巴比伦,两河流域,就是巴格达伊拉克,这个文明是很高的,古代的埃及,文明程度也是很高的。这个时候的文明辉煌灿烂,埃及造了金字塔,到现在还常常使人惊叹,但是那个时候没有哲学,只有宗教神话。巴比伦,也是只有宗教神话,印度也是只有宗教神话,中国古代夏、商、周,那个时候,也只有宗教神话,而没有哲学。希腊那个时候有没有呢?你们看《荷马史诗》:奥林匹克、宙斯、什么这个那个,海神、雅典娜,很多的,都是宗教神话,没有哲学。

哲学从什么时候开始呢? 哲学就是从轴心时代才开始的。这个概念的意义在于它突破了西方中心论。世界文化不是以西方为中心的,哲学也不是西方才有的,这是雅斯贝尔斯的轴心时代理论的贡献。我们现在就把哲学放在世界历史大环境、大框架中间作出个定位。我们中国有哲学,希腊也有哲学,印度也有哲学,这三个地方的哲学,都是平起平坐,在起源上,一开始就是多元的。①

3. 对西方中心论的批判

西方中心论(或西方中心主义)在西方原来也是没有的,西方中心论的最高的权威是黑格尔。黑格尔曾经对亚洲,特别是中国深感兴趣,并试图把中国纳入他的思想体系之中,但他遇到了很大的困难,只好提出中国还处于"人类意识和精神发展进程开始之前,并一直外在于这一过程"。他写了《历史哲学》,说东方固然也有自己一段很长的历史,但是,那不是真正的历史。他的《历史哲学》有一个长篇的序言,把东方,包括中国、印度、埃及统统撇开,他认为真正历史的开始是希腊,希腊人是西方精神的家园,因为西方以希腊文化作为自己的哲学的家园,一直到后来发展到日尔曼,日尔曼是德国,德国就成了西方的西方,西方中心的中心。整个一套为这个理论构架,还用一个哲学的道理来说明这个偏见,这个偏见就是西方中心论,就是绝对理念。黑格尔在《哲学史讲演录》里面谈到中国的哲学,他说孔子的那一套只是格言而已,道德格言,人生格言,谁都能得出来的,算不了什么哲学;《易经》和《老子》有点像哲学,但是它太浅薄,没有逻辑的论证,因此不是哲学。哲学是从希腊开始,中国没有哲学,这套观念影响了西方很长一段时期。

标志西方中心论的崩溃主要有四个大的事件:

第一个大的事件就是,第一次世界大战的时候,德国人斯宾格勒根据第一次世界大战以及西方文化的各种危机弊端来反思,写了《西方的没落》。在《西方的没落》一书中,斯宾格勒用比较文化形态学的理论体系和方法,考察了各种不同文化尤其是西方文化的"宿命"。他认为,人并不是历史的扮演者,只有文化才是世界历史的主角。"人类的历史没有任何意

---

① 本部分内容参考了余敦康先生在北京大学 2003 年秋季讲授的《哲学导论》网络版。

义,深奥的意义仅属于个别文化的生活历程中"①,"世界历史是各伟大文化的历史,民族只是这些文化中的人们借以履行他们的宿命的象征形式和容器"②。简言之,世界历史就是文化史。而文化的实现类似于有机体的生命,具有诞生、生长、成熟和衰败的周期性特征。每种文化都竭力实现自己。这一目标一旦达到了,文化就会变得僵化,自我限制,其自身力量就会瓦解,变成了文明。文明是文化不可避免的命运,文明就是文化的结论,文化的巅峰状态既是它没落衰败的开始。由此,在斯宾格勒那里,历史根本不存在进步或进化的可能性,作为一个有机生命的文化,一旦走完自己的路程就会步入永恒的凝滞状态,这是命定的劫数,西方的没落就是人类文化的没落和终结。斯宾格勒对人类文化命运走向的这一惊人解答,源于他对西方社会各种危机的深刻洞察,早在西方文明似乎在不可抗拒的征服整个世界的时候,斯宾格勒就以他敏锐的眼光,深刻认识到资本主义的腐朽和颓废,认为西方的浮士德精神在无穷的追求中已耗尽了自己的生命力,西方文化之社会基础已溃败,文化已经终结,传统理性主义已走向了破产边缘,西方社会必然走向没落。

第二个大的事件就是,第二次世界大战时德国哲学家雅斯贝尔斯,他通过反思提出了轴心时代的概念,这世界的文化,文明的起源在轴心时代至少有三个,如果包括以色列,有四个。两次反思,都对西方中心论起到了颠覆性的作用。

第三个大的事件就是后现代哲学的产生。作为一种发轫于西方、影响广泛的文化思潮和哲学方法论思潮,后现代主义哲学形成于20世纪的上半叶和中期,是伴随着现象学、分析哲学的式微和存在主义、结构主义的衰落,以新解释学和解构哲学的兴起为标志而登上现代思想舞台的,自70年代后迅速流行,至80年代后半期则成为一种时髦的哲学流派而风靡欧美等其他国家。后现代哲学家的一个重要目标就是摧毁西方中心主义、欧洲

① 斯宾格勒:《西方的没落》(上册),商务印书馆1963年版,第108页。
② 斯宾格勒:《西方的没落》(上册),商务印书馆1963年版,第306页。

中心主义、逻各斯中心主义、本质主义、基础主义等。

第四个大的事件就是,冷战结束之后,美国出版的国际政治权威刊物《外交》1993 年夏季号,发表了美国哈佛大学教授亨廷顿一篇题为《文明的冲突?》的长文。在亨廷顿看来,"在新的世界中,冲突的根源主要将是文化的而不是意识形态的和经济的。虽然民族国家仍将是世界事务中最强有力的角色,但全球政治的主要冲突将在不同文明的国家和集团之间进行。文明间的冲突将主宰全球政治,文明间的断裂带将成为未来的战线。"①当代世界由七种或八种主要文明组成,它们是:西方文明、儒教文明、日本文明、伊斯兰文明、印度文明、斯拉夫—东正教文明、拉美文明以及"可能的非洲文明"。"未来最大的冲突将沿着分隔这些文明的断裂带进行",其轴心将是"西方与非西方的对垒"。亨廷顿不仅强调了中国文化与西方文化在冷战后的冲突,而且把这种冲突摆在了"文明的冲突"的中心位置。亨廷顿明确指出,西方与非西方的对垒以及由此而带来的"冲突的焦点在最近的将来会集中在西方与一些伊斯兰—儒教国家关系上"。② 亨廷顿此论一出,在世界范围内立即引起了很大的反响,这篇论文很快被译为 22 种不同的文字。据《外交》杂志的编辑讲,这篇文章在三年内所引起的争论,超过该杂志自 20 世纪 40 年代以来所发表的任何一篇文章,而它在三年内所引起的争论肯定也超过亨廷顿所撰写的其他任何文章。后来,亨廷顿在这篇文章的基础上写了一本书,叫做《文明的冲突与世界秩序的重建》③。

西方中心论经受了二十世纪四次大的事件,不断地摧毁,西方的一些高级知识分子、思考者就慢慢地反思,反思——西方并不是中心,世界的文化有多种中心,多种中心是几千年发展的一个结果。

---

① Samuel P. Huntington. The Clash of Civilizations ? [J], Foreign Affairs. Summer, 1993.

② 洪晓楠:《文化哲学思潮简论》,三联书店 2000 年版,第 39 页。

③ [美]塞缪尔·亨廷顿:《文明的冲突与世界秩序的重建》,周琪等译,新华出版社 1999 年第二版。

二、哲学概念的语境分析

1.西方

哲学的原意是"爱智慧"或"智能之学"、"爱智之学"(Philosophy,拉丁文为 Philei 和 sophia)。人们常常说,哲学要研究的问题就是回答:我是谁?我从何而来? 我要到哪里去? 等。例如:哈佛大学哲学系就专门开设一门课程,研究"我是谁?"这一问题(个人的自我认同问题)。从实质上来看,人用理智去思考自己在宇宙人生所发现的种种问题,进而建立有系统的理论以解答这些问题。所以哲学是兼顾理论与实践。从发生学的意义上说,哲学的象征意义就是人用自己的理智去探讨宇宙人生的问题,而非仅能诉诸非理性的"神话";就西方而言,首先跨出第一步的人是拥有"哲学之父"美誉的泰勒斯(Thales 公元前六世纪)。然而,实际上,苏格拉底以前的许多早期哲学家都是些不完全意义上的科学家,因为他们关心周围的世界和整个自然界,并且提出有关世界和人类自身的构成质料的理论。在古希腊,哲学不是一门专门讲理论的学科,而是一种具体的生活方式,它是对于人类以及个人生活赖以遵循的宇宙秩序的整体理解。对于柏拉图来说,哲学是一种热情的生命方式。苏格拉底为哲学而生,为哲学而死的不朽榜样,是柏拉图在其老师逝世以后 50 年里头事业的指称。哲学是追求灵魂的解脱,这在柏拉图来讲,就是从自然世界的痛苦与罪恶中解放出来。① 哲学一词教给了我们什么呢? 从柏拉图那里,我们知道,他赋予这个词一种鲜明的意义,据此,哲学意指坚持不懈、永无止境的对真理的追求,相反认知却是留给神的能力。

在美国哲学家罗蒂看来,"哲学"(爱智)就是希腊人赋予一套映现现实结构的观念的名称,这套观念可被用于证明或批评个人行为和生活以及社会习俗和制度,还可为人们提供一个进行到底的思考和社会政治思考的框

---

① 威廉·白瑞德:《非理性的人——存在主义探源》,黑龙江教育出版社 1998 年版,第 3—4 页。

架。他认为,在古代世界,"哲学"并不是一门学科、一门学术科目或一门思想专业的名称。相反,这个词指的是由受人尊重的个人——智者所持的意见总和。这些意见有关于今日或许会被称作"科学的"问题(例如物理的、化学的或天文的主题),以及有关于我们应称作"道德的"或"政治的"问题。当时并不存在巴门尼德、柏拉图、伊壁鸠鲁、塞内卡等等为之作出"贡献"的"哲学"科目。作为西方思想生活框架的基督教,从教父时代直到十七世纪为人类话语设定了基本轴系。在这一历史时期,"哲学"一词指的是将古代智者(尤其是柏拉图和亚里士多德)的思想用于拓广和发展基督教的思想构架。因而在这一时期中,"哲学"仍然不是一门独立自主科目的名称,而是宗教文化的一个方面。可是到了十七、十八世纪,自然科学取代宗教成了思想生活的中心,因此,一门称作"哲学"的俗世学科的观念开始居于显赫地位,这门学科以自然科学为楷模,却能够为道德和政治思考设定条件。康德的研究对于这种思想的形成至关重要,而且自康德时代以来,他的研究一直被看作是一种范式,"哲学"这词是参照这种范式被定义的。康德提出的各种问题,他的术语体系,它划分学科的方式,都被人们奉为典范。在康德以后,哲学成了一门学术专业。① 我们甚至可以这样说,康德是第一个真正意义上的职业哲学家。

2. 中国哲学的合法性问题②

中国有哲学吗? 这是一个很多人经常问的问题,甚至一些著名的哲学家也曾经否定中国有哲学。

何谓"合法性"? 合法性(又译正统性、正确性、合理性或正当性;英语:Legitimacy;法语:Légitimité)是一个被广泛使用的政治概念,通常指作为一个整体的政府被民众所认可的程度。

德国哲学家伽达默尔曾面对西方实证科学的发展,讨论"哲学"的"合法性"问题,他认为这是一个只属于西方哲学的问题,因为智慧型的远东思

---

① 参阅罗蒂:《哲学与自然之境》,三联书店 1987 年版,中译本作者序,第 11—12 页。
② 参阅郑家栋:《"中国哲学"的"合法性"问题》,http://philosophyol.com/pol/html/34/t - 2634.html。

想在提问和表述方式上,都与所谓西方哲学之间缺少一种"可检验(比较)关系"。这实际上是在"哲学"面对实证科学的"合法性"问题之外,又提出了一个远东思想(或曰智慧)面对"哲学"(西方哲学)的"合法性"问题。

在西方特别是欧洲,"中国哲学"的合法性始终受到质疑。如果我们看看西方尤其是欧洲大学哲学系的课程,我们很难找到中国哲学的字眼。这一点,在美国许多大学也不例外。因为,在欧美学者看来,中国古代没有哲学,因此,我们今天在国内所说的中国古代哲学的那些内容,实际上只能在欧美的历史系科、东亚文明研究以及中国学研究部门才能找到。这里我们可以以哈佛大学为例做一说明。

哈佛大学研究中国或东亚的机构很多,主要有:哈佛燕京学社、费正清东亚研究中心、东亚语言与文明系。

哈佛燕京学社是研究东亚文化的基地,其主要宗旨,一是发展中国的人文学,包括文学、历史、哲学、宗教、文化人类学等;二是帮助发展东亚研究。

哈佛大学费正清东亚研究中心是美国东亚研究、近现代中国学研究的先驱,现在已发展成为以历史为主干的多学科综合研究机构。其对华研究几乎涵盖了各个方面:不仅涉及中国的政治、经济、外交、历史、社会状况,而且还对其中所涉及的细节和边缘化的问题进行深入细致的研究。该中心从费正清时代就确立了学术研究与现实政治挂钩的研究趋势。

可以说,在哈佛大学对中国哲学的研究主要存在于哈佛燕京学社、费正清东亚研究中心、东亚语言与文明系,而不是哈佛大学哲学系。如果我们翻看一下哈佛大学的课程目录,其哲学系开设的课程几乎没有涉及到中国哲学的任何内容。这大概是欧美学界的基本状况,虽然现在的形势可能有所好转,但是大的趋势没有变化。

当然,没有人会否认"哲学"在中国近一百年来的发展,不过后者可以仅仅是一种现代的事业(而与历史和传统无关),正如现代中国的许多学科门类(如社会学等)都仅仅是现代的事业一样。

金岳霖先生在为冯友兰先生的《中国哲学史》一书所写的"审查报告"

中，曾对"中国哲学史"这个概念进行了一番语义分析。他区分了"中国哲学的历史"和"在中国的哲学史"两个概念。这看起来有点咬文嚼字，实际上是别具匠心。前者以肯定中国有自己固有的哲学为前提，任务只是把这种哲学按照历史发展的线索整理和叙述出来，特指中国传统哲学及其现代发展；后者则不同，它不以肯定中国有自己固有的哲学为前提，因此任务便不是把已有的东西整理和叙述出来，而是泛指发生在中国土地上的一切哲学运动、活动、事件，哲学讨论与争论，哲学研究、创作及其成果等等。就此而言，金岳霖先生提出的"中国哲学"（中国的哲学）与"哲学在中国"的区分，实际上就提出了"中国哲学之合法性"问题。"中国哲学的合法性"问题的真实涵义在于：中国历史上存在着某种独立于欧洲传统之外的"中国哲学"吗？或者说，"哲学"是我们解释中国传统思想之一种恰当的方式吗？又究竟在什么意义上"中国哲学"概念及其所表述的内涵能够得到恰当的说明，并取得充分的理据呢？

"中国哲学之合法性"问题的出现，是以"哲学"观念的引进和"西方哲学"作为某种参照和尺度的存在为前提的。"哲"字在中国有悠久的文字学、文献学历史。我们可以从《尚书》中举出三例：《皋陶谟》记载大禹语："知人则哲，能官人，安民则惠，黎民怀之"；《大诰》有辞曰"爽邦由哲"；《酒诰》有辞曰"在昔殷先哲王，迪畏天显小民，经德秉哲"。在《诗经·大雅》中也可看到两处例子：《抑》曰："其维哲人，告之话言"；《瞻昂》曰："哲夫成城，哲妇倾城"等等。按其书面直意，《说文》："哲，知也。从口折声。或从心。古文哲从三吉。"《尔雅·释言》："哲，智也。"古汉语中"知"、"智"通。《孔氏传》中说："哲，智也。无所不知，故能官人、惠爱也。爱则民归之。"因而我们可以说，中国传统话语中的"哲"就是"知识"、"智慧"，是与人"心"有关的思想活动（或其产物）；它的功用（目的）是预见或者引导、驾驭事物以最顺利（三吉）的方式发展，并使之达到预想的结果。可见，"哲"在古代的意谓，就是在实践中表现出来的思想智慧，进而也包含着后来所说的"道理"的把握。而"哲"字的造型从"折"加"心"到"折"加"口"的流变，也说明了中国人把"思想着"的智慧转变为"话语"的表述智慧的过程，在中国的学术思想方法中,"哲"并不独立构成一个门类,它只是附着学术思想实体上的方法,同时也是一种对思想实体的质量动态的评价标准。《尔雅》:"哲者,智也";班固之《白虎通》:"学者,觉悟所不知也",故"哲学"一词,从字面上来说就是"以智慧觉悟其所不知也"。①

中国传统哲学中,本没有"哲学"这个名称。我们今天通用的"哲学"一词,是从日本学者西周(1829—1897)的译名而来,1874 年西周于《百一新论》中第一次正式使用"哲学"这两个汉字来译拉丁文"Philosophia"一词,但他特意声明他用它来与儒家的思想相区别。哲学一词,传入中国,约在19 世纪 80 年代。1896 年前后,中国学者黄遵宪(1848—1906)将这一表述引入中国,并为中国学界所接受。到了 1902 年,《新民丛报》的一篇文章才第一次将此译名用于中国传统思想,但这并没有解决我们可以在什么意义上谈"中国哲学"的问题,作为"philosophy"一词的译名,"哲学"在使用时不能不具有它原始特定的含义。

近代所说的"中国哲学",作为一门"学术"就其原型而言,它以西方学术上分类意义为逻辑底蕴,以东洋人创造的表达西方概念的词汇为基本话语形式,而镶嵌着的是中国的思想(思想史)资料(内容)经过主体性阐释或者照搬所构成的说明西方概念的"实例"(个案)由于跨文化的时间和空间转换所必然形成的隔膜,西方的"爱智之学"到了近代,变成了一门"实证的"(positive)或者追求实证的"科学"。到了日本,它便成为"哲学"。这"哲"字是日本人用的中国字,即"当用汉字",因而,此时的意义已经同原意有很大的差距。经过语言文字学的如此多重转换,西方古代人的一种对Sophia 的以相符合的态度所追求的理念(见海德格尔对希腊文化中"哲学"原意的阐释),演变为中国人的关于"智慧"(或知识)谱系的学术。这不但体现不出欧洲古代智慧的传统,而且也改变了中国古"哲"字原意。②

---

① 参见李鹏程:《世纪之交的中国哲学:问题、创新、发展与整合》,《天津社会科学》1997 年第 3 期。

② 参见李鹏程:《世纪之交的中国哲学:问题、创新、发展与整合》,《天津社会科学》1997 年第 3 期。

就总体而言,关于"中国哲学之合法性"问题的讨论,大概可以发现四种论说方式:

一是诉诸于常识。"中国哲学"作为一个专业学科已经存在了近一个世纪,我们已经写作出版了近百种各种类型的"中国哲学史",国内外学术界亦有许多冠以"中国哲学会"、"中国哲学史学会"一类的学术组织,这些似乎都是以肯定存在这样一种学问或思想脉络为前提:它既是"中国的",又是"哲学的"。那么,"中国哲学之合法性"还会成为一个问题吗?

二是认为与西方哲学相比较,从较强的意义上来说,用"哲学"概念的本义审视和检核的结果,发现中国没有所谓"哲学",不仅没有独立的"哲学"这样的学科,甚至连够得上"哲学"水平的思想也没有,于是,"中国哲学"这个概念不能成立。黑格尔和其他一些奉行"西方中心主义"文化观的人得出了这样的结论。这是一种极端化的做法,虽有其逻辑上的严格,但由于它把"哲学"的含义过分狭隘化,客观上甚至会助长某种文化偏执的狂热情绪,反而不利于对中国传统思想的清理。所以大多数中国学者(包括冯友兰先生)没有采取这种态度;从较弱的意义上来说,历史上的"中国哲学"所缺少的只是某种外在的形式,此所以为中国传统哲学建立某种相应的"形式系统","穿上系统的外衣",就成为"中国哲学"现代发展的重要使命。

三是主张扩大"哲学"概念的内涵与外延,认为西方有关"哲学"的理解及其范围的限定,似未免过于偏狭,"中国哲学"的阐释与发展,可以(也应当)为之增加某些内容,诸如中国特色的"人生修养论"和"境界论",等等。

四是强调"哲学"概念的相对性及其与历史文化传统的相关性,认为并不存在一般意义的所谓"哲学","哲学"本质上只能是一个"文化的"概念,任何"哲学"都只有透过文化和传统的帷幕加以理解和限定,就此而言,哲学不应该是单数(philosophy),而是复数(philosophies)。如果我要谈论"哲学",那么,就首先应从西方文化的原意"出发",也从中国的"哲"字原意出发(古代东西方文化中的"philosophia"和"哲"的理念相通而相似的。)它们都表达的是一种动态方法论(理念),是思想的一种创新机制。从这个角度来看,哲学不是一种表述(提供)智慧的事业,而是"爱智"的事业。① 因此,承认中国没有建立起独立的"哲学"学科,但又肯定中国有够得上"哲学"水平的思想,于是,按照西方所谓"哲学"的本义,在中国传统文献中去搜寻这样的思想,并按照西方所谓"哲学"的范式去整理和叙述之。冯友兰先生在20世纪30年代发表他的《中国哲学史》时,就明确表示要在中国历史进程中不同的精华传统中选出和阐释能在那个词的西方意义上叫做"哲学"的东西。金岳霖在此问题上与冯友兰有相似的立场。他在冯友兰《中国哲学史》上册的审查报告中写道:写中国哲学史就有根本态度的问题。这根本的态度至少有两个:"一个态度是把中国哲学当作中国国学中的一种特别学问,与普遍哲学不发生异同的程度问题;另一态度是把中国哲学当作发生于中国的哲学"。他明确主张采取后一种态度,而认为前一种态度是行不通的。因为"根据前一种态度来写中国哲学史,恐怕不容易办到。现在的国人免不了时代与西方的影响,就是善于考古的人,把古人的思想写出来,自以为是述而不作,其结果恐怕仍免不了是一种翻译。同时即令古人的思想可以完全述而不作的述出来,所写出来的书不见得称为哲学史"。虽然金岳霖这里说的是"普遍哲学"而非"西方哲学",但从"时代与西方的影响"这句话看,他心目中的"哲学"的定义大致以西方的哲学的定义为准。但他的着眼点并不在哲学的"西方"特征,而在于西方哲学的"哲学"特征。即"哲学"概念虽由西方人首先提出,但不一定专属西方。可以像物理学一样成为一门普遍的学问。可问题是西方人关于哲学至今无统一的定义。②

如果我们把以上四种观点作一简要比较,就不难发现:第一种叙述方式是把问题拉回到常识的层面,实际上是取消了问题;第二种叙述方式大体上是在接受西方范式的前提下,依照"缺什么补什么"的思路来说明中国哲学的合法性;第三种叙述方式较为通行而普遍,却常常流于简单化,缺乏对于"哲学之所以为哲学"和"哲学"与"非哲学"之关系问题的自觉意识;

① 李鹏程:《世纪之交的中国哲学:问题、创新、发展与整合》,《天津社会科学》1997年第3期。

② 孙正聿:《论哲学的表征意义》,《社会科学战线》1997年第3期。

第四种叙述方式在目前的讨论中差不多是介于"现代"与"后现代"之间。

总体来看,中国古代经典,无"哲学"之名,但有"哲学"之实,如"道学"、"玄学"、"理学"、"义理之学"、"心学"等等,具体来说,就是先秦子学、两汉经学、魏晋玄学、隋唐佛学、宋明理学、明清实学。中国哲学和西方哲学,这两者之间应该说确实存在着许多差异。有些讨论者甚至认为中国哲学大概没有哲学,但是对哲学这个问题的看法,我们不能仅仅停留在表层的一种形式上。中国哲学和西方哲学确实是有很多差异,它们的讨论方式,提问的方式,等等,都并不完全一样。但是,它们所追问的问题,如性与天道、世界之在与人的自身存在,对西方哲学、对中国哲学来说都是共同的。我个人非常赞同冯友兰先生所说的西方哲学具有形式的系统,而中国哲学没有形式的系统,却具有实质的系统的观点。西方哲学从一开始都比较注重建立一个形式化的体系,注意严密的逻辑的界定、推论,而中国哲学家更多注重的是一种实质的体系,就是说他也提出一个自己的中心论点,有一个总的宗旨,但是他对这个宗旨,这个核心的原则的论证,却不一定借助一种形式化的推论的过程,这确实有差距的,在某些方面我们可以说这是中国哲学的薄弱之处,但是我们不能因此就说中国没有哲学,或者中国所讨论的这些问题不是哲学问题;表达方法、提问方式、论证的方式的差异,不等于对这些问题的追问完全不同。实际上,《论语》中孔子一再说:"吾道一以贯之",可以作为一种佐证。《老子》以诗歌体形式对"道"的阐发,《庄子》以寓言形式对很多哲学命题的说明和解释都能成为很好的佐证。

三、知识与智慧

1. 知识与智慧辨析[①]

本来,哲学作为爱智之学,直接关乎人的生命实践,这就是为什么苏格

---

① 关于知识与智慧之间关系的辨析,主要以冯契先生的论述为参照,由此可见笔者受冯先生对这个问题论述的影响之深。

拉底虽一字未留下来,却被西方人称为"哲学之父"的缘由。这不仅表明智慧与爱智慧(简称爱智)是有区别的,而且表明知识与智慧也是有很大区别的。

知识是一种广义的用法,是相对于无知而言的常识和科学,即是与无知相对,把常识和科学都包括在内的。知识所注重的是有分别的领域,它可以用名言来把握。具体说,从知识的程序讲,感觉提供所与,"我"以得自所与者还治所与,化所与为事实,进而把握事实界的种种联系,揭示发展的可能性以及可能的实现的过程,并考察这种客观联系与过程和人的需要之间的关系而进行评价,指导行动等,这些都属于知识经验,是名言之所能达的领域。所谓名言所能达的领域,就表达来说,是由命题分别加以断定(这里命题包括普遍命题和特殊命题),分别地作肯定或否定的判断,并用语句分别加以陈述;就所表达(所知)的来说,是把对象区分为一件件的事实,一条条的条理,以把握事实和条理之间的联系。知识经验的领域就是能用名言、概念来区别的世界。知识所把握的不是宇宙的究竟、大全或整体,不是最高的境界。知识所注重的是彼此有分别的领域(如某个历史过程、某种运动形态等),是通过区分这个那个、这种那种等等,进而分别地用命题加以陈述的名言之域。但作为其表达形式的命题之真总是有条件、有限和相对的,而人类的思维不仅要区分真假、是非,还要求"穷通",即穷究第一因和会通天人,把握无条件、无限和绝对的东西,即无不通也、无不由也的道(首先是世界的统一原理与发展原理)和贯通天人的自由德性。

在知识经验领域,不论是常识还是科学,思维总是用抽象概念来把握事和理。用得自所与的概念还治所与就是事实,把握概念之间的联系就是道理、条理。无论事与理,都离不开抽象概念。运用抽象概念来把握事与理,内容就是分开来说的思想,对象就是分别地来把握的现实。不论是普遍命题,还是特殊命题,命题的真总是有条件的、有限的、相对的。

所谓智慧,日常的用法意义比较含混,如说中国人民勤劳、勇敢和富于智慧,涵义很广泛。中国古代讲"圣智",以"智慧"译佛家的"般若",以及希腊人以哲学为"爱智"等所含的意思。"智慧"一语指一种哲理,即有关宇宙人生根本原理的认识,关于性与天道的理论。它的目标是求穷通,亦即穷究宇宙万物的第一因和人生的最高境界,揭示贯穿于自然、人生之中无不通、无不由的道,并进而会通天人,达到与天地合其德的自由境界。总之,智慧追求的是无条件的、绝对的、无限的东西,是关于宇宙人生的真理性的认识,它和理想人格(或自由人格)的培养是内在地相联系着的。

智慧与知识是有区别的:知识是可确定的,有一定具体内容和功用的认识成果。论知识,今天的中学生学到的数理化天地生等,比起孔子、老子、柏拉图、亚里士多德来,不知要丰富多少倍。但论智慧,我们就不能轻易地这么说。因为,智慧是对宇宙人生的某种洞见,她和人性自由发展存在着内在联系。孔子、老子、柏拉图、亚里士多德及其他先哲的著作,正因为其中包含取之不尽的智慧,所以具有"永久的魅力",值得后人不断回顾。① 所以,我们说,古代哲人的知识未必比现代中学生多,但我们不能说他们的智慧不如现代的中学生,再退一步说,我们很多大学生甚至博士研究生的知识比孔子、老子、柏拉图、亚里士多德及其他先哲多,但是也不一定肯定他们的智慧比古代先哲丰富,这就是我们常说的某些人"有知识没文化"现象。就此而言,智慧用来标明那些在知识或能力上超过其他所有人的超常特点。的确,在智慧这一词中,人们获得了一种语义上的创造。它为柏拉图有关哲学的概念开辟了道路。②

智慧不仅是对宇宙人生真理性的洞见,而且智慧还是一种文化修养,是对一个人所拥有的知识和创造、接受、运用知识的能力的总称。作为文化修养,智慧不如知识那样确定有用,但它能够使人更好驾驭知识、发现知识。所以智慧应以综合各种知识而见长。所以,在知识领域,虽然哲学不断失去其家园,以至于哲学越来越不是知识,但是在文化领域则永远是哲学的一片乐土。那种企图干预知识本身的哲学必然要失落的。③

知识经验注重的是对象的条理/规律,而智慧注重的是宇宙人生的整

---

① 冯契:《智慧的探索》,华东师范大学出版社 1994 年版,第 322 页。
② 雅斯贝尔斯:《智慧之路——哲学导论》,中国国际广播出版社 1988 年版。
③ 伽达默尔:《科学时代的理性》,国际文化出版公司 1988 年版,第 124—25 页。

体（大全）和究竟，人生宇宙的真理，性与天道的知识。

知识要求分辨是非真假，而智慧则要求"穷究会通"。所谓穷究就是追求第一因、自由因、宇宙人生的终极，所谓会通就是融会贯通无所不包的天人、物我之道。哲学的核心是性与天道的学说，而讲性与天道，不仅在于求真，而且要求穷通。所谓"穷通"包含"穷"和"通"两个方面。"穷"就是穷究，要求探究第一因和最高境界，即探究宇宙万物的第一因、自由因是什么，宇宙的演变、人类的进化要达到何等最高境界，也就是终极关怀是什么的问题。"通"就是会通，融会贯通。认识自然界、人类的秩序，要求把握其无所不包的道，也就是贯穿于自然、人生之中无不通也、无不由也的道；并要求会通天人物我达到与天地合其德，获得真正的自由。求穷通是人类思维本性的要求，也是有哲学兴趣的人不可避免的要关心的问题。而求穷通则要把握无条件的、绝对的、无限的东西。无不通也、无不由也的道，天人合一的境界，会通天人的德性，都是无条件的、绝对的、无限的，所以，这就是难以言传的超名言之域了。哲学当然有一部分属于名言之域，是用普遍命题来表达的，但哲学家作为爱智者总是要穷究第一因、穷究最高境界，要求会通天人，把握我所不包的道。

智慧不仅是对对象的穷通，而且是人的德性的自证，因而还有其创作。真正的创作是人的本质力量、德性的表现，因而都有其个性，还有其不能为他人和后人所重复的成分。主体精神在历史发展过程中分化，有理论理性、实践理性、审美理性，但同时存在着综合的趋势，所以人的本质力量是知、情、意的统一。人的个性也要求全面发展，无论哲学、道德、艺术、乃至宗教，都要求"穷究会通"，这就是智慧。

2. 中国哲学中有关"转识成智"的理论

如何实现"转识成智"作为一个具体的哲学问题，并非无本之木、无源之水，它既有着悠远的历史脉络，也烙上了鲜明的时代印记。"中国传统哲学中蕴藏着最深邃的智慧是关于性与天道的理论。不论儒家、道家，还是玄学、佛学、理学、心学，都以为本体论（即关于人性与天道的理论）和智慧学说是统一的。而在中国哲人看来，所谓智慧就是关于宇宙、人生的真理性认识,它和理想人格(或自由人格)的培养是内在的相联系着的。因此,哲学不仅要认识世界(认识天道),而且要认识自己('自反'以求尽心、知性),并在认识世界与认识自己的交互作用中'转识成智'和培养自由人格。而'转识成智'包含有飞跃,即通常所说的'悟'或理性的直觉。因此,智慧的表达虽离不开名言,也遵循逻辑,却又总有'言不尽意'的情况。要求突破形式逻辑的界限。"①

在冯契看来,"形而上学"(玄学)之所以可能,也就是智慧之所以可能。而智慧之何以可能的问题包含两个方面:"首先要问如何能'得',即如何能'转识成智',实现由意见、知识到智慧的飞跃;其次要问如何能'达',即如何能把'超名言之域'的智慧用语言文字表达出来,亦即说不得的东西如何能说,如何去说",②也就是,说不可说。

先秦时期,《老子》通过"为学"与"为道"的关系的讨论,在一定程度上触及到了"转识成智"的问题。《道德经》中说,为学日益,为道日损。损之又损,以至于无。这可以看作是老子关于知识与智慧区别的看法。为道日益,这就是说,对于具体知识的学习是一个不断积累和进步的过程。这是由外到内的过程。为道日损,这就是说,越能体会道,人自身的欲望越是减少,最终能达到复归人的本性、顺其自然的地步,即最终达到"无"的境界。在马克思主义哲学看来,为道,即学习哲学,是增加人的智慧,提高人的境界。总之,《老子》认为知识的增长无益于对道的把握,而要认识"道"就必须不断破除知识,达到"无为"。

魏晋时期,突出讨论了"言、意能否把握道"的问题,其实质就是逻辑思维能否把握世界的统一原理和发展原理,而后者作为对天道的认识连同对德性的培养正是哲学智慧的根本目标。郭象的《庄子论》主张通过超越有名之域的是非、彼此、能所,以达到无名之域,这其实是对"转识成智"的机智的探讨。

---

① 冯契:《智慧的探索》,华东师范大学出版社 1994 年版,第 432—433 页。

② 冯契:《智慧的探索》,华东师范大学出版社 1994 年版,第 605 页。

　　隋唐佛学盛行,唯识宗首先使用了"转识成智"这一术语,并具体讨论了如何实现由染而净、由迷而悟、由分别的意识活动向无分别的智慧的转化(《成唯识论卷十》)。

　　宋明时期,这一问题又以"见闻之知"与"德性之知","道问学"和"尊德性"之关系形式而在理学中得到继续讨论。张载主张"德性所知,不萌于见闻"①,意味着见闻之知所代表广义的事实认知不能产生和达到德性之知所代表的智慧。而朱熹、陆九渊争论"道问学"和"尊德性",前者虽然以为二者当"交相滋益、互相发明,则自然该贯通达而于道体之全,无欠阙处矣。"②不过,朱熹更多的还是从"道问学"入手培养德性,偏重于"道体之细"。后者则不然,认为"既不知尊德性,焉有所谓'道问学'",③主张"先立乎其大者",否认知识的积累有益于精神境界的升华。

3. 西方哲学中有关"转识成智"的理论

　　哲学的希腊文本意就是爱智慧。因此,哲学首先是作为一种智慧而不是知识出现的。"智慧"在外国哲学中与哲学差不多同义。赫拉克利特的"逻各斯"既是支配人的思维的主观理性规律,又是客观的自然规律,他说"博学并不能使人智慧",又说"智慧只在于一件事,就是认识那善于驾驭一切的思想"。这两个残简说明要认识事物的本质才具有智慧,要从知识进到智慧。赫拉克利特已经把知识和智慧区别开来,指出以辩证法认识宇宙的本质。以后的哲学家又拓展了智慧的含义。从苏格拉底的"美德就是知识"开始就把美德放在智慧之中了。这时的四主德学说,即智慧、公正、勇敢、节制四者关系的学说,认为智慧是四主德之首,认为人在其行动中,做出反思与判断用智慧来驾驭行动,公正、勇敢、节制是服从于智慧的。柏拉图对此作了很多发挥,认为智慧是最高美德,它使人具有判断能力,认识什么是正确的,什么是错误的,使人摆脱肉体的束缚,以善的理念作行为准则,在追求善本质的过程中,提高对理念世界的了解。柏拉图认为统治者

---

① 《张载集》,中华书局 1980 年版,第 24 页。
② 《朱子文集》卷 74。
③ 《陆九渊集》,中华书局 1980 年版,第 400 页。

应当是哲学家,也就是具有智慧的人,因而哲学的本意是热爱智慧。在柏拉图的体系中,就具有了形而上的伦理学的政治意义。亚里士多德则在智慧说中加上了中庸之道原则,中庸之道是既没有过头之处,也没有不足之处,这就强调了智慧的分辨作用与找到行为中的辩证的统一。

从古希腊对智慧的研究就导致把智慧区分为实践智慧与哲学智慧,实践智慧是对道德行为中的推测判断能力,是对实际活动的指导,而哲学智慧则是对世界的根本原则和原因的理解。

斯多葛学派哲学偏于道德伦理思想,其对智慧的理解也偏于心灵的平静,行为的审慎,这种观点与基督教的《圣经》中的智慧概念相结合,就成为中世纪的智慧学说,认为实践智慧与哲学智慧均服从于上帝教诲,《圣经》是最高的智慧。新柏拉图主义的贡献是把美引入智慧学说中,从此以后,智慧就包含了真善美三个方面了。

西方近代哲学所了解的智慧是,按照形而上学体系的性质不同而有差异的。斯宾诺莎认为"智慧是对上帝的知性的爱",这种观点把知识与智慧联系起来,这句话的意思是服从于宇宙的规律即智慧。这还是回到古希腊的观点。

康德提出了一种新的知识论,他的限制知识为信仰开拓地盘是为了给自然科学构造一个基础,他称之为理论理性。以为道德和宗教不属于理论理性的范围,它用实践理性能力来解释这方面人的活动。认为它的目的是达到上帝、宇宙、灵魂,并认为实践理性比理论理性有更大的优越性,科学知识必须要有道德的支配。康德后来又以判断力作为理论理性和实践理性的能力,即联系必然与自由的手段,认为美感是无功利性的愉快,没有目的的目的性,最后把知、情、意结合起来,阐明了知识与智慧之间的关系。康德的智慧超越知识,以另一种方式解释了形而上学的问题。康德看重他的这种形而上学的探讨,他说:"把至善从实践方面充分加以规定,就是所谓智慧,这种智慧若作为一种学问又是古人所谓的哲学,哲学在古人看来原是教人什么才是'至善'的概念,并指教人什么是求得它的行为的。"①康德认为哲学应该是维持这种达到"至善"的古义,而不是作为一种知识,但他并没有正确说明从知识到智慧的途径。

康德以后的费希特、谢林、黑格尔的哲学都在解决这一问题。费希特把理论理性和实践理性结合起来,使两者成为他的知识学的两个方面。谢林又把这两方面结合在他的同一哲学中。黑格尔则提出了一个庞大的哲学体系,把本体论、认识论、逻辑学结合在一起,成为一个真正的智慧的体系。他把这个体系称为绝对知识,这说明知识与智慧是合一的。黑格尔提出了知识与智慧相结合的正确道路,即从辩证思维达到从知识到智慧。黑格尔的缺点是用唯心主义辩证法的思有同一说来达到这个同一性,还带有一种神秘色彩。马克思颠倒了黑格尔的唯心主义体系,就正确说明了从知识到智慧的道路了。②

四、哲学研究的对象

什么是哲学研究的对象?对这一问题的回答,学界可以说是众说纷纭,莫衷一是。为此,我们简要做一考察,并归纳如下:

世界观说。"世界观说"是马克思主义哲学家有关哲学研究对象的最著名的一种理论界定。马克思在《关于费尔巴哈的提纲》第十一条中曾明确指出:"哲学家们只是用不同的方式解释世界,而问题在于改变世界"。然而,人们对这句名言中的"世界"的理解则有很多分歧。有人指出,这个"世界"就是自然界、人类社会和人类思维,如此说来,"世界观说"就与"普遍规律说"统一起来了,两者没有本质的区别。也有人认为,这个"世界"是"属人世界",因为,"被抽象地、孤立地理解的、被固定为与人分离的自然界,对人说来也是无。""先于人类历史而存在的那个自然界,不是费尔巴哈生活其中的自然界;这是除去在澳洲新出现的一些珊瑚以外今天在任何地

---

① 康德:《实践理性批判》,商务印书馆 1960 年版,第 111 页。
② 华东师范大学哲学系编:《理性·方法·德性》,学林出版社 1996 年版,第 97—99 页。

方都不再存在的，因而对于费尔巴哈来说也是不存在的自然界"①。

普遍规律说。"普遍规律说"是马克思主义经典作家对哲学的研究对象所做的一种理论界定。恩格斯认为哲学就是辩证法，"而辩证法不过是关于自然、人类社会和思维的运动和发展的普遍规律的科学。"②此外，恩格斯还有一个说法：辩证法是"关于外部世界和人类思维的运动的一般规律的科学"。③ 实际上，对哲学这一定义首先把哲学与科学在研究对象上明确区分开来了。"普遍规律说"认为，各门科学只是研究世界的各种"特殊领域"，并提供关于这些领域的"特殊规律"；而哲学则以"整个世界"为对象，并提供关于整个世界的运动与发展的"普遍规律"；④因此，哲学是关于世界的根本看法的世界观理论。

科学成果概括说。"科学成果概括说"是马克思主义哲学对哲学研究对象的一种重要理论规定。这种观点认为，哲学是对自然知识、社会知识和人类思维知识的概括和总结，或者说哲学是对自然科学、社会科学和人类思维科学成果的概括和总结，而马克思主义哲学与以往的一切哲学的不同之处就在于马克思主义哲学是对自然知识、社会知识和人类思维成果的科学的概括和总结。

本体论说（存在意义探究说）/形上学说（Metaphysics，拉丁文为 meta-physica）。"本体论说"（ontology）是哲学研究对象的一种比较传统的理论界定。人们常说，哲学就是本体论。亚里士多德曾经把"第一哲学"（即追问第一原因的学问亦即形而上学）理解成研究"作为存在的存在"之学问。"作为存在的存在"就是指一般的普遍的存在，即存在本身。而一切存在的中心点就是"本体"。"只有把哲学研究的追问本身就从生存状态上理解为生存者的此在得一种存在可能性，才有可能展开出生存的生存论状态，从而也才有可能着手进行有充分根据的一般性的存在论问题的讨论"。而

---

① 《马克思恩格斯选集》第1卷，人民出版社1995年版，第77页。

② 《马克思恩格斯选集》第3卷，人民出版社1995年版，第484页。

③ 《马克思恩格斯选集》，第4卷，人民出版社1995年版，第243页。

④ 孙正聿：《哲学导论》，中国人民大学出版社2000年版，第3页。

"要阐明存在问题在存在者暨存在论上的与众不同之处,首须题是初次在在存在者既存在论上的优先地位"。因此,哲学乃是在此在的在中思在(海德格尔语)。

辩证法说。 恩格斯曾经认为,哲学特别是近代哲学的研究对象就是辩证法。他说:"在以往的全部哲学中仍然独立存在的,就只有关于思维及其规律的学说——形式逻辑和辩证法。其他一切都归到关于自然和历史的实证科学中去了。"①恩格斯是在《反杜林论》中首次阐述了这一观点,此后他在把《反杜林论》中的三章改编成《社会主义从空想到科学的发展》时,又重申了这一观点。当然,对恩格斯这一观点,人们的理解是不完全一样的,有人认为,这是恩格斯有关"哲学的终结"的最重要的表述,也有人认为这只是恩格斯对现代哲学研究对象的一种表述,而不是对所有的哲学研究对象的表述。

认识论说(Epistemology,希腊文为 episteme 知识和 logos 理论)。"认识论说"是马克思主义经典作家有关哲学的研究对象的另一种界定。在《唯物主义和经验批判主义》中,列宁已经有"在认识论上应用辩证法"②的提法;在《卡尔·马克思》一文中,列宁已经向前迈出了关键的一步,指出:"辩证法,按照马克思的理解,同样也根据黑格尔的看法,其本身包括现时所谓的认识论,这种认识论同样应当历史地观察自己的对象,研究并概括认识的起源和发展即从不知到知的转化。"③也就是说,唯物辩证法不仅是过程论、发展论,而且是辩证思维的方法论、认识论。这就进一步孕育着辩证法、认识论、逻辑学三者同一原理的思想。随着列宁在《黑格尔〈逻辑学〉一书摘要》中,肯定了黑格尔关于逻辑学不仅是对思维形式的描述,而且是思想史的结果和总结的思想,指出:"按照这种理解,逻辑是和认识论一致

---

① 《马克思恩格斯选集》第 3 卷,人民出版社 1995 年版,第 364 页。
② 《列宁选集》第 2 卷,第 246 页。
③ 《列宁选集》第 2 卷,第 584 页。

的。"①"逻辑学是关于认识的学说,是认识的理论。"②也就是说,逻辑学就是认识论。紧接着,列宁在《黑格尔辩证法(逻辑学)的纲要》中,明确提出了"三者同一"的思想:"在《资本论》中,逻辑、辩证法和唯物主义的认识论[不必要三个词,它们是同一个东西]",③那么,唯物主义逻辑、辩证法和认识论究竟是三者"同一"还是三者"统一"呢? 这一问题正是理解列宁关于"三者同一"思想的关键,在列宁逝世后,它一直是苏联哲学界和中国哲学界的热门话题。解铃还须系铃人。其实,列宁在阐述这一思想的同年,就在《谈谈辩证法问题》一文中对三者"同一"的思想作了进一步的"注释",他明确地指出:"辩证法也就是(黑格尔和)马克思主义的认识论"。④ 因此,唯物主义逻辑、辩证法、认识论是三者"同一"而不是三者"统一"。由辩证法应用于认识论、辩证法包括现今的认识论,到逻辑学和认识论的一致、逻辑学就是认识论,再到辩证法就是逻辑学和认识论,这可以说是列宁自己对于马克思主义哲学新形式的宝贵探索。列宁不仅反复地从理论上证明辩证法何以就是逻辑学、认识论,同时还试图按照三者同一的思想来建立马克思主义认识论体系,也可以说是试图建立一个与认识论、逻辑学同一的唯物辩证法的体系。列宁一方面指出应当利用《资本论》的逻辑来解决马克思主义唯物辩证法体系的建构问题,另一方面又指出,《资本论》逻辑的基本原则是逻辑学、辩证法、认识论的三者同一。在这里,既有理论原理"三者同一"思想的说明,也有《资本论》逻辑的实证,还有列宁对唯物辩证法体系的建构设想,这不但对于建立唯物辩证法一般理论的理论体系具有重大指导意义,而且对于建立科学的逻辑学和认识论的理论体系,都有指导意义。总之,列宁提出的逻辑学、辩证法和认识论三者同一的原则,既是对马克思遗愿的继承,又是对恩格斯关于哲学基本问题的理论,尤其是对思维与存在同一性的原则的深化。它深刻地说明了存在规律和思维规

---

① 《列宁选集》第2卷,第714页。
② 《列宁选集》第38卷,第186页
③ 《列宁选集》第38卷,第194页。
④ 《列宁选集》第38卷,第357页。

律的关系,说明了在马克思主义哲学体系中的逻辑学、辩证法和认识论的
基础是一个,即物质世界的客观实在性,存在规律与思维规律"这两个系列
的规律在本质上是同一的"。①

科学方法论说。现代西方哲学中科学主义流派反对哲学是形而上学
和本体论的观点,认为所谓超验的世界本质是人的感觉无法达到、人的经
验无法验证的,哲学的目的就是为科学提供精确的方法和符合逻辑的命
题,因此,哲学就是科学方法论。

语言分析活动说。流行于英美的分析哲学认为,哲学的唯一任务就是
对科学命题进行语言和逻辑的分析。现代西方哲学中语言学派认为,语言
是文化的载体,是文明的水库,哲学应该透过语言来发现文化和文明的底
蕴。维特根斯坦曾经谈到,"哲学家们的大多数问题和命题是由于我们不
理解我们语言的逻辑而来的",因此,哲学就是对语言的批判。

人的学说。其实把哲学的研究对象确定为人的学说不仅表现在古代
中国,而且也表现在西方欧洲大陆的人本主义哲学家的学说中。在古代中
国,主要强调对人生和道德的研究,哲学因此被看成是关于人生和伦理的
学说。作为哲学思潮或哲学理论的人本主义(人道主义 Humanitarianism、
人本主义、人文主义或人本学 Humanism,人学,人生境界说),则把自己的
研究对象主要定位为"关于人的本质、使命、地位、价值和个性发展等的思
潮和理论"。现代西方哲学家提出的哲学是人本学。现代西方哲学中人本
主义流派认为哲学是以人为本的,人的生存中各种问题是哲学研究的唯一
使命。显然,把人的学说或人学作为哲学的研究对象显得太过于宽泛,因
为,我们也可以说文学的研究对象、历史的研究对象都可以是人学。对人
存在着各种不同的理解:人是万物之灵、人是上帝的奴仆、人是机器、人是
高级动物、人是符号、人是社会存在物,等等。研究人的还有许多实证科
学,如动物学、生理学、脑科学、医学、历史学、法学、经济学、人类学,等等。

哲学的本性无定论。我国有些学者认为哲学的定义是无定论的,关于

---

① 《马克思恩格斯选集》第 4 卷,第 239 页。

哲学是否能够有公认的定论也是无定论的,哲学讨论的许多问题也是无定论的,只有无定论的问题才是哲学问题。印度《奥义书》上记述了佛祖和云游僧的智慧挑战。一云游僧人曾问佛祖:"我是谁?"佛祖不答。又问"我是否存在"? 佛祖仍不答。云游僧走后,弟子阿难问佛祖为何不答。佛祖说:"问我是谁,是寻人生的意义。人生的路还没走完,怎么能有确定的答案呢?"

五、哲学究竟是什么?

哲学究竟是什么? 哲学究竟不是什么? 对于这两个问题的回答,实际上,中西哲学给出的答案并不完全一样。西方哲学更多地是采用"正的方法"来回答,而中国哲学则更多地采用"负的方法"来回答。[①]

专栏二:"哲学是什么"与"什么是哲学"[②]

从问题本身看,"哲学是什么"可以有两种表达方式:"哲学是什么"与"什么是哲学"。表面上这两种表达方式所说的是一回事,都是关于哲学的基本规定或定义,似乎无论把问题中的"什么"放在后面还是放在前面,并没有什么根本上的区别。在西方语言中一说到"哲学是什么"或"什么是哲学",其实就是一句话,例如英语中的"what is philosophy",德语中的"Was ist die Philosophie"。虽然当我们把它们翻译成中文的时候,既可以译作"哲学是什么",也可以译作"什么是哲学",不过通常并没有要突出两者之间有什么区别的意思,但是实际上在这两种表达方式之间存在着某种差别,而且这一差别不仅仅是翻译的方式问题,而且是表述的含义问题。不要以为我们是在玩儿文字游戏,因为不同的表达方式的确可以有不同的意义。

[①] "正的方法"和"负的方法"是冯友兰先生作出的总结,本书在后续部分会做详细介绍,这里从略。

[②] 张志伟:《"哲学是什么"与"什么是哲学"》,哲学在线。

"哲学是什么"与"什么是哲学"之间究竟有什么区别？

当我们追问某种东西"是什么"的时候，通常在逻辑上问的是这种东西的"本质"或"本性"，亦即规定它"是什么"的"定义"。然而所谓"定义"所表述的既可以是曾经如此或现在如此的实际状态，也可以是将来如此或应该如此的理想状态，前者说的是"是如何"，后者讲的则是"应如何"，一个是"实然"，一个是"应然"。在一般情况下，一门学科的基本规定是没有这种区别的，或者说上述两方面是统一的，但是哲学却不一般。由于哲学家们在"哲学是什么"这个问题上始终未能达成普遍的共识，使得我们只知道以往人们关于哲学的不同规定，而无法确定关于哲学的一般规定，于是在"哲学是什么"与"什么是哲学"之间就出现了差别。在某种意义上说，"哲学是什么"问的是作为历史事实的哲学过去和现在"是什么"，而"什么是哲学"问的则是究竟什么样的哲学才能够被我们称之为哲学，亦即作为普遍意义的哲学"是什么"。

当我们以这两种不同的方式追问哲学的时候，似乎显得对哲学有点儿不太恭敬，因为这意味着在"哲学过去和现在是什么"与"哲学应该是什么"之间存在着差别，把这个问题问到底就很可能得出这样的结论：无论哲学过去或者现在是什么样子，它有可能还不是它应该所是的样子。

1. 西方哲学

西方哲学家对哲学的论述众多，我们不可能——列举，因此只能以一些著名哲学家的论述为例，希望以此能够窥见西方哲学的全貌。

亚里士多德：亚里士多德在其名著《形而上学》第一卷第二章中对哲学作如下之定义："哲学起源于无知，其发展的程序为：因对事物的无知而惊奇其现象，由惊奇事物的现象而生怀疑的心情，再由怀疑而追究事物发生的理由；借所追究出的理由而成全与明了事物的真相，这全部系统性的真理就是哲学"。

罗素："哲学和别的学科一样，基本的目的是要获得知识。哲学所追求的是可以提供一套统一体系的科学知识,和由于批判我们的成见、偏见和信仰的基础而得来的知识。"①"哲学可以公道地自认为,它可以减少错误的危险,而且就某些情形而论,它使错误小到实际上不足理会的程度。"②"任何一门科学,只要关于它的知识一可能确定,这门科学便不再称为哲学,而变成一门独立的科学了。"③在罗素看来,"哲学的不肯定性在颇大程度上不但是真实的,而且是明显的:有了确定答案的问题都已经放到各种科学里去了,而现在还提不出确定答案的问题便仍构成为叫做哲学的这门学科的残存部分。"④

罗素在《西方哲学史》则认为:"哲学,就我对这个词的理解来说,乃是某种介乎神学与科学之间的东西。它和神学一样,包含着人类对于那些迄今仍为确切的知识所不能肯定的事物的思考;但是它又象科学一样式诉之于人类的理性而不是诉之于权威的,不管是传统的权威还是启示的权威。一切确切的知识——我是这样主张的——都属于科学;一切涉及超乎确切知识之外的教条都属于神学。但是介乎神学与科学之间还有一片受到双方攻击的无人之域;这片无人之域就是哲学。"⑤

海德格尔:"哲学就是那种特别被接受并且自行展开着的响应,对存在者之存在的劝说的响应。唯当经验到了哲学如何以及以何种方式成为哲学,我们才认识和知道哲学是什么"。⑥

专栏三:波普尔:哲学是什么? 哲学不是什么?

波普尔的元哲学思想主要包含两个方面的内容,这就是:什么是哲学? 什么不是哲学? 用波普尔自己的话来说,就是:我怎样看待哲学? 我不怎样看待哲学?

---

① 罗素:《哲学问题》,商务印书馆 1959 年版,第 107 页。
② 罗素:《哲学问题》,商务印书馆 1959 年版,第 106 页。
③ 罗素:《哲学问题》,商务印书馆 1959 年版,第 107 页。
④ 罗素:《哲学问题》,商务印书馆 1959 年版,第 108 页。
⑤ 罗素:《西方哲学史》上卷,商务印书馆,第 11 页。
⑥ 孙周兴选编:《海德格尔选集》上,上海三联书店,第 605 页。

一、哲学是什么?

在一定意义上我们可以说,整个波普尔哲学就是对逻辑实证主义反响的产物。同样,波普尔的元哲学思想也是批评逻辑实证主义元哲学的产物。

逻辑实证主义元哲学思想主要包含两个方面:其一是对传统哲学的看法,其二是对所谓的真正的哲学的看法。就第一方面来说,逻辑实证主义提出了"拒斥形而上学"的口号,认为形而上学是无意义的,形而上学是概念的诗歌;就第二方面来讲,逻辑实证主义认为,哲学应该是一种活动。作为对逻辑实证主义元哲学思想的反映,波普尔特别批评了以魏斯曼为代表所主张的一种观点,这就是:哲学家是一类特殊的人,哲学可以看作是他们的专门活动。波普尔看待哲学的方式与之完全不同。在波普尔看来,"所有的男人和所有的女人都是哲学家,只不过某些人具有更多的哲学家的特点罢了。"这种哲学观,我们可以将其命名为"大众常识哲学",其不同于所谓的"学院派哲学"、"专业哲学"或"精英哲学"。维特根斯坦曾否认"存在哲学问题",作为对维特根斯坦和维也纳学派哲学观的反映,波普尔认为他自己"总是为了保卫哲学甚至形而上学而反对维也纳学派。因为我认为许多人,包括我自己在内,都有一些真正的哲学问题,只是在严肃性和困难性上程度不同,并且这些问题并非全部无法解决。"①就科学哲学而言,波普尔认为,科学哲学不应该象逻辑实证主义者所说的那样是研究科学知识的结构和分析"元科学"概念(例如,分析"理论"、"公理系统"、"观察陈述"和"理论陈述"等等),而应该研究科学知识的发展,其任务是分析经验科学的方法,以便建立科学研究的方法论法则。在波普尔看来,"知识理论的各种问题构成了哲学的核心,既是未经批判的或大众的常识哲学也是学院派哲学的核心。"②波普尔认为,科学哲学、科学方法

---

① 波普尔:《通过知识获得解放》,范景中、李本正译,中国美术学院出版社1996年版,第390页。

② 波普尔:《通过知识获得解放》,范景中、李本正译,中国美术学院出版社1996年版,第400页。

论和认识论是一回事。他说："认识论的中心问题历来是而且现在仍然是知识增长问题，而研究知识增长的最好途径是研究科学知识的增长。""认识论或科学发现的逻辑应当等同于科学方法论。"

在波普尔看来，"哲学从来也不应该而且它也确实不能与各门科学脱离关系。"①"哲学的主要任务就是批判性地沉思宇宙和我们在宇宙中的地位，这也包括我们的认识能力以及我们行善和作恶的能力。"②

二、哲学不是什么？

对于这个问题，波普尔也作了比较详细的分析。同样，这些思想的针对性仍然是分析哲学和逻辑实证主义。波普尔将其不满的一些哲学观点和活动列举如下：

1. 我不把哲学看成是为了解决语言迷惑，虽然消除误解有时是一种必不可少的预备工作。

2. 我不把哲学看成是一系列艺术作品，也就是说，我不把哲学看成是一些惊人而有独创性的世界图画，或者是对世界的机敏而奇异的描绘。……

3. 我不把哲学体系的漫长历史看成是一座理智大厦……

4. 我不把哲学看成是一种澄清、分析和"引伸"、[explicate]概念、字词和语言的努力。

5. 我不把哲学看成是一种显示聪明的方式。

6. 我不把哲学看成是一种智力疗法（维特根斯坦这样看），一种帮助人们走出哲学窘境的活动。……

7. 我不把哲学看成是对如何更精确或更准确表达事物的研究。……

8. 因此，我不把哲学看成是为解决最近或较远的未来所可能出现的问题而提供基础或概念框架的一种努力。……

---

① 波普尔：《通过知识获得解放》，范景中、李本正译，中国美术学院出版社 1996 年版，第 403 页。

② 波普尔：《通过知识获得解放》，范景中、李本正译，中国美术学院出版社 1996 年版，第 405 页。

9. 我不把哲学看成是一种时代精神的表现。……①

以上九条，从另一个侧面反映了波普尔的哲学观。其中，第一、四、六、七条主要是针对维特根斯坦和维也纳学派的哲学观，因为这种哲学观主要是把哲学当作一种活动或技术，从而达到澄清概念、走出哲学窘境的目的；第二、三、五、九条主要是针对黑格尔等人的哲学观，因为他们或把哲学当作纯粹美学，或把哲学等同于真理，或把哲学看成是时代精神的表现，而这些观点都是波普尔极力反对的；第八条是反对英国经验主义哲学家约翰·洛克的，因为这种哲学观是把哲学看作仅仅是提供概念方面的预备条件。

2. 中国哲学

哲学是个西方术语。自从这个词介绍到中国后，我国哲学家曾无休止地追问中国有没有哲学。为此，中国现代意义上的第一批哲学家对于哲学是什么的问题都给出了自己的答案。

胡适先生说，"凡研究人生切要的问题，从根本上着想，要寻一个根本的解决，这种学问，叫做哲学。"

金岳霖先生说："哲学是说出一个道理来的成见。"

专栏四：冯友兰的哲学观

冯友兰(1895—1990)，字芝生，河南省唐河县人。小时在家乡的私塾读书，1910 年到开封入中州公学中学班，1912 年入上海中国公学的大学预科班，1915 年考入北京大学中国哲学门，1918 年毕业。1919 年入美国哥伦比亚大学研究生院哲学系，1923 年获得博士学位，毕业后即回国。1923—1925 年任中州大学哲学系教授、文科主任，1925 年任广东大学哲学教授。1926—1928 年任燕京大学哲学教授。1928—1952 年任清华大学教

① 波普尔：《通过知识获得解放》，范景中、李本正译，中国美术学院出版社 1996 年版，第 395—397 页。

授兼系主任,1929—1952 年还兼任清华大学文学院院长,1939—1946 年任西南联合大学教授兼文学院院长。1946 年夏赴美国费城宾夕法尼亚大学任客座教授,讲授中国哲学史。1948 年 2 月回到清华大学,后任清华大学校务会议主席。1952 年全国高等学校院系调整后到北京大学哲学系任教授,至去世。

　　冯友兰是著名的中国现代哲学家、哲学史家。他自己认为,他一生的哲学活动大致可以分为四个时期:第一时期是从 1919 年到 1926 年,其代表作是《人生哲学》(1926 年);第二时期是 1926 年至 1935 年,其代表作是两卷本的《中国哲学史》(1931 年,1934 年)。第三时期是从 1936 年至 1948 年,其代表作是抗日战争时期写的"贞元六书",即《新理学》(1939 年)、《新事论》(1940 年)、《新世训》(1940 年)、《新原人》(1943 年)、《新原道》(1944 年)、《新知言》(1946 年)。第四时期是 1949 年至 1990 年,其代表作是七卷本的《中国哲学史新编》。有学者在反思冯友兰思想历程是,曾将冯友兰的思想历程分为三个时期,即第一时期,1918 年至 1948 年;第二时期,1949 年至 1976 年;第三时期,1977 年至 1990 年。这三个时期分别是冯友兰实现自我、失落自我、回归自我的时期,并将这一现象称为"冯友兰现象",认为它是中国现代知识分子苦难历程的缩影,是中国现代学术文化曲折历程的缩影,具有典型意义。①

　　自 30 年代末起,冯友兰不愿意只做一个哲学史家"照着说",而要做一个有创造性的哲学家"接着说"。在建立自己的哲学体系的过程中,冯友兰着重回答了"何为哲学"这一元哲学的基本问题。对此,在"新理学"的体系中,冯友兰有三种典型的说法。第一种说法是就哲学思维的特点以说哲学。他认为:"哲学乃自纯思之观点,对于经验作理智底分析、总括及解释,而又以名言说出之者。哲学有靠人之思与辩。"②所谓"思"与"感"相对,"感"是指感性认识,"思"即是理性思维,思之活动就是对于经

----

① 蔡仲德编:《冯友兰研究》第一辑,国际文化出版公司 1997 年版,第 554—555 页。
② 冯友兰:《贞元六书》,第 7 页。

验作理智的分析、总括和解释；这里所说的"辩"是指"以名言辩论。哲学是说出或写出之道理。此说出或写出即是辩，而所以得到此道理，则由于思。"①所谓对经验作理智的分析，就是对经验中的事物进行分析抽象，从而获得构成事物的终极要素；所谓总括及解释，就是对分析得到的事物的终极要素进行概括，从而获得事物的共相；所谓以名言说出之者，就是通过分析命题，对整个分析总括过程进行传达表述。概括地说，在冯友兰看来，所谓哲学，或"真正底形上学"，就是以一切事物的共相为根本对象，以逻辑分析为主要方法的思维活动及其产物。

第二种说法是就哲学的研究对象以说哲学。冯友兰在《新知言》的绪论和《中国哲学简史》中反复指出："假使我们要只用一句话，说出哲学是甚么，我们就可以说：哲学是对于人生底、有系统底、反思底，思想。"②所谓人生底，指哲学是以人生为对象；所谓系统底，表示哲学家必须进行哲学化；所谓反思底思想，也就是"思想思想的思想"。换句话说，"以人生为对象而思之，就是对于人生有觉解。"此所谓觉是自觉，此所谓解是了解。"对于人生底觉解，就是对于人生底反思底思想。对于觉解的觉解，就是对于思想底思想。这种思想，如成为系统，即是哲学。"③

如果说冯友兰关于哲学的第一、二种说法是就在西方哲学中占统治地位的"正的方法"以说哲学，那么冯友兰对哲学的第三种说法就是以在中国哲学中占统治地位的"负的方法"来说哲学。在冯友兰看来，"正的方法的实质，是说形上学的对象是什么；负的方法的实质，则是不说它。这样做，负的方法也就启示了它的性质的某些方面，这些方面是正的描写和分析无法说出的。"④冯友兰认为，如果从负的方法来说哲学，就可以"用悖论的方式回答：哲学，特别是形上学，是一门这样的知识，在其发展中，最

① 贞元六书》，第9页。
② 《贞元六书》，第861页。
③ 《贞元六书》，第862页。
④ 冯友兰：《中国哲学简史》，北京大学出版社1985年版，第379页。

终成为'不知之知'。"①冯友兰元哲学理论的独特之处就在于:他认为对哲学的定义应当始于正的方法而终于负的方法。"一个完全的形上学系统,应当始于正的方法,而终于负的方法。"这是因为,"如果它不终于负的方法,它就不能达到哲学的最后顶点。但是如果它不始于正的方法,它就缺少作为哲学的实质的清晰思想。"②冯友兰将西方哲学的逻辑分析的方法与中国传统哲学的直觉的方法相结合,较为系统地回答了"何为哲学"这一问题,我们可以将其简要总结如下:哲学是一种理论思维,它是对于人生有系统的反思的思想,是思想思想的思想;不可思议、不可言说者,不是哲学;对于不可思议者之思议、对于不可言说者之言说,亦即"不知之知"才是哲学。

冯友兰在 20 世纪三四十年代就这一问题曾有比较笼统的提法,到了晚年冯先生对此有了更加成熟的见解,他结合中国哲学的传统,进一步阐发了"哲学是以研究人为中心的'人学'"的观点。③ 冯友兰认为,"哲学是人类精神的反思。所谓反思就是人类精神反过来以自己为对象而思之。"④由于人类的精神生活是极其广泛的,因此,人类精神的反思必然要牵涉到各方面的问题,对于广泛的问题作广泛的讨论。"概括地说,有三个方面:自然,社会,个人的人事。人类精神的反思包括三方面以及其间互相关系的问题。这些都是人类精神的反思的对象,也就是哲学的对象。"⑤由于哲学的对象是极其广泛的,因此它所用的概念必然极其抽象,这就决定它的方法是理论思维。

冯友兰曾依据他对哲学的理解,将哲学分为三种:一种是认为最高的精神境界与人的普通生活是对立的,提倡一种出世间的哲学,冯友兰将其称为"极高明而不道中庸";另一种是注重人伦日用和社会生活,但讲不到

① 冯友兰:《中国哲学简史》,北京大学出版社 1985 年版,第 374 页。
② 冯友兰:《中国哲学简史》,北京大学出版社 1985 年版,第 381 页。
③ 参见《冯友兰语萃》,第 258 页。
④ 冯友兰:《中国哲学史新编》第一册,人民出版社 1982 年版,第 9 页。
⑤ 冯友兰:《中国哲学史新编》第一册,人民出版社 1982 年版,第 18 页

最高境界,这些哲学属于世间的哲学,此种哲学可以称为是"道中庸而不极高明";第三种是中国哲学。中国哲学有一个主要传统,有一思想的主流,就是追求一种最高境界,但又不离乎人伦日用,不脱离社会生活,借用《中庸》的话,就是"极高明而道中庸"。概括言之,所谓哲学,即是将"入世"和"出世"统一起来的学问,引导人们于现世生活中达到超现世境界而成为"圣人"的学问。冯友兰认为,哲学有一个最显著的特点,即哲学是一个活东西。"你可以用预制的部件拼凑成一部机器,但是不能拼凑成一个活东西,连一个小小的昆虫或一片草叶这样的活东西也拼凑不成。你只能向活东西供给营养,让他自己析取营养。"①这表明冯友兰所持的是一种有机系统的哲学观。

　　牟宗三认为,"什么是哲学?凡是对人性的活动所及,以理智及观念加以反省说明的,便是哲学。"②"这种观念的说明,理智的活动,所展开的系统,我们也叫它是哲学";"哲学是文化的核心,是指导一个民族文化发展的方向与智慧,即慧命所在"。在《中西哲学会通十四讲》中,他为哲学所立的定义是:"(哲学)从关连着文化来讲,哲学就是指导文化发展的一个方向或智慧,也即指导一个民族文化发展的方向与智慧,假若内在于哲学专就哲学本身而言,哲学有很多种定义,关联着文化讲,哲学就是文化发展的指导方向";"文化之范围太大,可以从各角度,各方面来看,但向内收缩到最核心的地方,当该是哲学。哲学可以做庞大的文化这一个综合体的中心领导观念。"这几个定义综合来看可分两层涵义,前一种意思是从人性来看哲学的,可以说是内在于哲学而就哲学自身而说的,它说明了哲学在本质上是什么,有什么特征,大致是三层意思:第一,哲学是人性的活动以及人性活动之所及;第二,哲学是对人性的活动以及人性活动之所及的反省说明;第

---

①　《冯友兰学术论著自选集》,北京师范学院出版社 1992 年版,第 7 页
②　牟宗三:《中国哲学的特质》,上海古籍出版社 1997 年版,第 4 页。

三,哲学的上述反省说明是理智与观念的反省说明。

六、哲学究竟不是什么?

哲学究竟不是什么,这种提问方式实际上是运用中国哲学中"负的方法"来回答。我们可以说哲学不是宗教,然而宗教学是哲学的一个分支学科;哲学不是艺术,然而艺术哲学是哲学的一个重要部门;哲学不是科学,然而科学哲学是哲学的一个分支学科;哲学不是道德,然而道德哲学或伦理学是哲学的一个重要领域。对于此,正如有学者所追问的:"哲学不是宗教,为什么它能够给人以信仰? 哲学不是艺术,为什么它赋予人以情感? 哲学不是科学,为什么它给予人以真理? 哲学不是道德,为什么它劝导人向善? 难道哲学什么都是又什么都不是吗?"[1]

哲学引人入胜的突出特征,首先在于坚忍不拔的自我追问:哲学究竟是什么,哲学究竟研究什么,哲学究竟有何用途,哲学究竟有无发展,哲学究竟为何存在……哲学的自我追问总是以哲学问题的转换而获得时代性的特征,哲学问题的转换又总是以哲学派别冲突而获得具体理论内涵。哲学就是在自我追问的问题转换和派别冲突的自我批判中而显示出自身演化的趋向性。从整体趋向上来看,哲学的演化经历了塑造"神圣形象"、"消解整体形象"和"消解非神圣形象的"过程。[2] "哲学思想永远只能根源于自由的创造,并且每个人都必须自己完成他的哲学创造"[3]。

七、我的哲学观

在谈论我的哲学观之前,我们首先必须理解几个基本概念,这就是元哲学、哲学学与哲学观。

所谓元哲学(Metaphilosophy),又称哲学的哲学,如同科学的科学、历史的历史一样,是一门具有头等重要意义的二次学科。所谓元哲学(台湾学

① 孙正聿:《哲学导论》,中国人民大学出版社 2000 年版,第 4 页。
② 孙正聿:《崇高的位置——世纪之交的哲学理性》,吉林人民出版社 1997 年版,第 331 页。
③ 雅斯贝尔斯:《智慧之路——哲学导论》,中国国际广播出版社 1988 年版,第 2 页。

界又称之为后设哲学），就是一种元理论，或者说是一种对理论化的世界观的反思的学问。其实，被译为"元"的"Meta"这一前缀表示研究对象与研究学科之间的先后关系。元哲学作为一门以哲学自身为对象的学问，它是关于哲学学科本身的基础、性质、特征、功能及其与人类历史实践相互关系的理解和说明，它所要回答的基本问题是：何为哲学？哲学为何？如何哲学？这些问题几乎同哲学自身的历史一样长，每一位哲学家都或多或少地思考过这些问题。但是，历史上大多数哲学家对哲学本身的看法都是零散的，甚至是偶发的，或者说只是他们的哲学研究的一种副产品。直到 20 世纪初，这种状况才得到改观。

按照现时的理解，元哲学是以自身作为对象的一级研究。它是站在各派哲学以外，然而又在哲学之内，从一个客观的、公正的和总体的观点来重新审视哲学。就此而言，我们可以用一句话来概括，元哲学就是哲学的哲学。有学者指出，元哲学主要以哲学的对象、哲学的特性、哲学的分类、哲学的派系、哲学的方法、哲学的功能、哲学的起源、哲学的演变，哲学各个分支之间的关系、哲学与其他学科之间的关系、哲学与其他社会意识形态之间的关系、哲学与各种社会因素之间的关系，哲学思维、哲学话语、哲学品格、哲学素质为主要论题。[①] 元哲学大师维特根斯坦认为：研究元哲学的目的就在于发现传统哲学并不存在，元哲学是消灭传统哲学的工具，等到完成任务之后就应该把它扔掉（过河拆桥、登楼拆梯）。维特根斯坦一登上哲学舞台，就对哲学进行了哲学改革，这一改革的实质就在于：把哲学变成一门技术，要求哲学家成为技术家。在前期他把哲学变成分析技术，要求哲学家成为逻辑分析的技术家。他认为，哲学不是我们所理解的某种东西，而是我们借助于它所理解的某种东西。它不是我们从某个视角来看的对象，而是给我们一个由之而看对象的视角。在后期，他把哲学变成语言分析的技术，要求哲学家成为语言分析的技术家。

哲学学是把哲学当作一种特殊的社会现象来研究的学科。因此，它只

① 杨方：《元哲学初论》，湖南人民出版社 2002 年版，第 125 页。

能在哲学产生并经过相当的发展阶段之后才能建立。有学者指出,元哲学,又称哲学学,是关于哲学本身的哲学。[①] 对于这种观点,我个人认为值得商榷。的确,元哲学和哲学学都是以哲学自身为研究对象的,但是元哲学是从哲学内部来看哲学,是用哲学的观点来透视哲学,它不是从哲学之外而是从哲学之内来观察哲学、分析哲学和反思哲学,因此元哲学是一门哲学的分支学科,或者说是哲学的元学科。哲学学虽然是以哲学为研究对象,但是它不是从哲学内部而是从哲学外部来考察哲学,它是从外部把哲学当作一个整体来研究,从而旨在揭示哲学的社会性质。从一定意义上来说,哲学学不是哲学,它是哲学的社会学。

所谓哲学观就是人们对哲学的理论化系统化的根本观点和总的看法,它主要回答什么是哲学、哲学与其它学科的区别和联系、哲学的价值与功能等问题。

通过上述分析,我们可以从不同的方面来概括我们对于哲学的理解。

1. 从本体论(世界观)来看,哲学是形上的智慧。哲学作为(爱)智慧之学,作为时代精神的精华,作为人类智慧的理论升华,其基本内容就是理论化系统化的世界观。哲学源于生活而又高于生活。哲学离不开常识而又高于常识。

2. 从认识论来看,哲学是反思的智慧。哲学作为反思的智慧就是对于人类精神生活的反思,是思想思想的思想。黑格尔曾经指出:"哲学乃是一种特殊的思维方式。——在这种方式中,思维成为认识,成为把握对象的概念式的认识。"[②]又指出:"哲学的认识方式只是一种反思。——意指跟随在事实后面的反复思考。"[③]黑格尔《逻辑学》中的"反思"主要有三种含义:反思是对感觉表象中的内容加以反复思考;反思是一种间接认识,是对立范畴的相互映现;反思是一种"知性"思维方法。

3. 从方法论来看,哲学是批判的智慧。哲学所从事的批判不仅是一种

① 杨方:《元哲学初论》,湖南人民出版社 2002 年版,第 125 页。

② 黑格尔:《小逻辑》,商务印书馆 1982 年版,第 38 页。

③ 黑格尔:《小逻辑》,商务印书馆 1982 年版,第 7 页。

前提性批判,而且还是一种过程性批判,同时还是还是一种结果性的批判,也就是说,批判是哲学的本性,它始终贯穿于哲学思维的过程之中。就哲学的发展而言,康德哲学是一个十分重要的背景参考系,他在哲学史中的地位如同一个"蓄水池",这就是说,康德以前的哲学统统流到康德那里,康德以后的哲学又都出于康德。康德对于"批判"的理解为我们理解哲学的批判本性提供了参照。所谓"批判—Kritik"当然不是我们过去常说的"大批判"的意思,在康德看来"批判"乃是"批审—厘定"的意思,而所谓"批审—厘定"正是指"划清界限"而言。马克思论述了作为哲学的辩证法的批判本性,这就是:"辩证法在对现存事物的肯定的理解中同时包含对现存事物的否定的理解,即对现存事物的必然灭亡的理解;辩证法对每一种既成的形式都是从不断的运动中,因而也是从它的暂时性方面去理解;辩证法不崇拜任何东西,按其本质来说,它是批判的和革命的"。

科学批判与哲学批判:哲学批判"是指这样一种分析,其目的不在于表明某些用来论证某一理论为真的主张的论据无效";科学批判"不是抨击科学理论的证明,而是抨击理论本身;不是抨击表明理论为真的主张,而是抨击理论本身来告诉我们的东西——抨击它的内容或它的结果。"①

哲学不能有任何给定的未经证明的前提。哲学和其他科学的根本区别就在这里。所有的具体科学,有一个共同的根本特点,都把思维与存在的统一性作为"理论思维的不自觉和无条件的前提",运用理论思维去研究某些具体的存在,而不去研究理论思维的前提。或者说,在具体科学那里,不管是数学和自然科学,还是社会科学和人文科学,它们都不自觉和无条件地把思维和存在的统一性当作认识世界的前提。不仅如此,在人类把握世界的诸种方式中,除哲学以外的各种方式把理论思维的前提当作不言而喻、不证自明的东西,而去进行生产劳动、经验积累、科学探索、技术发明、工艺改进、艺术创新、政治变革、道德践履等等。就是说,他们的使命都不是研究理论思维前提、探索思维与存在的关系,而是使思维和存在在观念

---

① 纪树立编译:《科学知识进化论》,三联书店 1987 年版,第 50 页。

和实践两个基本层次上获得现实的具体的统一。它们现实地实现思维与存在的统一,但不去反思实现这种统一的前提——思维与存在的关系问题。与此相反,专门以思维和存在的关系问题为对象的学科,则不是现实地实现思维与存在的统一,而是反过来追问思维与存在统一的根据,把理论思维的不自觉和无条件前提作为自己的研究对象,这个专门研究理论思维的学科称为"哲学"。①

"当着我们这样来理解哲学的时候,并不是说科学家、文学家、艺术家、政治家、军事家等等都不去思考作为世界观矛盾的理论思维前提问题,恰恰相反,正因为思维和存在的关系问题是一切理论思维的'前提',所以人们在理论思维活动的一切领域都会不可逃避地提出理论思维的前提问题。也正因为如此,哲学反思的领域是极为广阔的,甚至可以说在人类一切活动领域是无所不在的。问题在于:当着人们在各种不同的活动领域中自觉地提出上述的'前提'问题,并试图对这些'前提'问题给予理论解释时,他们就超越了自己的特定的研究对象和研究领域,也就是进入到了哲学的问题领域"②。也就是说,理论思维的前提批判就是"人类思想的哲学维度"。

例如,对于当代社会所面临的工业化问题,哲学家刘述先就做出如下的反思与批判:

> 一是意义失落的感受。这意味着人们猛然醒觉,科技的进步并未给人生带来幸福,相反,却日益被客观化的科技、物质机械的世界所吞噬。二战后欧洲流行存在主义就是此意义失落的明证。
>
> 二是非人性的倾向。这表明,科学技术本来应该用来服务于人生,没想到在当代,人反而成为科学技术的奴隶。这表现在西方世界,自然科学的归纳推概量化的方法的应用范围被无限地扩大,而关涉到人生真实的性质与价值问题又被完全驱至认知的范围之外,使得价值问题完全失去了客观的标准。结果世间的事

---

① 参见孙正聿:《哲学通论》,辽宁人民出版社 1998 年版的,第 148—49 页。
② 孙正聿:《理论思维的前提批判》(第 2 版),中国人民大学出版社 2010 年版,第 35 页。

物,包括人在内,都被当作纯客观的对象来研究,用数量的方法来处理,从而产生了一种彻底的非人性化的倾向。

三是戡天役物的措施。这是指工业革命和全面工业化以后的结果,并没有引导人类达到预想的理想和目标,反而打破了自然原有的平衡,剥夺了未来人类生存的凭藉。

四是普遍商业化的风气。这表现为科技工业的进步连带地改变了社会的经济结构,市场的价值变成了衡量一切的唯一标准。现代商业宣传手段刺激起人原本没有的物质欲望,使消费变成了人的唯一的生活目标。更有甚者,竟出现了拜金教,宣言金钱万能的福音。结果,人们从传统的过分轻商的偏失走到了另一个极端,即用商品的价值衡量其它一切价值,而不在人自己内部去寻找价值的源泉。

五是集团人主宰的趋势。这就意味着在当代个体主义已被集团人观念所代替,而集团人的主张与兴趣又完全为大众传播媒介所宰制,为金钱的势力所左右。衍生于民主观念的现代选举制度,使得既无高贵品质,又无智慧远见的官僚政客居于领导群伦的地位,也使得权力政治成为唯一的价值标准。①

由此可见,哲学从事的就是前提性考察,就是一种打破沙锅问到底的态度和精神。这里,我们仅以尼采哲学为例。尼采的哲学最关心的就是检验隐藏在哲学体系和习惯的后面的一切前提。因为,在他看来,不存在没有前提的思想。他研究哲学的方法在他的《偶像的黄昏》一书的副标题——《一个人如何用铁锤进行哲学研究》中得到了很好的概括,那就是试图揭示前提和我们借以观察世界的有利地位。正是尼采,他揭示了任何人实际上都不可能跳出它所接受的概念体系之外去考察这种体系是否与他在经验中所得到的东西相一致。因为他所经验的东西总是受到他从社会

---

① 参见洪晓楠:《当代中国文化哲学研究》,大连出版社 2001 年版,第 219 页。

中获得的概念和语言的制约。① 正是从这个意义上,我们可以看到,尼采发现了一切成见的不可避免性。所以,一个人在寻求更适合于现代世界的较好的生活方式之前,必须先摧毁这些偶像(先见),以及它们所依据的一切前提。敢于攻击使我得到安慰的信仰,敢于问什么是我所宠爱的理论的前提,这就是在尼采所推崇的意义上进行哲学研究。②

什么叫权利? 假如你在街上随便找个人问问究竟什么叫做权利,他会被难住的,无法给你一个明确的答案。他可能知道什么叫做践踏别人的权利;或者知道他自己的这种或那种权利被别人所剥夺,所无视,但那种被破坏、被无端剥夺了的东西究竟是什么呢? 它是不是某种与生俱来、因循承袭的东西呢? 它是不是某种打在你身上的印记? 或是人的某种基本特性? 或是某人给予你的东西? 如果是,是谁? 通过什么程序? 权利可以被授与吗? 可以被收回吗? 由谁来予夺? 他又根据什么? 是否存在可以授与和取消的其他权利的权利? 这种权利又意味着什么? 权利可以丧失吗? 是否存在某些固有于你的天性的权力——那些据以思维,据以呼吸,据以作出选择的东西? 这就是所谓的天赋权利? 如果是,"天"字在这里又作何解释? 你又怎样知道天赋权力包括哪些内容?③

雅斯贝尔斯认为:"哲学的本质并不在于对真理的掌握,而在于对真理的探究。"④传统哲学的集大成者黑格尔可以说是第一个明确意识到哲学对象不应是有限的、给定的,而应是无限的、生成的。在《小逻辑》的导言中他写道:"哲学缺乏别的科学所享有的一种优越性:哲学不似别的科学可以假

---

① [美]L. J. 宾克莱:《理想的冲突——西方社会中变化着价值观念》,马元德等译,商务印书馆1984年版,第189页。

② 参见[美]L. J. 宾克莱:《理想的冲突——西方社会中变化着价值观念》,马元德等译,商务印书馆1984年版,第190页。

③ 麦基:《思想家》,周穗明、翁寒松译,三联书店1992年版,第5—6页。

④ 雅斯贝尔斯:《智慧之路》,柯锦华、范进译,中国国际广播出版社1988年版,第5页。

定表象所直接接收地为其对象……"①然而由于时代的局限,黑格尔自己并没有很好地贯彻自己的这一思想,按照克尔凯郭尔的分析,黑格尔的整个逻辑体系的大厦的基石——"纯存在"就是一个给定的假设,这个"纯存在"实质上是有限的心智(人)的产物,使黑格尔设定的,并不是什么神秘的绝对。所以,有人认为,"西方形而上学传统自从泰勒斯以来,就建立在一个给定的本体论的假定上,仿佛现存的世界是某种在一开始就被给定和固定的东西。"②

正如有学者提出的,人类思维有两个基本维度:一是构成思想的维度,也就是思维以人的认识活动和实践活动为中介而实现的思维与存在相统一的维度;二是反思思想的维度,也就是思想以自身为中介而实现的把"思维和存在的关系"作为"问题"而予以"反思"的维度。③ 人类的任何思想都隐含着构成其自身,因而也是超越其自身的根据和原则,它是思想中"看不见的手",规范人们的所思所想和所作所为,哲学的反思就是构成思想的原则为对象,历史地揭示隐匿在思想当中的"前提"。"解除"这些"前提"对思想构成自己的逻辑强制性,修正或转换构成思想的"前提",并以新的逻辑交点去建构新的思维方式、价值尺度和审美标准,永远撇开人类思想自我批判和自我超越的空间。这就是人类思想的哲学维度——反思的维度;这就是哲学的真正本性——前提的批判。

4. 从价值论来看,哲学是一种终极关怀(终极关切)、人文关怀。哲学是人文精神、人文价值的集中体现或展现。

5. 从文化观来看,哲学是一种文化认同。哲学是文化的活的灵魂,是一个民族的精神文化内核,是一个国家的文化软实力的具体体现,是人的文化生命之"根",体现了一种根深蒂固的文化情愫或文化底蕴。

6. 从人生观来看,哲学是生命的智慧。哲学反映了人的生活方式和行为方式。"我们只能通过哲学来澄清自己的生活,或者澄清我们所面临的

① 黑格尔:《小逻辑》,商务印书馆 1980 年版,第 37 页。
② [英]W. 胡德森:《布洛赫的马克思主义哲学》,英文版 1982 年版,第 88—89 页。
③ 孙正聿:《哲学通论》,辽宁人民出版社 1998 年版,第 147 页。

各种问题,这样,我们才能更加有效地对自己负责,才能在充分了解得失的基础之上,作出清醒的决策。"①

7. 从理性观来看,哲学是价值理性、社会理性和实践理性的统一。(1)哲学作为价值理性。哲学崇尚理性,归根结底是理性的产物,但这种理性本质上是价值理性,它关注人、人性、人的发展,并以人的尺度衡量世界,因此,它主要不是描述性的,而是评价性的。(2)哲学作为社会理性。哲学是哲学家的工作,是哲学家诉诸心灵的工作,是哲学家代表人类从事的工作,哲学家不向个人负责,不向权威负责,而是向社会负责,向历史负责。(3)哲学作为实践理性。正如马克思所说的,"全部社会生活在本质上是实践的。凡是把理论引向神秘主义的神秘东西,都能在人的实践中以及对这个实践的理解中得到合理的解决";"哲学家们只是用不同的方式解释世界,问题在于改变世界"。

表一:文化、学科及其与理性的关系

文化的四个层面	学科	理性的范域	备注
器物层	自然科学	工具理性、科技理性	物理学、化学、生物学等全球通用,具有普适性
制度层	社会科学	社会理性	社会学、政治学、经济学等全球基本通用,可以接轨,存在部分普适
观念层	人文学科	人文理性	历史学、哲学、文学艺术、教育学等全球基本不通用,需要本土化
价值层	宗教	价值理性	宗教、神学等,全球很难通用,所以引发宗教战争

上表中需要说明的是,这种理性范域的划分是相对的,而不是绝对的。因为,所有的文化活动可能都蕴含着价值理性、工具理性和实践理性,只是从各自的着眼点来说,自然科学更多地关注工具理性,社会科学更多地侧重于社会理性,人文学科侧重于人文理性和价值理性,宗教则更侧重于价值理性。

---

① 麦基:《思想家》,周穗明、翁寒松译,三联书店 1992 年版,第 34—35 页。

综上所述,人类以科学的方式去探索世界之真(为何如此),以伦理的方式去反省世界之善(应当怎样),以艺术的方式去体验世界之美(是与应当的融合),以宗教的方式去追寻世界之永恒(超自然的或彼岸的真善美的存在),以实践的方式让世界满足自己的需要(把世界变成对人来说是真善美相统一的现实)。科学、伦理、艺术、宗教和实践,它们作为人类把握世界的基本方式,在人类自身的发展中是相互渗透、相互融合的,而不是孤立自在、彼此绝缘的。知、情、意融为一体,真、善、美相互依存。因此,人们不仅追求"天人合一"的真,"知行合一"的善,"情景合一"的美,而且始终在实践基础上追求真善美的合一,渴望达到对人的存在方式的统一性的把握,从而为人类的全部思想和行为提供自己时代水平的最高的支撑点,即人类的安身立命之本。哲学,它作为人类把握世界的一种基本方式,其独立存在的根据和价值,就在于它是对其它方式的超越性综合。

思考题

1. 按你的理解,表述"知识"和"智慧"的含义。你是怎样区别两者的?请详加说明,并给出双方各自的清楚具体的例子。

2. 有人认为中国古代没有哲学,你是如何看待这一问题的?

3. 你是否对传统的行为方式提出过疑问?你自己是否由于认为人们的行为方式不合理而受到攻击和某种方式的惩罚?尽可能充分地描述由于你的问题所引起的争论,你的"论敌"的论据和你提出的疑问的结果。此后,你的反应是什么?当你提出疑问时,是否觉得哲学为你提供了勇气?如果当你再认识到某事是错误的时候,你愿不愿意或者会不会再提出疑问?为什么?

4. 许多著名的哲学家都提出过自己对"什么是哲学"这个问题的答案,请你选择一个你自己最感兴趣的哲学家,分析他对"什么是哲学"这一问题的回答,说明你是赞成他的观点还是反对他的观点?为什么?

5. "什么是哲学"与"哲学是什么"这两个问题之间有区别吗?为什么?

6. 对"哲学"做出一个你自己的定义,它主要关心什么?

第三讲 哲学的特质

*要了解一个时代或一个民族，我们必须了解它的哲学，我们必须在某种程度上自己就是哲学家。*①

——［英国哲学家、数学家、逻辑学家、社会活动家］罗素

哲学主要有三个方面的特质：时代性、民族性、阶级性。

一、哲学的时代性

所谓"时代"，据《现代汉语词典》解释就是"指历史上以经济、政治、文化等状况为依据而划分的某个时期"。

关于哲学与时代的关系，黑格尔曾经发表过很好的见解。他说："哲学并不站在它的时代以外，它就是对它的时代的实质的知识"。"每个人都是他那时代的产儿。哲学也是这样，它是被把握在思想中的他的时代"。"每一哲学都是它时代的哲学，它是精神发展全部锁链的一环，因此它只能满足于那适合它时代的要求或兴趣。② 按照黑格尔的理解，任何哲学都不过是为适合它时代的要求或兴趣而产生出来的。换言之，时代决定哲学，支配着哲学，哲学不过是时代的分泌物。由此而见，在哲学与时代的关系中，黑格尔只看到哲学对时代的单项关系，忽视了哲学对时代的重大影响，忽视了哲学本身的勃勃生机和创造力量。

马克思在黑格尔关于哲学与时代的关系论述的基础上，进一步指出：

① 罗素：《西方哲学史》（上卷），商务印书馆 1986 年版，第 12 页。
② 黑格尔：《哲学史讲演录》，第 48 页。

"哲学家并不像蘑菇那样是从地里冒出来的,他们是自己的时代、自己的人民的产物,人民的最美好、最珍贵、最隐蔽的精髓都汇集在哲学思想里";"任何真正的哲学都是自己时代的精神上的精华;因此,必然会出现这样的时代:那时哲学不仅在内部通过自己的内容,而且在外部通过自己的表现,同自己时代的现实世界接触并相互作用。"①恩格斯指出,"任何哲学只不过是在思想上反映出来的时代内容"②。由此可见,马克思对哲学与时代的关系比黑格尔更进了一层,他强调"任何真正的哲学都是自己时代的精神上的精华",由此打破了那种哲学与时代的线性关系的观念,看到了哲学与时代关系的复杂性与多样性。

哲学与时代的关系,好比演员与舞台的关系,双方都离不开对方。哲学对时代的作用可以归纳为三种不同的形态③:

哲学与时代的关系的第一种形态就是:哲学与时代的一致性。当然,至于这种一致性是积极的还是消极的,则取决于这一哲学所赖以生存的那一时代是处在生机勃勃向上发展的道路上,还是处在落日余晖的逐渐衰亡的过程中。就此而言,时代性决定了哲学的具体内容。这一观点正是马克思主义所说的"社会存在决定社会意识"的具体体现。

哲学与时代的关系的第二种形态就是:哲学对时代的叛逆与冲突。苏格拉底和布鲁诺就是这种对时代的叛逆与冲突的典型的悲剧人物。苏格拉底把思维着的人作为万物的尺度,他唤醒了雅典人心中的自主性和独立性,同时他摧毁了他们所信奉的法律制度和道德观念,但时代误解了哲学家,哲学家被推到被告席上,尽管他理直气壮,侃侃而谈,但他也不能幸免喝毒人参的命运。同样,布鲁诺为捍卫哥白尼的日心说,被活活烧死在罗马鲜花广场上。

哲学与时代的关系的第三种形态就是:哲学对时代的反思与超越。关于哲学与时代关系的这种形态,黑格尔曾经说过:"妄想一种哲学可以超越

---

① 《马克思恩格斯全集》第 1 卷,人民出版社 1956 年版,第 120—121 页。
② 《马克思恩格斯全集》,第 41 卷,人民出版社 1982 年版,第 211 页。
③ 参阅俞吾金:《思考与超越——哲学对话录》,上海人民出版社 1986 年版,第 19—20 页。

它那个时代,这与妄想个人可以跳出他的时代,跳出罗陀斯岛,是同样愚蠢的。如果它的理论确实超越时代,而建设一个如其所应然的世界,那么这种世界诚然是存在的,但只存在于他的私见中,私见是一种不结实的要素,在其中人们可以随意想象任何东西。"①

当尼采说"我的时间尚未到来,有些人要死后才出生",这表明了他的哲学是对时代的超越;当尼采说"我不是一个普通人,我是一个炸药"。这种豪气,这种冲劲正是我们现在青年人所需要的。尼采常说他的著作是用血写的。尼采的哲学重要是在于它能摧毁人们所有习惯信仰,即事实上的偶像方法,以便一个人能建立它赖以生活的信仰。一个人试图锻造他自己的生活道路之前,首先要冲破他那个时代的习惯和束缚。尼采是"用铁锤作哲学思考",因此,尼采的思想,豪迈而踏实,如高山上的树,越往高处伸展,越往下扎根。尼采的哲学超越了他的时代,他的思想在他死后(1900)以后半个世纪被各种不同的人炒作得发烧(就像时下流行的流行音乐和发烧友和大众情人偶像的电影和电视的追星族)。由于尼采哲学又是对时代的叛逆,因此,当他假借一个狂人的口高呼"上帝死了"的时候,他是时代的叛逆者;当他高呼"重估一切价值"的时候,他又是他以后时代价值的塑造者。

叔本华说过:"我的哲学如果也要适合讲台的话,那就得另有一个完全不同的时代事先成长培育起来才行。"②卡西尔说得更透彻,在他看来,伟大的思想家"常常不得不以超越和反对他们时代的方式进行思考。没有这种理智上和道德上勇气,哲学是不可能完成它在人的文化和社会生活中的使命的。"③

维特根斯坦认为:"假如某人仅仅超越了他的时代,时代总有一天会追上他"。言下之意,卓越的思想家还不止超越他生活的时代,他甚至可以超越几个时代。

---

① [德]黑格尔:《法哲学原理》,商务印书馆1961年版,第12页。
② 叔本华:《作为意志和表象的世界》,第21页。
③ 卡西尔:《国家的神话》,英文版1946年版,第296页。

　　总之,哲学与时代是相互作用、相互影响的。不光时代创造了哲学,而且哲学也创造了时代。不光时代修正了哲学,而且哲学也改造了时代,创造了时代。哲学是各种各样的,既可以是时代精神的精华,也可以是时代精神的糟粕。哲学家既可以是时代的骄子,也可以是时代的弃儿;可以是真理的发现者,也可以是错误理论的吹鼓手。问题是哲学反映了时代的哪一个方面。用黑格尔的话说,哲学是"思想中所把握到的时代。"思想对时代的把握,既不是"表述"时代状况的经验事实,也不是"表达"对时代的情感和意愿,而是"表征"人类对时代生存意义的自我意识。哲学之不可"消解",或者说哲学的"合法性",主要在于人类不能"消解"关于自身存在意义的自我意识,在于人类关于自身的存在意义的自我意识需要通过哲学的理论"表征"的方式而获得自我理解和自我反思,从而历史地调整和变革人类的生存方式。

　　马克思说过:"任何真正的哲学都是自己时代精神的精华"①。真正的哲学之所以是时代精神的精华,就在于它符合时代的进步要求,抓住了时代的主题,回答了时代提出的迫切问题。所谓时代精神的精华,实质上它代表的就是时代主流的哲学。当黑格尔谈到时代精神的时候,他更多注意的是时代**精神**;而当马克思谈到时代精神的时候,他更多的是注意**时代**精神。因此,用背对着自己的时代的哲学是僵死的经院哲学;对自己时代的迫切问题漠不关心的哲学家是空头哲学家。这样的哲学家说的话多是"多余的话"。一个哲学家越有才华和贡献,他就越是依存于它的时代并反映他的时代,用哲学为他的时代的进步服务。

　　黑格尔在《法哲学原理》的序言中说:"当哲学把它的灰色绘成灰色的时候,这一生活形态就变色了。把灰色绘成灰色,不能使生活形态变得年轻,而只能作为认识的对象。密纳发的猫头鹰要等黄昏到来,才会起飞。"对此,马克思批判道:如果这样,那末"哲学家只不过是创造历史的绝对精神在运动完成之后用来回顾既往以求意识到自身的一种工具。哲学家参

_____

① 《马克思恩格斯全集》第1,人民出版社 1956 年版,第 121 页。

与历史只限于他这种回顾既往的意识,因为真正的运动已被绝对精神无意地完成了。所以哲学家是 Post festum[事后]才上场的。"①正是在这个意义上,马克思才说出了哲学不仅要解释世界,而且要改造世界这段名言。

马克思还说过:"哲学不是在世界之外,就如同人脑虽然不在胃里,但也不在人体之外一样。当然,哲学在用双脚立地以前,先是用头脑立于世界的;而人类的其他许多领域在想到究竟是'头脑'也属于这个世界,还是这个世界是头脑的世界以前,早就用双脚扎根大地,并用双手采摘世界的果实了。"

正是这样,美国"新美世界文库"出版社出版的"导师哲学家丛刊"称:《信仰的时代》(中世纪哲学家)、《冒险的时代》(文艺复兴时期的哲学家)、《理性的时代》(17 世纪的哲学家)、《启蒙的时代》(18 世纪的哲学家)、《思想体系的时代》(19 世纪的哲学家)、《分析的时代》(20 世纪的哲学家)。

哲学的时代性决定了真正的哲学必须面对时代,始终保持与时代的紧密联系,以便抓住时代的脉搏。这是判断这种哲学的价值,以及它能否生存和发展的关键。自 1968 年至 1988 年连续 6 届世界哲学大会的中心议题都是:"人的理性"、"现代人性"、"人与技术"、"人与社会"、"人与环境"、"人与文化"、"人的困惑与人的前进"、"对人的哲学理解",这些议题都涌动着时代精神和文化议题。

再例如:1988 年第 18 届世界哲学大会在英国布拉顿(Brighton)召开,大会的主题为"对人的哲学理解",重在探讨人性、人的理性和人的未来、技术与人道主义、人类生存条件与和平、哲学与文化在解决人类全球性问题中的作用等问题。

第 19 届世界哲学大会于 1993 年 8 月中旬在莫斯科举行,主题是"世纪之交的哲学"。

1998 年 8 月中旬第 20 届世界哲学大会在波士顿举行,主题为"潘迪亚:培育人性的哲学"。"潘迪亚"(Paideia)的希腊文原义指教化、教育、培

---

① 《马克思恩格斯全集》第 2 卷,第 108 页。

植。

第 21 届世界哲学大会于 2003 年 8 月 10 日至 17 日中旬在土耳其的伊斯坦布尔举行。会议的主题是"面向世界问题的哲学",旨在强调在新世纪开初之际,需要用哲学包括伦理知识研究、解决重大的全球性问题,使哲学在创造一个"没有恐惧与贫困"的世界方面,发挥重要作用。

第 22 届世界哲学大会 2008 年 7 月 30 日—8 月 5 日在韩国首尔大学隆重举行。大会的主题是"反思当今的哲学"。大会内容丰富,涉及的范围广泛,被誉为"哲学上的奥林匹克盛会"。来自全世界一百多个国家的近两千名代表参加了大会组织的 4 场全体会议(主题分别为:反思道德哲学、社会哲学和政治哲学;反思形而上学和美学;反思哲学史与比较哲学;反思认识论和科技哲学)、5 场专题讨论会(主题分别是:全球化和世界主义;传统、现代性与后现代性;东方与西方的视角;韩国哲学;冲突和宽容以及生命伦理、环境伦理和未来世代)、3 场主题讲座,以及 498 场分组会议,其中包括了特邀会议、韩国哲学会的专门会议、圆桌会议、学会会议以及学生专场等不同形式的会议等。

第 23 届世界哲学大会将于 2013 年 8 月 4 日—8 月 10 日在希腊召开。2013 年大会的主题是"哲学作为一种追问和生活方式",既注重理论与实践,又呼应苏格拉底的名言:不经省察的生活是不值得过的。会议主要有几个互补的基本目标:(1)追问世界哲学的各类传统并就其做出的不同贡献和可能的相互借鉴之处进行比较;(2)反思当代世界中哲学的任务和功能,并考虑其贡献、期望远景以及哲学意识与其他学科的间隙,与政治、宗教、社会、经济、技术等活动,还有与多样的文化和传统的间隙;(3)强调哲学反思的重要性,尤其是在那些有关影响人类的国际事务的公共舆论方面的反思。(4)由于其文化历史和地理条件,雅典是一个激发世界各地学者对话碰撞的绝佳地点。(5)2013 年大会邀请讨论今天哲学与哲学家的性质、角色与责任。会议致力于关注曾经是多元和技术科学化的地球文明发展中的问题、争执、不平等和不公正。(6)会议的主题将进一步往前走,根据以往哲学大会的传统,大会有四次全会和七次座谈会。

联合国教科文组织 2002 年起确定每年的 11 月 20 日为世界哲学日,表明国际社会重视哲学在当今维护世界和平、促进共同发展(包括发展文化的创造性的多样性)中的重要作用。

就世界哲学发展的态势而言,20 世纪 50 年代以后,由于西方发达工业化国家面临着诸多的环境问题、人口问题、资源问题,因此,众多哲学家开展了对现代工业社会问题的反思与批判。在这方面,法兰克福学派、后现代主义哲学就是最典型的代表。

在中国,20 世纪 80 年代"伤痕文学",关于人道主义的论争等就是对当时时代精神的反映。20 世纪 90 年代初对主体性问题的讨论,对价值哲学的关注,对文化哲学的探索,这些纷纷表明中国哲学对人的关注,对人的主体性、人的价值的关注。同样,在新时期,价值与真理问题的凸现不纯粹是理论本身的要求,也是实践的要求:关于利益、需要和目的在实践中的地位和作用问题的探讨,是关于真理标准研究的合乎逻辑的深入,但是,社会经济的改革、生活方式和思维方式的改革比它更有力、更迅速、更直接地把问题提到显著的地位上,人们在涉及是非、利害、善恶、美丑的观念方面,正在并将继续发生值得重视的变化。

哲学的时代性,在一定意义上还表现为哲学的历史性。人类在自身的历史发展中所形成的具有时代特征的关于真善美的认识,既是一种历史的进步性,又是一种历史的局限性,因而它孕育着新的历史的可能性。就其历史的进步性而言,人们在自己的时代所理解的真善美,就是该时代的人类所达到的人与世界的统一性的最高理解,即该时代人类全部活动的最高支撑点,因此是有绝对性;就其历史局限性而言,人们在自己的时代所理解的真善美,又是其特定历史时代的产物,它作为全部人类活动时代最高的支撑点,正是表现了人类作为历史的存在无法挣脱的片面性,因而具有相对性;就其历史的可能性而言,人们在自己的时代所理解的真善美正是人类在其前进发展中所建构的阶梯和支撑点,它为人类的继续前进提供历史的可能性。真善美是永远作为中介而自我扬弃的。它既不是绝对的绝对性,也不是绝对的相对性,而是相对的绝对性——即自己时代的绝对,历史进程的相对。

二、哲学的民族性

哲学不仅具有时代性,而且还具有民族性。所谓哲学的民族性,简单说来就是不同的民族有不同的哲学。具体而言,就是作为以共同的地区和血缘关系为基础的不同的民族共同体,都有自己不同的哲学,即具有不同的价值观念和思维方式。哲学是以民族的生命实践为源泉和基础的。一个民族的哲学浓缩地反映了该民族特有的民族性格、社会心理、风俗习惯、思维方式和实践活动方式,民族的宇宙观、人生观和价值观以及他们赖以安身立命的终极根据,无不透过哲学加以反映和提升。民族性差异是各种哲学形态差异的重要方面,因而也可以认为,各民族的差异的一个重要方面就是民族哲学的差异。

哲学的民族性并不排斥不同的民族哲学之间存在着某种程度上的共性。各个民族的哲学不仅在唯物主义和唯心主义、辩证法和形而上学、无神论和有神论等方面有许多类似或相似的说法,而且各个民族的哲学在关注的哲学问题、使用的哲学范畴、体现的价值观念等方面也有诸多类似和相似的说法。正因为如此,我们在哲学研究中可以进行比较研究,可以比较柏拉图与老子、黑格尔与朱熹、贝克莱和王阳明、海德格尔与庄子等等。

哲学是文化的活的灵魂,因此,为了深化对哲学的民族性的理解,我们在文化的民族性的比较下面来凸现哲学的民族性。早在五四时期,陈独秀就认为东西方思想各成体系,如水火不相容。他在《新青年》第一卷第 4 号上发表《东西民族根本思想之差异》一文,提出了东西方思想的三大差异:第一,西洋民族以战争为本位,东洋民族以安息为本位;第二,西洋民族以个人为本位,东洋民族以家族为本位;第三,西洋民族以法治为本位,以实力为本位,东洋民族以感情为本位,以虚文为本位。

李大钊在《言论》季刊第 3 期上发表《东西文明根本之异点》一文,从东方文明主静和西方文明主动推演出两者之间的十四个差别;

东西文明有根本不同之点,即东洋文明主静,西洋文明主动是也。溯诸人类生活史,而求其原因,殆可谓为基于自然之影响。盖人类生活之演奏,实以欧罗细亚为舞台。欧罗细亚者,欧亚两大陆之总称也。欧罗细亚大陆之中央,有一凸地曰"林地"(Table—land),此与东西文明之分派至有关系。因其地之山脉,不延于南北,而亘乎西东,足以障阻南北之交通。人类祖先之分布移动,乃以成二大系统:一为南道文明,一为北道文明。中国本部、日本、印度支那、马来半岛诸国、俾路麻、印度、阿富汗尼斯坦、俾尔齐斯坦、波斯、土尔基、埃及等,为南道文明之要路;蒙古、满洲、西伯利亚、俄罗斯、德意志、荷兰、比利时、丹麦、士坎选拿威亚、英吉利、法兰西、瑞西、西班牙、葡萄牙、意大利、奥士大利亚、巴尔干半岛等,为北道文明之要路。南道文明者,东洋文明也;北道文明者,西洋文明也。南道得太阳之恩惠多,受自然之赐予厚,故其文明为与自然和解、与同类和解之文明。北道得太阳之恩惠少,受自然之赐予啬,故其文明为与自然奋斗、与同类奋斗之文明。一为自然的,一为人为的;一为安息的,一为战争的;一为消极的,一为积极的;一为依赖的,一为独立的;一为苟安的,一为突进的;一为因袭的,一为创造的;一为保守的,一为进步的;一为直觉的,一为理智的;一为空想的,一为体验的;一为艺术的,一为科学的;一为精神的,一为物质的;一为灵的,一为肉的;一为向天的,一为立地的;一为自然支配人间的,一为人间征服自然的。

梁漱溟则认为,中国和西方比较,主要表现在:西方在物质生活方面征服自然,西方的科学方法和政治民主,这些都是中国人没有的。梁漱溟将中、西、印文化概括为三种不同的人生路向:西方文化"所走的是第一条路向——向前的路向",即征服自然、改造环境的路向;"中国文化是以意欲自为调和、持中为其根本精神的。印度文化是以意欲反身向后要求为其根本精神的"。他由此解释何以西方的科学技术发达,印度的出世、禁欲观念发达,而中国人的"住世"观念发达。在他看来,人类文化的发展必然要有一个根本变革,即"由第一路向改变为第二路向,亦即由西洋态度改变为中国态度",因为"住世思想之最圆满者无逾于孔子"。

按照牟宗三先生在《中西哲学之会通十四讲》中的观点,哲学是文化的核心,是指导文化发展的一个方向或智慧,也即指导一个民族文化发展的方向与智慧。中国哲学的形态与特质就是特重"主体性"与"内在道德性"。中国思想的三大主流,即儒道释三教,都重主体性,然而只有儒家思想这主流中的主流,把主体性加以特殊的规定,而成为"内在道德性",即成为道德的主体性。西方哲学则相反,不重主体性而重客体性,它大体是以知识为中心而展开的。它有很好的逻辑,有反省知识的知识论,有客观的、分解的本体论与宇宙论:它有很好的逻辑思辨与工巧的架构,但是它没有好的人生哲学。牟先生认为,西方"有一个独立的哲学传统,与科学有关,而独立于科学;与宗教、神学有关,而独立于宗教、神学。而且大体还是环绕科学中心而展开,中心与重点都落在'知识'处,并未落在宗教处,即并不真能环绕宗教中心而展开。"与西方哲学相比,中国"没有西方式的以知识为中心,以理智游戏为特征的独立哲学,也没有西方式的以神为中心的启示宗教。它是以'生命'为中心,由此展开他们的教训、智慧、学问与修行。这是独立的一套,很难吞没消解于西方式的独立哲学中,亦难吞没消解于西方式的独立宗教中"①。牟宗三对中西文化生命的比较,我们可以概括如下:

　　西方文化生命:西方文化以气尽理——从自然(希腊)或上帝(希伯莱)出发——智的系统(方以智)或宗教性文化系统——分解的尽理之精神——"理性之架构表现"——外延真理——开出逻辑数学科学和近代化的国家政治法律——耶教为"离教"(隔离的形态)。

　　中国文化生命:中国文化以理生气——从生命出发——礼乐型文化系统——综和的尽理之精神——仁智合一而以仁为笼罩

---

① 牟宗三:《中国哲学的特质》,上海古籍出版社 1997 年版,第 5—6 页。

的系统(圆而神)——"理性之运用表现"——内容真理——未能
开出逻辑数学科学和民主政治——儒教为"盈教"(圆盈的形态)。

中西文化在发轫之初,其动机已不相同,从而发展为人性的两个方面,
而各自形成完全不同的性格。西方文化大致有两个来源:一个是希腊,一
个是希伯莱。希腊文化首先以自然为中心,希伯莱文化是以神为中心。希
腊文化的动机是好奇,中国文化的动机是忧患。所以,就整体而言,西方文
化为"知性"文化,中国文化为"仁性"文化。前者"把人演化于自然之中",
后者"把自然演化于人之中"。希腊人出于好奇的动机,而关注自然,因而
形成"知性"文化。在此种文化中,人们将自然当作外物来研究,人与自然
未能洽融一体。同时,由于对知性的强调,他们有自然哲学和自然科学。
大约从苏格拉底开始,希腊人开始由对自然的关注转为对人的关注,但是
依然以知性为主。培根的"知识即权力"道破了西方近代文化精神的核心。
人与自然的关系由"自然之子"变成自然的征服者;人与人的关系通过征服
自然的过程所建立的中介建立起来,而不是作为共同的人性互相连接起
来。近代西方文化虽然也谈道德,但大体上是把道德的基础放在知识上
面。因此,西方文化的成就和问题都在于:人的价值是通过物的价值而表
达出来的。中西文化根源上的不同,体现在就哲学上,则表现为:中国哲学
是以行为实践为主,而西方的哲学则是以思辨为主,中国也重视思辨,但只
占次要的地位。中国的思辨是为实践而思辨的,西方的哲学是为思辨而思
辨的。因此,我们可以说西方文化是以思辨、概念为主的文化,中国文化是
以生活体验为主的文化。

另一方面,各个哲学体系又有自己的民族特点,无论是哲学研究的中
心、哲学思维方式,还是哲学价值目标、哲学范畴都有所不同。

从哲学研究的中心来看,古希腊罗马哲学更多地注重作为纯粹客体的
自然,因而自然哲学比较发达。中国思想与西方思想不同的地方,关键在
于中国思想,很早便特注重"人"的观念。中国传统思想重"人"之观念,并
不是由对治一什么偏蔽而起的,而是由于中国人之自觉的反省自己之为人

而起的。中国最早的经典当推"六经",主要讲的是"人道",但西方希伯来最早的经典"旧约",印度最早的经典"吠陀"及"梵书"主要是讲"神道"的。西洋文化的中心在宗教与科学,而论其文化为科学宗教精神所贯注支配。中国文化的中心在道德与艺术,而论其文化为道德与艺术精神所贯注。如果就中西文化在不同时代之表现,则各有其所重视之文化领域之不同。以西方而言,则希腊文化以科学艺术为主,罗马以法律政治为主,希伯来文化传入欧洲,而中世纪之基督教文化,以宗教道德为主,近代西洋文化中,科学与经济居于重要地位。以中国而言,则汉代文化以政治为主,魏晋以文学艺术为主,隋唐以宗教为主,宋明理学则重视道德与社会教育。唐君毅先生还认为中国文化重人文精神,西洋文化重科学精神。这不是说中国文化中没有科学,而只是说中国传统文化只以直接经验去把握科学,而没有西方现代科学的态度和精神;也不是说西方文化没有人文精神,而只是说西方文化中的人文精神是学术文化分途开展的人文精神,而没有中国文化重整全的人文精神。中国文化的人文精神和西方文化的科学精神是人类心灵的两个路向。① 我个人认为,中西哲学研究中心的不同,还可以从对文化理解的不同来得到体认。我们所谓的文化就是人化,即人文化成,也就是说凡是自然的都不是文化,只有对"自然"(Nature)的加工才能形成"文化"。西方文化主要注重于对外部自然的加工,因而成就了自然哲学和科学;中国文化主要注重于对人的"内部自然"(亦即本性)的加工,因而成就了"修齐治平"的人生哲学或道德哲学。

在哲学思维方式方面,从天人关系说,中国传统思想的优点在于讲天人交互作用的辩证法,而它的缺点则是长期受天命论的影响;从古今关系说,中国传统思想的优点在于通达礼尚往来之变,而它的缺点则在于复古主义和经学独断论倾向。"② 在 20 世纪 80 年代的文化热中,不少学者在进行中西文化比较时,提出了一个观点,即:中国文化的特点是"天人合一",

---

① 方克立、郑家栋:《现代新儒家人物与著作》,南开大学出版社 1995 年版,第 239—240 页。
② 冯契:《智慧的探索》,第 452 页。

西方文化的特点是"天人相分"。冯契先生主张对此应作具体分析。因为，"合一"既可以理解为辩证法的统一，也可以理解为形而上学的统一。前者是积极的，后者则是消极的。中国传统哲学在逻辑思维上的特点，是善于辩证逻辑而冷落形式逻辑，这个特点的两方面都对中国文化的发展产生了重要的影响；中国以儒学为主体的伦理学是注重自觉原则而忽视自愿原则，这对中国人的伦理道德产生了正面和负面的影响；同样，中国传统文学艺术上的成就和弱点，是同传统美学思想上艺术意境理论的早熟和典型性格理论的晚出相联系的。由此可见，中国传统文化在逻辑思维上善于辩证思维，在伦理学上注重道德行为的自觉原则，在美学上较早提出了言志说和艺术意境理论，这些都是不同于西方文化的民族特点。

中国文化重统绪，西方文化重分殊。由于中国社会阶级之分不显，个人之转移职业极容易，所以学术文化中重统绪而略分类。当代中国在文化中分出宗教、艺术、哲学、科学、政治、经济、文学等部门，原都是由西方输入而为中国人所接受，而不是中国文化的固有精神。中国文化具有一本性，"此一本性乃谓中国文化，在本原上，是一个体系"。中国哲学与宗教、政治、法律、伦理、道德并无不同的文化来源，因此，中国文化表现在政治上有政统，在哲学中有道统。相反，西方文化的特点，在于它的分途发展。西方文化很早就有宗教、艺术、哲学、科学、政治、经济、文学等分类。西洋学术文化之重分门别类，主义派别之多，都是西方人重分析概念之精神的表现。这种精神在社会则显为阶级之分立、职业之对峙。唐君毅还用"圆而神"和"方以智"来形容中西文化之根本精神的差异。"圆而神"是指中国文化翻天覆地的精神，"方以智"是指西方文化以主客对偶为特征的西方文化的分析概念之精神。他说："西方之科学哲学中，一切用理智的理性所把握之普遍的概念原理，都是直的。其一个接一个，即成为方的。"而中国文化是一个能"随具体事物之特殊单独的变化，而与之宛转俱流之智慧。""圆而神"足见中国文化之高明与远大，"方以智"使西方人文世界多途发展。

在逻辑思维方面，与西方哲学相比较，中国传统哲学的特点是善于辩证思维而冷落形式逻辑。先秦的《墨经》虽然建立了可与亚里士多德相媲美的形式逻辑体系,但是后来长期遭到人们的冷落。相反,朴素的辩证逻辑却得到了长期的发展,从先秦的《老子》、《易传》和荀子直到张载、王夫之、黄宗羲,辩证思维绵延不绝,薪火相传。冷落形式逻辑这一中国传统哲学的弱点是导致中国迟迟不能进入近代科学殿堂的原因之一。与此相对,亚里士多德的形式逻辑在欧几里德几何学中得到了完美地体现,以后形式逻辑不仅得到保存和延续,而且得到更多的研究,它与实验科学方法成为西方近代科学崛起的基础。在自然观上,西方自然观长期以原子论的形式出现,而中国则比较早地发展了辩证法的元气论,认为气分阴阳,阴阳的对立统一就是"道"(自然发展规律)。中国古代科学的光辉成就正是以这样的自然观和辩证逻辑为基础和方法指导的。

从哲学追求的价值目标来看,中国文化的价值是"内在超越"的,西方文化的价值是"外在超越"的。"内在超越"是相对于"外在超越"而言的。仅从价值具有超越的源头这一点来说,中西文化在开始时似乎并无基本不同。但是若从超越源头与人世之间的关系着眼,则差异极大。中国人对于此超越的源头只作肯定而不去穷究到底,这便是庄子所谓的"六合之外,圣人存而不论"的态度。西方人的态度却迥然两样,他们自始要在这方面"打破沙锅问到底"。西方文化的超越的源头是外在的至高无上的上帝,超越的世界与现实的、凡俗的世界截然不同,完全对立。"上帝是万有的创造者,也是所有价值的源头。西方人一方面用这个超越世界来反照人间世界的种种缺陷与罪恶,另一方面又用它来鞭策人向上努力。因此这个超越世界和超越性的上帝表现出无限的威力,但是对一切个人而言,这个力量则总象是从外面来的,个人实践社会价值或道德价值也是听上帝的召唤。"① 与西方人相反,中国人则不在超越世界与现实世界两个世界之间划一道不可逾越的鸿沟。"中国的两个世界则是互相交涉,离中有合、合中有离的。而离或合的程度则又视个人而异。我们如果用'道'来代表理想的超越世界,把人伦日用来代表现实的人间世界,那么'道'即在'人伦日用'之中,人

---

① 余英时:《中国思想传统的现代诠释》,江苏人民出版社1989年版,第9页。

伦日用也不能须臾离'道'的。"①中国儒家相信"道之大原出于天",这是价值的源头。"道"足以照明"人伦日用",赋予后者以意义。儒家认为,通过道德修养可达到超凡入圣。孔子的"为仁由己"已经指出了内在超越的方向,孟子的"尽其心者知其性,知其性则知天"昭示了内在超越的价值。道家庄子也认为,精神的解放必须把那些外在的东西、外在的力量都抛掉才获得真正的自由。中国化的佛教、特别是禅宗讲,"一念迷即众生",一个念头迷误就是众生;"一念觉即佛",一个念头觉悟了就是佛,完全靠自己的内在修养即可达到最高的境界。中国传统哲学,从儒、释、道看,都是以内在超越为特征的。内在超越必然是每一个人自己的事,所以没有组织化的教会可依,没有系统的教条可循,甚至象征式的仪式也不是很重要的。"追求价值之源的努力是向内而不是向外向上的,不是等待上帝来'启示'的。这种精神不但见之于宗教、道德、社会各方面,并且也同样支配着艺术与文学的领域。"②"在外在超越的西方文化中,道德是宗教的引伸,道德法则来自于上帝的命令。因此上帝的观念一旦动摇,势必将产生价值源头被切断的危机。在内在超越的中国文化中,宗教反而是道德的引伸,中国人从内心价值自觉的能力这一事实出发而推出一个超越性的'天'的观念。但'天'不可知,可知者是'人',所以只有通过'尽性'以求'知天'。"③"换句话说,内在超越的中国文化由于没有把价值之源加以实质化、形式化,因此也没有西方由上帝观念衍生出来的一整套精神负担。科学的新发现当然也会逼使中国人去重新检讨以至修改传统价值论的成立的根据,但是这一套价值却不至因科学的进步而立刻有全面崩溃的危险。"④

从哲学范畴来比较,以寻求"最高原因的基本原理"为己任的西方哲学主要讲存在思维、实体属性、矛盾、一多、共相个别、原因结果、可能性现实性、偶然性必然性、现象本质、质量、肯定否定、主观客观、主体客体、感性理

---

① 余英时:《中国思想传统的现代诠释》,江苏人民出版社1989年版,第9—10页。
② 余英时:《中国思想传统的现代诠释》,江苏人民出版社1989年版,第11页。
③ 余英时:《中国思想传统的现代诠释》,江苏人民出版社1989年版,第40页。
④ 余英时:《中国思想传统的现代诠释》,江苏人民出版社1989年版,第16页。

性、真理谬误等等的二元对立为特征；而以"究天人之际，通古今之变"，"为天地立心，为生民立命"为己任的中国传统哲学讲得比较多得则是以天、地、道、德、性、命、礼、义、体、用、理、气、形、神、知、行以及阴阳、五行、元气、太极、中庸、良知良能为研究对象，又以天地、道德、性命、礼义、体用、理气、知性、动静、有无等之平衡、互补、融合为出发点和归宿。

哲学具有民族性，但哲学可以相互吸收和借鉴。 中国哲学既可以接受印度哲学，比如佛教产生于公元前 6—5 世纪的印度，公元一世纪开始向亚洲各地传播。佛教传入中国从东汉到唐代大约经历了八个世纪。在漫长的过程中，它大体上经历了对中国传统文化的依附、冲突和融合三个阶段，相应地中国传统文化对佛教也大致地经历了影响、排斥和吸收三个阶段。正是在这种情形之矛盾统一之过程，佛教日益中国化，并大大地推动了中国传统文化的发展，同时，中国传统文化也表现出强大的主体意识，吸收了佛教文化成为自身的组成部分，形成了宋明理学，从而实现了成功的文化交流；同样中国哲学也可以接受西方哲学，比如中国明清之际，特别是晚清曾经接受过西方文化包括哲学的影响。至于中国哲学对西方和周边国家的影响更是巨大的。

就中西哲学的融会贯通而言，胡适早在 1919 年发表的《中国哲学史大纲》（卷上）中指出："世界上的哲学大概可分东西两支，东支又分印度中国两系，西支也分希腊犹太两系。"在西方，后来犹太系加入希腊系，经欧洲中世纪，发展到近代而大盛。在东方，在六朝隋唐时期，印度系加入中国系，后发展出宋学和清代汉学。胡适说："到了今日，这两大支的哲学互相接触、互相影响，五十年后、一百年后，或竟能发生一种世界的哲学也未可知。"冯友兰早在 1948 年为美国《哲学评论》杂志"东方哲学讨论"专栏就写过一篇题为"中国哲学与未来世界哲学"的文章，在文中他就中国哲学可能对未来世界哲学所作的贡献做了展望。他说；"在我看来，未来世界哲学一定比中国传统哲学更理性主义一些，比西方的传统哲学更神秘主义一些。只有理性主义和神秘主义的统一才能造成与整个未来世界相称的哲学。"又说："我们期望不久以后，欧洲的哲学思想将由中国的直觉和体会来予以补充,同时中国的哲学思想也由欧洲的的逻辑和清晰的思维来予以阐明。"

早在 20 世纪 80 年代,冯契先生在《中国近代哲学的革命进程》中就曾指出:"由于中国近代的哲学革命,中西哲学、中西文化在中国的土地上开始汇合了,预示着中国哲学将成为统一的世界哲学的重要组成部分。当然,这只是一个发展趋势的开始,但它是一个具有重大历史意义的可贵的开始。"[1]20 世纪 90 年代,他在《"通古今之变"与回顾二十世纪中国哲学》一文中说:"我预期,随着中国现代化经济的发展,政治民主会有所进步,民族精神将会高昂,与世界各国文化上的联系将不断扩大,要求对二十世纪作系统的批判和反思的社会力量与学术力量将会增强,到世纪之交,中国可能进入一个自我批判阶段。"[2]面向世纪之交,面向人类纪元的第三个千年期,冯契高瞻远瞩地认为:从世界范围来看,今天我们正处于一个东西文化互相影响、趋于合流,又各自发扬其民族特色的新时代。为此,我们既需要全面系统地了解西方文化和哲学,也需要全面系统地了解东方文化和哲学,从世界的联系来考察,要求我们有更广阔的视野,并深入地作比较研究,以求融会贯通。为此,这就要求我们在建设社会主义新文化的过程中,必须对自己的传统文化进行全面系统地研究评价,尤其是对 20 世纪的中国哲学和文化进行自我批判和反思。这种反思包括两个方面:一是对客观的历史进程的反思,即对 20 世纪中国社会的演变,包括经济、政治、文化等各方面作批判地总结;二是对反映现实生活的社会意识、理论认识等各个领域,包括对 20 世纪中国哲学的演变作批判地总结。因此,"只有找到中西哲学在逻辑方法上的交接点,才能促进中国哲学的近代化,才可能进而使中国哲学成为统一的世界哲学的重要组成部分,并使中西文化在哲学的深层次上内在地结合起来。"[3]而"所谓世界哲学,是在东西方各民族的哲学互相学习、互相影响、经过比较而彼此会通的过程中形成的。如何使中国哲学能发扬其传统的民族特色,并会通中外而使之成为世界哲学的重要组

---

① 冯契:《中国近代哲学的革命进程》,第 563 页。
② 冯契:《智慧的探索》,第 561 页。
③ 冯契:《智慧的探索》,第 254 页。

成部分,作出无愧于先哲的贡献,这是当代海内外许多中国学者在共同考虑的重大问题。"①冯契满怀信心地认为,"当中国现代哲学发扬其民族特色而成为世界哲学重要组成部分时,中国传统哲学在世界上的影响也将进一步扩大。"②

哲学的时代性与民族性的关系也可以透过文化的时代性与民族性的关系,即文化的共性与个性的关系得到启示。现代新儒家代表人物之一——徐复观从文化的发展即从文化的纵向角度,将文化区分为两个层次:就第一层次来说,无论文化、文明,都是人造出来的,人在本质上没有区别,故文化在本质上没有区别。显然易见,徐氏在这里谈论的是抽象的人的本质,而不是具体的本质。就第二层次来言,虽然人的本质没有分别,但人在成长中有各种各样的不同的条件,便出现许多不同的人。文化的本质没有分别,但人性是个无限的存在,有无限的可能性,文化在发展中所遭遇的条件不同,便会发展成不同形态的文化。因此,中西文化的本质虽相同,但是它发展的方向、发展的重点、表达的方式都有所不同。故就第二层次说,中西文化有所不同。对于这两个层次,徐氏进一步从人的共性与个性出发论证了文化的共性与个性问题。在他看来,作为一个人,总有其共性;但人的生活环境,既不能完全相同;而人的本身,更有其主动性和创发性,这便说明人除了共性之外,还有其个性。由于文化是由人所创造的,人的共性与个性、一与多,当然会反映在其所创造的文化上,而成为文化的一与多、文化的共性与个性。因此,在文化的共性上,我们应该承认有一个世界文化;在文化的个性上,我们应该承认各民族国家各有其民族国家的文化。"文化的个性,是文化创造的结果,也是文化创造的过程。"③个性中有共性,而仍不失其为个性;共性中有个性,亦仍不失其为共性;个性和共性可以相互转化。因此各民族国家所反映出的文化的个性,是不断地向世界文化的

---

① 冯契:《智慧的探索》,第 598 页。
② 冯契:《智慧的探索》,第 563 页。
③ 李维武编:《中国人文精神之阐扬——徐复观新儒学论著辑要》,中国广播电视出版社1996 年版,第 26 页。

共性而上升;而共性与个性之间,个性与个性之间,由不断的接触、吸收,将使某些个性的若干原有部分,发生一种解体现象,从而导致个性新的凝集。"个性之不断上升与凝集,正是人类创造文化的过程,这种过程,从观照的态度说,是文化共性之不断扩大;而从实践的态度说,又是文化个性之不断完成。无个性以外的共性,也无隔离孤独的个性。"①徐复观对文化共性个性问题的解答,无论是相对于自由主义的西化派,还是相对于现代新儒家的其他代表人物,都是技高一筹的,具有较多的合理性。

哲学是各民族的精神支柱和文化内核,是民族实践生活、精神生活的沉淀和浓缩。民族性是哲学的重要特征,没有民族性的哲学与文化是根本不存在的。虽然有超越于具体的民族性的哲学价值和观念,但任何现实的哲学都必须以民族哲学的形式才能存在。无论是哲学观念还是哲学形态,都有其特定的民族归宿和民族性格,即使在当代,虽然哲学的非民族性趋势日益增强,但要理解和体验具有非民族性的哲学观念和哲学价值,也仍然要从特定的民族背景出发。

与科学相比较,民族性是哲学的重要特征,但民族性并不是科学得以存在和延续的重要特征。科学没有国界,因此,自然科学的"科学性"使它只能有一个物理学,不能有"英国的物理学"、"中国的物理学"。但哲学都有"界",有民族的、国家的文化界域。哲学不可能形成一种独立的、摆脱民族性和个性的一般性系统。社会科学也以它能够摆脱个性和其定量化的程度而被赋予不同程度的"科学性"。哲学则不同。康德就曾对哲学提出过这样一个问题:"如果它是科学,为什么它不能像其他科学一样得到普遍、持久的承认?如果它不是科学,为什么它竟能继续不断地以科学自封,并且使人类理智寄以无限希望而始终没有能够得到满足?"②一方面,哲学总在寻求科学那样的普遍性和"普遍的哲学";但另一方面,哲学又只能是某某民族、某某国家、某某时代、某某哲学家的哲学。没有民族性的科学并

① 李维武编:《中国人文精神之阐扬——徐复观新儒学论著辑要》,中国广播电视出版社1996年版,第26页。
② 康德:《任何一种能够作为科学出现的未来形而上学导论》,商务印书馆1978年版,

非不存在,但没有民族性的哲学却一定不存在。科学因其确立和捍卫真理的本性而在既定条件下必须是一元的,而哲学因其民族性则当是多元的。科学是客观精神的体现,是客观存在的本性与规律的反映,哲学则是民族精神的集中体现。因为如此,哲学也是认识和把握民族性格、民族观念文化和民族生存与生活的基本方式。世界上有影响的哲学都是有个性的、有民族特色的,失去了民族特色,也就失去了存在的根基。

综上所述,哲学的民族性与哲学的时代性的关系是辩证统一的。所谓哲学的时代性和哲学的民族性,实际上是讲古、今、中、外的关系问题。哲学的时代性表示哲学有古今之异,哲学的民族性表示哲学有中外之别。由于哲学的民族性是发展的,因此,哲学的民族性离不开哲学的时代性;由于哲学的时代性在不同民族也会有不同的表现,因此,哲学的时代性也离不开哲学的民族性。哲学的民族性和哲学的时代性两者是相互联系相互作用的,两者不能相互分割。因为,时代精神不是抽象的,主要通过思想家个人的遭遇和切身感受体现出来。哲学家是哲学环境,哲学理论,哲学精神的创造者,而哲学的理论,哲学的精神既体现着时代精神和民族精神,也灌注着哲学家的个人性格。更确切地说,哲学体现的时代精神,民族精神是透过哲学家的个性特征和时代感受表现出来的。正是这样哲学才会有不同体系的存在和交锋,形成自由思考,自由讨论的哲学氛围,创造出富于时代气息、民族特色的多元哲学体系,从而构造出一定时代,一定民族的哲学风貌。

在哲学的时代性与哲学的民族性的关系问题上存在着三种错误倾向:一种认为中外哲学的差异纯粹是时代性的,可称为有古今无中外论;一种认为中外哲学的差异纯粹是民族性的,可称为有中外无古今论;还有一种认为"中外之分即古今之异"的观点,又把二者的密切联系视为等同。这三种观点或割裂了或混淆了哲学的民族性和时代性,显然都是不适当的,从而也是错误的。

三、哲学的阶级性

在阶级社会里,哲学具有阶级性,但却通过复杂的形式表现出来。人们站在不同的阶级立场上,对世界上各种根本问题的看法也就不同,哲学思想的根本方向决定于它所从属的阶级的根本利益。这就是哲学的阶级性。无视哲学的阶级性,看不到不同阶级在哲学上的对立和斗争,把阶级分析的方法排除在哲学史的研究之外是错误的。但是,不论是哪个阶级的哲学家,他的阶级立场、政治态度往往是通过对抽象的哲学问题的阐述,通过对自然界、社会、人类思维的最一般规律的阐述,间接地、曲折地表达出来的,那种对一个哲学家的学说不进行具体分析而采取简单化的贴标签的方法是不正确的。

哲学的阶级性的产生有其现实的社会基础。哲学属于社会意识形态,从根本上讲,是社会存在的反映。人们总是生活于一定的社会存在之中,在阶级社会则生活在一定的阶级关系之中,是属于一定阶级的个人。生活在不同的社会关系、阶级关系之中的人,总是要从他们所处的地位、所代表的阶级利益出发来观察世界,形成自己的世界观,建立自己的哲学,并用来解释世界和改造世界。

马克思说过:"哲学把无产阶级当作自己的物质武器,同样,无产阶级也把哲学当作自己的精神武器"。[①] 马克思主义是适应无产阶级运动的需要而产生的,公开声明为无产阶级和人民大众的根本利益服务。列宁指出:马克思主义理论对世界各国社会主义者所具有的不可遏止的吸引力,就在于它把严格的和高度的科学性(它是社会科学的最新成就)同革命性结合起来,并且不仅仅是因为学说的创始人兼有学者和革命家的品质而偶然地结合起来,而是把二者内在地和不可分割地结合在这个理论本身中。[②]

哲学的阶级性,还可以通过资产阶级学者对待马克思主义哲学的态度

① 马克思:《〈黑格尔法哲学批判〉导言》,《马克思恩格斯选集》第 1 卷,人民出版社 1995 年版,第 15 页。

② 《什么是"人民之友"以及他们如何攻击社会民主党人?》,《列宁全集》第 1 卷,第 305 页。

表现出来。马克思主义在 1848 年前是个小派别,1871 年以后逐渐在欧洲
工人运动中处于主导地位。但西方学界对马克思主义采取沉默的态度以
便扼杀它。在文德尔班的两卷本新哲学史中马克思主义只占 3 行,而在费
舍的十卷本近代哲学史中只占 2 行,在朗格的《唯物主义史》中只是在注脚
中才提到马克思的名字。即使在十月革命以后的时期仍然如此。萨特在
《辩证理性批判》中曾经说过,1925 年,当我 25 岁的时候,大学里没有马克
思主义的讲座,共产主义的大学生不敢在自己的毕业论文中引用马克思主
义,甚至不敢提到马克思的名字,不然就有可能被禁止参加考试。

　　某种哲学体系的阶级属性,并不完全取决于哲学家本人的阶级出身。
例如,马克思主义哲学的缔造者马克思和恩格斯就不是无产者。马克思恩
格斯出生于资产阶级家庭,马克思出身于律师家庭,而恩格斯的家庭则是
富有的工厂主,但他们从青年时代就做了资产阶级社会的叛逆者,亲自参
加了工人阶级的革命斗争实践。青年时代的马克思、恩格斯,最初受黑格
尔哲学的熏陶,后又经过费尔巴哈哲学的洗礼。他们在深入社会实践,参
加社会斗争中考察现实社会,研究欧洲工人运动,从民主主义者转变为共
产主义者,从唯心主义者转变为彻底的唯物主义者。在这个基础上,通过
自己的科学发现,创立了马克思主义哲学。列宁说过,科学社会主义"是从
有产阶级的有教养的人即知识分子创造的哲学理论、历史理论和经济理论
中发展起来的。现代科学社会主义的创始人马克思和恩格斯本人,按他们
的社会地位来说,也是资产阶级知识分子"①。因此,直接按照哲学家本人
的出身来划分和判断哲学的阶级属性的做法是庸俗化的。

　　判断某个哲学体系的阶级性,要看其引出的结论如何。判断一个哲学
体系的阶级性质,并不是根据哲学家的出身和他们对自己体系的看法,而
是看在现实的斗争中,这种哲学体系以及由此引出的政治结论,究竟对谁
有利。

　　哲学的阶级性是就哲学整个体系说的,而不是指其中的每一个命题、

---

① 《列宁选集》第 1 卷第 3 版,人民出版社 1995 年版,第 317—318 页。

范畴或哲学判断。事实上,在一个哲学体系中,有些论述政治性强,有些学术性强,这取决于这个哲学判断或命题与它们的经济和政治利益的关系。

哲学的阶级性并不排除哲学理论中包含真理因素及其对人类文化的积极贡献。哲学理论的阶级实质和它在实际的政治、社会生活中的作用也要区别对待。

哲学的阶级性和哲学的党性既有区别又有联系。哲学的党性是指在世界观上坚持唯物主义或坚持唯心主义,哲学的阶级性是指在阶级社会中哲学从属于一定的阶级、为一定的阶级服务。哲学的党性是其阶级性在理论上的反映。

思考题

1. 何谓哲学的时代性?从什么意义上说哲学有超时代的可能性?

2. 何谓哲学的民族性?从什么意义上说哲学有超民族的可能性?

3. 何谓哲学的阶级性?

4. 如何理解哲学的民族性与哲学的时代性的关系?

5. 如何建构既具有民族特色又具有时代特点的当代中国哲学?

6. 用自己的话,说出当下中国哲学的某一学派的基本立场,并讨论它与时代精神的关系。

7. 统一的世界性哲学是可能的吗?

第四讲 哲学研究的领域

> 人类理性非常爱好建设，不只一次地将一座塔楼建成后又拆掉，以便察看一下地基情况如何。明智起来是无论何时都不算太晚的。

——[德国哲学家]康德

哲学研究的领域，从学科角度来看，按照我国目前硕士生、博士生招生目录，主要划分为八个二级学科：马克思主义哲学、中国哲学、外国哲学、逻辑学、伦理学、美学、宗教学、科学技术哲学。这种划分方式既有长处也有不足。长处主要体现在这种划分方式体现了中国特色，如中国哲学，特别是马克思主义哲学的地位；不足之处在于这种划分方式不是按照逻辑的层次，而是在逻辑上有所重叠，例如马克思主义哲学既包含着在西方产生的马克思主义，也包括马克思主义哲学中国化的成果；外国哲学从理论上来讲也应该包含了狭义的马克思主义哲学。

一、哲学的分类

亚里士多德是古希腊哲学的集大成者，是真正的百科全书式的哲学家。他在《形而上学》一书中从目的的角度出发将一切学科分为三类：理论学科、实践学科和创制学科。然后从对象的角度将理论学科分为数学（以不变动的和非独立的事物为对象）、物理学（以变动的和独立的事物为对象）和第一哲学或神学。在亚里士多德看来，各门学术如数学、物理学各研究其专门实是，而哲学为理论学术之先进，研究不变动的和独立存在的对象。① 至于实践学科,他在书中没有加以分类。然而,我们根据他本人的哲学思想以及学说的具体内容,不难推测出亚里士多德所说的实践学科主要包括伦理学、政治学等,而他的创制学科包括诗学、修辞学等等。

笛卡尔被人们尊称之为"现代哲学之父"(The Farther of modern philosophy),他将人类的全部知识比喻为一棵大树:树根是形而上学,树干是物理学,树枝是各门具体学科,其中最重要的是医学、力学和伦理学。笛卡尔将他自己意欲建构的哲学体系称之为"实践哲学",并认为它应由三个部分组成。

沃尔夫(Christian Wolff, 1679—1754)是近代(modern time)德国数学家,莱布尼兹唯心论哲学的直接继承人,官能心理学思想的系统化者,被称为"官能心理学之父"。早在16世纪,"心理学"一词就已经出现,但是真正以"心理学"为名著书立说的还以沃尔夫为第一人。他用拉丁文写了《经验心理学》、《理性心理学》,还最早用德文写了哲学心理学教本《关于人类理解能力的理性思想》,是他使"心理学"一词流行起来。沃尔夫对哲学作了分类,他根据灵魂的两种机能认识和嗜欲,把科学分为理论和应用的两类。前者包括本体论,宇宙论、心理学和神学,这些都属于形而上学;后者包括伦理学、政治学、经济学;而把逻辑作为一切科学的导论。他按类阐述建立起无所不包的庞大体系。他使用德文著述,奠定了德语的哲学词汇。他的分类法和论述法在德国产生了很大影响,成为德国古典哲学发展的先行条件。他的哲学思想主要是发挥莱布尼茨的观点努力排除莱布尼茨哲学中一些自身不一贯或矛盾之点,使莱布尼茨的哲学系统化。但实际上他往往抛弃了莱布尼茨的富于探索精神又具有辩证法因素的思想,把它变成了更加纯粹的唯心主义和形而上学的体系。

康德是第一位德国哲学大师,也是第一个真正以哲学作为职业的哲学家。康德在他的著作《判断力批判》中同意前人把哲学分为理论哲学

———————
① [古希腊]亚里士多德:《形而上学》,商务印书馆1983年版,第314页。

和实践哲学,然而他本人更愿意称之为自然哲学和道德哲学。自然哲学的对象是自然概念,道德哲学的对象是自由概念。康德基于启蒙运动以来对人类心灵能力的知情意三分法,他认为应当由三门哲学来分别研究人类的认识能力,那就是他的三大批判:纯粹理性批判、实践理性批判、判断力批判。实际上这三大批判并不是三个哲学分支。

哲学史上很多哲学家对哲学都进行过分类,我们这里只是选择了几个有代表性的人物,他们对哲学的分类具有一定的代表性,但这并不表明他们的分类就是完全正确或妥当的。当然,对哲学的分类与哲学研究的领域两者之间还有区别。对哲学的分类主要是指按照一个统一的原则对哲学研究的领域或哲学涉及的问题进行划分类别,而哲学研究的领域可以根据研究层次的不同在不同的层次按照不同的标准来进行划分。我们这里主要把哲学研究的领域划分为两个不同的层次:第一是哲学研究的基本领域,主要是指形而上学、认识论、伦理学、美学、逻辑学等,一般来说,辩证法并不属于哲学研究的一个独立领域,但是我们为了叙述的方便,把辩证法放在哲学研究的基本领域来进行介绍。第二是哲学研究的应用领域(也可以称作哲学的分支学科),我们主要介绍科学哲学、政治哲学、宗教哲学、文化哲学、语言哲学等。严格说来,伦理学属于道德哲学、美学属于艺术哲学都应该放到哲学研究的应用领域,这样,哲学研究的基本领域实际上只剩下了形而上学、认识论、逻辑学、辩证法这些研究最一般领域的最一般、普遍问题的哲学。

二、哲学研究的基本领域

人们通常把西方哲学的发展史概括为古代的本体论哲学、近代的认识论哲学和现代的语言哲学。这种概括就是从"哲学类型"着眼的。人们因此而把近代哲学的变革称作"认识论转向"(epistemological turn),把现代哲学的变革称作"语言学转向"(linguistic turn)。对此,有的西方学者作了这样的解释:"首先,哲学家们思考这个世界,接着,他们反思认识这个世界的方式,最后,他们转向注意表达这种认识的媒介。这是否就是哲学从形而

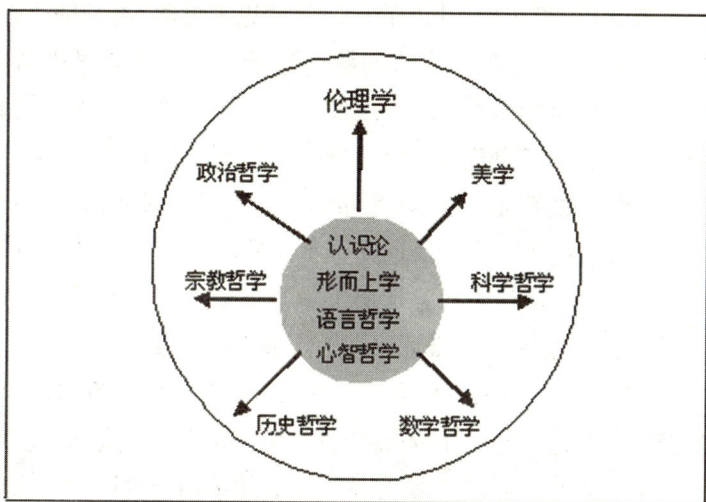

哲学及其主要分支

上学,经过认识论,再到语言哲学的自然进程。"

(一) 形而上学

　　形而上学是关于实在以及万物最终本性的理论。《周易·系辞》有"形而上者谓之道,形而下者谓之器"之语。形而上学的目标是形成一种关于宇宙的全面而整体的世界观。形而上学中有一个有时被称为本体论的部分,它所研究的是"存在",试图依次列出构成宇宙中不同种类的实体的优先性。

　　"形而上学"一词作为哲学基本概念的涵义:一种是本体论意义上的"形而上学",一种是作为方法论意义上的"形而上学"。作为追求本体的一种理论,按照通行的理解,"形而上学"就是指研究超感觉的、经验以外对象的那种哲学理论。在这种意义上,"形而上学"与那种有关经验对象的实证知识相对立,它属于具有玄学性质的思辨理论,是对超感觉事物的知识。形而上学所追求的,是存在物作为存在的那种本质,一切实在对象中那种终极的实在。作为方法理论的形而上学概念,是由黑格尔确定了的。在这一意义上,"形而上学"代表一种与辩证法思维方法不同的思维方法。"形而上学"是孤立的、静止的、片面的看问题的思维方法,而辩证法则是强调联系的、运动的、全面的观点看待问题的思维方法。正如恩格斯所说的,"把自然界的事物和过程孤立起来,撇开广泛的总的联系去进行考察,因此就不是把它们看作运动的东西,而是看作永恒不变的东西;不是看作活的东西,而是看作死的东西。这种考察事物的方法被培根和洛克从自然科学中移到哲学中以后,就造成了最近几个世纪所特有的局限性,即形而上学的思维方式"。是否承认矛盾是形而上学与辩证法斗争的根本焦点。"形而上学"否认事物的矛盾,而辩证法则承认事物的矛盾性。

关于 Ontology 这个词,以前我们译为"本体论",现在更多的人则倾向于把它译为"存在论",即关于 on 的 logos、关于存在的言说、研究存在的学问。不过,我们也应该看到,在西方哲学发展的不同历史阶段上,这个词的内涵并不是固定不变的,人们往往是从不同的角度、在不同的语境下来使用它。一般地讲,ontology 所标识的,就是哲学之为哲学,乃是因为它总是企图超越感觉和经验,为人们提供世界终极本体的深层思索和探究,因而总是表现为一种形上之思,这一点尤其深刻地影响着哲学家们历史思维的方式和对历史的认识。"本体"是形而上学理论的核心概念,而作为终极实在和终极本质的本体,一向都被看作是具有永恒性质的绝对存在,一旦人们把握了这种存在,那种认识和理论也就具有了终极的和绝对的性质,成为永恒不变的真理,所以,关于本体的形而上学观点只要引伸到表达它的概念和理论上来,就会形成形而上学的思维方法。

"本体论"作为哲学或哲学某种内容的概括,却晚得多。德国经院哲学家郭克兰纽(1547—1628)最先在 1613 年编写的哲学辞典中使用"本体论"(ontology)一词。它来自于拉丁文的"on"(存在、有、是)和"ontos"(存在物),意思为存在及其本质和规律的学说,是"形而上学"本意的同义语。

按其辞义,本体论就是关于存在本身的一种学说,即存在作为存在所具有的本性和规定的学说。由于存在本身属于超感官的对象,"本体论"有时便与"形而上学"混同使用。在更多场合,本体论被看作形而上学的基础理论,此外它还包括宇宙论、心理学等部门。后来德国哲学家沃尔夫对"形而上学"进行分类,明确区分为本体论、宇宙论、理性心理学、理性神学四个分支。从此,本体论就作为形而上学的基础理论而流传开来。

哲学本体论可以说是西方哲学之发端。作为西方哲学源头的古希腊哲学,主要是探究本体论问题的。从泰勒斯到亚里士多德,在众多学说的论争、消长和拓展与深化的过程中,逐步建构其本体论的范畴体系,亚氏称之为"第一哲学",后来者称为"形而上学"。这类哲学的实质,就是整个世界的基础和本原,因此各派哲学开始是围绕"一"与"多"的关系问题,而后进展到"一般"与"个别"的关系问题,来建构自己的本体论的。例如有:古代的"存在论"本体论(巴门尼德);"原子论"本体论(德谟克里特);"理念论"本体论(柏拉图);"质料形式论"本体论(亚里士多德)。对于这种"本体论"哲学,亚里士多德曾经把它界说为"有之为有"(being as being)或"存在之作为存在"的学问,亦即"考察作为存在之存在及存在之作为存在而具有的各种属性"的学说。亚里士多德是古希腊哲学的集大成者。他创立的本体论的范畴体系,综合和发展了前人的哲学成果。他把本体论哲学理解和界说为"专门研究'作为存在之存在'以及'存在'凭其本性具有的各种属性"的学术。他认为这门学术不同于其他专门学术,因为后者没有一门学问是普遍地"研究作为存在的存在"的。他还把从中得出的关于"一切事物的最普遍的公理"或"通则",理解为"哲学家的业务"。在欧洲中世纪,教会和神学享有独占的和最高的权威。作为"神学婢女"的哲学,抓住了古希腊的素朴的物质本体论和辩证法的缺陷,用神学本体论取代了物质本体论,并用希腊罗马哲学中的糟粕,帮助它建构起"教父哲学"及后来的"经院哲学"。奥古斯丁说道:"让泰勒斯和他的水一道去吧,让阿那克西米尼和空气一道去吧,斯多葛学派和火一道去吧,伊壁鸠鲁和他的原子一道去吧。"奥古斯丁认为,一切事物都是由那具有至上、同等、永不改变之善的三位一体的神所造成的,而且上帝的意志统治一切,主宰一切。

近代西方哲学研究的重点是认识问题。以培根的《新工具》、笛卡尔的《谈谈方法》为先导,一批重点研究认识的著作纷纷问世,如洛克的《人类理智论》、贝克莱的《人类知识原理》、莱布尼茨的《人类理智新论》、休谟的

《人类理智研究》以及康德的《纯粹理性批判》等等。这些著作主要阐述的是认识论的原理或思维的逻辑问题,开启了哲学研究的一个重大领域,产生了很大影响。

近代西方哲学的本体论研究并没有停滞,一些以研究自然界,研究世界的本质、本原和哲学普遍原理的著作,也大量出现,如培根的《论原则与本原》、笛卡尔的《形而上学的沉思》和《哲学原理》、莱布尼茨的《单子论》、沃尔夫的《第一哲学或本体论》、狄德罗的《关于物质和运动的哲学原理》、霍尔巴赫的《自然体系》等,阐述了这些哲学家的世界观或本体论。近代的"物质与思想二元对立"的实体本体论(笛卡尔);"自然一元实体论"的本体论(斯宾诺莎);"多元单子论"本体论(莱布尼茨);"不可知自在存在论"的本体论(康德);"自然物质一元化"的本体论(霍尔巴赫);"绝对精神发展论"的本体论(黑格尔)。

形而上学所要研究的问题非常广泛,诸如:物体的实际存在是怎样的(例如:是物质的还是精神的),它们的本质是什么,如果它们有联系,那么其关系是怎样的。在事实上真正存在着因果关系吗? 因果关系仅仅是人类理智的建构吗? 如果存在原因,那么它的性质是什么? 它怎样起作用? 人的本质是什么? 是肉体、思想、情感、自我、灵魂、本能诸因素之一,还是这几种的统一体,或是一个什么其他的东西? 像"自由"一类的事情是否存在? 或者问:每一件事情是否都是受动的? 物质世界是否真能提供出使我们认识它的途径? 以及它与我们所感知的内容完全一样吗? 实在是独立于我们而存在的,还是我们用大脑或思想创造出来的? 可见,形而上学就是研究"事物"(任何事物)、研究他们的存在和它们的本质的学问。①

马克思的哲学革命,既不在于用一种本体论替代了另一种本体论,也不在于逃避或者拒斥了有关本体论的一切话题,而在于彻底改变了本体论的提问方式和立论根基,实现了由传统本体论向存在论的现代转向。正是在这个意义上,有很多学者认为,对人的未来命运、人的发展的基本路径、

① 参阅 J. P. 蒂洛:《哲学:理论与实践》,中国人民大学出版社 1989 年版,第 12—13 页。

资本主义生产方式下人的生存境遇以及人的解放的深切关注,使唯物史观成为马克思哲学的全部理论的核心,而历史的本质则成为唯物史观的核心。

(二) 辩证法

"辩证法"一词源于希腊文 dialego,其含义是进行谈话,进行论战。古时,辩证法是指揭露对方议论中的矛盾并克服这些矛盾求得真理的一种方术。亚里士多德称芝诺是"辩证法的创立者";列宁称赫拉克利特为"辩证法的奠基人之一"。公元前 5 世纪,古希腊哲学各派把论证或分析命题中的矛盾以求得真理的方法,叫做辩证法。苏格拉底把辩证法看作是通过对立意见的争论而发现真理的艺术。智者派则把辩证法作为一种据理论证的艺术而广泛运用。苏格拉底的辩证法主要有两层涵义:第一,辩证法意味着"对话"。在柏拉图的著作中,我们看到,苏格拉底通过一问一答的对话,将论题层层推进,抽丝剥茧,最后得出真理。辩证法就是通过对话达到真理的方法。第二,辩证法意味着"正反"。辩证法是通过辩论逼出真理的逻辑。柏拉图除了根据传统的含义,把辩证法看作是通过揭露对方论断中的矛盾并加以克服的方法外,还把辩证法作为认识理念过程中由个别到一般、又由一般到个别的方法。亚里士多德除了把辩证法作为"研究实体的属性"、"揭露对象自身中的矛盾"方法外,还经常在逻辑学的意义上使用辩证法。把辩证法作为形成概念、下定义和检查定义是否正确的方法。

在古希腊,辩证法既是一种方法,也是一种逻辑。作为方法,辩证法是一种言辞的艺术,一种对话的技巧,一种说服别人的方式。这种意义的辩证法仅兴盛于古希腊,后来就消失了。作为逻辑,辩证法内在于人类理性之中,是一种认识世界和表达世界的方式。后来康德和黑格尔都是在这种逻辑的意义上谈论辩证法的。康德辩证法的概念,主要指理性自身包含的矛盾。他认为,当人们用有限的范畴去把握"世界"时,必然陷入"二律背反",即矛盾。这种矛盾不是逻辑错误,也不是感觉经验中的假象,而是理性在认识活动中产生的不可避免的矛盾。因此,研究和论证这种矛盾的客观性和必然性,揭示先验假象逻辑,就是辩证法。黑格尔不仅把辩证法看作一种思维方法,他在哲学史上第一个明确地在宇宙论意义上使用辩证法概念。黑格尔认为,辩证法揭示对象本质自身的矛盾和发展动力,这个原则不仅是普遍适用的,而且是获得其他科学知识的灵魂,是"真正的哲学方法";概念的运用原则就是辩证法;从现象运动和发展的内在联系上才能揭示运动和发展的源泉和真实内容。黑格尔的辩证法的神秘主义在于把绝对观念的自我发展强加于自然界和人类社会。

马克思在 1868 年 5 月 9 日致约瑟夫·狄慈根的信中说:"……一旦我卸下经济负担,我就要写《辩证法》。辩证法的真正规律在黑格尔那里已经有了,自然是具有神秘的形式。必须把它们从这种形式中解放出来……"。① 在马克思看来,辩证法在黑格尔那里是倒立着的,"必须把它倒过来,以便发现神秘外壳中的合理内核"。辩证法不仅认为"观念的东西不外是移入人的头脑并在人的头脑中改造过的物质的东西而已",而且"辩证法在对现存事物的肯定的理解中同时包含对现存事物的否定的理解,即对现存事物的必然灭亡的理解;辩证法对每一种既成的形式都是从不断的运动中,因而也是从它的暂时性方面去理解;辩证法不崇拜任何东西,按其本质来说,它是批判的和革命的。"②对于实践的唯物主义者来说,"全部问题都在于使现存世界革命化,实际地反对和改变现存的事物"。实践辩证法实质上是人的生存与发展的辩证法,是关于人类命运以及人类掌握自己命运的理论。人类本质自身中的一系列矛盾:主体与客体、生理与社会、自然与文化、感性与理性、能动与受动、可能与现实、个体与群体、必然与自由、有限与无限等等矛盾的产生、展开和解决,构成了实践辩证法的丰富内容。

辩证法作为一种理论(是关于联系和发展的科学。正如恩格斯所说的:"辩证法不过是关于自然、人类社会和思维的运动和发展的普遍规律的科学");辩证法作为一种方法(以矛盾为核心,用联系的、发展的、全面的观点看待事物和问题的方法)。辩证法的特征:以联系和发展为总特征。马

---

① 《马克思恩格斯全集》第 32 卷,第 535 页。
② 《马克思恩格斯选集》第 2 卷,人民出版社 1995 年版,第 112 页。

克思所建构的现代唯物辩证法是一种历史的辩证法,它强调历史的生成性和发展性。

1.客观辩证法:与人类意识相区别的自然运动、社会运动过程的辩证法,是以客观事物相互联系、相互作用的形式出现的各种物质形态运动发展的规律。西方马克思主义者大多承认世界的规律性,而否定这种意义上的自然辩证法。

2.主观辩证法:人类认识和思维运动的辩证法,即指以概念做为细胞的思维运动发展的规律,故称概念辩证法。

3.实践辩证法:人作为主体的有意识的社会化行为,是人有目的的运动过程。实践辩证法包含、体现着客观辩证法和主观辩证法。

(三)认识论

认识论,也称为知识理论,是哲学的一个分支,简单来说,它是对知识的研究,它所研究的是知识的本质、来源和有效性,回答包括诸如"什么是知识?"、"我们能知道什么?"、"我们是怎样知道某种事物的?""我们获取知识的手段能否经受住怀疑论的挑战?"以及"什么是真理?"等问题。这些问题几乎像哲学本身一样古老,而第一次对它们进行明确阐述的是柏拉图(约公元前427—347),特别是在他的《泰阿泰德》一书中。但主要还是在近代,自17世纪以后,由于笛卡尔(1596—1650)、洛克(1632—1704)的著述,再加上近代科学的兴起,认识论才占据了哲学的中心舞台。

哲学史上提出过的认识论问题,大体说来可以概括为四个:第一,感觉能否给予客观实在?第二,理论思维能否达到科学真理?换一个说法,普遍必然的科学知识何以可能?用康德的话,就是纯数学和纯自然科学何以可能?第三,逻辑思维能否把握具体真理(首先是世界统一原理、宇宙发展法则)?用康德的话,就是"形而上学"作为科学何以可能?第四,人能否获得自由?也可以换一个提法,自由人格或理想人格如何培养?上述前三个问题,用德国古典哲学的术语来说,就是关于"感性"、"知性"、"理性"的问题。①

从笛卡尔开始的近代哲学,其中心任务是研究认识论(知识理论)问题。它们可以归结为这样一些问题:心灵获得关于外部世界的知识的能力是什么？ 心灵的能力在多大程度上能洞察实在的结构？ 心灵的观念对于表现和揭示世界的本质有多恰当？ 心灵这种获得真理的能力的限度是什么？② 也有学者将笛卡尔以来的全部哲学传统的中心问题概括为:"我们知道什么？ 我们怎么知道我们知道？ 知识究竟是什么东西？ 确信等不等于确知？"③除此之外,认识论的问题主要还有:什么是真理和谬误？ 它们的适用范围是什么？ 什么是知识和它依赖于什么？ 我们怎样才能知道我们自己在什么时候是合乎逻辑的或不合乎逻辑的？ 我们的推理在什么时候是合乎规则的或不合乎规则的？ 真理与信仰的联系和区别是什么？ 总之,认识论涉及思想及其过程和来源,而不涉及事物和价值。④

近代哲学的中心问题是认识论问题,并集中地展开了经验论与唯理论的论争。笛卡尔、培根、斯宾诺莎、贝克莱、休谟、莱布尼茨等是近代哲学的最重要的代表人物。

在唯理论方面,又存在着唯物主义唯理论和唯心主义唯理论。其中唯物主义唯理论的主要代表是斯宾诺莎,唯心主义唯理论的著名代表是笛卡尔。笛卡尔说:关于观念,"我觉得有一些是天赋的,有一些是从外面来的,有一些是我自己制造出来的。"在无数场合中,"我都发现外部感觉的判断有错误","内部感觉也是这样的"。他认为知识的可靠来源是理性,包括理性直观和演绎推理;"所有其他途径都应该看作错误的和有危险的而加以拒绝"。只有清楚明了了"天赋观念"以及以它为基础的演绎推理的知识才是可靠的。

---

① 参阅冯契:《中国古代哲学的逻辑发展》(上册),上海人民出版社 1983 年版,第39—40 页。
② [美]M. K. 穆尼茨:《当代分析哲学》,复旦大学出版社 1986 年版,第4 页。
③ 麦基:《思想家》,三联书店 1992 年版,第 86 页。
④ [美]J. P. 蒂洛:《哲学:理论与实践》,古平、肖峰等译,中国人民大学出版社 1989 年版,第14—15 页。

斯宾诺莎认为,知识有三种:意见,由传闻和泛泛经验而来;理性知识,由共同概念推理而来;直观知识,由理性直接认识事物本质得来。他说:"第一种知识是错误的原因,第二和第三种知识必然是真知识","真观念必定复合它的对象。"

经验论也分为唯物主义经验论和唯心主义经验论。其中唯物主义经验论的著名代表为洛克,唯心主义经验论的著名代表为贝克莱。洛克提出了著名的"白板说",认为人的心灵本来如同一张纸,任何观念都来自经验。"我们的全部知识是建立在经验上面的;知识归根到底都是来源于经验的。"他认为,理智通过综合、比较、抽象而形成的复杂观念不反映事物的"实在本质",只是"名义本质"和"一些标记"。贝克莱认为,"存在就是被感知",感觉不仅构造知识,而且也构成物体。感官固然有错误,但"我们如果要努力以理性来改正这些,则我们会不知不觉陷入离奇的悖论、难关和矛盾中"。他认为人心有抽象作用是一切知识部门造成无数困难和错误的主要原因。

关于经验论和唯理论的论争,毛泽东曾经给予了正确的评价。他指出:"理性认识依赖于感性认识,感性认识有待于发展到理性认识,这就是辩证唯物主义的认识论。哲学上的'唯理论'和'经验论'都不懂得认识的历史性或辩证性,虽然各有片面的真理,但在认识的全体上则都是错误的。"由此可见,哲学史上的唯理论和经验论的主要错误都在于割裂这两者的关系,把二者对立起来,陷入片面性。唯理论片面夸大理性认识的重要性和作用,认为只有理性认识可靠,而感性认识是靠不住的。经验论则片面夸大感性认识的重要性和作用,认为只有感性认识可靠,而理性认识是靠不住的。两种理论虽然各自含有片面的道理,但在认识的整体上都是错误的。教条主义和经验主义同样背离了感性认识和理性认识相统一的原理,重复了唯理论和经验论的错误。教条主义片面强调理论,轻视实践经验;经验主义则片面夸大感觉经验,忽视理论的指导作用。教条主义否认感性认识,片面夸大理性认识,认为理性认识可以不依赖于感性认识;经验主义否认理性认识,片面夸大感性认识,认为感性认识是唯一可靠的,否认感性认识有待于发展到理性认识。二者也是割裂了感性认识和理性认识的辩证关系,是主观主义的形而上学片面性错误的表现。

(四)伦理学(又称道德哲学)

关于道德的科学,又称道德学、道德哲学。在西方,伦理学一词源出希腊文 ετησs,意为风俗、习惯、性格等。《荷马史诗》中的 ετησs,原是一个表示驻地、驻所的名词。古希腊哲学家亚里士多德从气质、性格的意义上,首先使它成为一个形容词 ετηικοs,赋予其"伦理的"、"德行的"意义。后来,他又构造了 ετηικε 一词,即伦理学。西方最早以伦理学命名的书为《尼各马可伦理学》。据说这本书是亚里士多德的儿子尼各马可根据亚里士多德的讲稿和谈话整理而成的。"道德"(morality)一词源于拉丁文 moralis,本意是"习惯"或"习俗";"伦理"(ethics)一词源于希腊词 ethos,本意实质上是"人格"。一些人在各种职业如法律、医学、商业等以外的个人道德问题上使用"道德"这个字眼,在职业内的问题上使用"伦理"这个字眼,从本质上讲,这两个词及其对立面"不道德(immoral)"和"不合乎伦理(unethical)"几乎可以互用。①

在中国古代没有使用伦理学一词,19 世纪后才广泛使用。伦理学的西方历史十分悠久,其源头可以在最古老的史诗与神话中考究。在中国,"伦"、"理"二字,早在公元前 8 世纪前后的《尚书》、《诗经》、《易经》等著作中已分别出现。"伦"有类、辈份、顺序、秩序等含义,可以被引申为不同辈份之间应有的关系。"理"则具有治玉、分别、条理、道理、治理等意义。公元前 4 世纪的孟轲在《孟子》一书中说,远古之时,人们"逸居而无教",近于禽兽,他很担心这种状况,于是"使契为司徒,教以人伦"。孟子所说的"人伦",就是指"父子有亲,君臣有义,夫妇有别,长幼有序,朋友有信"。他认为,父子、君臣、夫妇、长幼和朋友之间的亲、义、别、序、信是最重要的五种人伦关系或道德关系。伦理二字合用,最早见于秦汉之际成书的《礼记》:

---

① [美]J. P. 蒂洛:《哲学:理论与实践》,古平、肖峰等译,中国人民大学出版社 1989 年版,第 215 页。

"凡音者,生于人心者也;乐者,通伦理者也"。大约西汉初年,人们开始广
泛使用"伦理"一词,以概括人与人之间的道德原则和规范。由于中国古代
哲学,始终把自然观、认识论、人生观和伦理观融为一体,因而未能形成独
立的伦理学学科。先秦时期的《论语》、《孟子》和秦汉之际的《大学》、《中
庸》、《孝经》等,在一定意义上都可以被看作是具有中国特色的伦理学著
作。宋明时期所谓的"义理之学",也可以说是研究道德的伦理之学。

伦理学是对人类道德生活进行系统思考和研究的学科。它试图从理
论层面建构一种指导行为的法则体系,即"我们应该怎样处理此类处境",
"我们为什么/依据什么这样处理"。伦理学考察道德价值的本性,以及证
明它们在估价和指导我们的行动、生活和共有风俗中运用的可能性。就此
而言,我们也可以说,伦理学就是对善恶对错的研究,对"好的生活"的寻
求,以及对道德原理和准则的辩护。所以它有时又被称为道德哲学,尽管
这实际上只是伦理学的丰富内容的一部分。

中国、希腊、印度、中世纪和近代欧洲都提出过基本的伦理问题:什么
是善? 什么是福祉生活? 人的美德是什么? 是否有一个善或一个统一的
美德的主题? 对别人或对我们自己应当承担什么样的责任?①

也有学者认为,伦理学研究的主要问题有:一个人或一种行为,其善恶
是非是由什么构成的? 我们怎样才能知道这一点? 自我利益或他人利益
在形成道德决定和判断中起什么作用? 什么样的关于行为方式的理论是
有效的或无效的? 为什么? 我们应该运用纪律、制度或法律决定我们的道
德,还是任意地让环境来决定? 杀人、说谎、行骗、行窃和性行为是正确的
还是错误的? 总之,伦理学不是象形而上学那样涉及"事物",而是涉及价
值,涉及与人的行为方式相联系的价值判断。②

简单地说,伦理学可以分为两类,即规范伦理学(normative ethics)、元
伦理学(或称后设伦理学,metaethics)。规范伦理学是对道德观念和道德判

---

① 《当代英美哲学概论》(上册),社会科学文献出版社 2001 年版,第 293 页。

② [美]J. P. 蒂洛:《哲学:理论与实践》,古平、肖峰等译,中国人民大学出版社 1989 年版,第
14 页。

断进行系统性的了解,并对道德原则的合理性加以探讨。规范伦理学的目的就是对日常生活中的道德箴言,进行哲学式的研究,一方面探讨这些道德箴言的合理性基础,一方面则归纳出一个或一些更基本的原则,借以作为道德判断的依据。换句话来说,规范伦理学的目的主要就是要建构有关行为规范的基本原则,以此作为我们日常生活中面临的道德问题的行为指导。① 对于规范伦理学,一些伦理学家提出了一些批评,比如,乔治·爱德华·穆尔指出:

> 事实上,道德哲学家们广为关心的问题,并非制定出某些规则,把某些行为方式规定为永远或普遍正确,把其它行为方式规定为永远或普遍错误。他们关心的也不是列出恶或善事务的清单,而是试图回答下列更普遍、更基本的问题:当我们说一个行为正确或应该做的时候,我们对于这个行为到底要表述一种什么意思? 当我们说一个事物的某种状态善或恶的时候,我们对这种事物状态又是要表达什么意思? 我们是否能够不管事物在其它方面有多大差别,发现某种属于所有正确行为所共有的普遍特性呢? 是否能发现某种除正确行为外不属于任何其它行为的特性呢? 同样,我们能否发现某种属于全部"善"事物所共有的特性和除"善"事物外不属于任何其它事物的特性呢? 再者,我们是否能够发现某种可同等适用于一切正确行为的单一原因,使这种原因能够在一切情况中,当一个行为是正确的时候,对它为什么正确的问题做出回答呢? 同样,当一个事物善的时候,我们是否能够发现某种可以说明它为什么善的原因呢? 当一个事物比另一事物更善的时候,我们是否可以发现它为什么更善的原因呢? 或者,这样一种单一的原因是否并不存在?②

英国哲学家艾赛亚·伯林也认为:

---

① 林火旺:《伦理学入门》,上海古籍出版社 2005 年版,第 16—17 页。
② [英]乔治·爱德华·穆尔:《伦理学》,中国人民大学出版社 1985 年版,第 1—2 页。

　　道德哲学家的任务并不是规定人们必须选择哪种哲学，而是向人们解释所涉的问题和价值；分析、划定正反两方的论点；阐明人们必须作出的抉择的相互冲突的生活形态、人生目的和生活代价。当然，一个人归根到底必须承担个人的责任，去做他认为正确的事情。然而，如果他理解了他选择所依据的原则，他的选择就是合乎理性的；即使他根据这些原则作出了另一种选择，他的选择也是自由的选择。①

　　哲学家的主要任务是估价正反双方的理由、澄清可以作出的选择的影响，而不去指明什么是正确的。②

　　艾赛亚·伯林对道德哲学家或哲学家任务的界定是非常有价值的，我个人是十分赞同的，我们以此来衡论我们的某些道德哲学或哲学思想，就会发现很多问题实质上是一种无谓的争执。当然，我们也必须明确地指出，艾赛亚·伯林是一个分析哲学家，他的论述是站在分析哲学的立场得出来的。

　　如果说规范伦理学的理论是研究人类行为应有的道德限制，可以作为我们实际生活的指引，那么元伦理学研究的目的，则不是为了指引我们的日常生活，而是以伦理判断和原则作为研究的对象。换句话来说，元伦理学与规范伦理学的关系，就像是文法和语言的关系一样，文法是研究语言的意义和结构的。规范伦理学所重视的问题是：什么东西具有价值？什么样的行为是对的？我们的义务是什么？而元伦理学则是关心价值和行为对错的本质，它要问的问题是：什么是价值？什么是道德义务？在此基础上，元伦理学的主要任务就是对"对"、"错"、"善"、"恶"、"应该"、"义务"等诸如此类的伦理学概念加以分析和定义。

（五）美学（或艺术哲学）

　　对艺术的本质以及艺术体验的研究，包括对"美"、"表现"等概念的理

---

① 麦基：《思想家》，三联书店 1992 年版，第 10 页。
② 麦基：《思想家》，三联书店 1992 年版，第 37 页。

解。简单地说,美学是研究人与现实审美关系的学问。它既不同于一般的艺术,也不单纯是日常的美化活动。

美学这门科学的渊源,可以追溯到古代奴隶制社会。古代思想家对于美与艺术问题的哲学上的探讨,对于艺术实践经验的研究、总结,可以看作是美学理论的萌芽和起点。

美学作为一门独立的科学,则是近代的产物。在十八世纪资产阶级哲学和科学蓬勃发展的时期,美学在德国古典哲学中作为一个特殊部门开始确立起来。鲍姆加登在1750年第一次用"美学"(Asthetik)这个术语(其含义是研究感觉和感情的理论),并把美学看作哲学体系的一个组成部分。随后,康德、黑格尔等赋予美学以更进一步的系统的理论形态,使之在他们的哲学体系中占有重要地位。十九世纪一些资产阶级美学家在实证主义精神的支配下,力图使美学摆脱哲学而成为所谓"经验的科学"。当然,以所谓"经验的科学"自命的实证美学,并没有、也不可能脱离哲学的支配,但美学在这一时期是更加广泛地和独立地发展了。

美学思想是人类审美实践和艺术实践发展到一定历史阶段的产物,是对人类审美实践和艺术实践的哲学概括。人类早期的美学思想散见于古代大量的文论、画论、书论、乐论及哲学、历史等著作中。这些不具备系统的理论体系的美学思想是美学产生的基础,但还不是作为独立学科的美学。

美学作为一门社会科学,是在社会的物质生活与精神生活的基础上产生和发展起来的,是研究美、美感、美的创造及美育规律的一门科学。美学里有许多基本问题——例如文艺对现实的关系,文艺对社会的功用,世界观与创作方法,内容与形式,形象思维和抽象思维,真善美的关系,美丑的标准乃至媒介,技术,风格等等——都是带普遍性的,尽管它们在不同的历史情境各有不同的具体内容。

(六)逻辑学(或哲学逻辑)

"逻辑"一词来自古希腊语的"逻各斯",汉语"逻辑"一词是对拉丁语系的"logic"、"logic"、"logigue"的音译。在最一般的意义上,可以说"逻辑学"是对合理思维和好的论证形式结构的研究,是以人的思维为对象、研究人的思维规律的科学。

逻辑学是一门古老而又年轻的科学。说它古老,是因为形式逻辑已有两千多年的悠久历史。早在公元前 5 世纪前后,古代中国、古印度和古希腊就产生了各具特色的逻辑学说。中国的名辩、印度的因明和西方的逻辑,三大逻辑流派各自独树一帜,自成体系,在世界逻辑史上鼎足而立,交相辉映。说它年轻,是指逻辑学的发展仍充满着活力。伴随着时代进步和人类社会实践的发展,逻辑学不再只是哲学的一个部分,它正广泛地渗透到其他科学技术领域,在自然科学、人文社会科学和思维科学发展的进程中不断革新其内容,开拓新的研究领域,日益显示出重要的理论意义和应用价值。

狭义的逻辑学主要指形式逻辑,广义的逻辑学包括形式逻辑、辩证逻辑、数理逻辑和其他各种符号逻辑。亚里士多德的《范畴篇》、《解释篇》、《分析前篇》、《分析后篇》、《论辩篇》、《辨谬篇》(被其著作编纂者们统称之为《工具论》),墨翟《墨子》中的《经》(上下篇)、《经说》(上下篇)、《大取》、《小取》等分别是西方和中国最早的一批逻辑学论著。

三、哲学研究的应用领域

(一)科学哲学

什么是科学哲学? 这个问题无论是在西方还是在中国学者中间,都有各种不同的观点,但它既然已经形成一门相对独立的学科,便一定具有相对稳定的内容。我们希望通过对几位西方科学哲学家对科学哲学这门学科界定的分析和比较,初步回答这个问题。

在西方,"自然哲学"一说一直沿用到 19 世纪,用来涵盖伽利略(Galileo)、开普勒(Kepler)、哈维(Harvey)、波义耳(Boyle)和牛顿(Newton)所取得的成就，①1837 年威廉·惠威尔(W. Whewell)《归纳科学的历史》、《归纳科学哲学》两本著作的出版，成为"科学史和科学哲学这两门学科产生的标志"。"科学家"、"科学哲学"这些词则在 19 世纪 40 年代由英国学者威廉·惠威尔所创用，但很长时间并不是作为一门学科的名称，而是作为一种哲学观、哲学追求的理想而使用的。在英语中，"Philosophy of Science"和"Scientific Philosophy"都可译作"科学哲学"。为把它们区别开来，有时又把后者译作"科学的哲学"。就它们的微妙差别来说，前者指关于科学的哲学，即以科学为研究领域的哲学。后者指科学性质的哲学，是相对于不科学的哲学来说的。不同的科学哲学家对这两种表示方式也各有偏爱。大致说来，逻辑经验主义者和一些科学实在论者特别关心科学性的哲学。他们把自己的目标规定为使哲学成为科学的，或者认为自己的哲学是科学的。由于逻辑实证主义者拒斥"形而上学"，也就是拒斥传统的哲学，其目的是以科学为典范，把哲学改造为科学，从一定意义上来说，这种科学的哲学，实际上也就是一种科学哲学。

就"科学哲学"这个词本身而言，对它的用法和理解又可以区分为广义和狭义两种。从广义上来讲，科学哲学指的是以科学为研究对象的哲学学科。它对有关科学的诸方面作哲学分析，即关于科学的哲学，或对科学的哲学反思。这种科学哲学是哲学的一个分支学科，它的地位类似于法哲学、神学哲学、管理哲学，等等。科学哲学在国外对它的称呼有个长名，谓之"科学逻辑学、科学方法论和科学哲学"。所以，广义的科学哲学可以包括"一般的科学哲学"和"专门的科学哲学"这两个部分。也就是说，对科学的哲学反思，又可以分为两个方面：一方面是对科学的整体进行理论反思，这形成科学哲学的基础理论；另一方面是对各部门的科学进行反思，从而形成物理哲学、化学哲学、生物学哲学等等。

从狭义上讲，科学哲学并不是泛指把科学作为哲学的研究对象来研

---

① 参见桑德拉·哈丁:《科学的文化多元性——后殖民主义、女性主义和认识论》,夏侯炳等译,江西教育出版社 2002 年版,第 14 页。

究,而是专指当代西方哲学中的一个特定流派、思潮。

那么,科学哲学的研究对象究竟是什么呢?请看几种常见的说法:

1. P. 弗兰克在其所著《科学的哲学》一书中,把科学哲学规定为连接科学和哲学两者的纽带,也是科学与人文学科之间的链条。他说:"对于科学的了解以及关于科学的战术和战略的系统方法,是任何科学哲学的主要内容。"①在这里,弗兰克主要把科学哲学定义为科学和哲学之间的纽带或连接的链条,而且在他看来要弥合科学和哲学之间的破裂主要靠哲学或人文学科向自然科学靠拢,"科学的哲学"所做的便是这种靠拢的工作。因此,他的立场基本上是科学主义的。

2. M. 瓦托夫斯基在《科学思想的概念基础——科学哲学导论》一书中认为,科学哲学作为自然科学与人文科学之间的"缺少的环节"或"桥梁",它的实质内容是把科学思想的概念和模式当作人文主义理解的对象而进行阐释,把逻辑批判和改造的分析工具连同哲学概括的综合努力一道应用于科学史和当代的科学思想。② 他说,"科学哲学提供了两种文化之间的联系,力图以某种首尾一贯的方式将它们彼此联系起来。哲学如果不致力于寻求首尾一贯性,不致力于把我们在这一领域的知识与其它领域的知识综合起来,那它就无存在的必要了"③"从哲学的最美好最深刻的意义上说,对科学的人文主义理解,就是对科学的哲学理解。"④这表明瓦托夫斯基主要是从人文主义的角度来看待科学哲学。

3. S. 图尔敏在为大英百科全书第 15 版撰写的条目《科学哲学》中指出:"科学哲学所要论述的,是方法论和认识论问题,也即研究者对待自然界的方式方法问题","科学哲学作为一门学科,首先要阐明科学探索过程中的各种要素:观察程序、论证模式、表达和演算的方法,形而上学假定等等,然后从形式逻辑、实用方法论以及形而上学等各个角度估价它们之所

---

① 弗兰克:《科学的哲学》,上海人民出版社 1985 年版,第 14 页。
② 瓦托夫斯基:《科学思想的概念基础——科学哲学导论》,求实出版社 989 年版,序言。
③ 瓦托夫斯基:《科学思想的概念基础——科学哲学导论》,求实出版社 989 年版,第 13 页。
④ 瓦托夫斯基:《科学思想的概念基础——科学哲学导论》,求实出版社 989 年版,第 582 页。

以有效的根据。因此,当代的科学哲学显然是一门分析和探讨的学科!"①

4.罗姆·哈雷在他写的教科书《科学哲学》中有一段关于"科学哲学"的解释,对于我们了解英美科学哲学的一般特征很有帮助,他写道:

"大多数人以为,哲学家们思考那些非常普遍、非常深刻的问题,其中的核心问题是人与宇宙的关系问题。哲学家们一般被认为提供有关生活的普遍目的,以及人们应在其特定生活之中所设定的更为特定的目标等思想。在这个意义上,科学哲学就应是对科学事业在整个生活模式中的地位的一种讨论。它也许就会考虑为从事科学提供一个基本的辩护,即考虑究竟值不值得从事科学。比如,人们也许会争辩说,科学知识的积累破坏了在最好的人类生活方式中生活的条件。人们或许还认为,倾注在追求科学知识中的这些努力,也许最好用在培养艺术感觉、使举止优雅以及美化环境上。我不打算追寻这类讨论,虽然我远不认为对这些问题的讨论是没有价值的。在本书中,我将讨论在实际的科学实践本身中出现的大量地细节问题。……我们将发现在科学工作中起作用的某些原则。本书的目的就是阐明这些原则。"②

从以上引述的几种看法可知,科学哲学不仅是一个独立的学科,而且是哲学中最重要的学科之一,属于哲学研究的中心领域。那么,科学哲学与科学史、自然哲学、科学社会学、科学心理学、科学学又有什么区别呢?我们认为:

1.科学哲学不是科学史,但是科学哲学与科学史又有着紧密地联系。法国哲学家孔德在 1830 年出版的《实证哲学讲义》中提出了"综合科学史"的概念,认为它"不是各门科学的历史,而是科学的历史,它本身就是一门科学"。著名的美国科学史家萨顿在为美国百科全书撰写的《科学的历史》一文中写道:"如果把科学定义为系统化的实证知识,或者看作是在不同时

---

① 图尔敏:《科学哲学》,《自然观与科学观》,知识出版社 1985 年版,第 411—412 页。

② Rome Harry, The Philosophies of Science, Oxford University Press, 1989, p. 1.

期不同地点所系统化的这样一种知识,那末科学史就是这种制式发展的描述和说明。"①从学科性质来看,科学史是介于科学与历史学之间的交叉学科。"科学家为了有助于了解自己的工作和增加对科学史的兴趣而研究科学史;哲学家则是为了使科学与哲学联系起来,并说明哲学的某些演变而研究科学史;心理学家是为了探查人类精神的特性和能力;社会科学家则为的是更好了解科学家和科学家所属社会集团之间的多种关系,以及其他可找到类似理由。"②科学史与科学哲学的关系,正如著名的科学哲学家拉卡托斯套用康德的名言所说的:"离开了科学史的科学哲学是空洞的;离开了科学哲学的科学史是盲目的"。

2.科学哲学不是形而上学宇宙论或自然哲学。形而上学宇宙论或自然哲学试图把宇宙当作一个整体,试图对于宇宙的起源、性质、目的提供宇宙论的、伦理的沉思。③ 宇宙论作为形而上学中一个部门的名称,被广泛地使用。A.E.泰勒在其《形而上学纲要》一书中认为宇宙论的任务是研究"我们在想要了解构成被体验到的物质世界各个客体时使用的最一般概念的意义和正确性,这些概念是'广度'、'次序'、'空间'、'事件'、'数'、'大小'、'运动'、'变化'、'质量'、以及象'物质'、'力'、'因果性'、'相互作用'、'物态'等等更复杂的范畴。"④而科学哲学所使用的范畴处于比一般哲学较低的层次,有些也是各门科学都要使用的范畴,所以有时又称其为"元概念",例如"问题"、"假说"、"定律"、"理论"、"观察"、"实验"、"测量"、"检验"、"验证"、"预见"、"说明"、"发现"、"评价"、"进步"等等,也有不少范畴是科学哲学家所使用的,例如"范式"、"研究传统"、"科学研究纲领"、"科学域"、"知识场"等等。由此可见,科学哲学不同于自然哲学。

3.科学哲学不是科学社会学或科学心理学。为了搞清两者的区别,首

① 《自然观与科学观》,知识出版社1985年版,第396页。
② 《自然观与科学观》,知识出版社1985年版,第409—410页。
③ E. D. Klemke et cetera (ed.): Introductory Readings in the Philosophy of Science, Prometheus Books (New York),1998,p.19.
④ 《自然观与科学观》,知识出版社1985年版,第515—516页。

先我们分析一下什么是科学学。从广义上说,科学学是研究科学整体的学科门类,曾译为"科学的科学"。科学学在不同的国家研究的范围有所不同,有科学社会学、科学社会研究、科学政策研究、科学的研究、科学管理研究等多种称谓。美国科学史家普赖斯认为科学学是"科学、技术、医学等历史、哲学、社会学、心理学、经济学、政治学、方法论等"。一般认为,科学学科分为理论科学学和应用科学学两个学科群组。理论科学学主要研究科学的特征、科学与技术的关系、科学的社会功能和社会后果、科学的体系结构、科学发展的规律性、科学发展的趋势和特点,包括科学社会学、跨学科学、科学结构学、科学能力学、科学计量学、科学预测学等。应用科学学则把科学学的一般理论应用于科学活动的各个领域,探讨科学实践各个方面的具体问题,包括科学政治学、科学政策学、科学经济学、科学管理学、科学法学、科学心理学、科学研究方法学、科学教育学、科学人才学等。广义的科学学,还包括科学哲学、科学逻辑学、自然科学史、科学普及学等①。我们一般所说的科学社会学是把科学作为一种社会系统与社会活动来加以研究的科学。在科学哲学和科学史研究中,也有人经常谈到科学社会学,我个人更倾向于称其为科学哲学的社会—历史的转向,它主要是指在科学哲学研究中涉及科学的价值、目的、功能,科学进步的动力、动因、机制和评价标准等问题。也就是说,在进行科学哲学研究过程中,不能局限于科学认识系统内部,而要同时扩展到科学的外部环境(即社会)中去。从这个意义上说,我同意这样一种观点:科学社会学是科学哲学的延伸或扩张。就此而言,科学哲学主要涉及科学内部的逻辑和认识因素,科学社会学主要涉及科学的社会因素,而这两个学科的成果是互相渗透、互相促进的。②

通过以上对于科学哲学是什么和科学哲学不是什么两个问题的分析,我们可以把科学哲学定义为:科学哲学是以科学为研究对象的一门哲学学科,是对科学的哲学反思和超越。

---

① 王续琨等:《社会科学交叉科学学科辞典》,大连海事大学出版社1999年版,第574页。
② 殷正坤、邱仁宗:《科学哲学引论》,华中理工大学出版社1996年版,第5页。

科学哲学作为对科学的哲学反思和超越,其主要问题域由两个方面来规整。一方面,科学哲学作为一门哲学学科,其主要问题受到哲学基本问题域的限制;另一方面,科学哲学是对科学这一特定领域、特定学科的哲学反思,其主要问题应该是各派科学哲学家研究得最多、争论最激烈的问题,同时又是来自于科学理论和科学实践中最普遍的问题。换句话来说,正是科学哲学的主要问题,把逻辑经验主义、批判理性主义、历史主义甚至后现代主义科学哲学关联起来。这种关联或者是同一问题的不同解答,或者是一个问题转换或引伸出其它问题,或者是一个答案联系到其它答案。这些在科学哲学的争论中起引导作用或核心作用并反复出现的问题,概括起来主要有:科学与非科学的分界,科学发现的模式,科学理论的评价,科学发展的模式等。①

(二)政治哲学(或社会政治哲学)

政治哲学即便在今天也并不是一个普遍接受的学科名称,在德国,哲学家们依然还愿意按照德国学术传统使用"法和国家哲学"②或"法和国家的哲学伦理学"这样的名称,尽管政治哲学这一名称已为越来越多的人所接受。

政治哲学在英语学术界是一个广为接受的概念,然而即使在那里,不少人依然宁愿将政治哲学归在道德哲学或伦理学之下。例如,2002 年我在哈佛大学访问时就是这种情况。在一些著作和大学课程里面,政治哲学也与社会哲学放在一起讨论。这些现象在给确切地理解政治哲学的界定带来困难的同时,却也为把握政治哲学的对象提供了指针。法和权利、国家、社会以及组成社会的个人都是政治哲学的关切而构成政治哲学的对象,正义、平等、自由、民主更是政治哲学恋恋不忘的主题,而道德哲学则是奠定

---

① 本部分内容主要参见洪晓楠:《科学文化哲学研究》,上海文化出版社 2005 年版。
② 例如:第 25 届世界法哲学与社会哲学大会于 2011 年 8 月 15—20 日在德国法兰克福举行。世界法哲学与社会哲学大会由世界法哲学与社会哲学协会组织。自 1909 年在柏林建立以来,该协会始终致力于推进世界范围内对相关学科的研究与传播。目前,世界法哲学与社会哲学协会已经成长为一个由 46 个彼此独立、自发运作的分会组成的国际性组织,为各国法学研究者的交流与合作提供着平台。

政治哲学的基础的一个部分。

对社会和国家的基础与本质的研究,试图构想出理想社会的样子,并在我们自己的社会中实践某些观念和改革以更好地达到这个目标,从一定意义上来说,这就是政治哲学的根本任务。

政治哲学就其内容而言,十分古老,古代许多思想家的政治思想和学说都含有政治哲学的意义。但就其概念而言,则迟至20世纪上半叶才逐渐流行于学术界,并具有学科与方法论的双重特征。在20世纪上半叶以前,偶尔也有政治哲学之说,但只是传统学科分化的沿袭,如同将美学称为艺术哲学、史学称为历史哲学、伦理学称为道德哲学一样。20世纪初,政治学界开始萌生科学主义思潮,20年代的新政治科学运动率先提出政治学科学化主张,倡导引进自然科学的概念和方法,建立起类似自然科学的政治学理论体系。稍后的行为主义政治学则从理论上系统地提出了政治科学的概念,用以表示运用自然科学方法、定量研究、经验实证、价值中立、描述和分析等的政治学方法与理论,把长期沿用的演绎推理、逻辑验证、从纯理论角度讨论政治本质和目的、具有浓厚道德与价值色彩的政治学理论和方法统称为政治哲学。这时,政治哲学才获得了概念的意义。

政治哲学是哲学与政治学相互渗透所产生的具有较强应用性的交叉性学科,是对政治社会最深层本质和规律的提炼和把握,并从哲学世界观的高度为人们认识反思政治社会的正当性提供价值评判标准和方法基础,是政治理论体系的最高发展。

西方学者囿于哲学流派的分野及在政治学研究对象与方法上的理解不一,赋予政治哲学不同的含义。

美国学者 G. H. 萨拜因赞同实用主义的看法,认为政治哲学内涵有三种要素:事实、因果关系、价值。政治哲学要对政治现象的事实作出分析和判断,抽象地考察这类事实现象已有的和可能的影响;研究事物之间一种状态引发另一种状态的可能性关系;从某种信念出发,根据一定的标准判断是非好坏并作出选择。

尽管中西方学者对政治哲学的理解或表述不一,但对其基本精神和内涵的认识有相似之处,即:政治哲学是关于政治的一般理论,是关于政治一般理论的理论。所谓政治的一般理论,即从纷繁复杂的政治现象中把握政治及其关系的实质,探寻政治的起源、本质、关系、功能、过程、规律、规范、目的、手段等;所谓政治的一般理论的理论,即埃克斯坦所谓的"超理论"或"元理论"。它的研究对象包括政治理论、学说、思想、观念自身,如政治学基本概念、范畴的确立,政治理论科学体系的建构,政治分析原则与方法的选择,政治逻辑的普遍本质和内在联系的规定,政治价值评判及其标准的设置等。这两大方面的内容勾勒出政治哲学的基本特征,即重在价值研究、目的研究、规律研究、原则研究、规范研究、方法研究和理论研究。

西方政治哲学的发展演变大致经过下列阶段:

(1)古典时期。柏拉图从人的本性出发,根据一般的社会哲学原则构想一个理想的政治社会,推导出人与国家的关系,设计一种由哲学王统治的具有智慧、勇敢、节制和正义四种美德的"理想国"。亚里士多德则在《政治学》中对100多个城邦国家分析归类,创建了政治学最初的一些基本概念,并以实现人类最高的善作为最优政体的标准。他们共同奠定了西方政治哲学的基础。这一时期西方政治哲学是世俗的、自然的,充溢着理想色彩。

(2)神学时期。在中世纪,君权神授、上帝创造国家是政治哲学论证的唯一主题。托马斯·阿奎那以其系统、精密的神学政治观,成为中世纪政治哲学的代表人物。他主张信仰高于理性,教权大于皇权,上帝的意志是国家法律的唯一源泉。这一时期的政治哲学沦为神学的奴隶。

(3)理性时期。自文艺复兴至启蒙运动,作为确立资本主义统治体系的思想准备,N.马基雅维利、J.博丹、J.洛克、T.霍布斯、孟德斯鸠、J.—J.卢梭等一大批思想家提出并讨论了许多政治哲学的概念及理论,如自然法则、天赋人权、社会契约、主权、平等、自由、民主、公平、正义、分权与制衡、权利与义务、善与恶等。稍后的I.康德和G.W.F.黑格尔以其严谨的哲学体系论证了国家的起源、自由与法律、国家的真理、政体形成、国家与人等。黑格尔还以哲学家的深邃思维感触到国家背后某种法定性动因。这一时期的政治哲学极大地丰富了人类文化遗产,是西方传统政治哲学最为辉煌的时期。

(4)颓废时期。19世纪资本主义统治确立,到20世纪初资本主义完成了从自由竞争到垄断的过渡,一批资产阶级学者抛弃了人类理性,由批判性、建设性走向保守和颓废。J.边沁的功利主义、J.S.密尔的自由主义、H.斯宾塞的"社会有机体论"、F.W.尼采的"超人"哲学及其"权力意志论"等,越来越背离科学精神。资产阶级的政治哲学与资产阶级一同走向颓废是这一时期政治哲学的特征。①

第一次世界大战以后,西方政治学界风靡一时的科学化思潮使实证研究几乎成了唯一的方法,尤其是"价值中立"口号的出现,人们惊呼政治哲学已经不复存在或正在消失。在20世纪的相当长的时期里,西方大学体制中的任何院系都没有政治哲学的地位,因为西方学界曾一度相信,所有都可以由各门实证或行为科学来解决,人们普遍认为20世纪以来没有权威的政治哲学著作问世,因此认为"政治哲学已经死亡"。但也有相当一部分人认为,政治研究无论采用什么方法,都离不开政治哲学。这些学者认为,20世纪以来涌现的存在主义、实证主义、保守主义、新托马斯主义,以及法学派、伦理学派、社会学派和分析学派等都属于政治哲学的流派或都涉及到政治哲学的领域,包括行为主义政治学本身,当它作为一种方法论时也属于政治哲学的范畴。因此,政治哲学并未消失,只是在行为科学冲击之下,发展较为缓慢,且影响甚微,或表现方式不同而已。

20世纪70年代后,随着罗尔斯《正义论》的出版,传统意义上的政治哲学又出现生机。从这个意义上来看,如果说20世纪60年代库恩出版了他的《科学革命的结构》,开创了科学哲学的新时代,那么,罗尔斯《正义论》的出版则标志着政治哲学新时代的来临。这不仅因为行为主义政治学和后行为主义政治学同样未能提供解救社会的良方,更重要的是人们对民主、平等、自由的实际要求及理论要求更为强烈和迫切。人们越来越认识到科

---

① 本部分内容参照百度百科"政治哲学"条目,http://baike.baidu.com/view/38871.htm。

学的政治学体系离不开一整套概念、范畴,离不开价值与事实的科学分析和评价,人类政治生活的日渐复杂,需要应用的专业技能,更需要说明的理论和知识,政治哲学不仅需要存在,而且十分重要。但西方政治学界因其利益原则、政治视角和理论基础的限制,加之政治哲学分化严重,各学派隶属关系不一,明显带有所属学科的特征,一时难以形成相对集中的主题,在短期内还不可能形成独立的理论体系,也就不可能有大的进展。

罗尔斯认为,政治哲学就是为一套适当的制度寻求一个共同的基础以保卫民主的自由权和平等,而这样一种基础首先是观念性的东西。在这一点上,诺齐克的态度与罗尔斯是一致的,他说,"道德哲学为政治提供基础和界限。人们相互之间可以做什么、不可以做什么的约束,也限制着人们通过一种国家机器可以做的事情,或者为建立这样一种机器可以做的事情。"但是,诺齐克①对政治哲学采取一种狭义的理解,即它所关切的是国家是否必要以及何种国家才是必要的问题。"政治哲学的基本问题,即一个先于有关国家应如何组织之问题的问题,是任何国家是否应当存在的问题。为什么不无政府呢? 由于无政府主义的理论——如何可靠的话——不啻是对政治哲学的整个主题的釜底抽薪,故而在开始讨论政治哲学时,首先考虑它的主要对手无政府主义者是恰当的。那些认为无政府主义并非无吸引力的人们,将认为政治哲学也有可能在此终结。"罗尔斯的思想引发了当代英美政治哲学中的三场重要争论:其一是自由主义与功利主义的冲突,这是由罗尔斯本人对传统功利主义的挑战,以"机会平等"的概念取

---

① 罗伯特·诺齐克(Robert Nozick,1938—2002)是美国哈佛大学教授,也是20世纪最广为人知、影响最大的哲学家之一。因1974年出版第一本著作《无政府,国家和乌托邦》(Anarchy,state,and utopia)一举成名。该书获得美国国家图书奖,并被评为二战后最有影响力的一百本书之一。另著有《哲学解释》(Philosophical Explanations,1981)、《被省察的人生:哲学沉思》(The Examined Life:Philosophical Meditations,1989)、《个人选择的规范理论》(The Normative Theory of Individual Choice,1990)、《理性的本质》(The Nature of Rationality,1993)、《苏格拉底的困惑》(Socratic Puzzles,1997)、《恒常:客观世界的基本结构》(Invariances:the Structure of Objective World,2001)等,涉及哲学、政治学、伦理学等多个领域。纽约大学哲学系教授,著名哲学和伦理学家内格尔(Thomas Nagel)将诺齐克列为在100年以后,能够仍然被人们所阅读的20世纪下半叶的两位哲学家之一(另一位是诺齐克在哈佛大学的同事罗尔斯)。

代了"最大多数人的最大幸福"的概念;其二是自由主义与自由放任主义之间的争论,这是由罗尔斯的同事诺齐克引发的对罗尔斯思想的挑战,他在《无政府、国家和乌托邦》(1974)中用"最小国家"的概念反对罗尔斯的正义原则;其三是自由主义与社群主义之间的争论,主要是由麦金太尔、桑德尔、泰勒、瓦泽尔等为代表,他们强调共同的善优先于正当性。1992 年牛津大学出版社出版了《社群主义和个人主义》文集,把这场争论推向了高潮。①

自 20 世纪 70 年代开始,政治哲学在西方得到再生和复兴,并成了西方大学内的显学,不但哲学系、政治系、法学院,而且历史系、文学系等几乎无不辩论政治哲学问题,而各种争相出场的政治哲学流派和学说亦无不具有跨院系、跨学科的活动特性,并由此开启了哲学在二十世纪的第二次转向——政治哲学的转向。例如"自由主义与社群主义之争"在哲学系、政治系和法学院都同样激烈地展开,而"共和主义政治哲学对自由主义政治哲学的挑战"则首先发端于历史系(共和主义史学),随后延伸至法学院、政治系和哲学系等。以复兴古典政治哲学为己任的施特劳斯政治哲学学派则以政治系为大本营,同时向古典学系、哲学系、法学院和历史系等扩张。另一方面,后现代主义和后殖民主义则把文学系几乎变成了政治系,专事在各种文本中种族、性别和族群等当代最敏感的政治问题,尤其福柯和德里达等对"权力—知识"、"暴力"以及"关爱政治"等问题的政治哲学追问之遍及所有人文科学领域。最后,女性主义政治哲学更如水银泻地、无处不在,论者或批判西方所谓"个人"其实是"男性家主",或强烈挑战政治哲学以"正义"为中心本身就是男性中心主义,从而提出政治哲学应以"关爱"为中心,等等。②

政治哲学具有不受现代学术分工所牢笼的特性。这首先是因为政治哲学的论述范围极为广泛,它一方面涉及道德、法律、宗教、习俗以至社群、民族、国家及其分配方式,另一方面又涉及性别、友谊、婚姻、家庭、养育、以

---

① 江怡:《当代英美政治哲学和道德哲学的演变》,《学习时报》2007 – 07 – 03。
② 参见甘阳、刘小枫:《政治哲学的兴起》,http://www. aisixiang. com/data/10332. html.

至文学等表现方式,因此政治哲学几乎必然具有跨学科的特性。说到底,政治哲学是一个政治共同体之自我认识和自我反思的集中表现。①

(三)宗教哲学(或哲学神学)

宗教(religion)一词,源自于中古英语"religioun"和拉丁语"religio",它与超自然和超验的现实性有关。宗教哲学是西方学术领域中一门相对新兴的学科。它既是哲学的基础性学科,同时也逐渐地被认为是宗教学的基础性学科。麦克·彼得森等人在《理性与宗教信念——宗教哲学导论》一书中提出了一个实用性的宗教哲学定义,这就是"试图分析和批判地评估宗教信念"。② 宗教哲学可以简略定义为:一门对于宗教现象及问题进行哲学思考的学问。这里所谓的"哲学思考",更主要地是从方法或方法论意义上讲的,意指:争论、分析、辩证推理、演绎推理、归纳推理等。

宗教哲学实际上是对宗教、宗教的本质、神圣事务的本质以及相信(或不相信)上帝存在的各种理由的哲学探究。宗教哲学不是从一种特殊的宗教或非宗教的观点出发而进行的宗教研究,而是对宗教的哲学含义进行细致地分析和批判地评价。宗教学不同于宗教哲学的主要之点就在于:宗教学是对上帝和宗教真理的本质所进行的理性追究,是一种有关上帝及其与人类关系的系统而正式的观点体系,而且通常来自某一特殊宗教或宗教组织内部,以及关于这些教义的讨论,都只能被人作为宗教学,而不是宗教哲学。而对这些教义,对宗教语言的含义,对于赞同或反对上帝存在的论证进行批判的分析和评价,则属于宗教哲学的范畴。③

在西方学术传统中,"宗教哲学"实际包含两种相反的内容:一是以宗教的立场借鉴哲学的方法思考宗教问题;一是以哲学的立场和方法思考宗教问题。这两种内涵的差异导致的研究倾向和结论肯定大不相同。所以,

① 参见甘阳、刘小枫:《政治哲学的兴起》,http://www.aisixiang.com/data/10332.html.
② 麦克·彼得森:《理性与宗教信念——宗教哲学导论》,中国人民大学出版社 2005 年版,第 11 页。
③ [美]J. P. 蒂洛:《哲学:理论与实践》,古平、肖峰等译,中国人民大学出版社 1989 年版,第 331 页。

在定义"宗教哲学"时,既要涉及到历史上曾经出现过的大量的对于传统宗教问题的肯定,也要涉及到不断出现的对于宗教问题的质疑和否定。两者对于同一问题的立场如此大相径庭,以至我们只能在两者之间寻找共同之处加以定义,即宗教问题与哲学方法。至于它们之间在立场和结论上的不同,我们只能暂时"存而不论"了。

就传统的西方宗教哲学内容来看,其中有相当大的部分都是从宗教的立场出发借鉴哲学的方法以获得宗教所需的肯定性结论,而站在哲学的立场以哲学的方法对传统的宗教问题提出挑战则出现较晚,其主要意义是标明了宗教哲学的发展趋势。

宗教哲学中基本的宗教问题 无论从哪一种立场来研究宗教问题,其方法论都是哲学的,所以也都是宗教哲学的内容。同样,无论是哪一派宗教哲学家,其涉及的宗教问题基本上是一样的。具体地讲,就是对宗教问题的哲学思考,主要集中在宗教所宣称是基本真理的概念或命题方面。体现在有神论系统中的犹太教、基督教和伊斯兰教的传统里的基本问题是:上帝的存在、上帝的本质和上帝的活动(包括各种宗教奇迹)、罪恶、魔鬼、信仰及死后的生命等。这是西方宗教传统的主脉:它们都认定上帝是具有人格的、灵体相分的、永恒的、自由的、无所不能的、无所不知的,是宇宙的创造者和主宰者,是人类服从和信仰的对象。宗教哲学则是要对上帝以及与之相关的信仰问题以哲学的思考方式提问,即信仰是否有理性基础?西方宗教传统中的上帝如何证明?怎样理解全善的上帝与世界上罪恶及苦难并存的事实?我们用什么样的语言才能谈论上帝?根据这些宗教哲学问题的特点,英国宗教哲学家希克(John Hick)指出,宗教哲学虽然是对宗教的哲学思考,但这种哲学思考不是对宗教进行泛泛的思考,而是集中在特定宗教传统中的特定问题上。这些特定问题包括:"分析上帝、神圣、救赎、崇拜、创世、牺牲、永生等概念,与日常生活、科学发现、伦理、艺术想像性表述相比较,以弄清宗教所表述的那些问题的性质。"这就是说,宗教哲学中的宗教问题固然是集中在某些宗教传统中的重要概念上的,但在对其进行哲学思考时还要注意选择与之对应的世俗问题作为参照系,这样才能显示出宗教问题的特殊性。

在宗教哲学中,对于这些宗教概念或命题的思考可以分为两大基本类型:其一,人类在其宗教活动中所形成的崇拜对象或信仰客体是否在逻辑上严谨?其二,这类崇拜对象或信仰客体是否真的存在?当然,这里所说的宗教问题都是就西方有神论的宗教传统讲的,体现在其他系统,如无神论的和神秘主义的宗教传统中的问题就没有足够的表述。随着全球化和各宗教之间接触的增多,其他文化系统中的宗教问题现在也逐渐地被补充进西方宗教哲学的内容中来,所涉及的宗教问题多少包含了婆罗门教及印度教的"梵"与中国儒教的"天命"等。

宗教哲学中的宗教立场 尽管宗教哲学是以哲学方法思考宗教问题,但是立场和动机是不同的。这种不同反映了神学家和哲学家的立场差异。神学家的立场就是维护宗教教义的立场,即有神论的立场。神学家认为,上帝的概念是所有一神教信仰中的基本概念,它的存在是可以通过"理性"来证明的。上帝的特征就是:无所不能、无所不知、永恒不变、刀枪不入、无所不在、博爱慈善。传统的西方宗教哲学的主要著作都是以讨论有神论的宗教问题为核心的。有神论的宗教传统认为,宗教所宣称的真理可以分为两类:靠人类自然理性认识的真理和靠神秘的体验或启示所认识的真理。根据托马斯·阿奎那的理论,关于上帝存在和其他神性特征是可以靠自然理性认识的;但基督教传统中的"三位一体"(Trinity)与"道成肉身"等概念是不能靠自然理性证明的,只能靠上帝对人类的神显或启示。有神论者对于"上帝启示"的方式也有不同的理解,或认为"神启"产生于宗教体验,或认为"神启"体现在有灵感的宗教领袖的传教中,或认为体现于宗教经文里,或认为来自于特定教会的传统。

宗教哲学中的哲学立场 方法上的共同性显然不能区别出宗教哲学中的另外一种倾向,那就是哲学的倾向。在思考宗教哲学中最基本的宗教问题时,哲学家的立场首先是他们有更大的参照系,以使他们可以从超越的观点来客观地运用哲学方法,加深对宗教所宣称的真理问题的理解。他们先把自己放在理性主义者的位置上,而不是信仰主义者的位置上开始思考或论证问题。

比如,对于宗教问题的哲学反思中最著名的提问是,"上帝能否制造一块他自己举不起的石头?"无论答案如何,总有一件事是上帝做不了的:要么是制造不出这样的石头,要么是举不起这块自己所制造的石头。其结论是上帝并非无所不能,这就与宗教所宣称的上帝是"万能"的观念发生了不可调和的矛盾。哲学家就是这样地条分缕析,以加深对宗教概念的理解。

又比如,关于上帝概念的逻辑严密性,哲学家还有类似的问题:按宗教自己的命题说,"上帝是永恒不变的、无所不知的"。可是从哲学家的立场看,这两个命题又陷入了自相矛盾。如果上帝是"永恒不变"的,那就意味着他自己的思想内部也不发生变化;"无所不知"则意味着知道一切真理而不可能为谬误所欺瞒。如果上帝"无所不知",上帝就当知道今天是星期二而不是星期三;但是过了一天,上帝又知道并相信那日子是星期三而不是星期二了。这就是说,上帝知道时间的变化因而信念也随着时间的变化而变化,信念的变化当然就是他自己思想内部的变化,而这个变化就否定了上帝是永恒不变的命题。这两个命题在逻辑上的矛盾在于:如果上帝是无所不知的,那他就不可能是永恒不变的。

从哲学家的立场看,宗教中最核心的概念——上帝的问题,必须经过辨名析理,才能确立他自身的权威。但这样做的结果可能导致否定上帝存在,进而否定宗教命题的合理性。也就是说在"宗教哲学"这个概念中,即便不包含直接对宗教的否定,也预示着宗教与哲学关系中的哲学化倾向。①

正是在这个意义上,有学者认为,"宗教哲学"这个概念本身就有逻辑问题:"宗教"是指人们信以为真的安身立命的信念,"哲学"是指人们对于信念产生的疑问并以客观立场推论这些信念的可信性。哲学充其量只能当做思考宗教问题的方法而不是立场,因为它只能从方法上对宗教自以为是真理的解释提出挑战②。这样的思考确实涉及到了宗教与哲学的基本立

---

① 本部分内容主要参照单纯:《宗教哲学》,中国社会科学出版社 2003 年版,第一章第四节。
② 罗宾·勒·波德温:《为无神论辩护》(英文版),伦敦路特里奇出版公司 1996 年版,第17—18 页。

场难于调和的问题——宗教的本质或特点是"信",哲学的本质或特点是"思"。然而,从"人是万物之灵长"这个生物学的基本立场出发,"灵长"的"灵"就"灵"在"思"上,所以,"信"与"思"虽难以调和,但"思"对"信"在其形成和发展过程中的倾向性影响却是显而易见的。

(四) 文化哲学

朱谦之先生在《文化哲学》一书中说:"文化之各部门,如宗教、科学、艺术乃至社会生活之政治、法律、经济、教育各方面,只要是从根本上着想而要求根本的解决,那便非需要有各部门之文化哲学⋯⋯不可。""从事于各文化之综合的根本研究,而这就是所谓'文化哲学'了。"①由于哲学能够根本回答何谓文化这个问题,所以,"文化哲学更为研究一切文化学中一个最'综合'的因子。"②

唐君毅先生在《哲学概论》中曾专设一章讨论文化哲学。他指出:

"文化哲学一名,乃中国古所未有。然礼记之论礼乐各文,及经解之论诗书礼乐易春秋之教,即皆为文化哲学之讨论。而除经子之书以外,历代史书,如礼书,乐书⋯⋯艺文志,刑法志等之叙言,其论礼乐等之文化之意义与价值,多原本于性与天道,旁通于治乱兴衰,即皆文化哲学之论也。"

这可以说是唐先生揭示了中国文化哲学之源。"

清人章学诚著文史通义,更以诗书、礼、乐、易、春秋之教,为中国学术之大原。近人马一浮先生,则有六艺论之著,亦意在以六艺之文化与其精神,通天人之故。此亦中国文化哲学之流。"

如果从中国思想一贯重视人文主义的角度来看,那么中国哲学就是一直以文化哲学为中心。

唐君毅先生以前曾用"人文论"概括文化哲学、历史哲学及分部之文化

---

① 朱谦之:《文化哲学》,商务印书馆 1990 年版,序,第 2—3 页。
② 朱谦之:《文化哲学》,商务印书馆 1990 年版,序,第 11 页。

哲学如教育哲学、经济哲学、政治哲学、宗教哲学、科学哲学、艺术哲学等。他认为,如果从研究对象来看,所谓文化哲学、历史哲学与历史学以及各种文化科学如教育学、艺术学、政治学、经济学等原为无严格之分界。一切哲学与科学之分,亦本为整个人类之学世界中一方便之划分。

由上可见,从广义上来理解,从事于各文化之综合的根本研究,就是文化哲学。就此而言,文化哲学是一种思维方式,存在于历史学、人类学、考古学、社会学、科学史、政治思想、经济思想等各个学科的研究之中,也表现于对宗教、艺术、语言、神话、科学等各种文化形式的研究之中,使这些文化形式的研究建立在一个新的思维基础上。[1] 在这个意义上,文化哲学从哲学诞生时就已经存在。因此,我们可以说中国哲学精神本身,以"文化的哲学"为特色。正因为如此,台湾学者冯沪祥先生才能写出《中国文化哲学》一书。该书除第一章论文化哲学的现代意义外,其他各章则是分论中国古代哲学家的文化哲学思想,依次是孔子、孟子、荀子、老子、管子、韩非子、大乘佛学、朱子、阳明、船山的文化哲学。此书可以说是海外第一部以《中国文化哲学》为题,专论中国古代文化哲学的专著,因而具有极其重要的学术价值。

从广义上来看,文化哲学还是一种与理性主义哲学相对的思维传统,存在于全部哲学史的发展中。[2]

在传统西方哲学的诠释方式和话语表达中,古代形而上学是西方哲学的"显学",这就"遮蔽"了西方哲学的另一面:文化哲学。因此,通过对西方哲学形而上学霸权话语的清算,一种新的哲学话语就展现在人们面前。虽然希腊文中无"文化"一词,但用 techne 表示非自然生成的人工创造活动,可译作"技艺",包括现今所说的"技术"和"艺术"。希腊人注重的技艺只是艺术,因为艺术可以成为一门学问。亚里士多德把诗学和修辞学作为两门主要艺术的学问,这些虽然比现在所说的艺术的范围狭窄,但它们对公

---

[1] 何萍:《马克思主义哲学与文化哲学》,武汉大学出版社 2002 年版,第 18—19 页。
[2] 何萍:《马克思主义哲学与文化哲学》,武汉大学出版社 2002 年版,第 19 页。

众生活的影响却胜过现代艺术;特别是修辞学对于政治、法律和教育具有举足轻重的作用。可以说,修辞学和诗学是文化哲学的最初形态,它们作为哲学的分支,与形而上学并存并平行发展。希腊哲学的代表人物如柏拉图、亚里士多德对文化哲学倾向持忽视或轻视的态度。然而,通观西方哲学的发展历程,人们可以发现,形而上学传统的失落,就是文化哲学传统的兴盛。① 文化哲学虽然是源源流长的哲学传统,但在哲学发展时期被形而上学的恢宏体系的阴影所遮盖。可以说,古希腊罗马的修辞学传统、文艺复兴时代的人文学科及其在近代的延伸,甚至在一定意义上的西方后现代哲学都代表着文化哲学发展的方向。文化哲学作为一种与理性主义哲学相对的思维传统,不仅表现在古代西方哲学之中,而且在现代哲学发展的过程中得到了特别的彰显。也正是在这个意义上,丹麦文学史家勃兰兑斯确切地把尼采称为"文化哲学家"。尼采以其丰富而复杂的思想,不仅开辟了 20 世纪西方非理性主义的先河,而且还是存在主义和后现代主义的先驱。正如一位美国思想家所指出的:没有尼采的话,雅斯贝尔斯、海德格尔和萨特是不可思议的②。狄尔泰作为新康德主义的代表人物,他不仅继承了尼采对实证主义和历史主义的批判,把历史和哲学结合起来而创立"精神科学",即人文科学。狄尔泰为了建立其文化哲学体系,而首先进行了系统的"历史理性批判",这种"历史理性批判"大体相当于卡西尔所说的"文化的批判"。在狄尔泰的解释学和胡塞尔现象学的双重影响下,海德格尔实现了由方法论解释学向本体论解释学的转变,他的学生伽达默尔则使解释学成为哲学,形成了一个完整的哲学解释学体系。从狄尔泰到后期海德格尔、伽达默尔、保罗·利科代表着文化哲学解释学的方向,他们把人文研究提到哲学的水平上来审视,或把哲学的视野伸张到人文研究的领域,不仅在量上扩大了哲学范围,而且也带来了哲学本身内在质的变化。总之,从尼采到海德格尔的现代哲学的运思旨趣一直企图颠覆西方哲学的形而

① 参见赵敦华:"作为文化学的哲学",《哲学研究》1995 年第 5 期。
② 考夫曼编:《存在主义》,商务印书馆 1987 年版,第 13 页。

上学传统。① 人文文化哲学如此,科学文化哲学的发展也不例外。例如,波普尔是科学哲学家中第一个有自觉意图建构文化哲学体系的人,他的科学哲学、政治哲学、历史哲学、理解理论被整合到一个统一的体系之中,在我看来,就是他的文化哲学。从对逻辑经验主义的否定延伸到历史主义,总的倾向是距离标准科学哲学的传统越来越远,同时也是距离理性主义越来越远。从逻辑经验主义的理性主义到否证主义的批判理性主义,从库恩的"羞羞答答"的"非理性主义"到费耶阿本德的"理直气壮的"非理性主义,它意味着科学哲学开始走出单纯的科学文化的局限,预示着科学哲学进一步走向人文主义,带着更浓厚的文化哲学色彩。科学哲学的这种向人文领域的拓展,在美国哲学家罗蒂那里达到了一种新的综合。罗蒂作为分析哲学的主要批判者,他呼吁分析哲学应当与欧洲大陆人文哲学相结合,组成一种"后哲学文化"。从现代科学哲学转向后现代科学哲学,它表明了科学思潮正通过文化与历史的参照中介与人文思潮汇流,而被整合进后现代主义文化哲学的大潮。

由上可见,所谓"文化哲学",实际上包含了两个方面的维度(或向度),这就是当"文化"作逻辑中心词时,它所表示的是研究者在作深入的文化研究时所创立的一种深层次的文化理论(元文化理论),即"文化的哲学";当"哲学"作逻辑中心词时,它所表示的是哲学家们认真地把文化当作哲学系统反思的主题,即"哲学的文化"。"'哲学'与'文化'分别构成了人的存在所包含的内在与外在两个相互对应和同构的层面:哲学成为人类文化的内核,而文化则是哲学的载体和表征。"②总之,任何文化与哲学的结合研究都带有文化哲学的性质,这样,文化哲学的关注焦点,就是一组独特的问题即"问题域",例如人与文化的关系、人与文化的本质等。就此而言,文化哲学就是人们对文化进行的系统化和理论化的哲学反思。

按照上述对于文化哲学的界定,我们可以看出:如果说,古代哲学和近

---

① 洪晓楠:《文化哲学思潮简论》,上海三联书店 2000 年版,第 13—15 页。
② 邹广文:《文化哲学的当代视野》,山东大学出版社 1994 年版,第 45 页。

代哲学中的文化哲学因素还是潜藏的而没有得到充分彰显的话,随着现代哲学的发展,文化哲学从内在与众多现代哲学流派和学说之中的哲学主流精神或哲学发展趋势中逐渐崭露头角,凸现为一种新的哲学范式,从而成为一门显学。

作为文化学传统的文化哲学 所谓文化学就是研究文化现象或文化系统的综合性的科学。其中理论文化学研究的核心是人的本质,是对象的人化和人的本质力量的对象化,是人与文化的关系,即"人化"的过程,文化与自然、社会、人类生活的关系和文化价值论。在这样一个意义上说,文化学就是文化哲学。① 从这一视域来看,文化哲学是关于历史的、现实的和未来的人的哲学,是人类对自己的文化发展史和文化传统进行全面的反省和反思的理论结晶。从对文化哲学体系的要求看,文化哲学可以分为文化发生论、文化结构论、文化发展论和文化动力论。②

用这样一个观点来观照西方文化哲学的发展,主要包含三种形态,这就是:文化人类学传统的文化哲学,哲学人类学传统的文化哲学以及文化形态学传统的文化哲学,也有人称之为文化历史哲学。显然易见,文化人类学、哲学人类学和文化形态学本身并不属于文化哲学,但是,由于任何一个文化人类学、哲学人类学和文化形态学理论都有着相应的哲学基础,因此,对文化人类学、哲学人类学和文化形态学的理论成果进行哲学的抽象和概括,并试图为一切研究人和文化的人文科学提供研究的出发点,在哲学的基础上形成抽象完整的人的形象也就成为文化哲学的重要内容。就此而言,现当代文化哲学人类学就是文化哲学的典型形态之一,它实际上是对生物哲学人类学、心理哲学人类学、宗教哲学人类学等部门哲学人类学的概括、总结和整合。

马克思·舍勒曾经指出:"我们有一个科学的人类学,一个哲学的人类学和一个神学的人类学,它们彼此之间毫不通气。因此我们不再具有任何

---

① 郭齐勇:《郭齐勇自选集》,广西师范大学出版社 1999 年版,第 295 页。
② 参见许苏民:《文化哲学》,上海人民出版社 1990 年版。

清晰而连贯的关于人的观念。从事研究人的各种特殊科学的不断增长的
复杂性,与其说是阐明我们关于人的概念,不如说使这种概念更加混乱不
堪。"①因此,无论是文化学传统还是人类学或文化人类学的传统,只要我们
站在哲学的视角进行透视,我们所得到的结果就一定是一种特定类型的文
化哲学。

哲学史视域的文化哲学 文化哲学虽然是源源流长的哲学传统,但在
哲学发展时期被形而上学的恢宏体系的阴影所遮盖。可以说,古希腊罗马
的修辞学传统、文艺复兴时代的人文学科及其在近代的延伸,甚至在一定
意义上的西方后现代哲学都代表着文化哲学发展的方向。

哲学史视域的文化哲学,我们有时又可以称之为专门文化哲学。从文
化哲学的角度看,当代西方文化哲学经历了一场从现代主义文化哲学向后
现代主义文化哲学的嬗变。就其整体发展态势而言,当代西方哲学与文化
的结合造就了两大文化哲学思潮,这就是科学主义文化哲学(也可称为科
学文化哲学)和人文主义文化哲学(也可称为人文文化哲学),它们又在不
同程度上实现了从现代向后现代的转折。因此,所谓哲学史视域的文化哲
学实际上就是用文化哲学的透镜去透视哲学史,从而得到我们所说的特定
类型的文化哲学。如科学文化哲学、技术文化哲学、人文文化哲学等。所
谓科学文化哲学就是对科学文化进行系统的哲学反思,研究科学文化中涉
及到的一些重要的哲学问题;所谓技术文化哲学,就是把技术作为一种文
化,研究技术文化中涉及的一些重要的哲学问题,对技术文化进行系统的
哲学反思;所谓人文文化哲学就是对人文文化进行系统的哲学反思,研究
人文文化中涉及到的一些重要的哲学问题。当然,无论是科学文化哲学、
技术文化哲学还是人文文化哲学,作为文化哲学必然都需要研究一些共同
的哲学问题,这也是三者之间的内在联系。

文化研究视域的文化哲学 从一般意义上来说,一切以文化作为研究
对象的学科,我们都可以称之为文化研究。就此而言,举凡文化学、文化人

---

① 转引自卡西勒:《人论》,上海译文出版社 1985 年版,第 29 页。

类学、文化哲学人类学、文化哲学等都属于文化研究。狭义的文化研究是指第二次世界大战以后在英国逐步兴起,尔后扩展到美国及其它西方国家的一种学术思潮和知识传统。^① 因此,我们这里所说的文化研究主要是指:文化的社会批判理论,即西方马克思主义的文化批判理论;以英国伯明翰学派为代表的文化研究理论;以及新近兴起的后殖民主义的文化理论。其中每一种文化研究都预设了作为它们的"深层语法"的哲学语法。如果没有充分理解这些哲学语法,就有可能不清楚那些文化研究的合法性及其限度。在西方,自 20 世纪 50 年代以来,逐渐形成了文化研究这一特定的学术领域。到 20 世纪 70 年代以来,文化研究不仅在英国、法国产生了重大影响,在美国也掀起了一股文化研究的学术波澜。

(五) 语言哲学

语言哲学包括三方面的内容:其一,特指语言学哲学,是对意义,同义词,句法,翻译等语言学共相进行哲学思考,并且对语言学理论的逻辑地位和验证方式进行研究的学科,就此而言,它是科学哲学的特殊分支,与物理学哲学,心理学哲学,心理学哲学等并列的学科。其二,语言哲学,包括基于自然语言或人工语言的结构和功能的任何一种概念的研究。举例来说,亚里斯多德关于存在的哲学思考,罗素的特称描述语理论,赖尔关于心灵概念的著作,都在这类研究的范围之内。最后,语言的哲学,是对关于语言本质,语言与现实的关系等内容的哲学性质的论著。"语言学哲学"或"语言分析"是解决哲学问题的技术或方法的名称。"语言哲学"则不是一种技术名称,而是一项研究主题的名称,一个哲学分支的名称。语言哲学所关心的问题诸如"语言与现实的关系如何?""什么是意义的性质?""什么是真理、参照因素、逻辑必然性?""什么是言语行为?"^②

语言哲学是现代西方哲学中影响最大、成果最为卓著的一个哲学流派。加强对语言哲学基本理论、基本方法的研究对于哲学学科的创新和发

---

① 罗岗、刘象愚主编:《文化研究读本》,中国社会科学出版社 2000 年版,第 2 页。
② 麦基:《思想家》,三联书店 1987 年版,第 264—265 页。

展具有极其重要的意义。语言哲学是应用现代逻辑的产物,浸透了现代逻辑的精神和方法。因此,我们关心的问题是:语言哲学家们是如何进行语言分析的? 他们为什么要或者为什么会这样分析?

维特根斯坦是语言学派的主要代表人物。他的哲学主要研究的是语言,他想揭示当人们交流时,表达自己的时候到底发生了什么。他主张哲学的本质就是语言。语言是人类思想的表达,是整个文明的基础,哲学的本质只能在语言中寻找。他消解了传统形而上学的唯一本质,为哲学找到了新的发展方向。他的主要著作《逻辑哲学论》和《哲学研究》分别代表了一生两个阶段的哲学体系。前者主要是解构,让哲学或哲学问题成为语言学问题,哲学必须直面语言,"凡是能够说的事情,都能够说清楚,而凡是不能说的事情,就应该沉默",哲学无非是把问题讲清楚。后者又把哲学回归哲学,在解构之后是建构,创造一套严格的可以表述哲学的语言是不可能的,因为日常生活的语言是生生不息的,这是哲学的基础和源泉,所以哲学的本质应该在日常生活解决,在"游戏"中理解游戏。

除了上述我们进行详细分析的科学哲学、政治哲学、宗教哲学、文化哲学、语言哲学之外,在西方影响较大的还有心灵哲学、法哲学、社会哲学等等,此处不再赘述。

思考题

1. 尽量用你自己的话表述"形而上学"、"伦理学"、"认识论",同时描述或介绍一个与你有关的,也就是说你想过或经历过的问题或事件。例如:"我到底有多大自由?""对我来讲,什么是真理? 我怎么知道我什么时候认识了它?""我所理解的'善'、'恶'是什么?""当我说到一个人是好或坏,一个行为是对或错的时候,我的意思是什么?"尽你最大的可能和努力去解答或解决这些问题和事件。

2. 找出柏拉图对话集中的一段,并仔细分析,看看他所讨论的内容属于哲学的哪个领域(形而上学、认识论、伦理学,或其他)。假如他所涉及的内容不只一个领域,那么请区分这些领域。

3. 为什么说形而上学、逻辑学、认识论是哲学研究的基本领域？它们的共同点是什么？不同点是什么？试举一例，并分别从形而上学、逻辑学、认识论的角度就同一事例提问。

4. 科学哲学、宗教哲学、政治哲学、文化哲学、语言哲学、法律哲学、道德哲学(伦理学)、艺术哲学(美学)有什么相同点？又有什么不同点？

5. 你是如何看待哲学的应用与应用哲学的？

第五讲 哲学形态

> 像唯心主义一样,唯物主义也经历了一系列的发展阶段。甚至随着自然科学领域中每一个划时代的发现,唯物主义也必然要改变自己的形式。
>
> ——[德国哲学家]恩格斯

一、哲学派别和哲学体系

恩格斯在《路德维希·费尔巴哈与德国古典哲学的终结》(以下简称《费尔巴哈论》)中针对包括费尔巴哈在内的哲学家们的糊涂观点,明确提出必须把所有哲学派别放在同一问题即哲学基本问题下面来考察,而且只有从对哲学基本问题的不同回答中,才能区分出哲学派别上的不同。正鉴于此,恩格斯在《费尔巴哈论》第二部分一开始就从历史与逻辑相统一的立场上指出:"全部哲学,特别是近代哲学的重大的基本问题,是思维和存在的关系问题。"[1]而"思维对存在,精神对自然界的关系问题"则是"全部哲学的最高问题","哲学家依照他们如何回答这个问题而分成了两大阵营。凡是断定精神对自然界说来是本原的,从而归根到底以某种方式承认创世说的人……组成唯心主义阵营。凡是认为自然界是本原的,则属于唯物主义的各种学派"。[2] 这是划分唯物主义与唯心主义界线的唯一科学的标准。

---

[1] 《马克思恩格斯选集》第 4 卷,人民出版社 1995 年版,第 223 页。
[2] 《马克思恩格斯选集》第 4 卷,人民出版社 1995 年版,第 224 页。

继而恩格斯又区分唯物主义①的一系列发展阶段,并对之进行具体分析,考察其变化的原因,指出:"随着自然科学领域中每一个划时代的发现,唯物主义也必然要改变自己的形式"。② 那么,恩格斯这一命题中的"形式"究竟是指哲学形式,还是指哲学形态呢? 这就涉及到如何区分和理解哲学派别、哲学体系、哲学形态、哲学形式和哲学内容以及它们之间的相互关系问题。由此可见,对哲学基本问题两个方面的回答,可以将哲学划分为两个基本派别:唯物主义和唯心主义;辩证法和形而上学不能独立地构成两个派别,而是从属的,这是划分哲学派别的科学依据。

在哲学史上除了唯物主义与唯心主义基本派别以外,经常提到的还有许多非基本派别,其中主要的有以下几种:一元论、二元论与多元论,不可知论、怀疑论③,经验论与理性论,主观唯心主义与客观唯心主义。除此之外,人们对哲学派别的划分还经常袭用的方法有:(1)有的依据学说的特征而称谓,如原子论哲学、唯名论派、实在论派等;(2)有的则以学派创始人而命名,如毕达哥拉斯学派、笛卡儿学派等;(3)有的以哲学产生的城市名命名,如米利都派、爱利亚派等;(4)有的以讲学方式或讲学地点的特征

---

① 在西方的文献中,"materialist"("唯物主义者")一词最早出现于17世纪英国科学家罗伯特·波义耳(1627—1691)《怀疑的化学家》一书中,而德文"Materialismus"(英文"materialism",即"唯物主义")一词最早出现在德国学者瓦尔希(J. G. Walch)于1726年所著《哲学辞典》中,该辞典首次出现了"唯物主义"辞条并写道:"人们称那种否定精神实体、只愿承认物质实体的(观点)为一种唯物主义。……此外,在物理学界,人们常把机械论者也称为唯物论者,把他们与唯灵论者相对立,尽管'机械论'和'机械论者'这两个词要常见得多。"(德)里特尔(J. Ritter)等主编:《哲学史大辞典》第5卷,1980年版,"唯物主义"条)此后,英国和法国的文献中也出现了"materialism"一词。康德、黑格尔、费希特、谢林等都用过这个词,但基本上都是在否定或贬低的意义上使用它,把"唯物主义"理解为与"自然主义"、"无神论"等相近的思想观点。连费尔巴哈都不愿把自己的思想称为"唯物主义",正如恩格斯所指出的:"费尔巴哈是反对唯物主义这个名词的。这并非毫无理由,因为他没有完全摆脱唯心主义。"

② 《马克思恩格斯选集》第4卷,人民出版社1995年版,第228页。

③ 史蒂芬·杰伊·古尔德在为《人们为什么相信超自然现象》一书所写的前言中提到它源自希腊语中的skeptikos,意思是"深思的"。事实上,从词源上说,它在拉丁文中的派生词为scepticus,意思是"探求"或"深思",而其词义在希腊文中的进一步演化包括"守夜人"或"为瞄准做标记"。因此怀疑论是深思和沉思的质疑。怀疑论的目标就是进行批判性的思考。怀疑论者是推理谬误的看守,是坏念头的拉尔夫·纳德(美国消费者保护协会的创始人)。怀疑论(Skepticism),是一种哲学上的态度,对各个领域提出的见解表示怀疑。

为学派名称,如逍遥学派、斯多噶派等。这里划分派别的根据并不是很科学的,许多名称仅仅是有代号的作用。只有在恩格斯创立了关于哲学基本问题的科学理论后,才为我们提供了去划分哲学基本派别的科学依据和科学标准,才有可能使我们对哲学派别的本质达到科学的认识。

与哲学基本派别相对应,有两大基本哲学体系即唯物主义的哲学体系、唯心主义的哲学体系。这是就第一层次说的。

就第二层次来看,无论是唯物主义哲学,还是唯心主义哲学,它们的哲学内容都需要一定的具体形式来体现。一个哲学体系,除了贯彻唯物主义或唯心主义基本观点外,还要包括许多其他的具体观点,包括许多知识性的材料和内容并构成一定的逻辑结构。其基本观点正是通过这一系列具体观点、知识性材料构成的逻辑体系表现出来。这就是通常以学说创始人名称而命名的具体的哲学体系。例如,唯物主义的哲学体系有:德谟克利特的原子论哲学体系、……费尔巴哈的人本主义哲学体系、马克思的哲学体系、恩格斯的哲学体系、列宁的哲学体系、毛泽东的哲学体系、邓小平的哲学体系等;唯心主义的哲学体系有:柏拉图的“理念论”哲学体系、……黑格尔的客观唯心主义哲学体系,等等。

由此可见,无论是哲学基本派别,还是哲学学派的创始人,只要其哲学思想具有内在逻辑联系、自成一体,即构成一个哲学体系。这就出现一个哲学观点的本质与其在不同具体形式中的表现的现象的关系问题。二者在根本点上必然是一致的,体系要贯彻并表现某种哲学观点的本质。但它们又决不会完全等同。某种历史的具体的形式和内容,在表现某一基本观点的本质时,不能不受到一定历史条件的多种因素,其中特别是科学状况因素的影响。恩格斯在谈到这一问题时指出:由于“自然科学和工业的强大而日益迅速的进步。……唯心主义体系也愈来愈加进了唯物主义的内容,力图用泛神论的观点来调和精神和物质的对立;因此,归根到底,黑格尔的体系只是一种就方法和内容来说唯心主义地倒置过来的唯物主义”。①

---

① 《马克思恩格斯选集》第 4 卷,人民出版社 1995 年版,第 226 页。

因此,我们必须善于从大量材料中去识别唯物主义与唯心主义的基本观点,又要善于把唯物主义或唯心主义的本质同它们在一定条件下的具体形式区别开来,善于把哲学基本观点同其他内容区别开来。黑格尔认为:"哲学若没有体系,就不能成为科学。没有体系的哲学理论,只能表示个人主观的特殊心情,它的内容必定是偶然性的。哲学的内容,只有作为全体中的有机环节,才能得到正确的证明,否则便只能是无根据的假设或个人主观的确信而已"。① 这就充分表明建构哲学理论体系的重要性。

所谓哲学体系,就是正确表现该哲学各部分内容的内在联系的形式。真正的哲学必须是一个系统,一个完整的体系。

哲学体系是历史的、发展的。黑格尔曾说:"哲学史上所表现的种种不同的体系,一方面我们可以说,乃是一个哲学系统,不过只是发展长成的阶段不同罢了。一方面我们可以说,那些作为各个哲学系统的基础的特殊原则,仅不过是同一思想的整体之一些分枝罢了。那在时间上最晚出的哲学系统,乃是前此一切系统之总结,故必包括有前此各系统的原则在内,所以一个真正名副其实的哲学系统,将必是最丰富最概括最具体的哲学系统。"②这种"最晚出的哲学包括在自身内前此的一切阶段的各体系之最后成果"。③

哲学体系的建构必须遵循逻辑和历史统一的观点,这一点无论是黑格尔,还是马克思、恩格斯都作过明确阐述。黑格尔在其《小逻辑》里说:"在哲学历史上所表现的思想进展的过程,与在哲学体系里所发挥的思想进展的过程,原是相同的。不过,在哲学体系里,解脱了历史的外在性或偶然性,而且从思想的本质去发挥思想进展的逻辑过程罢了"。④

这个逻辑和历史的统一原则,恩格斯从辩证唯物主义观点加以改造,作了更明确简要的表述:"逻辑的方式是唯一适用的方式。但是,实际上这

---

① 黑格尔:《小逻辑》,商务印书馆 1980 年版,第 56 页。
② 贺麟:《黑格尔哲学讲演集》,上海上民出版社 1986 年版,第 416 页。
③ 贺麟:《黑格尔哲学讲演集》,上海上民出版社 1986 年版,第 416 页。
④ 贺麟:《黑格尔哲学讲演集》,上海人民出版社 1986 年版,第 421 页。

种方式无非是历史的方式,不过摆脱了历史的形式以及起扰乱作用的偶然性而已。历史从哪里开始,思想进展也应当从哪里开始,而思想进程的进一步发展不过是历史过程在抽象的、理论上前后一贯的形式上的反映;这种反映是经过修正的,然而是按照现实的历史过程本身的规律修正的。"①因此,哲学体系不但是一个圆圈,一个完整的圆圈,而且是圆圈的圆圈,即是"许多圆圈所构成的大圆圈"。②

二、哲学形态及其演变规律

从语义学的角度看,"形态"一词在德文中一般是用 Gestalt,直译为"格式塔",意指"正在形成的"、"被塑造出来的"、"组织结构"或"整体"。因此,哲学形态就是指哲学的组织结构或整体,是哲学各要素按一定的内在联系构成的有机体系,而哲学内容和哲学形式则是构成哲学形态的两个基本要素。简言之,哲学形态就是同生产方式、社会实践和科学发展一定阶段相适应的哲学内容和哲学形式的有机统一体。

科学地把握哲学形态理论,对于坚持马克思主义哲学,发展马克思主义哲学,掌握哲学发展规律,推动哲学的不断进步具有十分重要的理论和方法论的意义。

第一,马克思主义关于哲学形态的理论指明了哲学形态是具体的、历史的。从具体和特殊出发,是马克思主义认识事物的出发点和基础。因此,我们研究、认识哲学发展规律,应该从具体的哲学形态出发,把握其特殊的本质,而不应当从所谓一般哲学或哲学一般出发。因为,每一种哲学形态,都是由特定的哲学内容和哲学形式构成的,都是特定的哲学内容和哲学形式具体的历史的统一。每一种哲学形态都有其产生、发展和灭亡的过程。抽象的哲学形态是不存在的;任何哲学形态都不是永恒的,高级的

---

① 《马克思恩格斯选集》第 2 卷,人民出版社 1995 年版,第 43 页。
② 贺麟:《黑格尔哲学讲演集》,上海上民出版社 1986 年版,第 423 页。

哲学形态代替低级的哲学形态,是哲学发展的客观规律。马克思主义关于哲学形态理论的立足点,正是这种具体的、具有特殊本质的哲学形态的理论概括。今天,我们应当在马克思主义哲学和当代西方哲学(非马克思主义哲学)的区别和联系中,进一步认识马克思主义哲学的本质和发展规律。

第二,哲学形态的发展有其自身的规律。这一点可以从两个方面来理解。一方面,社会存在决定社会意识,任何一种哲学形态的产生和发展,归根到底是由它所处时代的物质生产状况决定的,这是哲学形态发展的基本规律之一。尽管哲学作为最高层次的上层建筑,作为"更高地悬浮于空中的思想领域",和社会经济状况的联系并不表现为简单的直接的对应关系,而是通过一层一层的上层建筑各个部门的"中间环节",间接地、曲折地表现出来。但是,从哲学形态发展的总体看,从一个长时期看,哲学思想曲线的中轴线终归是和经济发展曲线的中轴线平行的。这就是为什么无论在西方或东方,处于相同的社会经济形态时,哲学大体相近,甚至"惊人的相似"的缘故;也是无论哪一个哲学流派或哲学家,其思想整体总是时代的一定表现的原因。哲学作为社会意识形态,哲学形态的发展受社会存在的决定,在阶级社会中,就是受阶级和阶级斗争的制约和影响,这也是哲学形态发展的基本规律。

哲学作为一定的思想形式,哲学形态发展的内在逻辑,除了有被时代的政治经济关系决定的一面外,还有其相对独立性的一面。它对于社会存在,对于社会的政治经济关系有重大的反作用;它的发展同其他意识形式一样,也具有连续性和继承性的规律,并表现为哲学形态的更替和相互影响的关系。

第三,要深刻地把握哲学形态的发展规律,在方法上,就必须确立科学划分哲学形态的依据。历史上一种特定哲学形态的形成,都是客观与主观、历史与现实多种因素相互作用的结果。在人类历史上,每一个时期都有反映这个时期的社会生产方式、社会实践水平、科学发展状况和思维方式的特有的哲学形态。历史不断发展,哲学也不断改变自己的形态。哲学形态的更替是哲学发展的主要形式。

划分哲学形态,靠哲学自身范围内的思辨是无法解决的。既然哲学是关于世界观(宇宙观)的学问,是人们对于生活在其中的整个世界的根本观点和看法的理论体系。那么,决定哲学发展的水平及其表现形态的主要因素只能是社会生产方式、社会实践(在阶级社会还有阶级斗争实践)和科学发展水平(包括自然科学和社会科学)。据此,哲学作为社会意识形态,其变化发展虽然同社会存在的变化发展具有不完全同步性,同经济水平的发展具有不平衡性,但是,从根本上说,哲学形态的更替,总是与社会形态的更替息息相关,大体一致的。在同一个时代,不管有多少种哲学,也不管它们的形态是多么丰富多彩、千差万别,其中具有代表性或典型性形态的,只能是与生产方式、社会实践(阶级斗争)、科学发展水平相一致的哲学形态。例如,就西方哲学形态而言,大体经历了从古代哲学形态,到中世纪哲学形态,近代哲学形态和现代哲学形态依次递进的进程。

古代哲学形态即古希腊罗马哲学(公元前6世纪～公元5世纪),在这个时期,希腊罗马的社会经济形态是奴隶制。真正的自然科学还没有产生出来,还处在萌芽状态,在这样的经济基础和自然科学前提下产生出来的哲学,只能是朴素的。古代奴隶制时代要求打破原始幻想意识和传统道德准则,追求永恒存在和完善实体的精神,充分反映在赫拉克利特、德谟克利特、柏拉图和亚里士多德的哲学体系中。可以说,奴隶主阶级的哲学是奴隶制时代精神的代表。

中世纪哲学形态即经院哲学(公元5世纪～公元15世纪末),这个时期,西欧的社会经济形态是封建制。恩格斯说:"中世纪的历史只知道一种形式的意识形态,即宗教和神学。"①其他如政治、经济、法律和文学等都是从属于神学的旁系和科目,科学只是教会的恭顺的婢女。在这种条件下产生的哲学只能是为天主教会服务的哲学,它被称之为经院哲学,是欧洲封建社会占统治地位的哲学。新兴封建主阶级的哲学是封建制时代精神的代表,因此,经院哲学不是哲学历史的中断,而是古希腊罗马哲学发展的继

① 《马克思恩格斯选集》第4卷,人民出版社1995年版,第231页。

续,是哲学形态更替的产物。

近代哲学形态即近代哲学(公元 15 世纪中叶～19 世纪中叶),在这个时期,资本主义的生产关系在西欧各国逐步形成和确立,由此而引起了各国的资产阶级革命。科学和理性是渗透于近代西方哲学中的时代精神。近代哲学反对科学屈从于神学,要求科学从神学的恭顺婢女转变为探索大自然奥秘的工具,从注解宗教神学信条,变成为人生谋福利的手段。讴歌人、颂扬人的价值是它的另一时代精神。哲学家们肯定人的力量和理性的权威,力图使人由旧世界的奴仆变为新世界的主人,由旧哲学的附属品转变为新哲学的主题。资产阶级哲学正是资本主义时代精神的代表,而在近代笛卡儿、培根、康德和黑格尔的哲学体系中,则具体体现了资产阶级时代要求摆脱宗教束缚、争取人格解放、提倡实验科学、征服自然力量的精神。

现代哲学形态即现代哲学(19 世纪中叶～)这一时期,人类历史进入无产阶级反对资本主义制度、反对资产阶级统治,为建立没有阶级、没有剥削的共产主义而斗争的时代。马克思主义哲学是这个新时代精神的理论表现。它既是新时代发展的产物,也必将推动新时代迅速前进。马克思主义哲学是科学形态的哲学,又是无产阶级的革命的思想体系。它是历史上代表劳动人民利益的第一个具有完备理论形式、并能够同剥削阶级哲学相抗衡的哲学体系。

属于现代哲学形态的还有现代西方哲学,它们是在反对和批判黑格尔哲学的背景下发展起来的。它们向黑格尔哲学的泛逻辑主义和绝对理性主义提出了挑战;由此,现代西方哲学中的一个重要思潮——人本主义学派就非常强调"自我意识"中的非理性的因素,从而把"意识"、"直觉",甚至"潜意识"置于理性之上,从而形成了一股强大的非理性主义的思潮,并对现代和当代的西方文化产生了广泛的影响。即使现代西方哲学中另一个重大思潮即所谓"科学哲学学派",也是坚决否弃黑格尔的思辨的"理性"。这样,自我意识在现代西方哲学中乃是一种分裂的意识。如何克服这种分裂的自我意识,形成完整的和谐的"主体"或"人格",就成了现代哲学所面临的课题,也是全部哲学的历史发展向我们提出的问题。

如果从现代性的诞生、形成与发展的视角来考察,那么,我们可以说,15世纪以来的西方哲学都属于现代哲学,大约从20世纪50年代最晚在60年代产生了后现代哲学,这是一个比较大的时间尺度,也是一种现代性精神产生和发展以及受到质疑的尺度。

哲学形态从古代哲学、中世纪哲学、近代哲学到现代哲学、后现代哲学的演进,表现在哲学对象和性质上就是从"知识总汇"到"神学的婢女"到"科学的科学",再到"科学的哲学"演进的过程。这一过程表明,哲学是如何从前科学形态,在实证科学发展的基础上,转变为科学性质的理论形态的。

必须说明,由于社会存在、发展的因素是多方面的,从而影响哲学发展、哲学形态更替的因素也是多方面的,因此,划分哲学形态也应当是多视角、多层次的。

就哲学家对哲学基本问题的不同解决和对哲学形态发展进行的共时态分析而言,哲学可以划分为两种基本形态、两大基本派别和两大哲学体系,即唯物主义哲学形态和唯心主义哲学形态、唯物主义哲学派别和唯心主义哲学派别,以及唯物主义哲学体系和唯心主义哲学体系。

对唯物主义哲学基本形态,可以从共时态和历时态相结合的方面给予进一步分析。从共时态来看,唯物主义存在着与形而上学、辩证法两种不同的结合形式的可能,这种可能性的矛盾由潜在到展开再到结果(即解决)的显现过程,就表现为唯物主义哲学形态的历时态的发展即自发的唯物主义哲学形态、机械唯物主义哲学形态、辩证唯物主义和历史唯物主义的哲学形态。

自发的唯物主义哲学形态,具有下列基本特征:

(1)自发唯物主义是同科学未分化的具有原始性质的自然理论;

(2)自发唯物主义是与辩证法天然地结合在一起的一种朴素理论;

(3)自发唯物主义是对思维与存在的关系问题尚未自觉地进行深入研究,仅是从直观经验中自发形成的理论。

近代资本主义形成以前的唯物主义,都属于自发唯物主义哲学形态。

以上特征贯穿于自发的唯物主义哲学形态的整个发展过程之中。当然,自发的唯物主义作为一种唯物主义的哲学形态,其自身的发展也经历了一系列小的阶段。自发唯物主义哲学形态的最高理论形式是古希腊哲学家德谟克利特创立的原子论哲学。自发的唯物主义哲学形态有许多具体的表现形式。后来,人们又从共时态的角度把凡具备以上三个特征的哲学通称为自发的唯物主义、直观的唯物主义或朴素的唯物主义。此已是转义的了。因此,即使自发的唯物主义哲学形态后来被机械唯物主义哲学形态所代替,但是,作为转义的自发的唯物主义哲学形式,也仍在哲学形态的发展过程中存在。

机械唯物主义哲学形态(又称形而上学的唯物主义哲学形态),它属近代资产阶级反对封建神学和经院哲学的思想体系,具有下列基本特征:

(1)机械唯物主义是建立在近代实验自然科学基础上的理论,摆脱古代唯物主义的原始性和朴素性,把唯物主义理论提高到新的水平。

(2)机械唯物主义是在同宗教神学、经院哲学的斗争中建立起来的。机械唯物主义——它的比较彻底的形式——则达到了无神论。

(3)机械唯物主义在实验自然科学的基础上,已经有意识地研究了思想与存在的关系的问题。

18世纪法国"百科全书派"的唯物主义学说,是机械唯物主义哲学发展的最高峰。正是18世纪法国唯物主义者理论成就和革命精神,"使18世纪成为主要是法国人的世纪"。① 机械唯物主义与自发唯物主义在哲学路线上属于一派,在基本观点上是基本相同的。但它们的理论形式不同,内容也不完全相同。机械唯物主义比自发唯物主义,属于更高发展阶段的哲学形态,但这种理论仍未达到科学的水平。后来,人们把凡具有以上三个特征的哲学通称为机械唯物主义或形而上学的唯物主义,此亦是转义的了。因此,即使机械唯物主义哲学形态后来被辩证唯物主义和历史唯物主义哲学形态所代替,但是,作为转义的机械唯物主义哲学形式仍在哲学形

---

① 《马克思恩格斯选集》第3卷,第385页。

态的发展过程中存在和延续。

从自发唯物主义哲学形态到机械唯物主义哲学形态，是人类认识史的一个重大进步。机械唯物主义哲学形态可以回答从古代到中世纪人类认识发展中所提出来的关于物质世界与超自然的神灵世界的矛盾，但是，它回答不了近代从片面发挥人的主观能动性而形成的唯心主义哲学所提出的问题。所以，这种哲学形态也必将为更新形态的唯物主义哲学所代替。关于这种更高形态的唯物主义，在马克思和恩格斯著作中，通常按照历史发展的顺序称为"现代唯物主义"或"新唯物主义"①以区别于旧唯物主义。这种"现代唯物主义"不同于 18 世纪形而上学的唯物主义，它比百科全书派和费尔巴哈更进一步，它把唯物主义哲学应用到历史领域，应用到社会科学领域，②它是吸收了德国古典哲学成果特别是黑格尔哲学的"合理内核"——辩证法的"辩证唯物主义"。③ 这种辩证唯物主义即马克思主义哲学唯物主义形态，是建立在自然科学和社会科学统一基础上的科学理论。在这个基础上，它把唯物主义与辩证法统一起来，彻底贯彻了唯物主义，克服了旧唯物主义的直观性、片面性，把辩证唯物主义的自然观和历史观统一起来，使它成为包括社会生活在内的彻底的完备的唯物主义哲学。马克思主义唯物主义是唯物主义发展的最高形态，即科学形态的唯物主义。

进一步地分析将表明，我们通过宏观分析所得到的关于唯物主义哲学形态发展规律的结论，也可以经由微观解剖得到印证。例如，就唯物主义的"物"究竟是什么这个问题，唯物主义的不同形态作出的回答就不同。朴素唯物主义的哲学形态把"物"看作是"某种或几种具体的物质形态"；近代形而上学的唯物主义的哲学形态把它等同于自然科学上的"物质结构"；马克思主义哲学则认为这种"物"即"客观实在"。唯物主义哲学形态对"物"的把握从具体物质形态到物质结构再到客观实在，也是唯物主义关于"世界图景"发生根本性变化的过程；同时也充分表现了唯物主义哲学形态的

① 《马克思恩格斯选集》第 3 卷，人民出版社 1995 年版，第 364 页。
② 《列宁选集》第 1 卷，第 10 页。
③ 《狄慈根哲学著作选集》，三联书店 1978 年版，第 239—256 页。

更替过程。

　　同样,与唯物主义哲学形态的发展相类似,唯心主义哲学形态的发展也有其固有的规律性。从宏观层次来看,唯心主义哲学形态的发展经历了原始唯心主义、经院哲学、近代唯心主义三大哲学形态。原始唯心主义与自发唯物主义产生于同一历史条件。在西方,这种理论的主要形式是柏拉图创立的"理念论哲学"。经院哲学是与宗教神学相结合的唯心主义哲学,其中托马斯·阿奎那所制订的包罗万象的神学唯心主义学说,是封建社会教会统治阶级的意识形态的典型表现。近代唯心主义在理论上既不同于古代生长于本体论中的原始唯心主义,也不完全相同于中世纪与神学直接结合的唯心主义。这是因为,资产阶级在其上升时期,既创造了唯物主义哲学,也发展了唯心主义哲学。近代唯心主义的哲学形态有两种基本形式,其中贝克莱是近代主观唯心主义的创始人和最大代表,德国的黑格尔是近代客观唯心主义哲学的最大代表。就近代唯心主义哲学形态的理论贡献而言,德国古典哲学是近代哲学发展的最高形式,其中黑格尔是辩证法思想的集大成者。黑格尔在其创立的庞大哲学体系中,在唯心主义的基础上展现了整个世界辩证发展的图景,从根本上动摇了长久以来支配人们思维方式的形而上学方法的统治,确立了辩证法思想不可动摇的权威。从微观层次来看,唯心主义哲学形态的更替也表现为从柏拉图的理念论,到中世纪经院哲学的"实在论",再到近代黑格尔的绝对理念论。可以说,中世纪经院哲学的"实在论"是理念论的"再版",黑格尔的绝对理念论在一定意义上是柏拉图理念发展的高级形态。

　　总之,哲学形态的发展有其固有的规律性。我们对哲学形态的划分,只能在深刻认识和把握社会实践发展状况和科学发展水平的基础上,坚持以马克思主义哲学关于哲学基本问题的原理为基准,从哲学基本问题两个方面的相互结合上去理解和把握,才是科学的。这是我们关于哲学形态理论的基本观念。

三、哲学内容和哲学形式

所谓哲学内容和哲学形式,是指哲学的构成要素和要素构成的方式问题。

哲学内容就是哲学构成要素即表述世界观和方法论的概念、范畴、规律等理论原理的总和;而哲学形式则是这些要素的结合方式、结构方式。马克思主义经典作家认为,哲学内容决定哲学形式,哲学形式反映并表现哲学内容;哲学形式的发展,有相对的独立性,有历史的继承性和相互作用。哲学形式可以落后于哲学内容;也可以是同一哲学形式表现不同的哲学内容,或同一哲学内容采用不同的哲学形式。总之,哲学内容与哲学形式两者不可分割,哲学形式总是反映着一定哲学内容的形式,无一定哲学内容的哲学形式是空洞的;哲学内容也总是通过一定的哲学形式来表现的,无一定哲学形式的哲学内容是不存在的。所以,对哲学形式的理解和把握至少有两个层次:

第一层次,就哲学一般而言,有表现唯物主义哲学内容的形式即唯物主义哲学形式,有表现唯心主义哲学内容的形式即唯心主义哲学形式。

第二层次,即唯物主义哲学或唯心主义哲学,在它们发展中曾采取过哪几种具体的形式? 对此,我们认为,应从共时态和历时态相结合的观点上给以分析,而不能仅从历时态或共时态的角度予以分析。

从上述观点出发,我们可以看到,反映唯物主义哲学内容的哲学形式有:朴素唯物主义、机械唯物主义、庸俗唯物主义、费尔巴哈的人本主义的唯物主义、辩证唯物主义等;反映唯心主义哲学内容的哲学形式主要有:原始唯心主义、经院哲学的唯心主义、主观唯心主义、客观唯心主义、辩证唯心主义(即唯心主义的概念辩证法)等。例如,同属于朴素唯物主义哲学形态的哲学,可以采用不同的哲学形式,有赫拉克利特的朴素唯物主义和朴素辩证法潜在结合的朴素辩证唯物主义的哲学形式,有德谟克利特和伊壁鸠鲁的原子论哲学形式;同属于辩证唯物主义哲学形态的哲学,也有不同的哲学形式。马克思主义哲学发展过程中具体哲学形式的变化,主要根据不在于无产阶级革命导师和经典作家的更迭,也不在于马克思主义哲学发展中历史阶段的划分,主要根据是基于社会实践和科学发展的要求而形成的(或创立新的思想理论,形成新的观念;或为一般原理、原则找到新的表现形式;或赋予一般原理以新义等等)马克思主义哲学研究重点的转移和具体内容的变化。因为基于社会实践和科学发展所揭示、提出的问题,使马克思主义哲学的发展不是始终都在一个平面上进行的,它的理论体系的各个组成部分、各个基本原理、基本范畴和不同方面,"不能不分别提到首要地位"。① 由此就导致了它的各个基本原理、范畴、基本方面在发展中的创新、不平衡性,内容结构、结合方式的变化,甚至是根本性的变化。笔者以为,马克思主义哲学形态的原生哲学形式是由马克思建立的,它是以实践范畴为基石,围绕主体与客体的关系问题展开的哲学体系;而它的次生哲学形式则是由恩格斯开其端、列宁竟其绪,以物质范畴为基石,围绕着物质和意识关系问题展开的哲学体系;它的再生哲学形式是由毛泽东首倡、邓小平继承的以实事求是为核心,围绕主观与客观的关系问题展开的哲学体系,这一体系和形式是马克思主义的中国化,或曰"中国气派"的马克思主义。这种哲学形式的变化和发展表明马克思主义哲学形态与哲学形式的发展是统一性与多样性、共同性与差别性的辩证统一。

通过上述对哲学形态、哲学形式和哲学内容的分析表明:

第一,哲学形态不等于哲学形式,两者不可互相代替。以往许多论者将恩格斯命题中的"形式"诠释为"哲学形态"而非"哲学形式",这既不符合恩格斯的原意,也是不科学的。

第二,虽然如此,哲学形态也不是与哲学形式丝毫没有关系。我们说哲学形态是在特定社会历史条件、经济条件和科学状况下的哲学形式和哲学内容的有机统一体,就反映了哲学形态与哲学形式、哲学内容的内在联系。哲学形态和哲学形式虽然都是在历史中形成的,但是由于它们形成根源的差异,在哲学发展过程中表现为哲学形式的变化并不必然改变哲学形

---

① 《列宁选集》第2卷,第398页。

态,例如前述的马克思主义哲学形式的变化,并不意味着马克思主义哲学形态也随之改变;反之,哲学形态的变化和更替则必然以哲学形式的变化和更替为基础。一般地说,哲学形式的变化标志着哲学的变革,而哲学形态的变化则标志着哲学的革命。哲学革命是从一个哲学范型过渡到另一个范型,哲学家就经历了一个世界观的改变,用心理学的术语来说,就是格式塔转换,用哲学术语来说,就是哲学形态的转换。新的哲学范型解决的问题比旧范型多,就是客观意义上的哲学进步。如果说哲学形式的变化代表着哲学进步量的特征,那么哲学形态的转换则标志着哲学进步质的特征,而一个具体的哲学体系则正是这种量的特征和质的特征的统一体。

第三,哲学形态具有相对稳定性,而反映一定哲学内容的哲学形式则是灵活的,它与哲学形态相比具有不稳定性。哲学形态的相对稳定性和哲学形式的不断变动性,形成了两者之间错综复杂的关系。在特定历史条件下,只有占主导地位的哲学形式和哲学内容的有机统一才构成这一时期的哲学基本形态,而其他哲学形式,或属于先前哲学基本形态的残余物或变体,或属于当时哲学基本形态的变体或这种母体形态的哲学形式的衍生物,或进一步发展的结果。例如,在当代,我们可以认为有朴素唯物主义或机械唯物主义的哲学形式存在,如自然科学的唯物主义就隶属于朴素唯物主义或机械唯物主义等,但不能说现在还存在朴素唯物主义的哲学形态或机械唯物主义的哲学形态。这是因为朴素唯物主义的哲学形态或机械唯物主义的哲学形态等,它们是历史范畴,是与特定的社会历史条件、社会经济形态和科学状况相联系的,脱离这些具体条件的哲学形态是不存在的。另一方面,作为哲学形式的朴素唯物主义或机械唯物主义等,则是"活"的,是可以继承的。在当代哲学中,它们虽不占主导地位,但仍有自己的一席之地。

在明了哲学形态、哲学形式和哲学内容的区别和联系之后,我们不禁要问:为什么随着自然科学领域中的划时代发现,只是改变唯物主义的哲学形式而不是哲学形态呢?

对这一问题的回答,要求我们必须以恩格斯在其他著作中的论述作为佐证,在深刻理解内容和形式范畴的基础上,拓展我们对哲学内容和哲学形式的辩证关系的理论。

众所周知,马克思主义哲学从来不把内容与形式看成是僵死的、公式般的统一,相反,认为它们的统一是动态的、具体的、历史的统一。同样,哲学内容与哲学形式的关系也是如此。哲学内容决定哲学形式,哲学形式反映、促进哲学内容。但是,与哲学形式相比,哲学内容是活动易变的,而哲学形式则是相对稳定的。这样,哲学形式的相对稳定性和哲学内容的不断变动性,便形成了哲学内容与哲学形式之间错综复杂的相互关系。最初,哲学形式同哲学内容是相适合的,哲学形式能够反映发展着的哲学内容,并为哲学内容的发展提供较充分的条件。然而,随着哲学内容的发展变化,新哲学内容的不断产生和壮大,二者就由基本适合逐渐变为基本不适合了。这时,哲学形式就不能反映已经充分发展起来的哲学内容,不能为哲学内容的进一步发展提供条件,于是,哲学形式与哲学内容之间便形成了尖锐的冲突。当哲学形式严重束缚哲学内容,变成哲学内容发展的桎梏时,变革哲学形式的任务就提到了议事日程上。因此,一旦自然科学领域中有划时代的发现,并且这一发现引起人们思维方式或结构的改变,并最终导致人们科学认识的世界观和方法论的改变之时,革命地变革哲学形式,使之能够反映已经发生新的变化的哲学内容,便成为哲学发展的当务之急。因为,不变革旧的哲学形式,创立新的哲学形式,就无以容纳科学反映新的哲学内容,更谈不到对已经揭示出来的新的世界图景给以科学的哲学上的概括和把握,至于哲学对自然科学的发展方向难以导向就更无从谈起了。当新的哲学形式产生以后,它与哲学内容之间又会出现由基本适合到基本不适合的情况,当自然科学新的划时代发现(或社会科学的划时代发现,或社会实践的重大进展),就将进一步揭示出物质世界更深层次的结构和本质规律,并在更高、更深层次上震撼和改变着人们的世界观、价值观和思维方式时,就再一次面临着改变旧哲学形式、创立新哲学形式的历史任务,如此循环往复,不断更新,推动着哲学螺旋式地发展。这就是哲学内容和哲学形式运动的辩证法,也是哲学发展的辩证规律之一。发现这一辩证规律,是马克思和恩格斯的伟大历史功绩。

恩格斯曾经考察过随着自然科学领域中的每一个划时代发现引起唯物主义哲学形式的改变,从而导致唯物主义一系列发展阶段的情况。当他考察马克思主义哲学时(马克思主义哲学相对于德国古典哲学即唯心主义的概念辩证法和形而上学的人本主义的唯物主义而言是一次哲学内容上的革命,同时作为一种唯物主义哲学,相对于机械唯物主义来说,马克思主义哲学所实现的又是一次哲学形式的革命变革,因而也是一次哲学形态的更替),曾说:"现代唯物主义,否定的否定,不是单纯地恢复旧唯物主义,而是把两千年来哲学和自然科学发展的全部思想内容以及这两千年的历史本身的全部思想加到旧唯物主义的永久性基础上。这已经根本不再是哲学,而只是世界观,它不应当在某种特殊的科学的科学中,而应当在现实的科学中得到证实和表现出来。因此,哲学在这里被'扬弃'了,就是说,'既被克服又被保存';按其形式来说是被克服了,按其现实的内容来说是被保存了。"①这表明,恩格斯在《费尔巴哈论》中的部分论点,早在《反杜林论》中就提出来了。两者相比较,我们可以看出,恩格斯在《反杜林论》中以"现代唯物主义"扬弃旧唯物主义为例,说明"现代唯物主义"和机械唯物主义等旧唯物主义相比,其哲学形式虽然发生了变化(即形式被克服了),而哲学内容却作为唯物主义的"永久性基础"的那部分"现实的内容"被保存了。这就是说,现代唯物主义和旧唯物主义相比,至少有一点是相同的,即它们都是唯物主义,都必须反映作为唯物主义"永久性基础"的内容,只不过对内容反映的深浅不同,一是直观的或机械的,一是能动的、辩证的。而唯物主义哲学形式变化的主要原因则是由自然科学的划时代发现而引起的,这一点恩格斯在《自然辩证法》的《导言》中通过自然观变革的分析说得很清楚了,此处不再赘述。

我们之所以把恩格斯命题中的"形式"只能作哲学形式理解而不能作哲学形态来理解,原因还在于自然科学领域中的划时代发现并不必然改变

---

① 《马克思恩格斯选集》第 3 卷,人民出版社 1995 年版,第 481 页。

哲学形态,而是必然改变哲学形式。因为,无论哪一种哲学形态,在它们所能容纳的全部哲学内容发挥出来以前,是决不会灭亡的;而新的更高的哲学形态,在新的更高的哲学形式未诞生以前,也是决不会出现的。影响和决定哲学形态变化的不只是自然科学,而且还有社会科学,尤其是实践等,正是它们的综合作用和带有根本性矛盾的变革,才能改变哲学形态,否则,如果只是被根本性矛盾所规定和影响的一些大小矛盾的变化,即使某些理论根本性突破也只能改变哲学形式。这表明,哲学形式的改变并不必然改变哲学形态;而哲学形态的改变却必然是以哲学形式的改变作为先导。

思考题

1.何谓哲学形态? 简述哲学形态与哲学形式的区别和联系?

2.简述哲学内容与哲学形式的关系?

3.哲学形态的变革主要受到哪些因素的影响?

4.你是如何理解哲学体系的? 试分析你最熟悉的一个哲学家的哲学体系。

第六讲 哲学问题与哲学进步

哲学问题似乎一开始就令人迷惑，因为根本不知道应该去哪里找答案。谁也不清楚应该如何解答它们。

——[英国哲学家]伯林

威廉·詹姆士(1842—1910)曾经在哈佛医学院学医，在转向哲学之前他在哈佛大学教授心理学。詹姆士在他的一个形象性的说明里就把实用主义比喻为旅馆里的一条走廊，从中又有很多房间。"在一个房间里你可以发现一个人在写一本无神论的书；在另一个房间里，有人跪着祈祷，希望得到信心和力量；在第三个房间里，一位化学家在研究某一物体的特性；在第四个房间里，有人在思索着唯心主义的形而上学体系；在第五个房间里，有人在证明形而上学的不可能性。但是，大家共同占有这条走廊，如果他们想要找一条进出他们各自房间的可行的道路的话，那就必须经过这条走廊。"①如果我在这里借用詹姆士这个形象的比喻，那就是哲学家们对哲学问题的研究，共同的哲学问题成为哲学家们的走廊。

一、前提性考察：是否有哲学问题？

当我们在做前提性考察时，我们首先要问的一个问题就是：是否有哲学问题？当我们这样问的时候，我们实际上就是在对哲学问题作一种元分析。

哲学作为哲学，一个重要的特点就是从哲学的视角对问题进行前提性

---

① 转引自宾克莱:《理想的冲突》商务印书馆 1984 年版，第 23 页。

考察。因此,对"是否有哲学问题"这一问题的回答有两种方式:第一种方式是在哲学圈中来回答。对于从事哲学研究的人来说,无论承认还是否定哲学问题的存在的做法本身就构成了一个哲学问题。也就是说,如果你承认有哲学问题,那么你就会增加一个"为什么有哲学问题"这一哲学问题的元问题;如果你否认有哲学问题,那么你就必须回答"为什么没有哲学问题",而这一问题本身就构成了一个哲学问题或者说是哲学问题的元问题。

第二种方式是哲学圈外的人。而对于哲学圈外的人来说,他们不在哲学圈内,怎么能知道是否有哲学问题呢? 如果他们说有,那么就必然带来一个"哲学圈外的人怎么能知道有哲学问题?"这一个哲学问题;如果他们回答"无",那也就带来一个"哲学圈外的人凭什么来判定没有哲学问题"这一哲学问题。总而言之,我们认为存在着哲学问题。

在哲学史上,大部分哲学家都认为存在哲学问题,但是也有少数哲学家认为不存在哲学问题。现代哲学史上波普尔、维特根斯坦观关于是否存在哲学问题的论争就是一个最好的佐证。

根据波普尔的记载,他是被剑桥大学的道德哲学俱乐部(也就相当于剑桥大学的哲学系)邀请前往做关于"哲学困惑"的报告的。由于他知道维特根斯坦曾在《逻辑哲学论》中宣布了根本不存在真正的哲学问题,所谓的哲学问题经过分析都可以还原为或改写为逻辑问题。所以,他在报告开始之前就特意把题目改为"有真正的哲学问题吗?"。他的报告时间是在1946年10月25日晚上8:30,这是道德哲学俱乐部的每周例会,通常都会邀请来自不同领域或不同地方的著名学者做一个报告,参加者一般是剑桥大学的哲学教师和研究生。当时担任报告会主席的是维特根斯坦,罗素参加了这场报告会。在演讲的过程中,波普尔主要分析了当时被看作哲学困惑的问题,而造成这些问题的关键是违反了通常的道德规则。在演讲过程中,维特根斯坦曾多次打断波普尔的讲话,认为波普尔完全混淆了问题,因为在他看来,波普尔所说的所有哲学问题都并不是真正的问题,而是错误地使用语言而已。维特根斯坦一边听波普尔的讲演,一边用手玩弄着拨火棍。当听到波普尔提出至少存在某些道德原则时,他随手用拨火棍指向波普尔,质问道:"请给出一个符合道德原则的句子!"波普尔不甘示弱,马上回应道:"比如,不要用拨火棍威胁被邀请的客人!"维特根斯坦听后,扔下拨火棍,扬长而去。波普尔后来说,他在这次报告之后还曾收到不少来信,询问他与维特根斯坦之间的冲突。在随后出现的各种说法中,这次冲突被以各种方式夸大了。

二、科学问题与哲学问题

哲学不同于自然科学和数学。它不像自然科学那样依赖于实验或观察,而只是依赖于思想;它也不像数学那样有形式化的证明方法。研究哲学只是提出问题、进行论证、形成观点,并且思考对它们可能的反驳,从而弄清楚我们的概念究竟是如何工作的。我们每天都使用一些平平常常的概念,确从未加以反思;而哲学的主要工作就是去询问和理解这些概念。例如:历史学家可能会问在过去的某个时间发生了什么,但是哲学家会问:"时间是什么?";数学家可能探索数之间的关系,但是哲学家会问:"数是什么?";物理学家可能会问原子的成分是什么,或者重力是由什么引起的,但是哲学家会问:"我们怎么知道在我们自己的心灵之外,还会有别的东西存在?";心理学家会去研究孩子是如何学会一门语言的,但是哲学家会问:"是什么使得一个词意指某个东西?";任何人都可以问,不买票溜进电影院是不是错误的,但是哲学家会问:"是什么使得一个行为有对错之分?"①

专栏一:大哲学家幼时的哲学问题②

天地悠悠,何所穷际,每一个在夏天的夜晚举头望星空的孩子,都可能产生这样的疑问,尽管"深思"这个问题以至废寝忘食的,只有极少数人。在20世纪哲学史上占有重要地位的奥地利裔的英国哲学家波普尔也是这极少数人中的一个。

---

① [美]托马斯·内格尔:《你的第一本哲学书》,宝树译,当代中国出版社2005年版,第2—3页。
② 摘自张天飞、童世骏主编:《哲学概论》,华东师范大学出版社1997年版。

波普尔说他在 8 岁时不知怎么听人说太阳系和空间是无限的,波普尔对此感到困惑不解。怎么可能想象一个无限的空间呢?但如果空间是有限的,空间外面是什么东西呢?波普尔的父亲建议他去问他的一个叔叔。这位叔叔首先问波普尔是否理解不断延续的数系,波普尔回答说这不难理解。然后他要波普尔想象一堆叠着的砖,并且把一块又一块砖加在砖堆上,如此类推以至无穷;永远填不满宇宙的空间。波普尔同意这是一个非常有帮助的回答,但仍然有些犹豫不决。当波普尔后来成为一名哲学家时,他知道当时他感到的困惑其实涉及潜在的无限与实在的无限之间的区别。说宇宙空间是无限的,谈的是实际的无限,而数系的无限、砖块迭加的无限、则是潜在的无限。能不能把实际的无限还原为潜在的无限呢?这是一个重要的哲学问题。德国哲学家康德著名的 4 个"二律背反",第一个就与此有关。恩格斯在《反杜林论》中对这个问题也有深入讨论。

爱因斯坦还回忆过年纪更小时候的一次经历。他说:"当我还是一个四五岁的小孩时,在父亲给我看一个罗盘的时候,就经历过这种惊奇。这只指南针以如此确定的方式行动,根本不符合那些在无意识的概念世界中能找到位置的事物的本性的(同直接'接触'有关的作用。)……我想一定有什么东西深深地隐藏在事情后面。"

奥地利哲学家兼科学家马赫也有一段类似的回忆:"我四五岁时,第一次从乡村来到维也纳,我父亲带我登上城堡(旧时的城墙),我看见下面城壕里有人,大为惊讶;从我的观点看,我不了解人怎么能到下面那地方,因为我完全没想到另有一条可以走到那里的路。"

哲学家的工作,说到底就是要探寻"深深地隐藏在事情后面"的东西,就是要指出人们一直都"完全没想到"的"另一条路"。对于这两点,未来的哲学家们在幼年时似乎已经隐隐约约地感受到了。

上述分析使我们清楚地知道,哲学问题不同于科学问题。这只是问题的一个方面,而不是问题的全部。实际上,很多哲学问题是从科学问题转化而来的。例如,本体论哲学提出和解决的根本问题是世界万物的本体是什么,世界本原是什么,主张存在于事物、现象背后或之外的超验的"本体"是世界万物的本原,最后根据和终极原因。其思维方式是有明显的形而上学性,把存在的一般本质问题,离开认识的基本矛盾和具体科学的成果,单凭哲学的思辨来回答它。马克思主义哲学扬弃和超越了本体论哲学,把本体论问题变成世界观问题,不以确定和研究"本体"为目的,也不承认有本体论哲学所讲的"本体",而是提出了对世界的一般看法,即从总体上回答构成人与对象、主体与客体之本质规定的思维与存在、意识与物质、主观与客观的关系问题。其二,这种本体论思维方式不仅违背了马克思主义哲学的基本原则,而且也与当代自然科学发展的趋势相背。因为我们根据当代自然科学知道,宇宙是无限的,宇宙的演化也是一个无限的过程,因而根本就不存在什么最后的本体、本原,任何一代人都不能建立起最终的本体论,寻到最终的本体。其三,在古希腊时期,科学与哲学混沌未分。"世界的本原是什么"或"万物的本体是什么"等提法是旧哲学在科学还很不发达,哲学与科学尚未充分分化的条件下,关于哲学所研究的问题的一种不确切和不科学的表达。寻求本原物和隐秘的本体,是以在思想方法上割裂现象与本质的联系、否认现象形态的真实性为前提的。退一步说,如果"世界本原"提法成立的话,那么在当代对世界本原问题的探索也不再是哲学的主要任务,而只是当代科学正在进行的一项事业。例如,现代宇宙学对宇宙起源问题的研究,现代物理学对微观物质结构的进一步研究,现代分子生物学和生物工程对生命起源问题的研究,系统科学对自然界发展演化机制的研究,等等,实质上都是对世界这个大系统中子系统里某些问题的研究。当代哲学作为一种世界观和方法论,要研究的只是由这些科学发展所引起的带普遍性的哲学问题,而不研究诸如宇宙起源、微观物质结构、生命起源等在旧哲学中应由哲学研究,而在当代科学与哲学高度分化的情况下,应由具体科学所研究的问题。

再如,很多科学概念或范畴可以通过进一步抽象转化为哲学范畴。哲学的发展表现在对原有范畴的内容的丰富和增加新的范畴这样两个方面。新范畴的增加不是靠思辨方法演绎出来的，而是从具体科学主要是从自然科学发展中出现的新范畴中提升上来的。当代自然科学的发展增加了它的抽象性和概括性，日益向最高的概括——哲学接近。有的部分如系统论的基本理论观点，已经长入哲学，和哲学融合，成为哲学的一部分了。作为在自然界中最广泛起作用的基本规律研究的现代物理学，特别是其中的自组织理论，以及类似数学的一些带方法论意义的"横断学科"，如控制论、信息论、系统论等，成为哲学新范畴的源泉，决不是偶然的。现在是到了增加一批新范畴，使唯物辩证法随着自然科学的发展取得新的形式的时候了！

一般说来，自然科学概念要向哲学概念转移或提升，需要经历以下几个前提性考察步骤：

首先，要以科学概念的普适性为前提。自然科学中哪些概念的适用范围能同哲学研究对象的范围相适应；也就是说，只要科学概念、范畴适用于自然、社会、思维这三个基本领域，就具备了提升为哲学范畴的基本条件。

其次，必须对科学概念所反映事实的发展规律进行再抽象。这是因为，科学概念与哲学范畴有很大区别，两者相比，前者是具体的，后者是一般的。只有对那些是有广泛意义的科学概念，经过二次抽象，从个性与共性的统一中去把握普遍性，才能把科学概念上升为哲学范畴，使哲学得到充实和发展。

最后，还应具有哲学方法论的意义。哲学方法是科学概念、科学范畴和科学思维的工具，也是哲学概念、范畴形成的杠杆；科学概念的方法是说明特定范围对象的工具，具有具体和特殊性的意义。哲学概念的方法论与科学概念方法论的功能是普遍与特殊关系。从这种意义上说，科学概念上升为哲学概念，必定要具有普遍性的方法论意义。

上述三个前提性考察的条件，只是为把科学概念、范畴提升为哲学概念、范畴提供了可能性。它是否是有必要性和现实性呢？我们认为是有的。人们认识的本性决定了这一点。恩格斯早在一百多年以前就说过："一切真实的、详尽无遗的认识都只在于：我们在思想中把个别的东西从个别性提高到特殊性,然后再从特殊性提高到普遍性;我们从有限中找到无限,从暂时中找到永久,并且使之确定起来。然而普遍性的形式是自我完成的形式,因而是无限性的形式;它是把许多有限的东西综合为无限的东西。"①由此可见,正是人的认识本性才要求我们把科学概念、范畴提升为哲学概念、范畴,实现人类对普遍性的追求。

哲学实际上就是一个问题集,并寻求解决这些问题。例如,人们会问如下一些问题:上帝存在吗? 人应当怎样努力去生存? 我们凭什么要信赖自己的感觉呢? 这是明理呢,或者仅仅是按照习惯而已? 交往是一种观念交换吗? 改善我们理解世界的最好途径是什么? 这些都是哲学研究的基本问题。如果我们进一步问:我们通常总信赖自己的感觉,这是否合理? 这问题必定马上又使人想更明白地了解这里所用"合理"一词的意义。是什么使一个信念变成合理的信念? 又是什么使一个人成为明理的人?

同样,对于哲学不同的分支学科或应用哲学领域,也会提出许多不同的哲学问题。例如,对于政治哲学,一个属于基本层次的问题是:"公民为何应当服从政府?"换句话来说,是公民的权利优先还是国家的权利优先? 对于美学,属于基本层次的问题是:"是什么使得事物变得美?"

我国古代诗人屈原在其著名的诗篇《天问》中,对宇宙、人生、历史等提出了 167 个问题,涉及到宇宙起源、世界本质等一系列问题。对于《天问》中提出的问题,柳宗元写了《天对》进行回答。他认为,世界是由"元气"构成的,万物的变化是"元气"所包含的阴阳二气相互作用的结果,宇宙间不存在上帝和诸神的主宰。这是一种朴素唯物主义的思想。

毛泽东在《矛盾论》中曾指出:矛盾的普遍性和特殊性的关系,就是矛盾的共性和个性、绝对和相对的关系,这一共性和个性、绝对和相对的道理,是关于事物矛盾问题的精髓,是贯穿全部矛盾学说的主线。冯友兰先生在谈到哲学问题时,曾说过这样一句话:"一个人学哲学,能分清一般和特殊,才算是入了门。"为此,冯先生为了嘲笑柏拉图,还特别编了这样一个

---

① 《马克思恩格斯全集》第 20 卷,第 577 页。

故事,用来粉刺只注重一般的柏拉图。他说,有一天,柏拉图叫一个奴隶上街去买面包,那个奴隶去了半天却空手回来了,他说街上只有方面包,圆的面包,而没有只是面包的面包。于是,柏拉图就叫他去买方的面包。过了一会儿,奴隶又空手回来了,他说街上没有只是方的面包,街上只有黑色的方面包,白色的方面包,黄色的方面包。柏拉图就说,你买方而黄的那种吧。结果奴隶去后又空手而归,柏拉图叫他去了好多次都没有买来。作为特殊的面包,它的属性是很多的,大的、小的、长的、短的、方的、圆的;黑的、黄的,等等,可以多得不可胜数。照这个说法,柏拉图就永远没有面包吃,就会饿死。由于一般与特殊的关系实质上与抽象与具体的关系非常切近,因此,冯友兰先生还举了这样一个例子,来进一步分析一般与特殊、抽象与具体的关系。他说:一个先生给学生讲"吾日三省吾身"。先生对学生说,"吾"就是我。学生回家后,父亲问他,你今天学了什么? 学生说,"先生给我讲了一个吾字"。父亲问:"'吾'是什么意思?"学生说:"吾就是先生"。父亲大怒,说:"吾就是我"。学生记住了。第二天到学校,先生问学生:"吾是什么意思?",学生答:"吾是我爸爸"。先生大怒说:"吾是我!"学生也不敢问了,心想究竟"吾"是先生呢? 还是爸爸? 学生心里纳闷,先生也很苦恼。他们苦恼的根源何在? 那就是没有很好地区别一般与特殊、抽象与具体的关系。

三、哲学问题的形态学分析

亚里士多德(和苏格拉底)说:"哲学起源于惊异",这句话中的"惊异"实际上是对问题的惊异。在哲学中真正将"问题"作为对象范畴来研究的时间并不长,只是在现代西方哲学中开始的。

现代西方哲学对"问题"的探讨是沿着两个方向展开的:一个是哲学和哲学史研究的方向;一个是科学和科学哲学的研究方向。

就哲学的问题谱系来说,大致可以划分为五个层次:

一是元问题? 所谓元问题,也可以叫做最高问题,即"什么是哲学"? 元问题是唯一的,因此也可以叫做哲学的"第一问题"。当代哲学的发展方向表明人们一而再,再而三地回到这个问题上来,正如卡西尔指出的,不管哲学家们如何思考,我们总是回到"什么是哲学和哲学关于什么的问题上来"。最复杂的问题总是最简单的问题。反之,最简单的问题往往也是最复杂的问题。如:"什么是哲学?"

二是哲学基本问题,即是贯穿整个哲学理论体系的问题。恩格斯晚年在《路德维希·费尔巴哈和德国古典哲学的终结》中,通过总结人类哲学思维的历史,明确地提出了哲学的基本问题,并把它作为划分两大哲学阵营的标准。我们知道,恩格斯所处的时代,特别是在这个时代之前,哲学的争论主要是集中在本体论的范围内。唯物主义与唯心主义的斗争是围绕着"承认或否认自然界是本原"这一问题展开的。19世纪下半叶,尽管孔德的实证主义已开始流传,但它还远未成为具有广泛影响的思潮。因此,恩格斯当时十分自然地赋予哲学基本问题以本体论的含义,把世界的本原问题作为划分唯物主义和唯心主义的标准。但是,到20世纪初,经典物理学在自然科学革命中日益暴露出它的相对性,科学知识的客观性问题普遍为人们所关注,实证主义哲学已经流行一时。这时期,唯物主义和唯心主义的斗争无论在内容上还是在形式上都发生了重大变化,即斗争的焦点由本体论转向认识论。之所以会发生这种转向,是与当时实证主义极力鼓吹"拒斥形而上学"这一口号分不开的。实证主义者把"物质与意识何者是本原的问题"宣布为假问题,避开对"是唯物主义还是唯心主义"作直接的回答。他们打着"现代认识论"的幌子,把唯物主义的反映论作为攻击的对象,企图从认识论上混淆唯物主义和唯心主义的界限。因此,列宁面临的问题是,必须解决如何在认识论领域划清两条基本哲学路线。在这种新形势下,列宁创造性地发展了马克思主义哲学,并且根据哲学斗争的新特点,适时地改变了哲学基本问题的表现形式,这既是继承——将恩格斯的原有论述加以发展和具体化,又是发展——这种发展首先是要将恩格斯曾经论述过的,但又没有完全展开的思想挖掘出来,同时又体现新时代的特点——自然科学革命在认识论上表现的多种特征,对实证主义"拒斥形而上学"运动的批评和倒戈,廓清迷雾,正本清源。应该说,这是列宁对马克思主义哲学的一大贡献。列宁认为,唯物主义和唯心主义的对立,哲学上两条基本路线的区别,在认识论上,就表现为"从物到感觉和思想"与"从思想和感觉到物"的区别。唯物主义主张第一条路线,而唯心主义则主张第二条路线。在这里,列宁把恩格斯原先使用的"思维"这一概念,进一步分解为"感觉"和"思想",强调"感觉"和"思想"作为认识的两种形式,都是物的映象。这样,就不仅解决了世界的本原是什么,而且解决了人的认识从何而来的问题。与此同时,既反对了唯心主义的经验论,又反对了唯心主义的唯理论。另一方面,列宁还将哲学基本问题的第一方面和第二方面的关系做了详细论述,即哲学基本问题第一方面和第二方面的相互关系就是物质和意识对立的绝对与相对的辩证关系。离开确定的范围,把物质与意识的对立抽象化、绝对化,就会一方面将物质与意识视为两种互不联系、各自独立的实体,从而导致二元论,另一方面就会将物质同意识隔开,导致不可知论。因此,物质和意识何者为第一性的问题,不仅可以从本体论的意义上理解为世界的本原,而且可以从认识论的意义上理解为认识的源泉,而归根到底世界的本原也就是认识的源泉问题。

德国哲学家施太格缪勒曾指出:科学问题在许多方面都与以前不同了,然而哲学的基本问题似乎还是相同的,这些基本问题两千五百年以前就已经支配着最早创造了新的理性传统的那些希腊思想家了。按照这种传统,宇宙之谜的解答,不应该再继续听任于神话和宗教信仰,而应该通过纯粹理智的思考,通过直观的认识和逻辑的论证来获得。这些哲学基本问题就是:

> 关于宇宙最根本性质和最基本法则的形而上学问题;关于神的世界原理和一切有限存在的意义和目的的宗教哲学问题;关于存在着作为行为主体的人应该遵守的绝对有效的规范的伦理学问题;此外还有与人类认识所能达到的范围、可靠程度和方式有关的逻辑问题和认识论问题。①

————————

① 施太格缪勒:《当代哲学主流》上卷,商务印书馆1992年版,第15页。

三是哲学理论体系内部的基本问题。如物质论、运动观、因果观、时空观、历史观、实践观等。这些问题一环扣一环地构成整个哲学理论体系的链条。哲学探讨的问题在康德看来,主要就是研究"真"、"善"、"美"的问题;康德1781年出版的《纯粹理性批判》,就是探讨知识的能力问题——说明"知"解决"真";康德1788年发表的《实践理性批判》,就是为了探讨意识的能力问题——说明"意"解决"善";康德出版的《判断力批判》,就是为了探讨情感的能力问题——说明"情"解决"美"。康德之所以把人的能力分为知、情、意三种,这种做法是与18世纪的启蒙学者有关。启蒙时代流行的是"精神三分法"(知、情、意)——(真、善、美)。这就是康德确定人的理性有哪些认识能力,也就涉及到康德为什么有三大批判,而不是二大批判或四大批判的原因。康德的体系企图把真善美统一起来,但他不但没有统一起来,反而充满着许多矛盾。

四是其他学科向哲学提出的重大的基本问题(形成哲学中的基本问题群)。比如,随着当代自然科学发展,对唯物辩证法提出了许多新的问题。复杂性科学亦即系统科学①,它是"一种既起源于科学又有哲学深度和广度的新体系"和新范式,这种新范式有人称做"新的自然科学"、"系统范式"(贝塔朗菲、拉兹洛),也有人称做"自组织范式"(埃里克·詹奇、哈肯)、进化范式(普里戈津)等,它"正在从许多科学领域中涌现出来,从而导致以变化、非决定论和非平衡的新模式取代较早出现的基于机械决定论和静态引力的那些陈旧观念。"②总之,新范式的出现是当代科学进展的重大步骤,它"宣告了科学思维的新纪元表现在人类自身和人类社会中的进化达到了自我意识的纪元。"③这表明复杂性科学在思维领域中所引起的变化是多方面和多层次的,它一方面仍然属于从形而上学思维方式向辩证思维方式复归的历史性过程之中;另一方面,它深化了人们对唯物辩证法范畴和规律的理解,将辩证思维从"具体历史性思维"的低级阶段(或形式)向"整合性思

---

① 拉兹洛:《系统哲学讲演集》,中国社会科学出版社1991年版,第286页。
② 拉兹洛:《进化——广义综合理论》,社会科学文献出版社1988年版,第8页。
③ 拉兹洛:《进化——广义综合理论》,社会科学文献出版社1988年版,第20页。

维"的高级阶段(或形式)迈进,使系统化的辩证法可能以整合性思维的新形式出现。

再比如,随着当代自然科学的发展,也给认识论提出了新的问题。著名物理学家爱因斯坦在总结科学尤其是当代科学与认识论的一般关系时,曾精辟地论述到:"认识论同科学的相互关系是值得注意的。它们互为依存。认识论要是不同科学接触,就会成为一个空架子。科学要是没有认识论——只要这真是可以设想的——就是原始的混乱的东西。"[①]科学与认识论的关系之所以如此紧密,是因为在时代的各种因素中,最重要的因素之一,就是共同的科学背景。然而,长期以来,人们对科学与认识论关系的理解既单调又片面,只关心科学新发现如何佐证人类的认识规律和过程,验证人的认识能力,展示认识发展的辩证特征等等,这些当然是很重要的,也是我们应当注意的。然而,我们认为,随着当代自然科学每一个划时代的发现,科学对认识论影响最重要的是认识"范式"的转换,认识论研究必将逐步形成新的"范式"和新的"研究纲领",这样就必然会带来以下几个方面的影响:其一是当代科学的发展拓展了认识对象系统。经典科学的认识对象主要是宏观系统,当代科学的发展,使认识对象由宏观系统深入到宇观和微观系统;其二是当代科学的发展推动了认识重点的偏移,使认识重点由认识客体转向认识自己;其三是当代科学的发展突出了认识工具的重要性,并使得认识工具更加形式化、数学化。如果将上述三个方面展开论述,那就必然带来另外三个方面的影响:

其一是认识论关于世界总图景的转换。经典科学认识论是以牛顿物理学为基础的,而当代科学(或称非经典科学)认识论则要立足于系统科学之上。在经典科学认识论中,不仅研究对象是有孤立性、单调性、线性叠加的可还原性,而且人的认识过程和活动也具有同样的特征。相反,在当代科学认识论中,不仅研究对象是一种有机的、非线性的,不可绝对还原分析的整体,而且认识活动的各种因素和过程也不能进行孤立的、线性的还原

---

① 《爱因斯坦文集》第1卷,第480页。

分析。这样,当代科学发展对认识论的影响,首先就表现为开拓了新的研究领域(例如当代科学认识论、发生认识论、进化认识论、微观认识论等),对"老现象"的"新分析",认识过程的非线性的发现等方面,从而转换了我们对于世界总图景的认识。这一点,正如前苏联哲学家茹可夫所评价的:"如果说 19 世纪给我们提供了非亚里士多德逻辑学和非欧几里德几何学,20 世纪上半叶给我们提供了量子力学和相对论,那么 20 世纪后半叶,则是普通系统论和理论控制论。它们都彻底地改变了世界的科学图景和当代科学家的思维方式"。①

其二是认识论功能的转换。一般而言,认识论主要以描述人的认识过程,揭示人的认识规律为己任。然而,随着当代思维科学的成熟,哲学认识论对人类认识过程具体描述的功能已日渐弱化,并将逐步为思维科学所代替,从而使当代认识论实现其功能的转换,执行新的功能。这样一来,认识论就无需凭借思辨去取代思维科学对认识活动的实证考察和具体描述,而是转向对自我意识、主客体之间的关系、思维各层次、结构间的关系以及认识合理限度等更高理论层次的说明。

其三是认识方法论模式的转换。过去,我们在认识论的研究中,主要是通过某个思辨体系中的概念范畴的推演,展示对认识的各种规定性和内容的考察。而当代认识论研究,除了对认识与实践的关系作进一步考察外,则主要通过引进或改造各种数学、逻辑、语言等形式分析和深层心理分析、发生学分析、共时态分析、历时态分析等方法来揭示认识的内在机制。

同样,当代科学技术的革命变革,也为历史观提出了许多新的问题。17 世纪科学革命,18 世纪与 19 世纪工业革命,带来了世界历史深刻的变革,马克思和恩格斯用唯物辩证法对这场伟大的变革作出了科学的概括与总结,确立了马克思主义哲学。现在,我们处在科学技术革命的新时代,无论是在问题的深刻性方面还是在范围的广泛性方面,都是上次科学革命和技术革命所无法比拟的,它也必将把马克思主义哲学推进到一个新的、更

---

① 《哲学译丛》1979 年第 1 期。

高的阶段,从而改变马克思主义哲学的形式。当代科技革命对马克思主义历史观产生了深刻的影响,主要表现在以下几个方面:

第一,当代科技革命通过变革人的劳动方式、生活方式、思维方式这三条渠道,推动社会全面变革,促使社会经济、政治、思想文化的全面发展,这就要求马克思主义历史观认真研究当代科技革命与社会发展的互动关系,分析批判"技术决定论";

第二,当代科技革命要求人们从以对自然界的看法为中心,转移到以人与自然界的相互作用为中心,要求马克思主义历史观重新建构科技革命时代人与自然关系的新格局,注意研究"全球性问题",分析批判抽象地宣扬所谓全人类的共同命运的论调;

第三,当代自然科学的研究成果深化了我们对社会历史规律的理解,要求马克思主义历史观从以对社会历史规律的简单性理解(即以二体问题的看法)为中心,转移到以对社会历史规律的复杂性理解(即以多体问题的看法)为中心,分析批判那种认为"'社会发展规律'的马克思主义老概念不再有效了"①的错误观点。

第四,当代科技革命推动了资本主义的发展,引起了资本主义一些新变化,这就要求马克思主义历史观认真研究和分析资本主义的新变化和新发展,重新认识资本主义,分析批判那种"科技革命改变了资本主义的本性"的论调。

第五,当代科技革命为社会主义全面改革、发展生产力提供了契机,社会主义国家如何利用这一契机,更快更好地发展生产力,创造社会主义政治、经济、思想的具体机制和模式,这就要求马克思主义历史观不应成为黄昏时才起飞的猫头鹰,不应成为落在历史车轮后面的"事后诸葛"。相反,它应当敢于面对现实生活的严峻挑战,应当高瞻远瞩地探索未来,从理论思维高度揭示历史发展的大趋势,成为时代潮流和时代精神的"超前反映"。因此,就要研究当代科技革命对中国社会主义建设道路的影响问题,

---

① 贝尔:《后工业社会的来临》,第 124 页。

中国经济和社会的发展战略问题,也就是在科技革命条件下中国的改革和现代化之路的问题,正确认识当代科技革命与当代社会主义的相互关系,分析批判那种用"信息社会"或"第三次浪潮"或进而"生物工程社会"来否定人类社会将通过社会主义走向共产主义的科学结论的错误观点。

五是历史上重要的哲学家的理论支点问题。 历史上每一种比较严谨的有影响的哲学体系都有一个理论上的支点,人们通常称之为"阿基米德点"。同样,任何哲学家的思想都有作为其理论基石的"第一原理"。

比如,笛卡尔哲学的支点是"我思故我在"这个命题。"我思想,所以我存在"这条真理是这样的确定,这样可靠,连怀疑派的任何一种最狂妄的假定都不能使他发生动摇,于是我就立刻断定,我可以毫不犹豫地接受这一真理,把它当作我所追求的哲学的第一原理。① 笛卡尔从我思故我在的命题出发,推出自我实体,进而再推出物理世界和上帝,构成他全部的形而上学大厦。他说:"我小心地考察我究竟是什么,发现我可以设想我可以没有身体,可以设想我没有我所在的世界,也没有握所在的地点,但是我不能就此设想我不存在,相反地,正是我想到怀疑其他一切事物的真实性这一点,可以非常明白,非常确定地推出,我是存在的;另一方面,如果我一旦停止思想,则纵然我所想象的其余事物都真实地存在,我也没有任何理由相信我存在,由此,我们就认识到,我是一个实体,这个实体的全部本质或本性是思想,它并不需要任何地点以便存在,也不依赖任何物质性的东西;因此这个"我",也即赖以成为我那个心灵,是与身体完全不同的,甚至比身体更容易认识,纵然身体并不存在,心灵也仍然不失其为心灵。"② 需要指出的是:笛卡尔在"我思故我在"这个命题中的"我""思""在"这三个概念都是模糊的未经证明的。可以说,19世纪中期以来的现代西方哲学对笛卡尔的"我思故我在"这个命题的出发点进行了质疑。在不同的哲学家那里,"我思"的位置分别让位于"我梦"(受弗洛伊德心理学影响的西方哲学)、"我

① 笛卡尔:《方法谈》,引自《十七——十八世纪西欧各国哲学》,第135页。
② 笛卡尔:《方法谈》,引自《十七——十八世纪西欧各国哲学》,第148页。

想"（受浪漫主义影响的西方哲学）、"我（们）做"（实践哲学或行动哲学）和"我（们）说"（语言哲学）。① 代表人文主义思潮的一批诗人哲学家实际上就是以"我意欲，故我在"或"我感觉，故我在"、"我体验、感悟，故我在"等等作为其哲学的第一原理的。现代新儒家也曾提出"我感故我在"、"我要求故我在"（唐君毅语）和"我意故我在"（牟宗三语）。实际上，当海德格尔、萨特对这些概念（"我""思""在"）提出质疑时，从而扬弃了笛卡尔这一命题时，他们各自形成了自己新的哲学学说。正如海德格尔自己所说的："我在现象学的观点指导下，踏上了一条存在的道路"②要理解存在的意义问题首先要把"在"、"存在"区别开来。海德格尔认为存在"无法用定义来加以说明的"，"人的本质就是人的存在"，由此，海德格尔提出了存在的本体论，也就是"在的哲学"。而萨特则认为："存在先于本质"："一个存在者在他能够被任何概念规定之前就已经存在了，这个存在者就是人，人首先存在着，然后才能规定他自己，人只是存在着，这就是存在主义的第一原理"。因此萨特的存在主义是讲在者的本体论，是讲在者的哲学，即人的哲学。由此，萨特区分了自在的存在——物的存在；自为的存在——人的存在（虚无）。这些从一定意义上印证了维特根斯坦的名言："一旦新的思想方式被建立起来，许多旧问题就会消失。确实，这些问题变得难以再现。因为它们与我们表述我们的自己的方式一同发展，如果我们自己选择了一种新的表述方式，这些旧问题就会与旧服装一同被遗弃"。

由此可见，"对于哲学来说，问题比答案更为重要，并且每个答案本身都成为一个新的问题"③。

四、哲学是否有进步？

哲学有一个与其它学科很不一样的地方。回顾哲学史，几乎看不出哲学有什么确凿的进步。

---

① 华东师范大学哲学系：《理论·方法·德性》，学林出版社 1996 年版，第 298 页。
② 海德格尔：《存在与时间》，1926。
③ ［德］雅斯贝尔斯：《智慧之路——哲学导论》，中国国际广播出版社 1988 年版，第 5 页。

哲学有无进步,这是一个十分让人难堪的问题,这实际上是"哲学家的家丑"。因为这一问题不仅是普通人无法回答,就是那些在哲学史上占重要地位的哲学家也常常感到难以启齿。康德曾叹息道:"其他一切科学都不停地在发展,而偏偏自命为智慧的化身、人人都来求教的这门学问却老是原地踏步不前,这似乎有些不近情理。"①康德指出:到他为止,两千年来的哲学在基本方面没有什么进展,依然停留在亚里士多德时代。其实,这种看法为不少哲学家所共有。如果说,18 世纪的康德认为哲学仍停留在亚里士多德时代,那么 20 世纪的人们则认为哲学实际上处于柏拉图时代。罗素的老师怀特海曾说:西方哲学的全部历史只是对柏拉图哲学的注解。雅斯贝尔斯对此直言不讳:"毫无疑问,在医学方面我们已远远超过古希腊的希波克拉底,但在哲学领域我们却不能说超出了柏拉图。我们仅仅在史料方面超过了他,在他曾运用过的科学发现上高于他,然而,就哲学本身而言,我们大概很难再达到他的水平。"②由此看来,哲学在柏拉图与亚里士多德之间徘徊,尽管有不少哲学家宣称他为哲学带来了进步。人们感觉到了哲学的循环与停滞,进而得出了悲观的结论。"哲学虽然是一种无止境的,诚实的努力,但却又是一种不断遭到失败的努力。"③由此看来,哲学的命运就像法国哲学家、文学家加缪笔下的《西西弗斯神话》中的西西弗斯。西西弗斯的神话源自希腊神话的一个故事。据说西西弗斯是所有人类中最狡猾、最欺诈的人。他被罚在地狱里,用手脚将一块巨大的岩石从平地滚到山顶上去。每当他将要把岩石推到山顶的时候,岩石又突然滑落下来。所以,西西弗斯永远苦恼地弓着腰,汗流如雨地来回滚动着沉重的岩石。从一定意义上说,加缪在《西西弗斯的神话》中以他的观点重建了这个希腊神话故事。加缪把传说中被认为是所有人中最狡猾、最欺诈的人——西西弗斯,重建为这样一个形象的西西弗斯:西西弗斯坚定地走向不知尽头的磨

---

① 康德:《任何一种能够作为科学出现的未来形而上学导论》,商务印书馆 1978 年版,第 4 页。
② 雅斯贝尔斯:《智慧之路——哲学导论》,中国国际广播出版社 1988 年版。
③ 施太格缪勒:《当代哲学主流》上卷,商务印书馆 1992 年版,第 16 页。

难,他意识到自己荒谬的命运,他的努力不复停歇,他知道他是自己命运的主人,他永远前进。他的行动就是对荒谬的反抗,就是对诸神的蔑视。他朝着山顶所进行的斗争本身就足以充实一颗人心。从这个意义上说,西西弗斯是幸福的,然而这种幸福应该说是悲剧。加缪在《西西弗斯神话》中咏唱的的确是一首含着微笑的悲歌。可以说,哲学史上每一个大哲学家就是"哲学王国"中的西西弗斯。

与上述第一种倾向相反,在哲学史上,几乎每一个大哲学家都宣称:随着他自己的哲学体系的建立,一个新的思想时代已经到来。笛卡尔宣称他自己的哲学完全从头开始;康德认为他自己完成了哲学上的"哥白尼式的革命";胡塞尔则认为他首先把哲学变成了一种"严格的科学";维特根斯坦认为他进行了一场哲学革命。对此,维也纳学派的领导者 M.石里克做过颇为精彩的描述。他说:"所有的大哲学家都相信,随着他们自己的体系的建立,一个新的思想时代已经到来,至少,他们已发现了最终真理。如果没有这种信念,哲学家几乎不能成就任何事情。例如,当笛卡儿引进了使它成为通常所称'现代哲学之父'的方法时,他就怀着这样的信念;当斯宾洛莎试图把数学方法引进哲学时,也是如此;甚至康德也不例外,在他最伟大著作的序言中,他宣称:从今以后,哲学也能以迄今只有科学所具有的那种可靠性来工作了。他们全部相信,他们有能力结束哲学的混乱,开辟某种全新的东西,它终将提高哲学思想的价值。"正是针对哲学中的这种自欺和自诩,石里克颇有见地地指出:"哲学事业的特征是,它总是被迫在起点上重新开始。它从不认为任何事情是理所当然的。它觉得对任何哲学问题的每个解答都不是确定或足够确定的。它觉得要解决这个问题必须从头做起。"①在逻辑实证主义看来,过去的每一次革命都失败了,且都是基于同样的原因。这原因是,那些所谓的革命在批评他们前辈和他们对未来的导向中,都预设了某些实质性的(或争论性的)哲学论题为真。逻辑实证主义者虽然没有关于世界的预设,但他们并非没有做出任何预设,因为他们做

---

① 石里克:《哲学的未来》,《哲学译丛》1990 年第 6 期。

出了关于语言的预设。这意味着,逻辑经验主义者并没有实现一场彻底的革命。

哲学问题总是自我相关、自我缠绕的:一方面是老问题以胚芽的形式蕴含着新问题,研究和回答新问题总要反省老问题;另一方面是新问题以成熟的形态展开老问题,解决老问题有赖于探索新问题。而哲学的老问题与新问题的"同"与"异"则在于,他们是以不同的方式去反思理论思维的前提——思维和存在的关系问题。他们全都相信他们有能力来结束哲学的混乱,开辟某种全新的东西,并为此而身体力行。所有这些革命的目标都是用知识代替意见,并建议把按照一套方法论导向来完成某些有限的人物作为"哲学"的正确含意。

曾经有人夸口说:"整个哲学将在 50 年内结束"。他们所想的是主要的哲学问题被消解……其实,关于这一问题黑格尔在《哲学史讲演录》中有一段精彩的论述。黑格尔曾援引《新约》中的话来解释哲学史上新流派一个挤掉一个的现象。当你埋葬前人的时候,将要把你抬出去的人,已经站在门口。黑格尔感叹地说,新哲学、最新哲学、全新哲学已经成为十分流行的徽号,那些认为使用这些徽号能够表示某种意义的人,只要高兴就可以很容易地要贬斥谁就贬斥谁,要推崇谁就推崇谁,甚至把某一个平庸的空论高调叫做哲学。照黑格尔看来,哲学史不是错误的陈列馆,每一种真正的哲学是不会完全消灭的。当它们推翻前人的时候,它们吸取了前人遗产中的合理因素;当它们被人推翻的时候,后人也会吸取它们遗产中的合理因素。福科在《知识考古学》中发现,每一时期的知识体系只有"变化"而无"进步",每一时期的知识型各不相同,无任何连续性,从而强调非连续性的变化过程,创造了一种非连续哲学——关于历史和认识论中的断裂、变更、转换的哲学。①

难道哲学真无进步吗? 对此中国现代哲学家冯友兰先生有自己的看法。他以中国哲学为例,论证了"中国哲学非无进步"。与上述众多的哲学

① 王岳川:《后现代主义文化研究》,北京大学出版社 1992 年版,第 152—153 页。

家的观点有所不同,冯友兰认为,哲学的发展,虽无质变或革命,但这并不意味着哲学没有进步。具体而言,冯友兰对这一问题的回答分为两个层次。就第一层次来说,哲学,或最哲学底哲学(即形上学),不以科学为根据,所以亦不随科学中之理论之改变而失其存在之价值。这是因为,"哲学既只靠思,思之能力,古今人无大差异,其运用所依之工具,又不能或未能有大改进,所以自古代以后,即无全新底哲学。"①这就是说,形上学,自古迄今,进步不大。第二层次是就整个哲学而言,"一时代虽不能有全新底哲学,而可有全新的哲学家,较新的哲学。"②这就是说,哲学终究是有进步的。这是因为:第一,人之思之能力,虽古今无大异,但各时代之物质的环境及其所有别方面的知识,则可有改变。如其有改变,则言语亦随之改变,由之可成为时代之新的哲学系统;第二,真际之本身,虽是不变底,但我们之知真际,乃由分析解析我们的经验,一时代新经验之分析解释,亦即可成为一时代之新哲学;第三,人之思之能力虽古今如一,而人对于思之能力之训练则可有进步。冯友兰不仅从哲学上论证了哲学进步的原因,而且还以中国哲学为例,论证了"中国哲学非无进步"③。

有人认为哲学的进步与科学的进步是不同类型的进步。哲学进步并不在于它提出一系列问题逐次得到解决,而是在于问题提出方式的改变。

思考题

1. 你是否对某些重要的问题,比如生活的目的、上帝的存在、死亡的含义等,产生好奇或加以反思过? 对这些问题,你尽可能充分地描述一下你自己反思的过程和得出的结论。

2. 哲学问题与科学问题有什么不同?

3. 何谓元问题? 元问题与基本问题有什么不同?

---

① 《贞元六书》,第 18 页。
② 《贞元六书》,第 20 页。
③ 参见冯友兰:《三松堂学术文集》,北京大学出版社 1984 年版,第 104—106 页。

第七讲 历史与哲学

一个人需学会超出近在咫尺的东西去视看——不是为了离开它去视看,而是为了在一更大的整体中按照更真实的比例更清楚地去看它……在希望与恐惧中,我们总是被最接近我们的东西所影响,从而也就在它的影响下去看待过去的证言。因此,始终必须力戒轻率地把过去看成是我们自己对意义的期待。只有这样,我们才能以这样的方式来倾听过去:使过去的意义成为我们所能听得见的。①

——[德国哲学家]伽达默尔

一件文字史料就是一个见证人,而且像大多数见证人一样,只有人们开始向他提出问题,它才会开口说话。

——[法国史学家]布洛赫

事实上,我们所以是我们,乃由于我们有历史……我们在现世界所具有的自我意识的理性,并不是一下子得来的,也不是从现在的基础上生长起来的,而是本质上原来就具有的一种遗产,确切地说乃是一种工作的成果——人类所有过去各时代的工作成果。②

——[德国哲学家]黑格尔

一、何谓历史?

英语历史(history)一词与故事(story)一词共同源出希腊文 historia,意

---

① 伽达默尔:《真理与方法》第二篇第二章,译文引自《哲学译丛》1986 年第三期,第 57 页。
② 黑格尔:《哲学史讲演录》,第 1 卷,贺麟等译,商务印书馆 1981 年版,第 7—8 页。

为"某人的调查记录"、"经过调查研究的纪事"。中文的"历史"最早仅存有"史"一字。汉语的"历史"是历和史两个单音节词的合成词,汉·许慎《说文解字》云:"历,过也,传也。""史,记事者也;从又持中,中,正也。"便指出"史"的本意即记事者,也就是"史官"。由此引申,则代表被史官纪录的事,换句话说,即所有被文字纪录的过去事情。两个词综合起来的意思,就是"对过去的事情所做的客观的记录"。而"历"乃近代日本学者为翻译英文"history"而附加之辅助义,其意味着人类所经历过的事情,在意义上其概括范围远较"史"字为之大。这与西方史学观点不同。当希罗多德第一个用"history"即"历史"这一概念时,其含义是求知和真理;他对于"过往"提问以求获取真知,于是他有问必记;资料是他的真理的佐证,而他的真理则是希腊时代的知识学。对于希腊的历史学家来说,历史只是过程,是流逝的事物;世界不存在已知的前定必然。由此使得黑格尔产生"中国古代只有记录而没有历史"的看法。

梁启超对"历史"的定义也很有影响。他说:"史者何?记述人类社会赓续活动之体相,校其总成绩,求得其因果关系,以为现代一般人活动之资鉴也"。

冯友兰先生曾在《中国哲学史新编》中这样写道:

> 历史这个名词有两个意义。就其第一个意义说,历史是人类社会在过去所发生的事情的总名……这里所说的历史都是就历史的这个意义说的。就这个意义所说的历史,是本来的历史,是客观的历史。它好像是一条被冻结的长河。这条长河本是动的,它曾是波澜汹涌,奔流不息,可是现在它不动了,静静地躺在那里,好像时间对于它不发生影响。
>
> 历史家研究人类社会过去发生的事情,把他所研究的结果写出来,以他的研究为根据,把过去的本来的历史描绘出来,把已经过去的东西重新提到人们的眼前,这就是写的历史。这是历史这个名词的第二个意义。严格地说,过去了的东西是不能还原的。看着象是还原的,只是一个影子。历史家所写的东西,是本来历

史的一个摹本。向来说好的历史书是"信史"。"信史"这个"史"就是指写的历史。本来历史无所谓信不信。写的历史则有信不信之分。信不信就看其所写的是不是与本来历史相符合。写的历史与本来历史并不是一回事。其间的关系是原本和摹本的关系，是原型和影子的关系。本来历史是客观存在，写的历史是主观的认识。……写的历史同本来的历史也不能完全符合。所以……写的历史也永远要重写，历史家也永远有工作可作。①

关于历史，西方历史学家和历史哲学家有两个著名的论断，这里作一简要介绍。

1. "一切历史都是现代史"/"一切历史都是当代史"

英国著名历史学家汤因比说过："一切历史都是现代史"。其实这更应该是解释学的观点，是在说明历史的不可还原性。

意大利史学家贝内德托·克罗齐曾说："一切历史都是当代史"。

贝内德托·克罗齐（1866—1952），是意大利最著名的学术大师之一，他不仅是哲学家、美学家，还是20世纪意大利著名的文学批评家、政治家，更是享誉西方的历史学家和史学理论家。他的历史学理论和美学理论对人文社会科学至今依然有着深远而广泛的影响。

　　假如真是一种历史，亦即，假如具有某种意义而不是一种空洞的回声，就也是当代的，和当代史没有任何区别。像当代史一样，它的存在的条件是，它所述的事迹必须在历史家的心灵中回荡……历史存在我们每一个人身上，它的资料就在我们自己的胸中。因为，只有在我们自己的胸中才能找到那种熔炉……

　　当生活的发展需要它们时，死历史就会复活，过去史就会再变成现在的。罗马人和希腊人躺在墓室中，直到文艺复兴时期欧洲人的精神有了新出现的成熟，才把它们唤醒……

---

① 冯友兰：《中国哲学史新编》（1980年修订本第一册），人民出版社1982年版，第1—2页。

——《历史学的理论和实际》

"一切历史都是当代史"这有两个意思,一是说每个时代写的历史,都是根据那个时代的人的认识写成的;二是说每个时代的历史,都是根据当时的需要而写的。

克罗齐认为:"'当代'一词只能指那种紧跟着某一正在被作出的活动而出现的、作为对那一活动的意识的历史。例如,当我正在编写这本书的时候,我给自己撰写的历史就是这样一种历史,它是我的写作思想。"克罗齐史学思想的重要特征之一,是将"历史"和"编年史"进行了严格的区分,这和"一切历史都是当代史"这一命题是联系在一起的。他说:"历史是活的历史,编年史是死的历史;历史是当代史,编年史是过去史;历史主要是思想行动,编年史主要是意志行动。一切历史当它不再被思考,而只是用抽象词语记录,就变成了编年史,尽管那些词语曾经是具体的和富有表现力的"。他还认为,"当生活的发展逐渐需要时,死历史就会复活,过去史就变成现在的。罗马人和希腊人躺在墓穴中,直到文艺复兴欧洲精神重新成熟时,才把他们唤醒";"因此,现在被我们视为编年史的大部分历史,现在对我们沉默不语的文献,将依次被新生活的光辉照耀,将重新开口说话"。这样,在克罗齐看来,历史已不是编年体的事实连缀,"历史中存在着真实性,这是老一辈历史学家认为理所当然的,但现在显然变成了一个未曾解决——而且在另一些人看来是无法解决的——认识论问题。"卡尔·波普尔也说:"不可能有一部真正如实表现过去的历史,只能有对历史的解释,而且没有一种解释是最后的解释,因此,每一代都有权来作出自己的解释。……因为的确有一种迫切的需要。"

狄尔泰、克罗齐、柯林伍德等人都属历史主义学派,他们的历史哲学是针对过多强调客观的自然主义和唯科学主义倾向的实证主义的。这种观点在 17 世纪由维柯发端,到 20 世纪由克罗齐和柯林伍德作系统的阐明。他们痛切地感到近代科学与近代思想两者前进的步伐已经脱节,要以史补救,因为历史不是"剪刀浆糊史",而是活生生的思想史,而思想正是人类的批判和反思能力。柯林伍德认为史学家在认识历史之前首先应对自己认识历史的能力进行自我批判,他说:"人要求知道一切,所以也要求知道自己","没有对自己的了解,他对其他事物的了解就是不完备的。"确实,你连自己到这个世界上来想干什么和能干什么都不追问,还有何权力去谈继承或批判前人的历史、去谈历史的本质呢?

克罗齐"一切历史都是当代史"的命题还有第二重意思:"历史就是活着的心灵的自我认识",这是命题的根本。自我认识即是判断,判断的主语是个别,谓语是普遍,而这普遍就是哲学。所以,他认为历史与哲学是等同的。"历史在本身以外无哲学,它和哲学是重合的,历史的确切形式和节奏的原由不在本身之外而在本身之内;这种历史观把历史和思想活动本身等同起来,思想活动永远兼是哲学和历史。"而"思想活动是对于本身即意识的精神的意识;所以思想活动就是自动意识"。

克罗齐的历史观是唯心主义的,否定历史本身有其发展的客观规律,而把它归结为个别的、特殊的历史事件的集合。因此他不承认历史发展规律,而只强调对历史事件的主观评价,历史是精神的运动、发展的过程。这些观点同样也渗透在他的史学理论和史学著作中。20世纪30年代,意大利马克思主义理论家葛兰西曾对克罗齐史学思想的唯心主义性质进行过尖锐、严肃的批判,但他从没因此而否定其有价值的内容。

2."一切历史都是思想史"

如果说克罗齐主张"一切历史都是当代史",那么,柯林武德进一步明言:"一切历史都是思想史"。

柯林武德是20世纪上半叶英国著名的哲学家、历史学家。柯林武德博学多才,一生涉猎诸多知识领域,在哲学、历史学、考古学、艺术、宗教、人类学等学科都有贡献,尤其是其历史哲学思想,在20世纪学术史上具有极其重要的地位。柯林武德虽然承认历史学是一种科学,但他同时又认为历史学是与自然科学不同的"特殊的一种科学"。他说:"研究自然的正确道路是要靠那些叫做科学的方法,而研究心灵的正确道路则是要靠历史学的方法。"他的名言是:一切历史都是思想史。在他看来,历史学是一门关于人的心灵的知识的学问。同时,柯林武德还承认,现实中"唯一存在的一种历史学"即所谓"剪刀加浆糊的历史学",还"并没有满足科学的必要条件"。可见,也许柯林武德理想中的历史学应该是一种科学,但现实情况却并不令他乐观。

柯林伍德在《历史的观念》中表达了对此命题的解释:

> 对历史学家来说,所要发现的对象并不是单纯的事件,而是其中所表现的思想。发现了那种思想就已经是理解它了……
>
> 历史的过程不是单纯事件的过程而是行动的过程,它有一个由思想的过程所构成的内在方面;而历史学家所要寻求的正是这些思想过程。一切历史都是思想史……
>
> 但是历史学家怎样识别他所努力要去发现的那些思想呢?只有一种方法可以做到,那就是在他自己的心灵中重新思想它们……
>
> 历史学家只要坚定不移地立足于现在就能真正窥见过去;那就是说,他的职责并不是干脆跳出他自己的历史时代,而是要在每一个方面都是他自己那个时代的一个人,并当过去呈现出来的时候,要从自己那个时代的立足点去观看过去。

即是说,历史之成为历史就在于它的思想,抽掉了思想,历史就只不过剩下一具僵尸。法国年鉴学派的宗师马克·布洛赫也并不否认历史学的科学性,但他仍然非常重视历史学的人文性。他曾用诗化的语言表达了这个信念:"我们要警惕,不要让历史学失去诗意"①。

历史是人的有意识、有目的的活动,思想因素在历史发展中起着重要的作用。人类历史包含着思想史,研究思想史对于深入认识人类历史及其发展有着重要意义。唯物史观认为,人们的社会存在决定社会意识,社会历史首先是物质资料生产发展的历史,是人民群众实践活动的历史,在阶

---

① [法]马克·布洛赫:《为历史学辩护》,张和声、程郁译,中国人民大学出版社 2006 年版,第5页。

级社会中是阶级斗争的历史。把一切历史归结为思想史的观点，本质上是唯心史观。

二、何谓哲学史？

列宁曾经说过："哲学史，简略地说，就是整个认识的历史，全部知识领域的历史"。简单来说，哲学史就是哲学的历史。哲学史分为哲学通史和哲学专史。哲学家对哲学问题的解决，同时又产生了新的哲学问题，彼此相续，就构成了哲学发展的过程，我们把这一过程写出来，就是一般的哲学史（哲学通史）。由于整个哲学家对哲学问题的解决不是一蹴而就的，而是有一个过程，这个过程实际上就是哲学发展的历程，把这一历程写出来就是哲学家的哲学发展史（哲学专史）。研究哲学时首先我们必须区分出本来的哲学史与写出来的哲学史。

哲学史是哲学发展的历史。它并不等于哲学。写的哲学史就是研究本来哲学史的人所写的研究结果，是本来哲学史的摹本。哲学家们对于人类的精神生活作了反思，又把他的反思用理论思维的言语表达出来，成为一个思想体系，这就是他的哲学体系。它是怎么想的、怎么说的、怎么写的，他的体系是怎么建成的，这都是一个哲学史家所首先要研究的。因此。"哲学史家对于一个哲学家，必须先真正懂得他想些什么，见些什么，说些什么，他是怎样想的，怎样说的，以及他为什么这样想，这样说，然后才可以对他的哲学思想作出合乎实际的叙述。"①

哲学家总是力图给"本来的哲学史"予以"理解重建"，力图说服你，这种哲学史就是写出来的"哲学史"。然而哲学家屡屡如是做，屡屡失败。哲学史家的这种失败的"理论重建"犹如加缪②在《西西弗的神话》中所提到的西西弗斯一样，加缪写道：

---

① 冯友兰：《中国哲学史新编》（1980年修订本第一册），人民出版社1982年版，第39页。
② 加缪（1913—1960）1931年入阿尔及尔大学哲学系，1936年毕业，1935年加入法国共产党，1937年被开除出党，大学毕业后做过演员、记者，1943年左右负责《战斗报》的出版工作，1947年退出《战斗报》，1951年发表《反抗者》，萨特为此和他激烈论战，两人绝交，1957年获诺贝尔文学奖。

"诸神处罚西西弗斯不停地把一块巨石放在山顶,而石头由于自身的重量又滚下去。诸神认为没有什么比进行这种无效无望的劳动更为严厉的惩罚了。

"在西西弗斯身上,我们只能看到这样一幅图画,一个紧张的身体千万次地重复一个动作:搬动巨石,滚动它并把它推至山顶,我们看到的是一张痛苦扭曲的脸,看到的是紧贴在巨石上的面颊,那落满泥土抖动的肩膀,沾满泥土的双脚,完全僵直的胳膊,以及那坚实的满是泥土的人的双手。经过被渺渺空间和永恒时间限制着的努力之后,目的就达到了。西西弗斯于是看到巨石在8秒钟内又向着下面的世界滚下,而他则必须把这巨石重新推向山顶。他于是又向山下走去。

"象盲人渴望看见而又知道黑夜是无穷尽一样,西西弗斯永远行进。而巨石仍在滚动着。

"我把西西弗斯留在山脚下! 我们总看到他身上的重负。而西西弗斯告诉我们,最高的虔诚是否认诸神并且搬掉石头。他也认为自己是幸福的。这个从前没有主宰的世界对他来说既不是荒漠也不是沃土。这块巨石上的每一颗粒,这黑黝黝高山上的每一颗矿砂惟有对西西弗斯才形成一个世界。他爬上山顶所要进行的斗争本身就是以使一个人心里感到充实。应该认为,西西弗斯是幸福的"①。

周而复始的艰难推石上山,注定没有最终的结果。但西西弗斯还要否认诸神并且搬掉石头,重要的不是结果,而是态度和过程:"他爬上山顶所要进行的斗争本身就是使一个人心里感到充实"。哲学史家就是这样的西西弗斯,他经过"理论重建"后的历史永远是失败的,永远不是"本来的哲学史"(历史主义学派,历史主义对逻辑主义的批评),但这并不能说不能写就哲学史(恩格斯认识上的渐近线;反对全知主义,亦反对不可知论,主存疑态

---

① 加缪:《局外人·鼠疫》,郭宏安译,漓江出版社1990年版,第94—98页。

度,实证精神,批判分析,列宁认识论上的图画论)。这种"重建史观"现在受到越来越多人的批判:在科学哲学方面,有历史主义主张;在人文哲学方面,有伽达默尔的解释学。

由此我们不能不问,究竟应该如何来写作哲学史呢?究竟如何来写作中国哲学史?如何处理好用西方哲学的范畴、西方哲学的范式来撰写中国哲学史?胡适之的《中国哲学史大纲》(卷上)、冯友兰的《中国哲学史》奠定了中国哲学史研究的现代范式?然而这种范式又是明显地打上了西方哲学研究范式的烙印,这是不是西方中心主义的表现?换句话来说,我们今天如何来写中国哲学史(特别是中国古代哲学史)这一问题仍然没有得到真正的解决。

再比如,中国古代是否有哲学这一问题的提出本身也许就是一个虚假的问题,因为,提出这一问题的内在理路,就是用西方哲学对哲学的理解来论衡中国哲学。人们没有看到即便在古代,西方哲学的表现形式也是多种多样的。有关哲学的存在形式,人们的看法一定有着很不相同,因为,我们实际上无法完全列举出来哲学的存在形式。很多将哲学通俗化或普及化的作者,都喜欢说,我们的人生就是哲学;或者说,我们每个人都是哲学家。如果这样,我们就把哲学大大地泛化了,以至于无法区别哲学与文学,或哲学与其他了。与之相反的观点认为,哲学就是以那些大哲学家或著名的哲学家的著作为代表的,这种观点只是看到了哲学的一种存在形式,也许是一种典型的存在形式,实际上,哲学的存在形式远远比这要多得多。著名的哲学家雅斯贝尔斯在谈到哲学的存在形式问题时,曾经说过:哲学存在于口头流传下来的格言中;存在于通俗的哲理警句中;存在于具有统治力量的信条中;存在于各种政治观点中;尤其是存在于与人类历史一起开始的神话中。由此可见,哲学是人类无法避免的。任何拒绝哲学的人,他本身就是在不知不觉地实践一种哲学。总之,哲学就是一种总体认识,它包括:活的观念以及对这个观念的反思,行为以及对这种行为的论述。我们只有亲身体验哲学,才能理解前人的哲学思想。没有哪一个共识能够穷尽哲学的含义,也没有哪一个共识是唯一的,这就是哲学的秘密。如此说来,哲学的存在形式就是多种多样的。

三、如何重写哲学史?

德国著名的新康德主义哲学家文德尔班在他所著的《哲学史教程》中对哲学史的任务作了如下规定:

> (1)准确地证实从各个哲学家的生活环境、智力发展和学说的可靠资料中可以推导出什么东西来;(2)从这些事实,重建出创始的发展过程,以便就每个哲学家来说,我们可能了解它的学说哪些来自前人的学说,哪些来自时代的一般观念,哪些来自他自己的性格和所受教育;(3)从考虑全局出发来估计,这样创立的、根据跟原来阐述的这些理论对于哲学史总的成果说来,具有多大价值。①

冯友兰在20世纪80年代重写中国哲学史时对这一问题也有一段非常精到的表述。他说:

> 中国哲学史工作者的一个任务,就是从过去的哲学家们的没有形式上的系统的资料中,找出其实质的系统,找出他的思想体系,用所能看见的一鳞半爪,恢复一条龙出来。在写的哲学史中恢复的这条龙,必须尽可能地接近于本来的哲学史中的那条龙的本来面目,不可多也不可少。②

正是这样,写的中国哲学史,在摹绘本来的中国哲学史的时候,必须做到三点:第一,就是具体地说清楚一个哲学家的哲学体系。哲学中的主要问题是共同的,但每个哲学家对于这个问题的理解和解决是不完全相同的。哲学家们各有各自的思路,各有各自的建立体系的过程,所以他们的体系各有自己的特点。一个唯物主义哲学家不尽同于另一个唯物主义哲学家;同

---

① [德]文德尔班:《哲学史教程》(上卷),商务印书馆1997年版,第25页。
② 冯友兰:《中国哲学史新编》,人民出版社1980年修订版,第38页。

样,一个唯心主义哲学家也不尽同于另一个唯心主义哲学家。第二,就是必需具体地说清楚,一个哲学家如果是对于某一个问题得出了一个结论,他必然是经过了一段理论思维。他可能没有把这段理论思维过程说出来,因此,哲学史家必需尽可能地把这段思维过程说清楚,使学习哲学史的人可以得到理论思维的锻炼;第三,就是必需具体地说清楚,哲学家们所提供的世界观,使学习哲学史的人可以得到一些"受用"或教训。总的来说,哲学史家对于一个哲学家,必须先真正懂得他想些什么,见些什么,说些什么,他是怎样想的,怎样说的,以及他为什么这样想,这样说,然后才可以对他的哲学思想作出合乎实际的叙述。

专栏一:傅伟勋与"创造的诠释学"的史学观

　　傅伟勋(1933—1996),美国伊利诺大学(University of ILLinois)哲学博士,美国费城(州立)天普大学(Temple University)宗教系佛学与远东思想教授。他在接受西方哲学严格训练的同时,始终不曾忘怀中国渊源流长的哲学传统,提出:"文化中国与中国文化"的口号,并在对中国文化进行"批判的继承与创造的发展"方面做出了杰出贡献。在我们提倡中西文化交流的今天,从傅先生的哲学生涯中,我们可以看到中西文化的冲突、和谐与互补的诸方面,由此必将激励一代中国学者富有创造性地重新诠释、发展中国文化,使中国文化在世界文化的浪潮中搏浪翻滚,谋求中国哲学的进一步深化、丰富化、现代化和世界化。

　　傅伟勋通过写作《西洋哲学史》,提出了一种"创造的诠释学"的史学观。傅先生对"创造的诠释学"的构建是经历了很长一段时间的过程的,早在夏大时期傅先生就写了一篇试论海德格尔的"存在"或"有"与大乘佛学的"一切法空"以及吠檀多哲学中超越神论意义的婆罗门的论文,深得老师赏识。在台大教书时期,傅先生在写作《西洋哲学史》时就初步构想出来了(西洋)哲学史方法论涉及互不可离的三点:(一)西洋哲学史基本上是从哲学问题出发,以解决哲学问题而结束;因此哲学史家必须能够随后体验原来的独创性哲学家从发现问题到解决问题的整段思维历程,而

以所谓"问题探索法"去重新发掘原有问题或课题的核心所在。(二)典型
的西方哲学家在从问题设定到问题解决的思路表现,惯用一套严密的概
念分析与逻辑推演。由此傅先生强调"批判的继承与创造的发展"传统哲
学思想的现代意义。(三)较客观地规定(西洋)哲学史本质上是哲学思维
的绝对预设不断修正改变的历史。哲学史家的一大任务便是要在各家各
派乃至各时代的哲学思想发掘整个思想底层的理论奠基点亦即绝对预
设,而从不同角度客观地平衡原有绝对预设的优劣功过,从中暗示超越该
绝对预设的种种新思想的开拓可能性。[①] 这三点就是傅先生后来"创造的
诠释学"的雏形。我个人认为有下列因素影响了傅先生对"创造的诠释
学"这一方法论的构建:(一)台大读书时期方东英的哲学概论和王叔岷的
考古训诂作风;(二)加大时期的纳斯教授的影响;(三)台大教书时期《西
洋哲学史》的写作经历;(四)伊大时期的日常语言解析的研究和乔姆斯基
现代语言学的影响;(五)俄大时期对中国哲学与佛教思想的研究;(六)对
克尔凯郭尔、海德格尔、萨特等实存主义者的研究;以及(七)天大时期博
士班课程的开设等。这几大因素刺激和激励了傅先生对"创造的诠释学"
的创制。"创造的诠释学",傅先生开始时称为"创造的解释学"后来采纳
了他人意见把"Hermeneufics"译为"诠释学"以示与"Explanation"(解释)
之区别。

傅伟勋自 1974 年开始构想"创造的诠释学",他在构想"创造的诠释
学"时认为,诠释学不但在西方有,中国也自古有之。他认为,两千多年的
儒家与佛教这两大传统的思想发展,可以分别看成一部解释学的历史;换
句话来说,是分别对与早期儒家的原先观念(如仁义、性善、天道、天命等)
与原始佛教的根本理法(如法印、四谛、缘起等)所作的"解释再解释构建
再构建"的思维理路发展史。

傅先生认为他在哲学探究上的一大创获,就是高层次的哲学方法论
反省,反省结果之一就是"创造的诠释学"这一带有方法论功能的哲学创

---

① 傅伟勋:《从西方哲学到禅佛教》,三联书店 1989 年版,第 23—25 页。

立。傅先生认为,"创造的诠释学"的具体内容、特点、功用共分五个辩证的步骤或程序,中间不可任意越级。

(一)"原作者(或原思想家)实际上说了什么?"因此创造的解释家首先必须兼为考据家,培养起码的考证、训诂、版本等方面的功力。但即使我们找到原始的版本,或从各种版本建构出具有考证根据的理想版本,仍然未能解决问题。

(二)"原作者真正意味什么?"在这层次,创造的解释家要通过各种方式设法解消原有意思在表面上的前后不一致性或论理的矛盾,试予彰显原有文句所可能含藏着的丰富意涵,体验原思想家的思维历程。同时通过精细的语言解析尽量发现原有思想在语言表现上可能具有着的多层语意。这样,创造的解释家就已经达到"了解原思想家,必须超越他"的阶段。

(三)"原作者可能说什么?"创造的解释家在这里需要有严格的哲学史训练,逐渐体会"批判地继承亦创造地发展"原有思想的深意。由是,创造的解释学家不得不面临第四层的解释问题。

(四)"原作者本来应该说什么?"这就是要问:假定原思想家今天还活着,他会依然固执己见吗? 或者他会愿意修正或放弃他已说过的话吗? 这些问题只有创造的解释学家设法代表原作者回答了。这样,创造的解释学家就变为开创性的新思想家。

(五)"做为创造的解释家,我应该说什么?"这里变成新思想家的解释学家已经不能只代表原思想家说出原思想家本来应该说的话;他已经到了由批判的继承开创新理路、新方法的地步,而成为一个开创性的新思想家了。① 这五个步骤,傅伟勋后来加以精炼,用十个字概括为"实谓、意谓、蕴谓、当谓、必谓",可以说,这五个层次为五种境界,层层递进,一层高于一层,最高层次就是成为创造的诠释学家。

傅先生认为他的"创造的诠释学"就是为了吸纳西方解释学的精华,

---

① 傅伟勋:《从西方哲学到禅佛教》,三联书店 1989 年版,第 51—52 页。

而建立我们中国本位的新解释学传统的一种尝试。他一方面把"创造的诠释学"用来分析实存主义以及将实存主义与中国哲学进行比较；另一方面，他又重点试用"创造的诠释学"来重解重整中国思想（史）。傅先生主张，中国哲学的现代化，并不是要全盘改变中国哲学的内容或义蕴，而是要引入问题的设定，新的中国思想表达方式，以及中国哲学全盘性的方法论建立等等，只有这样，才能彰显中国哲学在世界哲学中占有的特殊地位，才是中国现代哲学家所应做的继往开来的艰巨工作。他问到："论述或疏解中国传统哲学思想，为何仍要使用两千多年来无甚变化的语言表达？为何永远脱离不了大量的引经据典？……如果我们践行不了传统哲学的现代化重建工作，再过一两个世纪，由于后代的人无法了解传统的表达方式，中国哲学恐会变成一种老古董，遑论所谓继往开来"。这真是向当代中国哲学界发出的警钟！傅先生不唯敲钟而已，他还提出了改良中国哲学的"十项建议"，并且严肃认真地亲自"践行"了这项工作。在这一过程中，傅先生还深深地感受到我们迫切需要方法论地重整或重建中国传统的哲学思想，俾能彰显出它的现代意义出来。他把"创造的诠释学"创造性的运用之一就是以现代方式处理孟子的性善论，傅先生用心良苦地重构了性善论的十大论辩（初为六大论辩，后来发展为十大论辩），为我们将中国哲学现代化、世界化作出了榜样。

　　这里以影响比较大的中西哲学史版本为例作一简介，它们分别是胡适著的《中国哲学史大纲》（上卷），冯友兰著的《中国哲学史》（上下卷）、《中国哲学简史》、《中国哲学史新编》，张岱年著的《中国哲学大纲》，冯契著的《中国古代哲学的逻辑发展》（上中下）。

　　胡适的《中国哲学史大纲》，原计划分上中下三卷。上卷讲古代哲学史，中卷讲中古哲学史，下卷讲近代哲学史。但胡适仅仅写出了上卷，中下二卷未能问世。其上卷是胡适留学美国哥伦比亚大学时，于1917年完成了博士论文《中国古代哲学方法之进化史》（《先秦名学史》），回国后，经过一年的增订、修改,1918 年 8 月由蔡元培作序,于 1919 年 2 月由上海商务印书馆正式出版,定名为《中国哲学史大纲》(上卷)。此书一出,颇受学术界的重视和欢迎,不到两个月又再版一次,但仍不能满足读者的需要。全书十余万字。共分 12 篇。第 1 篇《导言》,第 2 篇~11 篇,以人物为主题,系统地论述从老子到韩非哲学思想的历史演变。第 12 篇古代哲学之终局,对这一历史时期的哲学作了总结。胡适以实用主义的观点来考察中国古代哲学,基本上摆脱了中国传统的经学形式。可以说,《中国哲学史大纲》(上卷)是中国近代第一部系统地应用实用主义观点和方法写成的中国古代哲学史,具有反封建的进步的历史意义,在中国哲学史学发展史上占有重要的地位。胡适的《中国哲学史大纲》(上卷)在中国哲学史,甚至在各种专史和通史的研究方面,都堪称是一部具有开创意义的书,是"五四"新文化运动的一个积极成果。蔡元培给此书以很高评价,指出它有四种特长:第一,证明的方法。第二,扼要的手段。第三,平等的眼光。第四,系统的方法。胡适本人自信的说:"我自信,治中国哲学史,我是开山的人,这一件事要算是中国一件大幸事。这一部书的功用能使中国哲学史变色。以后无论国内国外研究这一门学科的人都躲不了这一部书的影响。凡不能用这种方法和态度的,我可以断言,休想站得住。"梁启超在一场演讲中评此书:"这书自有他的立脚点,他的立脚点很站得住。这书处处表现出著作人的个性,他那敏锐的观察力,致密的组织力,大胆的创造力,都是不废江河万古流的","总说一句,凡关于知识论方面,到处发见石破天惊的伟论,凡关于宇宙观人生观方面,什有九很浅薄或谬误。"冯友兰回忆:"胡适的这部书,把自己的话作为正文,用大字顶格写下来,而把引用古人的话,用小字低一格写下来。这表明,封建时代的著作,是以古人为主。而五四时期的著作是以自己为主。""在中国哲学史研究的近代化工作中,胡适创始之功,是不可埋没的"。冯友兰后来也写了一本《中国哲学史》,人们将胡适的《中国哲学史大纲》与冯友兰的《中国哲学史》作为比较时,一般都认为后者胜于前者。胡适在 1919 年出版的《中国哲学史大纲(上卷)》导言部分指出:"我们若想贯通整理中国哲学史的史料,不可不借用别系的哲学,作一种解释演述的工具。"他还坦言,自己所用的比较参证的材料便是西洋的哲学,即美国的实用主义哲学。对于研究中国哲学史而言,"西方化"的模式是有局限的,其中最突出的一点就是对中国哲学自身特点的关照不够。

冯友兰对中国哲学史的研究,也正是基于此的中西方哲学相结合的研究模式。这种研究模式不反对参照、借鉴西方哲学史研究的观念和方法,同时还提倡在研究中兼顾中国哲学本土的特殊性。此种模式,始自于梁启超,在《清代学术概论》中,梁启超用西方实证主义的科学方法诠释和会通以戴震为代表的清代考证学。梁启超还认为,中国哲学的独有精神只能用中国的方法来阐发,他并不反对运用西方哲学的方法,他素有融合中西的文化情怀。此后,冯友兰在中国哲学史的研究上接续梁启超的这种"中西结合"的研究模式,这种模式主要表现在他的《中国哲学史(上下卷)》(1931、1933)以及《中国哲学简史》(1947)之中。冯友兰对中国哲学史的研究,虽然受到新实在论的逻辑分析方法的影响,但其内在精神却是指向弘扬儒家的人文关怀精神,从而使之与近代人文主义思潮相联系;他对中国哲学史研究的主线,不是探求中国传统哲学中的实证知识,而是利用西方哲学的方法来阐释中国传统哲学,尤其是阐释儒家的人生智慧,他称这种智慧为"极高明而道中庸",这种"中西结合"的模式使得冯友兰在中国哲学史的研究上成就显著。冯友兰先后写过四部大小不同的中国哲学史,这些著作在借鉴西方研究观念和方法的同时,对中国哲学的自身特点也给予了较多的关注。

"二史释今古,六书纪贞元",这是冯友兰在 1990 年 3 月为自己预拟的 95 岁寿联。所谓"六书",指的是冯友兰从早期研究哲学史转向哲学创作的六部代表著作——《新理学》、《新事论》、《新世训》、《新原人》、《新原道》、《新知言》。此六书写于抗战时期冯友兰颠沛流离的 10 年。这六部书建造起了他自己的哲学体系。所谓的"二史",指的是冯友兰解放前出版的两卷本《中国哲学史》和解放后出版的七卷本《中国哲学史新编》。

《中国哲学史》的上下卷分别于 1931 年、1934 年写成,是中国人自己写的第一部完整的现代意义的中国哲学史,由美国人 D·卜德(Derk Bodde)

翻译为英文。卜德在《冯友兰与西方》一文中说此书一直是世界各大学学习中国哲学的通用教材。此书出版以前,国内关于中国哲学史的书只有胡适的《中国哲学史大纲》上卷一部。胡适的这部书在当时的学术界引起了强烈的反响。有了胡适的《中国哲学史大纲》在前,就好像在后来者面前砌起了一堵高墙,冯友兰的《中国哲学史》如果没有新的突破,是很难超越的。不过,学术界的反应却更加关注和赞赏《中国哲学史》与《中国哲学史大纲》的不同之处。学术界高层人物的反应是迅捷而热烈的。该书上卷刚刚出版,清华大学就把它列为《清华大学丛书》。进入这套丛书要经过非常严格的审查,审查者都是当时学术界的泰斗级人物。冯友兰的这部书主审查人是陈寅恪和金岳霖。实际上,除了前述"二史"外,冯友兰还写过其他的"中国哲学史":1946年冯友兰访问美国的时候,用英文写过一部《中国哲学小史》,后由涂又光翻译为中文出版,定名为《中国哲学简史》。20世纪60年代,冯友兰试图用马克思主义的立场、观点和方法重写中国哲学史,书名也叫《中国哲学史新编》,出版了前两册。这两册书,不免带有那个年代的强烈的特点,后来被冯友兰完全抛弃。

张岱年在其20世纪30年代的名作《中国哲学大纲》一书中便声明:他对中国哲学问题的研究,虽然参照了西方哲学,但并不是用西方哲学的框架模式去套中国哲学,而是试图发现中国哲学固有的问题。因此,他在研究中对西方哲学的观念和范畴都做了相应的修正和改造,以适应对中国哲学的研究。在20世纪80年代初期,张岱年提出:第一,中国关于宇宙人生的学问可不可以称之为哲学,关键在于对哲学如何认识。第二,中西哲学在根本态度上未必相同,然而在对象范围以及在诸学术的位置上,则大体相当。第三,中国哲学有自己的民族特点,但只是相对的。

国内学界翻译出版的西方哲学史的著作也非常多,我们这里仅以罗素《西方哲学史》(上下卷)为例作一说明。由于罗素不是科班出身的哲学家,而是由一个科学家"半路出家"的,他的哲学不是从前辈哲学家那里学来的,而是他自己在搞科学时"悟"出来的,因此他对哲学的看法就没有科班出身的哲学家那样的学究气。罗素的《西方哲学史》没有标准哲学史的晦涩,它深入浅出,通俗易懂,文辞优美,生动有趣。罗素曾获得诺贝尔文学奖,《西方哲学史》是他获奖的代表作。罗素的《西方哲学史》是一部既具有思想深度又具有文学才情的哲学史。罗素自己是这样评述他的《西方哲学史》,"我的目的不是要在众多的《西方哲学史》中再加上一部,我的目的是要揭示:哲学乃是社会生活与政治生活的一个组成部分。它并不是一个卓越的人作的孤立思考,而是曾经盛行过的各种体系的社会性格的产物"。

从总体上来说,哲学史著作既要有忠实的介绍、同情地理解,也需要批判地超越。在哲学史研究中,我们还要注意一种所谓"解释学的成见",那就是专门研究某个思想家,往往就自觉不自觉地过分强调他的地位和作用,评价中有过多的溢美之辞,不能完全客观公允。这是由于在研究过程中熟悉了解而注入了主观的感情,如对其人格的仰慕,身世遭遇的同情,哲学倾向的认同等,有的还带有对乡邦先哲的表彰之意,或者也有见木不见林的认识偏颇。①

所谓批判地超越,这种批判又可以分为外在批判与内在批判。所谓外在批判,就是站在一个理论的外部,按照另外的理论(将这种理论作为元理论或标准)对其进行批判;外部批判可以加固批判者自身达到的信念,但却不大可能说服被批判者。因为外部批判者和被批判的对象之间的关系可能存在两种状况:其一是两者没有共同的前提和共同的语言,因此就不可能开展相互理解、相互同情、相互学习式的对话;其二是被批判的对象认可被用来作为元理论或标准的批判理论,两者之间通过相互理解、相互同情,从而达到相互学习式的对话,推进被批判的对象修正自己的观点,完善自己的论点。一般来说,批判要成为真正的对话,就要以内部批判为主。所谓内部批判,就是在一个理论的内部,从它可以接受的原则、前提出发,使用与它相同或相似的语言与之进行对话,最后引申出与这一理论相违背的结论,或它所不理解的事实,以此揭露该理论内部的矛盾或悖论、困难或缺陷。

---

① 方克立:《方克立文集》,上海辞书出版社 2005 年版,第 199 页。

黑格尔说得好:哲学史料经过"哲学工程的建筑师"的构造,便获得了批判的生命,成为"活生生的精神",哲学史就不再是堆满了被推翻的理论的"死人的王国",这里展现的将是高尚心灵的更迭,思想英雄的较量。

哲学史实际上我们还可以区别为"内史"和"外史"。所谓"外史",是指影响一个作者思想的人生经历和社会事件的总和;所谓"内史"则是指一位作者思想发展的内在的逻辑线索。哲学史实际上是"内史"和"外史"的统一。

思考题

1. 如何理解"一切历史都是当代史"?
2. 如何理解"一切历史都是思想史"?
3. 何谓"重写哲学史"?"重写哲学史"如何可能?
4. 如何理解哲学史的内在批判与外在批判的关系?
5. 哲学内史与哲学外史及其相互关系?

第八讲 科学与哲学

如果把哲学理解为在最普遍和最广泛的形式中对知识的追求,那末,哲学显然就可以被认为是全部科学之母。可是,科学的各个领域对那些研究哲学的学者们也发生了强烈的影响,此外,还强烈地影响着每一代的哲学思想。

——[德国物理学家、科学哲学家]爱因斯坦

关心哲学的每一个现代科学家,特别是每一个理论物理学家,都深刻地意识到自己的工作是同哲学思维错综复杂地交织在一起,要是对哲学文献没有充分的知识,他的工作就会是无效的。

——[德国理论物理学家、科学哲学家]玻恩

一个好的数学家至少是半个哲学家,一个好的哲学家至少是半个数学家。

——[德国数学家、哲学家、逻辑学家]弗雷格

科学与哲学的关系是相当复杂的,并不像我们一般人所想象的那样简单,这里实际上包含几个层次:(1)科学与哲学的划界;(2)科学与哲学的历史关系。

一、科学与哲学的划界

科学与哲学的划界(科学与形而上学的划界),这一问题是科学哲学中一个重要问题。这里我们以逻辑经验论(维也纳学派)为例作一说明。

(一)西方哲学家对科学与哲学关系的探求

1. 拒斥"形而上学"

"形而上学",英文由词头 Meta－加上"物理学"Physics 构成,按组合而成的字面,可解释为元物理学,或物理学之后。形而上学一词,在历史上出现甚早。欧洲哲学中的形而上学一词,常指旨在研究事物的本质的学问,这种学问以超感觉、超经验的实在、本体为其对象,以思辨为其主要方法。直到 20 世纪 20 年代逻辑实证主义出现以前,除了极个别的人以外,如 19 世纪法国的孔德、19 世纪末 20 世纪初的马赫等人以外,绝大多数的哲学家从不反对讨论研究形而上学的问题。这种情况持续到 20 世纪 20 年代,随着石里克、卡尔纳普为代表的逻辑实证主义明确地提出拒斥一切形而上学问题的口号,从而使形而上学作为哲学主角的传统发生了根本性转变。

逻辑实证主义者把以往一切唯物主义哲学和唯心主义哲学都称为"形而上学"而加以拒斥。这一点,跟其前辈实证主义者是一样的。不过他们反对"形而上学"的角度和具体方法不尽相同。逻辑实证主义之所以反对"形而上学",既不像第一代实证主义者孔德、斯宾塞那样,认为是由于人的理性能力不能解决形而上学的问题,也不像第二代实证主义者马赫等人那样,认为应当用中性的要素来代替形而上学家所主张的物质和精神本原,而是强调以往的形而上学家争论不休的关于思维和存在、物质和精神的关系纯属于虚假的、无谓的、没有意义的问题。

在卡尔纳普看来,"我将把所有那样的一些命题都叫做形而上学的,即这些命题宣称表述了某种在全部经验之上或之外的东西的知识,例如,表述了事物真实本质的知识,表述了自在之物、绝对者以及诸如此类的东西的知识。"[①]例如,泰勒士说,"世界的本质和本原是水";赫拉克利特说,"是火";阿拉克西曼德说,"是无限者";毕拉哥拉斯说,"是数"。柏拉图、斯宾诺莎、谢林、黑格尔以及柏格森的主要理论都属于形而上学。"形而上学的命题既不是真的也不是假的,因为它们无所断定,它们既不包含知识也不包含错误,它们完全处在知识领域之外,理论领域之外,处在真或

---

① 怀特:《分析的时代》,商务印书馆 1986 年版,第 215 页。

假的讨论之外。"①因此,逻辑经验主义者对形而上学家并不说:"你的话是错误的",而是说:"你的话没有意义!"。这意味着,形而上学家不是有所主张,而是一无主张。既然如此,那么,古今中外有那么多的人,其中包括卓越的有识之士,在形而上学上花费了那么多的精力,不,花费了真正的热忱,这怎么解释呢?为此,卡尔纳普区分了语言的两种功能:表述功能和表达功能。表述功能在于表述经验事实。它的命题都是表述经验事实的命题,如"这朵花是红的","那只天鹅是白的"等等。语言的表达功能,在于并不表述经验事实,而只表达个人的内心世界,即自我的感情、意志和愿望等等。如伦理学、文学等方面的命题或句子都属于这类命题或句子。它们虽有表达个人感情的作用,并能以此感染别人,但是却没有任何表述经验事实的作用。它们是无所谓真与假的,因而它们是没有任何意义的。

卡尔纳普把传统哲学的领域分为:(1)形而上学;(2)心理学;(3)逻辑学。他断言,应当让它们各得其所。形而上学部分,由于它们的命题的性质与文学、伦理学的命题相同,应归入文学艺术的范围;心理学部分,由于心理学已采用实验的方法,它已发展成为一门独立的经验科学,它应与物理学、化学、生物学等一起归入经验科学的范围。哲学唯一的正当的功能就是逻辑分析,即对科学的逻辑分析。因此,他有时径直称哲学为科学的逻辑学。

2. 哲学的转变

面对传统哲学的困境,出路何在呢?在石里克看来,"我确信我们正处在哲学上彻底的最后转变之中,我们确实有理由把哲学体系间的无结果的争论看成结束了。我断言,现代已掌握了一些方法,使每一个这样的争论在原则上成为不必要的;现在主要的只是坚决地应用这些方法。"②这个方法就是逻辑分析的方法。那么,应用这一方法,哲学究竟实现了哪些转变呢?

① 怀特:《分析的时代》,商务印书馆1986年版,第222页。
② 洪谦主编:《逻辑经验主义》(上卷),商务印书馆1982年版,第6页。

(1)发现意义的活动

在石里克看来:"哲学就是那种确定或发现命题意义的活动"①,而要理解这种活动,最佳的方式是"正确地理解哲学与科学之间的关系"。石里克认为,第一,哲学研究是命题的意义,科学研究是命题的真理性;哲学应该定义为"意义的研究",科学应该定义为"真理的研究";第二,哲学方法的目标是发现意义,科学方法的目标是发现真理;第三,哲学无论如何也不是一门科学,因为不可能有任何关于意义的真命题的集合,这是由于命题的意义不能再用命题去说明;理由是,要发现一个命题的意义,我们必须通过连接不断的定义来转换这个命题的形式,直到最后在这个命题中出现了一些再不能被定义,其意义只能被直接指出来的词。这就是说,追寻意义的活动总是终止于实际活动中,只有这些活动是不能够、也不需要再做进一步说明的。所以说,"最后的授义活动总是通过行动实现的,这些行动构成了哲学的活动"。② 第四,哲学不应该是关于实在的一种理论,因为在逻辑经验主义看来,整个实在领域都是被科学占领了,哲学别无其他实在领域可占。第五,不能把哲学作为一种体系来教,因为哲学应该是一种活动,哲学就是科学的逻辑,即对科学语言的逻辑分析。艾耶尔也认为:"哲学命题从性质上说,不是事实命题,而是语言的命题——即是说,它们不描述物理对象的行为,甚至也不描述心理对象的行为。他们表述定义或定义的形式后承。因此我们可以说,哲学是逻辑的一个部门"③,"哲学必须发展成为关于科学的逻辑"。④

(2)哲学的唯一任务就是进行逻辑分析

在逻辑实证主义者看来,哲学既然不是一个知识的体系,而是一种活动。那么哲学的任务究竟是什么呢? 卡尔纳普回答说:"哲学的唯一任务就是逻辑分析。"总之,逻辑经验主义者强调要以科学的精神来研究哲学,

---

① 洪谦主编:《逻辑经验主义》(上卷),商务印书馆1982年版,第9页。
② 洪谦主编:《逻辑经验主义》(上卷),商务印书馆1982年版,第9页。
③ 艾耶尔:《语言、真理与逻辑》,上海译文出版社1981年版,第60页。
④ 艾耶尔:《语言、真理与逻辑》,上海译文出版社1981年版,第178页。

在他们看来,现代逻辑学是哲学的典范。这意味着逻辑分析方法是从事哲学活动的唯一科学的方法。

逻辑经验主义者认为,他们不仅在哲学上完成了一场革命,而且在元哲学上完成了一场革命。在他们看来,他们进入了一个全新的哲学概念,其核心是哲学被解释为一种对语言的逻辑分析活动,而不是一种对世界有所表述的理论。按照这种元哲学,哲学将最终清除一切形而上学的陈述,使一切科学陈述的意义确切化和明朗化。他们还强调说,他们不是在兜售一种新哲学来与其它哲学相竞争,而是用一种新哲学终结所有传统哲学。

3. 从思辨哲学到科学哲学

为了说明卡尔纳普所讲的"哲学的转变",我们可以用赖欣巴哈在《科学哲学的兴起》一书中所作的论述为例,作一简要说明。赖欣巴哈在他所著的《科学哲学的兴起》一书中曾把科学哲学与传统哲学(他称之为"思辨哲学")作了对比。他认为,哲学思辨是一种过渡阶段的产物,发生在哲学问题被提出,但还不具备逻辑手段来解答它们的时候。"从这个基础上已出现了一种科学哲学,这种哲学在我们时代的科学里已找到了工具去解决那些在早先只是猜测对象的问题。……哲学已从思辨进展而为科学了"。赖欣巴哈进而从三个方面分析了这两种哲学的差别:

(1)思辨哲学努力想获致一种关于普遍性的、关于支配宇宙的最普遍原则的知识:构成包罗万象的哲学体系,以简单类比法和日常生活经验代替科学解释的功能,以图象语言而不是逻辑分析来说明知识问题。科学哲学则把对宇宙的解释完全留给科学家去做,用对科学的结果进行分析的方法建立知识论,认为宇宙的物理学和原子的物理学都不是通过从日常生活中推导出来的概念所能解释的。

(2)思辨哲学要的是绝对的确定性。如果说预言个别事件是不可能的,那么,支配着一切事件的普遍规律至少应被视为是知识所能知道的,这些规律应该可以用理性的力量推导出来。理性,宇宙的立法者,把一切事物的内在性质显现给人的思维。科学哲学拒绝承认任何关于物理世界的知识是绝对确定的观点,无论是个别事件,还是个别事件的规律,都不能确定地被陈述。逻辑和数学的原理是可以获得确定性的唯一领域,但这些原理是分析的,因此也是空洞的。确定性和空洞是不可分的,综合先天真理是没有的。

(3)思辨哲学竭力想用建立绝对知识的同样方法去建立道德指令。理性被认为是道德规律也是认识规律的立法者;伦理规条须由洞见的行为来发现,一如揭示出宇宙的终极法则的洞见一样。科学哲学已完全放弃提出道德规条的打算,认为道德是意愿行为的产物,而不是认识的产物,只有目的与目的之间或目的与手段之间的关系,才是认识性知识所能获致的。①

以上就是赖欣巴哈所提出的新旧哲学的对照表。赖欣巴哈声称,透过这张新旧哲学的对照表,我们可以看到:"现代哲学家舍弃了许多东西;但他也获得了许多。在实验基础上建立的科学和单从理性推导出来的科学之间是多么不同啊!科学家的预言虽然是不确定的,比起自称直接领悟了宇宙的终极规律的哲学家的预言来,是可靠多少啊!当较旧的伦理体系所不能预见的新的社会条件产生时,不受被称为是由一个较高的权威所规定的规条所束缚的那一种伦理学是更高超多少啊!"②

赖欣巴哈也认为:"哲学是人类思想的一切形式的逻辑分析,他应说的话都能用明白的话语来陈述,再没有什么'不可说的东西'是它不得不对之举手认输了的"③换言之,哲学已经从思维辩证发展成为科学了。这种科学的哲学把对宇宙的解释完全留给科学家去做,它用对科学的结果进行分析的方法构建着知识论;它"拒绝承认任何关于物理世界的知识是绝对的和确定的";它"完全放弃了剔除道德规条的打算"。④

总之,逻辑经验主义者认为他们在哲学上完成了一场革命。其核心就是把哲学解释为对语言的逻辑分析活动,而不是对世界有所表达的理论。他们自己强调:他们不是在兜售一种哲学来与其他哲学相竞争,而是用一

① 参见赖欣巴哈:《科学哲学的兴起》,商务印书馆 1983 年版,第 234—251 页。
② 赖欣巴哈:《科学哲学的兴起》,商务印书馆 1983 年版,第 235 页。
③ 赖欣巴哈:《科学哲学的兴起》,商务印书馆 1983 年版,第 238 页。
④ 赖欣巴哈:《科学哲学的兴起》,商务印书馆 1983 年版,第 235 页。

种新的哲学来终结传统的哲学。

(二) 中国哲学家对科学与哲学关系的探求

中国哲学家也非常关注科学与哲学的关系问题。在"科玄论战"中,张君劢严守科学与玄学(人生观)之间的界限。他在《再论人生观与科学并答丁在君》中总结了他在清华学校的演讲所举人生观与科学之异点有五个方面:科学为客观的,人生观为主观的;科学为论理为方法学所支配,人生观则起于直觉;科学可以分析方法下手,人生观则为综合的;科学为因果律所支配,人生观则为自由意志的;科学起于对象之相同现象,人生观则起于人格之单一性。因此,张君劢强调:"故科学无论如何发达,而人生观问题之解决,决非科学所能为力,惟赖诸人类之自身而已。"①张君劢在阐发科学与人生观的各自特点时,并未直接论及哲学的特点。但他认为玄学是哲学的主要内容,是研究人生观的学问。他指出:"玄学之名,本作为超物理界超官觉界解释是也。惟其有此解释,于是凡属官觉以上者,概以归之玄学。"②这也就强调了哲学不同于科学,具有非实证性和超经验性,其本性是无定论的。后来,张君劢在《人生观之论战序》中再一次强调了他的结论:"第一,科学上之因果律,限于物质,而不及于精神。第二,各分科之学之上,应以形上学统其成。第三,人类活动之根源之自由意志问题,非在形上学中,不能了解。"如果说,张君劢在《再论人生观与科学并答丁在君》主要是说明科学不能支配人生观、解决意义问题,要解决意义问题只能依赖于玄学,那么,他1923年在中国大学的演讲《科学之评价》则主要是说明科学不是万能的。他指出:第一,科学的目的,在求一定的因果关系。但是,文学之创作、思想之途径,乃至个人之意志与社会进化之关系,科学方法就无能为力了。因此,科学是有一定界限的。第二,科学家只说因果,只涉及官觉所及的东西,至于官觉所不及的东西,科学家则根本不管。"若谓论理的推理由于习惯而来,道德为环境所支配,这是科学欲以有形解释无形之故,乃将人

---

① 张君劢:《人生观》。
② 张君劢:《再论人生观与科学并答丁在君》(中篇)。

类精神之独立一笔抹杀了。"第三,科学家对于各问题,不能为彻底的问答。譬如物理学家以物质为出发点,物质何自来? 则为科学家所不问。物理学家如是,政治学家、生计学家(经济学家)亦如是。物质之本性为何? 生命何自来? "然科学家与事物之本体与夫人类向上之途径,既不能与人以满足之解决,而犹傲然以万能自居,此则引起人类对科学恶感之最大原因"。第四,非科学本身问题,乃是科学的结果。如欧洲的物质文明"专求向外发展,不求内部的安适",是不能持久的。因为"物质有限,而人欲无穷"。"若专恃有益于实用之科学知识,而忘却形上方面,忘却精神生活,忘却艺术方面,是决非国家前途之福"。总之,张君劢认为,涉及物质的本体、逻辑与因果律、科学的价值等问题,均不属科学的范围,而属于哲学和人生观的范围了。张君劢之所以批判科学万能论,另一个原因就在于:他认为,自 19 世纪下半期后,人类对于科学,渐由信仰而趋于怀疑,如"哥尔诺(Cournot)李诺维(Renowier)蒲脱罗(Boutront)柏格森(Bergson)诸人。此类人之立说虽各不同,要不外科学之能力是有一定之限界之一义。"综上所述,张君劢在"科玄论战"之中,其总的主张主要表现在三个方面:第一,力主划清科学与玄学(人生观)的界限;第二,反对科学万能,而不反对科学;第三,"欲提倡宋学"。毋庸置疑,这三点对于后来的现代新儒家文化哲学的发展都产生了重要的影响。这种影响,即便是具有自由主义西化派倾向的李泽厚在 20 世纪 80 年代反思"科玄论战"时也不得不承认。诚如其所言:"如果纯从学术角度看,玄学派所提出的问题和所作的某些(只是某些)基本论断,例如认为科学并不能解决人生问题,价值判断与事实判断有根本区别,心理、生物特别是历史、社会领域与无机世界的因果领域有性质的不同,以及对非理性因素的重视和强调等等,比起科学派虽乐观却简单的决定论的论点论证要远为深刻,它更符合二十世纪的思潮。"①

冯友兰曾经系统地考察过哲学与科学的关系。首先就研究对象来看,冯先生认为,科学的对象是实际,哲学的对象是真际。"真际与实际不同,

---

① 李泽厚:《中国现代思想史》,安徽文艺出版社 1994 年版,第 62 页。

真际是指凡可称为有者,亦可名为本然;实际是指有事实底存在者,亦可名为自然。"①在冯先生的哲学中,真际实际上就是逻辑上先于各种客观事物存在的理世界,实际实际上就是标志着客观事物存在的器世界。其次就研究"种类"来说,冯先生认为,哲学和科学是"种类"的不同,最哲学的哲学不研究实际,不对实际"有所主张","有所肯定","不是以当时之科学底理论为根据,亦不需用任何时代之科学底理论为根据,所以不随科学理论之变动而变动"②。冯先生主张哲学必须脱离科学,远离实际,并强调哲学只研究"真际"。再次就研究方法而言,冯先生认为,科学大部分是试验的,其研究方法大部分靠试验方法,"因试验工具可以有甚多甚速底革新与进步,科学亦可有甚多甚速底革新与进步"③。哲学则不然,哲学不是试验的,其研究不靠试验方法,而"靠人之思之能力。人之思之能力是古今如一,至少亦可说是很少有显著底变化。思之运用所依之工具,如言语文字等,亦不能有甚多甚新底进步。……古代底哲学,其最哲学底部分,到现在仍是哲学。不是历史中底哲学"④。冯友兰由于割裂科学与哲学的关系,他只承认科学有进步,而否认哲学有进步,他不知他所用的"逻辑分析方法"就是哲学进步的产物。最后就研究目的来说,冯先生认为,哲学以求好为目的,哲学不是为求真而求真,而是为求好而求真,科学才是为求真而求真。这也是科学与哲学的一个重要区别。

在作了这些区别之后,冯友兰也企图用一个统一的标准在"形式上"将科学与哲学(形上学)作一划界,他所提出的划界标准就是"空灵"的标准。他认为:"真正形上学底命题,可以说是'一片空灵',空是空虚,灵是灵活。与空相对者是实,与灵相对者是死。"⑤"空灵"的标准体现了科学与形上学的区别。因为,在冯友兰看来,"科学底命题,是灵而不空底。科学底命题,

① 《冯友兰学术精华录》,北京师范学院出版社 1988 年版,第 20 页。
② 《冯友兰学术精华录》,第 26 页。
③ 《冯友兰学术精华录》,第 27 页。
④ 《冯友兰学术精华录》,第 27 页。
⑤ 《冯友兰学术精华录》,第 378 页。

对于经验作积极底释义，积极则有内容，所以不是空底。但一科学命题，可以适用于一类事实，不为一件事实所限，不沾滞于一件事实，所以是灵底"①。那么，形上学又如何呢？"形上学底命题，对于实际，无所肯定，至少是甚少肯定，所以是空底。其命题对于一切事实，无不适用，所以是灵底"②。这样，冯友兰用"空灵"作标准，就在形式上将科学与形上学作了划界。在这一划界标准下，我们可以看到科学与哲学（形上学）至少有一个共同点，那就是科学和哲学都是"灵"的。

冯友兰在论述哲学与科学的关系时曾指出：

> 哲学和科学则是相互为用的。哲学的发展是凭借科学的，哲学不能解决科学的问题，但可以从科学中得到启发。科学也不能解决哲学的问题，它的启发可能帮助哲学解决问题，但是必须把它的思想转化为"反思"。总的说起来，科学可以增加人的积极知识，但不能提高人的境界。哲学可以提高人的境界，但不能增加人的积极知识。哲学和科学可以相互为用，而宗教和科学则不能相互为用。③

方东美被人称之为当代中国哲学界中的艺术家，是新儒家中有浓厚诗人气质的哲学家。他以治西方哲学出身，在西方哲学上下过大功夫。他以特有的西方哲学的素养，与对希腊、近代西方及中国三种文化的生命情调的直接体会，在学术上经历了一个从东方走向西方、再由西方转回到东方的过程。虽然有学术上的这种转向，但从根本意义上来讲，方东美的哲学实际上是一种比较哲学和文化哲学。早年他倾向于比较哲学的架构，打下了厚实的基础；晚年其哲学的发展实际上是这种比较哲学架构的拓展和深化，从而成就了一种真正意义上的文化哲学。这诚如他自己所说的，哲学的探索归根究底不能不是一种文化哲学的探索。

---

① 《冯友兰学术精华录》，第 378 页。
② 《冯友兰学术精华录》，第 378 页。
③ 《冯友兰学术论著自选集》，北京师范学院出版社 1992 年版，第 446 页。

五四以后，在中国思想学术界发生了一次规模"空前的思想界大笔战"①，这就是发生于1923年至1924年的科学与玄学论战。这场论战不仅是20世纪中国哲学三大思潮相互论争的第一个交叉点，而且在中国哲学史上第一次尖锐地提出了科学与哲学的关系问题，②从而深刻地影响着中国哲学的走向。这场论战基本止息之时，正是方东美留美回国之日。虽然他没有赶上这场论战，但是这场论战对他产生了强烈的影响。他回国后先任武昌高等师范大学副教授，1925年9月到东南大学执教，讲授西方哲学"科学哲学与人生"的同时，从事"科学与玄学"的研究，其结果就是后来出版的《科学哲学与人生》一书。在此书中，方东美不仅详细地讨论了科学与哲学的关系，而且奠定了他进行比较哲学研究的基础。

方东美认为，科学家蔑视哲学的态度，主要表现在以下几个方面：（1）科学是具体的，哲学是抽象的；（2）科学是进步的，哲学是板滞的；（3）科学是批评的，哲学是武断的；（4）科学是实利的，哲学是不切人生的。他认为，这些反对哲学的理由，实际上隐含着一种假定，即：科学与哲学是两件绝对不同的东西，因此科学家遂将思想系里的优点都据为己有，而把那些弱点统归之于哲学。对此，方东美指出，科学不尽是具体的，哲学不全属于抽象的；科学的进步是由冲突中挣扎出来的，哲学也不是循环无己的私见；科学或失之武断，哲学常重视批评；真确的知识都有实践性，科学如此，哲学亦然。方东美经由对科学与哲学的划界及对科学与哲学的各项比较，最后得出了他的哲学观。在他看来，哲学思想，自理论看，起于境的认识；自实践看，起于情的蕴发，哲学的产生就在于把境的认识与情的蕴发点化为高洁的意境。境的认识，乃时空上事理之了解；情的蕴发，乃事理上价值之估定。就境的认识而言，哲学须是穷物之理，于客观世界一切事象演变之迹莫不因其可知、已知之理而进一步穷究之，以求致于其极；就情的蕴发而言，哲学须是尽人之性，使世间有情众生各本其敬生、达生、乐生的懿德，推

---

① 胡适："《科学与人生观》序"，《科学与人生观》，上海亚东图书馆1923年版。
② 李维武：《20世纪中国哲学本体论问题》，湖南人民出版社1991年版，第61页。

而广之，创而进之，增而益之。哲学之穷理与哲学之陈情兼顾，取决于宇宙与人生本质上是和谐圆融的情理集团，宇宙与人生之情理一贯，决定了"哲学对象之总和亦不外乎情理的一贯性"①。宇宙与人生的情理一贯，又根源于生命之情理连续，因为就生命之创进而言，"情由理生，理因情出"，虽然情理本是不可分割的全体，但是，从其属性上看，则是"生命以情胜，宇宙以理彰"②。生命是有情之天下，其实质是不断的、创进的欲望与冲动；宇宙是有法之天下，其结构为整序的、条贯的事理与色相。由于有法之天下与有情之天下是互相贯串的，所以哲学之创立，每提到生命之创进，便须连类及于世界；每一论及世界之色相，亦须归根于生命。由于生命之创进，无时无地，不以客观世界为其环境，为其根据。因此，我们要了解哲学的意境，必先根据科学认清人类所寄托的客观环境是些什么，然后才能欣赏人生之意义与价值。既然人类思想与知识都是站在情趣与意义的立场上，对于生命环境的一种看法，那么从"人类思想系统都是人生情趣与意义的象征"这个层面上讲，"哲学问题之中心便集中于人类精神工作之意义的探讨，文化创作之价值的评判"③，这进一步表明方东美所言的哲学就不能不是一种文化哲学。

二、科学与哲学关系的历史考察

就科学和哲学发展的实际来看，石里克指出，在西方思想史上，直到牛顿才真正开始把哲学和科学区分开来。④ 其实，就是牛顿也未能在形式和实质两方面将科学和哲学真正区别开来。例如，牛顿将他的科学著作叫做《自然哲学的数学原理》，就表明在牛顿时代，人们还把科学当作自然哲学，

---

① 蒋国保、周亚洲编：《生命理想与文化类型——方东美新儒学论著辑要》，中国广播电视出版社 1992 年版，第 50 页。

② 《生命理想与文化类型——方东美新儒学论著辑要》，中国广播电视出版社 1992 年版，第 51 页。

③ 《生命理想与文化类型——方东美新儒学论著辑要》，中国广播电视出版社 1992 年版，第 34 页。

④ 参见石里克：《自然哲学》，商务印书馆 1984 年版，第 5 页。

至少在形式上牛顿仍然没有把科学与哲学区分开来。恩格斯指出：1543 年哥白尼《天体运动论》的出版标志着近代自然科学的兴起。在此之前，科学集聚在哲学的"母体"内，并且沦为神学的附庸。1687 年牛顿发表了《自然哲学的数学原理》，为科学提供了一个榜样。到 19 世纪下半叶，以牛顿力学为范式的经典科学体系终于建构完成。在牛顿的时代之前，当最先进的自然科学还被称为自然哲学的时候，科学与哲学在名义上还没有完全分家。

从历史上来看，科学与哲学的关系主要经历了以下几个阶段：

在古代，自然科学和自然哲学相结合，科学处于萌芽时期，人类对物质的初步认识，相应地形成了朴素的唯物主义。

在近代，从 15 世纪下半叶开始，逐渐产生了以实验为基础，对自然进行分门别类研究的近代自然科学，到十七八世纪，许多学科已经取得严密的科学形式，并相继从哲学中分化出来，建立了独立的科学部门，如科学的天文学、科学的光学、科学的数学、科学的力学等等。但是，从整个来看，那时真正建立起严格意义上的科学"范式"的还只有力学。因为那时在所有自然科学中达到了某种完善地步的只有力学，而且只有刚体（天空的和地上的）力学，简言之，即重量的力学。化学刚刚处于幼稚和燃素说的形态中；生物学尚在襁褓中；对植物和动物的机体，也只是极粗浅的研究，并用纯粹机械的原因加以解释。由此可见，牛顿的力学相对于亚里士多德的物理学而言，不愧为是科学上发生的一场革命，它的建立为近代科学的发展树立了一个典范，近代自然科学大多是在牛顿"范式"下处于"解难题"的阶段，即用牛顿"范式"去解化学、生物学、天文学诸方面的难题。牛顿"范式"的建立，对近代自然科学甚至可以说对整个科学而言，都是一个划时代的发现。正是这一发现，使人们对自然现象的认识从总体的直观，进入到对各个部分的实验研究，从而给哲学的发展提供了一个新的自然科学基础，它不仅仅改变了人们的思维方式，使之从整体的直观思维进到机械的形而上学思维，而且也改变了世界图景，使之从自然的"混沌图景"进到"机器图景"。这些新的科学成果通过洛克和培根等人的总结，把唯物主义从朴素的哲学形式提高到形而上学唯物主义的新水平。正如前所述,由于在当时的自然科学发展中,只有力学和数学取得了相对完成的形态,这就造成了当时的哲学家以机械力学的眼光孤立地看待世界,从笛卡儿的"动物是机器"到拉美特利的"人是机器",我们可略见一斑,看到唯物主义带有机械的、形而上学的局限性。随着自然科学新的划时代的发现,这种局限性必将被克服,唯物主义也必将以新的形式出现。

19世纪以来,适应资本主义生产力的迅猛发展,人们对自然的认识比起法国唯物主义和康德、黑格尔时代,又有了长足的进步。自然科学从18世纪已由主要是搜集材料的科学发展为整理材料、建立统一理论的科学,由关于既成事物的科学发展为关于过程、关于事物的发生和发展以及关于自然过程联系的科学。这时,又相继产生了许多新的科学部门,如研究植物机体中的过程的生理学;研究单个机体从胚胎到成熟的发育过程的胚胎学;研究地壳逐渐形成过程的地质学等等。同时,也发现了自然界各种运动形态的许多新的事实和规律,其中对哲学自然观理论影响最大的有细胞的发现、能量守恒和转化规律的发现、生物进化规律的发现。这些新的科学部门和新的发现,揭示了自然界各个领域之间的联系,为哲学总结自然现象以及对它的一般规律的认识,提供了可靠的知识基础。

总之,与十七八世纪相比,19世纪下半叶自然科学的发展突现了科学"范式"的重大更替,不少新的学科根据新的发现建立了自己的科学范式;有些学科也在不断完善自己的科学范式,处于"解难题"的阶段。自然科学新的划时代的发现,使得我们"不仅能够指出自然界中各个领域内的过程之间的联系,而且总地说来也能指出各个领域之间的联系了,这样,我们就能够依靠经验自然科学本身所提供的事实,以近乎系统的形式描绘出一幅自然界联系的清晰图画。"①由之,自然科学新的划时代的发现不仅改变了科学的思维方式,使之从机械的形而上学的思维方式变到辩证的唯物主义思维方式,而且实现了世界图景的再一次转换,使之从"机器图景"变为"辩

---

① 《马克思恩格斯选集》第4卷,第242页。

证图景"，从而给哲学提供了一个新的自然科学基础，把唯物主义哲学从形而上学、机械论的水平(形式)推进到一个崭新的水平(形式)——辩证唯物主义。

20世纪的现代科学，第一次从根本上打破了经典科学的框架，从整体上实现了科学"范式群"的重大转换，因而从理论上来讲，提出了再次改变唯物主义哲学形式的要求。

经典科学不是研究物质结构和运动形式，就是研究力的作用和能量转换。现代科学还要研究既不是物质又不是能量的信息，使人类第一次对信息有了科学的认识，发现信息与物质、能量同是物质系统的三大要素，成为科学技术的三大支柱。信息是人类认识的依据，涉及物质与精神、思维与存在这个哲学基本问题，也是哲学上争论最多的问题之一，迫切需要从科学上、哲学上揭示信息的本质，丰富和发展唯物主义哲学。如果说19世纪由于人类对能量的科学认识，导致唯物主义哲学形式的改变，那么，20世纪对信息等的科学认识，也会推动唯物主义哲学形式的再次改变。这是因为20世纪重大的科学发现，超过以往任何世纪，科学范式的纷纷建立就是其重要标志。例如，爱因斯坦的"范式"取代牛顿的"范式"；量子力学、宇宙学、生物学等新"范式"的确立，极大地改变了人们的思维方式，也改变了科学世界图景。

随着科学的发展，哲学的论题的地盘不断地让位于科学，或者说被科学占领了(正如罗素所说的，凡是不能确定的就是哲学的领地，凡是能确定的就是科学的领地)。

三、科学与哲学关系的理论分析

1.哲学必须以自然科学为基础

所谓"基础"，有两种含义：建筑物的根基；事物发展的根本或起点。所谓自然科学是哲学的基础，又是指什么呢？这里有两层含义：其一，从整体上来说，作为哲学理论的科学基础的主要部分，应是具有一定内在逻辑结构的、系统化了的科学理论，科学理论是人类科学认识的高级成果和成熟阶段的成果。列宁所说的"自然科学的成果是概念"①就是这个道理;反之,哲学如果不以科学理论作为自己的直接基础,而仅以那些具体的科学事实作为直接基础,或者以自然界的现象、过程作为直接基础,这不是在使哲学向自然科学倒退,就是使自己降低或者甚至失掉自己应有的科学性;其二,从认识论意义上来看,所谓自然科学是哲学的基础,则是指自然科学的认识成果和认识方法是哲学的基础。

那么,哲学为什么必须以自然科学为基础呢? 从正面来看。我们知道,哲学是时代精神的精华,自然科学同时代精神息息相关,而在时代的各种因素中,最重要的因素之一是共同的科学背景,这种共同的科学背景决定了哲学发展的共同课题,从而也成为发展哲学的基础。这正如现代著名的理论物理学家玻恩所说:"科学不仅是技术的基础,同时也是健康哲学的来源。"②他又说:"每个科学阶段都和当时的哲学体系有着相互影响,科学给哲学体系提供观测事实,同时从哲学中接受思想方法。"③这就说明,哲学必须以自然科学为基础。从逻辑上看,如果我们设想哲学发展不以自然科学为基础,那么,一部哲学史还究竟会剩下些什么呢? 那只能是些空洞的空想和一些用于支点的假设性前提;从历史上看,如果我们仔细考察一下哲学史上的一些哲学思想以及所运用的概念、范畴,我们就会发现,它们都同自然科学的一定发展阶段的状况、水平有密切的联系,自然科学甚至会给它们以决定性的影响。敌视科学,对科学的发展不加理会,而单凭头脑构造出来的哲学体系终究是站不住脚的。

从反面来看。杜林先生的哲学体系就是一个典型。恩格斯在评价杜林的《哲学教程》时说:"杜林先生直到如今还只知道主要是记述式的植物学和动物学。包括有机界的比较解剖学、胚胎学和古生物学在内的全部有机形态学,杜林先生甚至连名称都不知道。当生物学领域内崭新的科学发现几乎成打地在他背后兴起的时候,他的幼稚的感觉还总是从拉夫的《儿

---

① 《列宁全集》第38卷,人民出版社1960年版,第20页。
② 玻恩:《我这一代物理学》,商务印书馆1964年版,第275页。
③ 玻恩:《我这一代物理学》,商务印书馆1964年版,第48页。

童自然史》中去取得'自然科学思维方式的卓越的现代教育因素',并且把有机界的这部宪法也强加给整个'可以见到的未来',在这里,正像他习惯做的那样,化学也被完全忘记了。"①在这里,恩格斯生动地刻划了热衷于构造哲学体系和其他知识领域的体系的杜林对待蓬勃发展的自然科学的态度。像杜林那样,对自己时代的科学发展的成果完全无知,而却在那里构造什么哲学体系,可以肯定,这种哲学体系只能被人们(包括自然科学家)以讥讽和冷嘲抛弃掉。

从正反两方面,我们可以清楚地得到结论:哲学必须以自然科学为基础。没有自然科学为基础的哲学是空洞的,不追赶自然科学划时代的发现的哲学是会过时的。

2. 哲学对自然科学发现的影响

这里主要以德国哲学文化的理性主义传统对能量守恒与转化定律发现的影响为例。19 世纪上半期能量转化与守恒定律的建立是一项综合程度很高的重大科学发现,它实现了德国自然哲学的预言。同时对这项成就作出贡献的 12 位先驱者中,就有 5 位是德国人,基本上都受到德国古典哲学传统的影响,如,赫尔姆霍茨、李比希受过康德、谢林哲学的影响,第六位是奥斯特的弟子柯尔丁,第七位赫因也接触过自然哲学。这些先驱者中第一个提出能量守恒思想的是德国的迈尔,第一个阐述能量守恒定律并表述这一定律普遍意义的是赫尔姆霍茨。T. S. 库恩指出,19 世纪 30 年代至 50 年代竟有那么多全面陈述能量守恒所必需的实验和概念相继涌现在科学思潮的表面,其中重要因素之一是德国自然哲学在 19 世纪头二十年内达到发展的顶峰,深刻地影响了这些先驱者的探索意识。

德国古典哲学的理性主义传统,对德国文化圈的其他国家的科学创造活动也产生了重要影响。奥斯特发现给现代人类文明带来巨大影响的电磁转换效应,就是典型的一例。奥斯特生长在属于日尔曼语系的丹麦,早年受到德国文化的熏陶,尤其爱好康德哲学,深知康德哲学对现代哲学的

---

① 《马克思恩格斯全集》第 20 卷,第 345 页。

重要意义。当时,科学界普遍认为电与磁是两种无本质联系的现象。康德与谢林哲学却从本体论上启发奥斯特建构电磁转换的思想框架。康德哲学的自然观表明,电、磁、热、光等都是吸引与排斥这两种基本力在不同条件下的变形。谢林自然哲学把整个宇宙视为各种自然力的统一的有机体,预言"磁的、电的、化学的、最后甚至有机的现象都被编织成一个大综合体……它伸延到整个大自然"。① 奥斯特正是受这些哲学启示,建立了电磁可以转换的科学信念和思想框架,经过 7 年的精心实验,作出了这项重大发现。

同样,近代遗传学奠基人孟德尔生活在德语国家奥地利,祖籍是德国人。他早年受德国文化传统的影响,在奥尔米茨大学攻读过德国古典哲学,对康德、黑格尔哲学特别感兴趣并留下了深刻的印象。后进入维也纳大学理学院学习,他从那里接受了德国哲学认识论传统的假说—演绎法——这是与培根的经验—归纳法的英国传统相反的研究方式。他根据当时奥国植物学家思辨性的遗传"要素"概念,以超越经验直观的方式,创立了遗传因子即基因假说,设计并从事植物杂交实验,从而确立了遗传学基本定律,使基因概念成为指导细胞遗传学乃至分子生物学的核心概念。

分子生物学的思想先驱薛定谔,早年就读于维也纳大学,也受到孟德尔相同的文化传统的影响。他高度肯定对于实在及其本质的哲学思辨,或关于本体论和认识论最一般的原理即亚里士多德意义上的"形而上学"。他认为,"形而上学"可以在其发展过程中转化为"物理学"即自然科学,如果完全把"形而上学"从研究领域排除出去,就会使科学失去灵魂,变成毫无发展前途的枯骨。他发表的自然哲学性质的名著《生命是什么?》创造性地从分子论、信息论角度对基因的结构与功能提出"形而上学"的构思,指出了分子生物学的战略探索方向。

康德哲学是对以牛顿力学为代表的自然科学成果的概括与总结。波

---

① 谢林:《一个自然哲学体系纲要导言》,转引自库恩:《 必要的张力》,福建人民出版社 1981 年版,第 96—97 页。

普尔哲学是对以爱因斯坦为代表的现代物理学革命成果的概括与总结。波普尔在生前曾多次表示,他平生最钦慕的一个人就是爱因斯坦,他的科学哲学就是爱因斯坦的科学态度和哲学思想的某种体现和发展。波普尔指出,"爱因斯坦对我思想的影响是极其巨大的。我甚至可以说,我所做的工作主要就是使暗含在爱因斯坦工作中某些论点明确化。"①波普尔曾尝试地把他从爱因斯坦那里直接和间接学到的东西总结为以下四点:

(一)甚至象牛顿的万有引力理论或菲涅耳的光学理论这样得到充分证实的科学理论,也正如爱因斯坦所表明的那样,可以被推翻或者纠正。所以,即使是那些得到充分证实的科学理论总归还是一种假说、一种猜测。

(二)认识这个事实能够并且应该对每个人自己的科学工作具有突出的重要性。对爱因斯坦的工作当然也是这样。他从来不满足于他所提出的任何理论。他总是试图探索其弱点,为的是找出理论的局限性。……

(三)这种态度可以称作是批判的态度,它是一种最好的科学活动的特征。

(四)爱因斯坦的工作使这一点非常清楚:科学中的这种批判态度与哲学家们所考虑和描述的"批判态度"或"怀疑态度","疑惑态度"根本不同。

由此可见,爱因斯坦对波普尔的影响是毋庸置疑的。如果说,是休谟把康德从"独断论的迷梦"中唤醒的话,那么,我们也可以说是爱因斯坦把波普尔从"不加批判的教条的思维迷梦"中唤醒。因为,正是1919年广义相对论"推翻"了牛顿引力论给予波普尔的理智以巨大的震憾。这样,"划界问题"就成为波普尔学术生涯的起点,也是他全部科学哲学的基石。正是从科学和非科学的分界问题开始,波普尔随后提出:归纳法存在吗? 科

① 纪树立编译:《科学知识进化论——波普尔科学哲学选集》,三联书店1987年版,第49页。

学始于观察吗？观察先于理论吗？理论能证实吗？证实与否证在逻辑上对称吗？科学是真的吗？真理能达到、能认识吗？以及关于可否证度和确认度的问题。此外，波普尔还探讨了关于突现进化和"三个世界"的问题，引起了科学实在论的反响。

四、正确认识和处理科学与哲学的关系

首先，必须正确地处理好科学与哲学的关系。在这一问题上，既要反对"取消论"即企图使科学摆脱哲学的倾向，又要反对"代替论"即用哲学代替科学，不区分科学问题与哲学问题，或混淆科学问题与哲学问题，企图用哲学来解决具体的科学问题；或用科学代替哲学，认为"科学本身就是哲学"。凡此种种，都是用形而上学的观点和方法处理科学与哲学的关系，因而都是错误的。作为辩证唯物主义者，必须明确处理哲学和自然科学关系的基本原则：第一，辩证唯物主义不是"科学之上"的哲学，不允许用哲学代替自然科学的研究；第二，自然科学不能摆脱哲学，要反对取消辩证唯物主义哲学对自然科学指导的实证主义和虚无主义的倾向；第三，哲学和自然科学是相互补偿的，因此，科学家和哲学家结为联盟至为重要。辩证唯物主义哲学和自然科学联盟（即哲学家和自然科学家联盟）的思想，是由列宁在他的《论战斗唯物主义的意义》一文中提出来的。列宁指出："战斗唯物主义为了完成应当进行的工作，除了同那些不是共产党的彻底唯物主义者结成联盟以外，同样重要甚至更重要的是同现代自然科学家结成联盟，他们倾向于唯物主义、敢于捍卫和宣传唯物主义、反对盛行于所谓'有教养社会'的唯心主义和怀疑论的时髦的哲学倾向。"①

哲学史上，早在18世纪，狄德罗就已经提出了哲学家和科学家联盟的思想。他在《对自然的解释》(1753年)这部著作的第一章中写道：有一些，在我看来是有很多的仪器而很少观念的；另一些则有很多观念而根本没有仪器。真理的利益将要求那些思考的人终于肯和那些行动的人结合起来，

---

① 《列宁选集》第4卷，第608页。

以便使思辨的人免得从事运动;使操作的人在他所从事的无限运动中有一个目标;使我们的一切努力彼此联合起来并且同时被导向对付自然的抵抗;以及使得在这种哲学的联盟中,每人都充当一个适合于他的角色。"①这里所说的那些"有很多观念而根本没有仪器"的"思考的人"指的就是哲学家,那些"看来是有很多的仪器而很少观念"的"行动的人"是指当时的自然科学家。就现有材料来看,在哲学史上狄德罗可以说是首次提出哲学家和科学家建立"联盟"关系思想的哲学家。而且,他本人就是这样做的。在狄德罗之后,恩格斯进一步指出:自然科学家和哲学理论家,在各自的领域之外都只是个"半通"。他们之间的结合可以"发生一定的相互补偿";②另一方面,"自然科学本身也正处在如此巨大的变革过程中,以致那些即使有全部空闲时间来从事于此的人,也很难跟踪不失",③因此,哲学家和科学家的联盟就至为重要了。在恩格斯之后,列宁明确地提出了马克思主义哲学的"战斗唯物主义",为了完成应当进行的工作,重要的是哲学家"同自然科学家结成联盟"。这一思想是对哲学史上有关这一问题所做的最明确的解答,也是列宁为马克思主义哲学宝库做出的杰出贡献。

通过"联盟"思想发展的历史考察,我们可以看到,随着科学和哲学的进一步发展,哲学家和自然科学家联盟的关系愈来愈加重了,也愈来愈重要了,这是科学和哲学发展的必然趋势。在近代科学正式诞生之前,科学和哲学是一个混沌未开的统一整体。在这种统一整体的知识框架和发展形态下,每个从事研究的人,既涉猎科学知识,又涉猎哲学知识,彼此无法分离,这就是"哲学家"和"科学家"结成联盟的原始的朴素的形态。当然,这里所说的"哲学家"和"科学家"都不是在严格的意义上使用的。到了近代,自然科学已经从哲学中独立出来,并且"达到了科学的、系统的和全面

---

① 《狄德罗哲学选集》,三联书店 1956 年版,第 52 页。
② 《马克思恩格斯全集》第 20 卷,第 382 页。
③ 《马克思恩格斯选集》第 3 卷,第 53 页。

的发展",①"各门科学在 18 世纪已是有了科学形式"。② 正是如此,作为"百科全书派"的领袖之一狄德罗间接地提出了"哲学家"和"科学家"结成联盟的思想。在恩格斯时代,科学和哲学又得到了全面的发展,这一点,恩格斯自己深有感触。他说:"要确立辩证的同时又是唯物主义的自然观,需要具备数学和自然科学的知识。"③为了获得这些知识,出路有两条:一是自己学习,二是和自然科学家结成联盟。恩格斯正是通过这两条途径,创立了辩证唯物主义的自然观。一方面,他专门花了八年时间来进行"脱毛"(即钻研数学和自然科学)过程;另一方面,他把有关自然科学方面的问题请化学家肖莱马审查,从而以自己的实际行动说明"联盟"的可能性和重要性。在列宁时代,现代自然科学经历了一场"危机"之后,正在酝酿着一场革命,列宁正确地意识到了并指出了这一点。因此,他提醒人们:"必须记住:正因为现代自然科学经历着急剧的变革,所以往往会产生一些大大小小的反动的哲学学派和流派。因此,现在的任务就是要注意自然科学领域里最新革命所提出的种种问题"。为了完成这一任务,唯一的方法就是科学家与哲学家结成联盟;否则,哲学便不能回答自然科学领域里最新革命所提出的种种问题,"战斗唯物主义根本就没有战斗性,也不是唯物主义。"④这是科学家和哲学家结成联盟的必要性及其重大意义之一。

科学家和哲学家结成联盟的必要性及其重要意义之二,就是"任何自然科学,任何唯物主义,如果没有充分可靠的哲学论据,是无法对资产阶级思想的侵袭和资产阶级世界观的复辟坚持斗争的。"⑤那么,什么才是胜利地坚持反侵袭、反复辟斗争的"充分可靠的哲学论据"呢? 显然,被物理学的新发现冲击得百孔千疮,对物理学的"危机"束手无策的形而上学机械论的唯物主义是担当不了这个重任的。"为了坚持这个斗争,为了把它进行

---

① 《马克思恩格斯全集》第 20 卷,第 360 页。
② 《马克思恩格斯全集》第 1 卷,第 666 页。
③ 《马克思恩格斯全集》第 20 卷,第 13 页。
④ 《列宁选集》第 4 卷,第 608 页。
⑤ 《列宁选集》第 4 卷,第 609 页。

到底并取得完全胜利,自然科学家就应该做一个现代的唯物主义者,做一个以马克思为代表的唯物主义的自觉拥护者,也就是说应当做一个辩证唯物主义者"。

自然科学家做一个辩证唯物主义者,一个重要的任务就是要与哲学家结为联盟,就是要努力把唯物辩证法这种高度科学的世界观和方法论运用到自己的科学研究工作中去,指导和推动科学技术的发展。从根本上说来,坚持在自然科学领域中批判唯心论、形而上学,也是为了更好地发挥唯物辩证法指导和推动科学发展的威力。相反,自然科学家如果不自觉地做一个辩证唯物主义者,"不这样做,大自然科学家在作哲学结论和概括时,就会和以前一样常常感到束手无策。因为,自然科学进步得那样快,正处于各个领域都发生那样深刻的革命变革的时期,以致自然科学无论如何离不了哲学结论。"①

哲学家和科学家结成联盟的另一个方面,就是要求哲学家努力掌握现代自然科学的优秀成果,从中做出正确的哲学抽象和概括,否则,就会出现列宁所批评的"爱因斯坦的学说已被各国绝大多数资产阶级知识分子所利用,其实不仅爱因斯坦一人的遭遇如此,就是19世纪末叶以来自然科学的许多大革新家,甚至大多数的革新家的遭遇都是如此"②的现象。因此,只有正确地理解自然科学成果,掌握充分可靠的哲学论据,才能避免这种现象。

其次,必须正确地理解科学的无阶级性、无党性与哲学的有阶级性、党性的关系。我们首先必须明确,科学本身并没有什么阶级性、民族性、政治性和党性,不同学术见解之间的争论不能采取阶级斗争、民族斗争、政治斗争的办法来解决。用行政手段强制推行一个学派,禁止另外一个学派,是不正确的、有害的。其次,我们应该明白怎样使用科学,使之为什么样的人服务,则是有阶级性的、有党性的。最后,我们还应该明白哲学在任何时候

① 《列宁选集》第4卷,第610页。
② 《列宁选集》第4卷,第608页。

都是有党性、阶级性的,正如列宁所说的:"哲学上的无党性,不过是卑鄙地掩盖起来的对唯心主义和信仰主义的阿谀逢迎而已。"①又说:"哲学上无党性的人,像政治上无党性的人一样,是不可救药的蠢才。"②

第三,必须把自然科学家的社会历史观同他们的自然观区别开来。既要看到他们由于受社会条件影响而且有唯心史观的情况,又要看到,他们中的绝大多数人在自己的研究工作中是"始终不渝地站在唯物主义方面"的。

第四,对于自然科学家所使用的一些概念、语言,要注意把它们的精神实质同表述上的缺陷区别开来。

第五,必须正确地处理好科学理论与科学家本人对科学理论的哲学诠释的关系,从而既要正确地评价科学理论,又要恰当地评价自然科学家对科学理论的哲学诠释。在这一问题上,我们尤其要十分谨慎,防止"乱扣帽子"或"一棍子打死"的粗暴态度,注意克服某些哲学家由于对自然科学无知,对科学理论或对科学理论的哲学诠释妄加批评的倾向,也要注重克服科学家由于注重实证而拒斥"形而上学"(辩证唯物主义)的妄自尊大的傲慢态度,正确地理解和贯彻列宁关于"科学家和哲学家联盟"的重要指示,加强科学家和哲学家的相互了解、相互合作,以利共同前进。

第六,必须正确、清楚地看到,从现代自然科学成就中作出正确的哲学抽象和概括,与一些唯心主义哲学家利用或歪曲科学成就,并从中得出唯心主义结论,从而对唯物主义攻击,是两种不同的倾向。这就要求我们正确地理解科学成果,从中作出辩证唯物主义的概括和总结,从而丰富和发展马克思主义哲学,把马克思主义哲学推向前进,进而击退唯心主义对唯物主义的反攻。

第七,对于在科学史上和哲学史上起过重要影响的一些科学家和哲学家的哲学思想体系,要作具体的分析,即使是唯心主义的思想体系,也要批

---

① 《列宁选集》第 2 卷,第 362—363 页。
② 《列宁选集》第 2 卷,第 292 页。

判地继承里面合理的内容,如同马克思主义经典作家对客观唯心主义者黑格尔所做的那样。只有这样,才能体现实事求是、以理服人的精神,团结绝大多数自然科学家共同战斗。

第八,必须认真地研究现代著名自然科学家的哲学成果。20 世纪以来,自然科学的发展突破了一系列传统的哲学观念,亟待哲学给予科学的概括和总结。一些著名的现代自然科学家在这方面曾做了大量的工作,虽然在不少方面还有待于进一步提高和升华,但是,总的来说,还是富有成效的。在对现代自然科学成就作哲学概括时,总结现代著名自然科学家的哲学思想,是一条有益的捷径。我们必须纠正过去对自然科学家哲学思想的非科学态度,认真总结他们的哲学成果,发展马克思主义的哲学。

最后,我们还要注意,不宜在自然科学领域中划分哲学派别。过去,我们在分析自然科学家的科学成就和哲学思想时,总是把他们归入唯物主义或唯心主义的哲学派别中去,以此作为划分自然科学学派的基础,开展自然科学领域中的两条哲学路线的斗争。这种做法,实际上是把哲学与自然科学这两门不同性质的学科混为一谈了,我们必须废止这种给自然科学家贴唯物或唯心标签的简单做法。我们认为,划分自然科学的不同派别,只能依据自然科学家对自然现象的不同科学解释,而不能根据对哲学基本问题的不同回答。大家知道,自然科学研究的对象是客观存在着的自然界,科学研究的基本方法是观察和实验,因此,自然科学的基本精神是同唯物主义和辩证法相一致的。这就决定了大多数自然科学家是自发的唯物主义者和辩证论者。尽管不同的人对某些科学问题可能会作出不同的解释,并进行种种争论,但是,这种争论的是非只能由科学实践去检验,而不能用哲学观点去裁决。即使在自然科学领域中作出了某些错误的结论,这仍然是具体科学问题,而不是哲学问题,不能以此为根据去划分哲学派别。另一方面,虽然在自然科学领域中对自然科学家划分哲学派别是不对的,不科学的;但根据他们研究的过程、方法,指出其哲学思想、方法论的性质、倾向则是可以的、必要的,批评其研究中的唯心主义、形而上学思想方法,也是应该的,是有利于自然科学的发展的;也是建立"联盟"的条件之一。否则,就不是"战斗的唯物主义"了。总之,自然科学学派的划分只能就科学分歧而使然,而不能用哲学、认识论去强行干涉,这是历史的事实,也是历史的教训。

思考题

1. 如何理解科学与哲学的关系?

2. 结合你所学的知识,试举一例分析说明科学与哲学的关系?

3. 如何理解科学哲学化与哲学科学化的趋向?

第九讲 文学与哲学

> 文学可以看作思想史的一种纪录,因为文学史与人类的理智史是平行的,并反映了理智史。不论是清晰的陈述,还是间接的暗喻,都往往表明一个诗人忠于某种哲学,或者表明他对某种著名的哲学有直接的知识,至少说明他了解该哲学的一般观点。
>
> ——韦勒克(R. Wellek)、沃伦(A. Warren):《文学理论》

托马斯·麦克法兰在《文学与哲学》一文中对文学与哲学的关系作了很好地分析:由于文化视角的不同,研究侧重点的不同才得出了文学与哲学统一或分离的不同结论。从根本上来说因哲学与文学的同源性(即文学与哲学都源于生活,而且都在探索人生真谛),文学与哲学是连续统一体。沿着统一体中的中线是文学与哲学的相互交融,偏离中线向哲学一端运动,则出现了哲学远离文学走向科学哲学的极端;相反则出现文学远离哲学走向"为艺术而艺术"的极端。[1]

哲学与文学的关系,主要有几种学说:

背景说。哲学是文学的思想背景。

工具说。哲学可作为文学批评的工具。

意识形态说。根据恩格斯晚年的分析:社会意识形态中的各种形式之间是相互渗透、相互影响的。

要素说。哲学与文学所关注的对象始终是人,人的命运,人在生活中

---

[1] Barricelli & Gibaldi . Interrelation of Literature . The Modern Association of American, New York,1982:28 – 29.

的地位,人的使命,人的存在意义。

一、文学与哲学的相同点

何谓文学?从广义来说,文学泛指一切口头或书面作品,即不仅包括今天所谓文学,而且包括政治、哲学、历史、宗教等一般文化形态。狭义文学专指今日所谓文学,即情感的、虚构的或想象的作品,如诗、小说、散文等。[①] 在西方十八世纪之前,文学往往是从广义上使用的,即文学属于一般文化,没有被称为"艺术"。古希腊时代尚无一般文学概念,而只有特定的史诗、颂诗、演讲术、悲剧等。在英语世界,"文学"(literature)一词是十四世纪才自拉丁文 litteratura 和 littera – lis 引进的。[②]

列夫·托尔斯泰说过,一个艺术家要创造出伟大的作品,就"必须处于他那个时代最高的世界观水平"[③]。列夫·托尔斯泰的话真是一语中的,深刻地反映了文学与哲学的内在联系。

首先,文学和哲学都是人类精神活动的产品。它们都是处在同一社会发展状况的基础上,或隐或显地反映着一定的社会意向和需求。"英国文学是反映了哲学史的。伊丽莎白时代的是各种充溢着文艺复兴的柏拉图主义。""德国哲学和文学之间的合作常常是极为密切的,特别是浪漫主义时代,费希特、谢林、黑格尔与诗人们生逢同时,他们彼此关系之密,影响之大是可想而知的。"[④]

其次,文学和哲学从本质上说都是意识形态。文学作为意识形态既具有普遍性质,也具有特殊性质。文学的普遍性质在于,它与哲学一样都属于一般意识形态;文学的特殊性质在于,它不同于哲学,它是一种审美意识形态。

再次,从文学和哲学的来源来看,文学和哲学都来源于生活,而又高于

---

① 童庆炳:《文学理论要略》,人民文学出版社 1995 年版,第 36 页。
② 童庆炳:《文学理论要略》,人民文学出版社 1995 年版,第 39 页。
③ 托尔斯泰:《艺术论》,中国人民大学出版社 2005 年版,第 113 页。
④ [美]韦勒克,沃伦:《文学理论》,刘象愚等译,北京三联书店 1984 年版,第 116 页。

生活。对于这种生活的认识,哲学家用的是理论思维,并且用哲学著作的形式宣传他们的"主义";文学家用的是形象思维,并且用文学作品的形式宣传他们的"主义"。萨特的存在主义曾经盛行一时,深入到社会生活的诸多领域。萨特基本上是一个文学家,他用文学作品来宣传存在主义。

最后,从反思的对象来看,文学和哲学都是对人生的反思,文学和哲学都是人学。从一定意义上说,哲学是理性化了的文学,文学是诗化了的哲学。也有学者认为,文学是时代的敏感的神经,而哲学则是时代精神的精华。① 我个人更倾向于认为:没有哲学底蕴的文学作品是浮而无根的,没有文学色彩的哲学作品是涩而无味的。表现伟大思想的文学作品不一定就伟大,但不可否认,伟大的作品必然在某些方面包含着深刻的哲学思考。冯友兰先生曾经举例分析这一问题。陈子昂《登幽州台》诗说:"前不见古人,后不见来者,念天地之悠悠,独怆然而涕下"。这是居"有限"而望"无限"("悠悠")有感于"有限"之不可超越,所以"独怆然而涕下"。这就是对人生的反思,是用一种形象思维的方式来表现人生。冯友兰还以李商隐的诗为例,来说明文学与哲学的相同之处。文学是具体的、感性的,哲学是抽象的、理性的。感性的、具体的文学与抽象的、理性的哲学都反映人生问题,不过哲学的"大道理"通过具体的文学的感性形象表现出来,更易于人们理解和把握。例如,李商隐有两句诗说:"身无彩凤双飞翼,心有灵犀一点通"。过去人们都认为这是两句咏男女爱情的两首诗,可能诗人在写作这两句诗的时候,确实是咏男女爱情,但是现在人们读到这两句诗的时候,会联想到这是人类精神的自述。人的精神的存在会受到很多限制,既要受到肉体的限制,又要受到社会的限制。精神好像庄子所说的井底之蛙,只能看见同井口一样大的那么一片天,它不能脱离井的限制,只能"坐井观天",这就是"身无彩凤双飞翼"。可是它毕竟还是看见井口那么大的一片天,这就是"心有灵犀一点通"。再例如,李商隐还有两句诗:"春蚕到死丝方尽,蜡烛成灰泪始干"。这两句诗也是用来咏男女爱情的。但是人们在

---

① 孙正聿:《哲学导论》,中国人民大学出版社 2000 年版,第 54 页。

读到这两句诗的时候,可能想得更多,会联想到,一切有作为的人,对于他的事业都是这样"鞠躬尽瘁,死而后已"。这种人对于他的事业,完全只是出自他的本性,自然而然,不得不然。好像春蚕的本性就是吐丝,只要它还没有死,它总是要吐丝;蜡烛是人作的,人作它就是为了照明。只要它没有着完,它就要燃烧。李商隐的这两句诗于有意无意之间就是为那些拼命从事于精神生活的人的生动写照,这也就是对人类精神生活的反思。李商隐还有两句诗也非常有意思。这两句诗是这样说的:"永忆江湖归白发,欲回天地入扁舟"。这首诗的意思是说,他总是想着在年老的时候,退休隐居于江湖之上,到了那个时候,他就可以带着整个的世界进入到一只小船之中。这是文学的本意,也可能是这首诗的意境。但是,如果我们从哲学上来分析一下,我们就会发现,他要带着整个的世界进入一只小船之中,这可能吗? 这是可能的。他所说的整个世界就是他的整个的精神境界,其中包括了他对于人类精神生活的了解和体会。这种了解和体会就是人类精神的反思。①

在中国古代,文史哲并不分家,或者说在中国古代并没有文史哲之分。于是,《庄子》一书,既可以当文学读,也可以当哲学来读。我们可以任取一本中国古代文学史和中国古代哲学史教程来翻一翻,就会发现一部中国古代文学史从一定意义上来讲也是一部中国古代哲学史,反之亦然。同样,我们翻看一部西方文学史,也会看到许多熟悉的哲学家的名字。这就表明文学与哲学之间的联系非常密切。

二、文学与哲学的划界

文学与哲学毕竟是两种不同的文化形态,由于两者各有所司,各有不同的性质、功用,也各有自己相对独立的发展演化的历史,因此,文学和哲学不仅具有相同点,而且还具有不同点。这个不同点,就是文学之所以成为文学、哲学之所以成为哲学的内在根据。

---

① 参见冯友兰:《中国哲学史新编》,人民出版社 1980 年修订版,第 23—25 页。

文学与哲学虽然都植根于社会经济生活和政治状况的土壤之中,但是两者与现实社会生活的联系却有紧密程度和性质上的差异。一般来说,文学贴近于现实人生,贴近于现实生活,贴近于实际,因而往往并不明显地充当了哲学与现实生活联系的中介,或者明显地重奏了哲学的羽翼和伴奏曲。哲学虽然漂浮于空中,但它作为社会意识形态的高度体现,则往往成为文学演变的内在驱动力和发酵剂。职是之故,哲学史家可以不特别重视文学,这并不妨碍描述哲学的历史,评论历史上的哲学著作;文学史研究则不能把自己封闭于历史的文学作品之中,而不探究哲学与文学发展演变的关系。①

自柏拉图以降,哲学家们始终将哲学与文学严格区分开来;20 世纪 50 年代之后,后现代主义兴起,"非哲学"则从根本上抹去了文学与哲学之间的这一界线。哲学一向被认为优越于文学,因为它追求真理和确定性,使用的是理性的纯逻辑的语言。相反,文学则是虚构的、隐喻的和讲究修辞的,因此是不够严谨和严肃的。

文学和哲学所使用的思维方式不同。文学艺术更多地使用的是形象思维(大脑右半球的功能),而哲学使用的主要是逻辑思维、抽象思维(大脑左半球的功能)。也就是说,哲学和文学是源出于不同脑半球的不同功能的两种不同思维方式的产物。

文学和哲学在一定程度上说都是人学,但是它们对人学研究的方式、方法都有所不同。文学是以夸张或比喻的手法、想象的形式来表现人物对象;哲学则是以理性的方式、抽象地分析研究人的本质和人性。就此而言,文学作为人学是特殊的人学,哲学作为人学是一般的人学。所以,哲学人学可以存在于文学人学之中,文学人学反映和体现着哲学人学。从文学领域来看,由于人类具有大体相同的生命形式(如人与人,男与女,老与幼,人与自然,人与命运,个人与集体等)和体验形式(如欢乐与痛苦,喜庆与忧伤,分离与团聚,希望与绝望,爱与恨,生与死等),以表现人类生命与体验

---

① 参阅袁世硕:"文学史中的哲学与文学",《齐鲁学刊》2005 年第 3 期。

为内容的文学就必然面临许多共同的问题。① 而这些问题恰恰也是哲学人学反思的问题,是文学哲学的论题。

文学和哲学所使用的范畴不完全一样。这正如法国著名的哲学家萨特所言:"哲学有一套专业词汇,人们必须使用它,如果人们要发明一种新概念,就必须改变它的含义。正是这些专业词汇的集合,才能创造出整体的含义,而这种含义又是有层次的。而在小说中,造成整体含义的是每个单一句子的多重含义,从最明了、最直接的含义到最深层、最复杂的含义。这一工作是通过文体来获得意义……"②当人们问及萨特,你希望新一代人会重新阅读你哪些著作时,萨特给予的回答是:《境况种种》、《圣徒谢奈》、《辩证理性批判》和《魔鬼与上帝》。在萨特看来,《境况种种》虽然是非哲学著作,但它最接近哲学批判和政治。"我很希望这一部分能留下来,愿意看到人们去读它。还有《恶心》,因为,从纯文学的角度来看,我认为这是我所写得最好的小说"③。

三、文学与哲学的相互渗透

在讨论了文学与哲学的相同点与不同点之后,我们必须指出,文学与哲学之间还存在着相互渗透、相互影响的一面。如果从西方哲学史来看,我们可以看到文学与哲学之间的关系是一种非线性关系,而不是一种线性关系。这就是说,可能有的哲学大家同时也是文学大家,有些则不然。我们可以通过一些具体的事例说明这些问题。

首先,一些伟大的哲学家同时也是伟大的文学巨匠。这是因为,西方的哲学家大都是文学理论的奠基人和某种学说的缔造者。例如,柏拉图、圣·奥古斯丁、叔本华、尼采等人就属于这种类型。虽然人们对罗素、萨特、柏格森的哲学评价不一,但是他们确是获得了诺贝尔文学奖。在法国,存在主义一度成为文学艺术的主题。存在主义代表人物萨特作为一个哲

---

① 乐黛云:《跨文化之桥》,北京大学出版社 2002 年版,第 79 页。
② 《生活·境遇——萨特言谈·随笔集》,三联书店 1990 年版,第 30 页。
③ 《生活·境遇——萨特言谈·随笔集》,三联书店 1990 年版,第 52 页。

学家不仅写下了大量理论专著,而且作为一个曾经被授予诺贝尔文学奖(他本人拒接接受一切来自官方的荣誉)的文学家还写了大量小说、剧本、传记、文艺评论等文艺作品和政论。萨特的文学与他的哲学之间,具有高度的内在相关性,他用小说和戏剧的形式所创作的文学作品如《恶心》、《苍蝇》、《间隔》、《死无葬身之地》等,弥漫着浓郁的哲学意识。萨特存在主义的影响更多地是从他的文艺作品中产生出来的。但是我们不应忘记,萨特之所以被称为哲学家,并不是因为他的这些文学作品,而是因为他是《存在与虚无》、《辩证理性批判》等哲学名著的作者。正如法国哲学教授让·吕克·南希所说的,萨特是个古往今来从未出现过的两面神:没有一个哲学家象他那样在文学海洋中游弋,也没有一个文学家象他那样大举进行哲学操练;我们无法理解,逻辑思辩和形象推演,这两种完全不同的思维方式竟然在同一支羽毛笔下毫无妨碍地非常清晰地表现出来。也许卡夫卡不能称之为一个典型的哲学家,但他在文学方面则颇有才华,因而也获得了诺贝尔文学奖。

其次,还有些人是著名的哲学家,但是也有文学才华。例如笛卡尔、帕斯卡尔、贝克莱、休谟、卢梭等人即是。

德国存在哲学大家 Heidegger(海德格尔)曾说:"自从 Leibniz(莱布尼兹)以来,德国思想界所达到的,Descartes 的基础理论的(各种)主要发展(变化),丝毫没能超越这个基础理论,而恰恰展开了它形上学的广度,而为十九世纪创造了前提"。

布莱兹·帕斯卡尔(BlaisePascal,1623—1662)是法国 17 世纪最具天才的数学家、物理学家、哲学家,散文大师和宗教圣徒,一生体弱多病,只活了三十九岁,但在身后却为自己留下了高耸的纪念碑。他的主要著作是《外省通信》和《思想录》,前者常被看作是法国古典主义散文的奠基之作,后者则为哲学和宗教方面的探讨提供了丰富的源泉,成为人因思想而伟大的一个明证。帕斯卡尔认为:"人是一棵会思想的芦苇",这个比喻借助芦苇的特征,揭示了人的脆弱与渺小,也蕴含着人的韧性与伟大。它内涵丰富,如同芦苇具有顽强的生命力。《帕斯卡尔思想录》与《蒙田随笔集》和

《培根人生论》一起,被人们誉为欧洲近代哲理散文三大经典。

最后,有些人是伟大的哲学家,但是他们写的东西非常晦涩难懂,如亚里士多德、康德、黑格尔等。西方哲学对西方文学的影响,正如有人指出的:如果没有柏拉图,怎么理解费纳隆或雪莱? 没有圣·托马斯,怎么理解但丁? 没有笛卡尔怎么理解高乃依①? 没有莱布尼兹怎么理解蒲伯②? 没有洛克怎么理解狄德罗和斯特恩? 没有斯宾诺沙怎么理解歌德? 没有康德怎么理解席勒? 没有谢林怎么理解柯尔律治③? 没有黑格尔怎么理解泰纳? 没有基尔凯郭尔怎么理解卡夫卡? 没有马克思怎么理解布莱希特? 从毕达哥拉斯到斯多葛派,所有希腊哲学家,大部分的现代哲学家,都在文学上造就了大批的后继者。④

西方学者如此,中国学者也不例外。梁启超、许地山、陈寅恪等学者在研究印度文学对中国的影响时,都是将文学的影响与宗教、哲学的影响一并加以考察的。譬如陈寅恪在探讨《西游记》的印度来源时,首先就认为《西游记》的想像力非中国本土所有。吴宓倡导中西融汇,文、史、哲贯通,如他在《希腊文学史》中解释希腊教训诗时,就认为"《易经》为吾国之智慧文学,故易系辞,说卦,序卦,皆可为训诗,特无韵律耳。"这就将文学与哲学贯通了起来。朱光潜曾将文学与哲学进行过比较,他说:"诗虽不是讨论哲学和宣传宗教的工具,但是它的后面如果没有哲学和宗教,就不易达到深广的境界。诗好比一株花,哲学和宗教好比土壤,土壤不肥沃,根就不能深,花就不能茂。"

文学与哲学的相互渗透、相互影响还表现在文学哲学化和哲学文学化的趋向之中。

---

① 高乃依(1606~1684)Corneille,Pierre 法国剧作家,诗人。1606 年 6 月 6 日生于卢昂,卒于1684 年 10 月 1 日。主要作品有悲剧《熙德》、《贺拉斯》、《西拿》、《波利厄克特》。

② 亚历山大·蒲伯(Alexander Pope ,1688—1744):是十八世纪英国启蒙运动时期古典主义诗人和讽刺文学作家。

③ 柯尔律治(Samuel Taylor Coleridge,1772—1834),英国诗人、文评家,英国浪漫主义文学的奠基人之一。

④ 高旭东:《文学与哲学的比较研究概观》,http://arts.tom.com 2004 年 9 月 10 日。

　　所谓哲学的文学化,就是在哲学家的哲学作品中采取文学(诗化)的形式来表达哲学思想、哲学理念。虽然柏拉图主张驱逐诗人,但是他的哲学作品却充满了诗的语言;卢克莱修的《物性论》在宣扬伊壁鸠鲁哲学的同时也是拉丁文的一篇重要诗作;尼采则用令人信服的比喻和象征来表现深邃的哲学思想;萨特的早期哲学就有一股"文学味",《存在与虚无》就充满了"意象和对话"。[①]

　　所谓文学的哲学化就是借助于文学家的文学作品来反映或表达深刻的哲学理念和思想观念。一般来说,一个优秀的文学家总是希望透过自己所描绘的有限的个别的具体的生活内容,折射出一种带有普遍性的本质属性,获得高于和大于所描写的具体生活的特定涵义的某种对于整个生活的抽象的艺术概括。在有些人看来,那些"不发表哲学议论的作家只不过是个工匠而已。"对此,法国文学家加缪说得好:"伟大的小说家是哲学性的小说家","……艺术作品既是目的,也是起点。它是一种未表现的哲学产品,是它的说明和完成。但只有透过哲学的暗示,它才算完全。"例如,歌德的《浮士德》通过浮士德和靡非斯特所代表的肯定精神与否定精神的较量表现人类追求至善至美,不断探索人生奥妙的理想;托尔斯泰的《战争与和平》常常插入作家对历史、哲学、道德和宗教观点的大段论述,旨在阐明作家对这些问题的态度,或启迪人们如何看待这些问题。

　　美国从事文学与哲学教学的教授苏珊·李·安德森在《陀思妥耶夫斯基》一书中分析了哲学家应当阅读陀思妥耶夫斯基的三个原因:

　　　　首先,他痴迷于哲学难题——痴迷于回答和解决哲学问题——这是他为什么能够能归位哲学家的原因。陀思妥耶夫斯基致力于回答两个根本的哲学问题:(i)什么是人的困境? (ii)如果给出了(i)的答案,那么我们应该如何过我们的生活? 第一个问题把陀思妥耶夫斯基带入形而上学的沉思——关于自由意志,自我的本性,以及上帝的存在——而第二个问题则把它引入伦理

---

① 麦基:《思想家》,三联书店1992年版,第434页。

学和元伦理学的领域。他所关注的哲学问题,最重要的是这样一个问题:人拥有的最重要的属性是自由,在明确了这点并且认识到这种自由有毁灭的可能时,他寻求一种与这种自由相适应的限制性力量。在试图解决这个问题时,陀思妥耶夫斯基在《卡拉马佐夫兄弟》中的"背叛"和"宗教大法官"给了我们有关恶的问题——即协调全知、全能和慈善的上帝与世界上恶的存在的问题——很可能是迄今为止最精彩的讨论。……

其次,陀思妥耶夫斯基之所以对哲学重要,是因为他影响了其他哲学家,并且与他们有着密切关系。他的著作总是被看作——如果本身不是存在主义的话,至少是存在主义的先驱。……

最后,陀思妥耶夫斯基的小说包含着对哲学和宗教中一些不可动摇的观念的批判。陀思妥耶夫斯基质疑自我的统一性,对上帝的信仰在理性上的可证明性,对基于理性的道德的辩护,甚至理性本身的价值!然而陀思妥耶夫斯基不仅是个批判者。批评他人的观点而又不提供任何替代物是容易的。陀思妥耶夫斯基有一个正面的哲学提供给我们,这就是我们如何能够尽可能利用我们的环境,过一种自由选定的、快乐的生活,无论是作为个体还是集体。①

同样,加谬的《局外人》、"美国第一流戏剧家"奥尼尔的《毛猿》也表现对人生生存状态的一种思考,体现了深刻的存在主义哲学的思考。

尽管加缪生前一再表示:"不,我不是存在主义者"。但他笔下银行小职员莫尔索却完全是一个在资本主义危机的摧残、压抑下形成的存在主义的"人"的形象。这是一个"意识到一切都是荒诞的人。"《局外人》的主人公默尔索的母亲死了,他非但没哭,而且还在母亲棺材前抽烟喝咖啡。有人说他"没心肝",然而他又是个热心人,邻居有求必应;他对生活的态度萎

---

① 苏珊·李·安德森:《陀思妥耶夫斯基》,马寅卯译,中华书局2004年版,第1—3页。

磨消沉,反应较为迟钝,有人说他是"白痴",然而他具有敏锐的观察力,尤其对自然景物十分敏感;还有人说他"野蛮"、"缺乏理性",其实他读过大学,时常看报,思想充满了哲理。那么他究竟是一个奇人、怪人,还是一个多余人、明白人呢? 从表面看,他是一个满足于基本生理需要的小人物:葬礼上,他只对看门人送来的牛奶咖啡感到满意;葬礼刚过,他就跟女友鬼混;审讯过程中,他唯一在意的是热得要命,许多大苍蝇一直往脸上落,诸如此类。然而,实质上他是一个受过高等教育、推理能力很强、充分明白自己的处境的有思想的人。他的寡言、他的冷漠原来都是他对环境自觉的反应,因而他不想假装、不想撒谎、不想言过其实、不想用社会的惯例来约束自己的言行。他用无动于衷超越了这个荒诞的社会,成为一个清醒冷静的"局外人"。

《毛猿》(1921)是一出包含有典型的表现主义手法的戏,它不分幕,全剧由八场组成,情节简单,多采用大段独白。它以邮船司炉工扬克为中心人物,叙述他如何在非人条件下为老板干活,却被老爷太太们视为人猿,最后只有到动物园去向黑猩猩诉说痛苦,被黑猩猩拥抱而死。奥尼尔《毛猿》中的扬克象征着物质文明挤压下痛苦地寻找自身归属的现代人。他往前走,面临的是更深重的异化,往后退,则被沦为禽兽;他寻找自我的过程,正是自我毁灭的过程。他的悲剧说明,科学发达、物质丰富的现代文明社会使个体的人无法存在,人的价值等于甚至低于禽兽。

通观20世纪西方文学中涉及的诸多形象,反映的诸多问题,无非就是人类如何处理人与自然关系、人与神关系、人与物关系。具体而言:

人与自然关系:人类以质朴认知方式,不自觉将自然人格化、形象化;在与其冲突中体现着人要了解自然、战胜自然、肯定自我的主体意识。

人与神关系:自然界力量获得社会属性,成为社会力量的代表,人成为神的奴仆,经文艺复兴以来,人性及人的自由本质在对封建制度和神学批判中得到解放、张扬。

人与物关系:随着西方物质文明发达和科学技术的发展,人与物的矛盾冲突取代了人与神的冲突。人对自由的追求,与物的贪欲结合一起。在对"神"的崇拜心理弱化的同时,人对"物"的崇拜心理在强化。人在获得物质满足的同时,也失去自我的自由而成为物的奴仆。19世纪人们头脑中的"物"的内涵是指向金钱、财富等具体的东西;20世纪"物"的力量内涵则由具体的物(金钱、法律、剥削等),变成异己力量,与人的本质、自由精神相悖的"暴力"形式,既有物质的、也有社会意识形态、精神的绝对控制。

专栏一:百年回眸:从诺贝尔文学看20世纪文学—文化走向①

如果把自1901年至1991年间88位诺贝尔文学奖奖状放在一起,进行品味、评析。择其大端,可以看出作家们基本上是因如下理由而名列史册:

(1)表达了高尚的理想和对真理的追求;(2)表达了对人类苦难的同情和深厚的人道主义精神;(3)特别突出地展示出人类的精神困惑和精神危机;(4)捕捉时代的重大问题:人类面临的困境和对人类未来的担忧;(5)以独特形式反映民族历史命运,并通过民族性反映着人类的共同性问题;(6)实现了创造性的艺术突破和杰出的艺术探索。

……

在宗教淡化、战争威胁、技术异化、人与人疏离面前重新寻找人的精神家园。上帝灭亡了,人的精神现状究竟怎样? 追求物质享乐并不是人的最高价值所在,什么是人的精神支点? 获奖作家们思索着、表达着。

1953年,一个在当时并不出名的剧作家贝克特首演了他的《等待戈多》。谁也没有料到,其剧大受欢迎,连演300场不辍。这说明,这个世界正在等着贝克特这面镜子反射20世纪人类精神的困惑和迷惘。

两幕剧《等待戈多》没有什么情节,两个流浪汉爱斯特拉冈与弗拉基米尔在荒道上等待戈多,可总是等不来。第一幕和第二幕终了时,都有一个男孩来说戈多今天不来了,可能明天会来,于是他们又等下去。两幕戏

---

① 摘编自孟宪忠:《百年回眸:从诺贝尔文学看20世纪文学—文化走向》,《求是学刊》1992年第3期。

里,所有的动作不过是脱靴、弄帽子、吃胡萝卜、啃骨头、对骂几句而已。谁也不知道谁是戈多,谁也不知道戈多会不会来。人们曾问贝克特,戈多为何人? 贝克特说得绝妙:"我要是知道是谁,早在戏里说出来了。"无意义的生活,无望地希望着,这就是贝克特展示的人类精神状况。统观贝克特所有戏剧的主人公,几乎都是不健全的人,不是肢体残废,就是精神空虚、浑浑噩噩,而场景又都是阴郁昏暗的,投有一片明亮的天空。荒路、斗室、滩涂、垃圾场,这一切都象征着世界的沉重与人的精神压抑和迷惘。

奥尼尔的一系列戏剧也表达着同一主题。在《毛猿》中,奥尼尔借司炉工杨克之口说:"本来我是钢铁,我管世界。现在我不是钢铁,世界管我了。噢,见鬼,我不明白,一切都糊涂了。懂我的意思吗? 全都颠倒了!""我不在地上,又不在天堂里,懂我的意思吗? 我在天地之间,想把它们分开,却从两方面受尽了夹缝罪。也许这就是人们所说的地狱吧!"杨克作为工人的象征乃至作为人类的象征,被自己所创造的钢铁、物质的现实世界所压抑,在他自己所创造的世界里没有归属。

异化了的世界中,人没有精神支点,失去了归属感,这是获诺贝尔文学奖作家们表现 20 世纪人类精神危机的一个重要内容。

在第二次世界大战前后有三部非常著名的展示人类精神困惑和危机的长篇小说历久不衰,影响弥深。赫尔曼·黑塞的《荒原狼》、卡内蒂的《迷惘》、索尔·贝娄的《赫索格》。三部小说的共同之处是小说的主人公都是精神的象征——高级知识分子:学者和教授。三位学者学贯古今、不乏建树,可在现实世界面前都被逼成疯癫或半疯;头脑或精神不为世界所容。以这三部小说与《希登勃洛克一家》、《富尔赛世家》、《蒂博一家》相比,明显可见战后诺贝尔文学奖作家的笔锋所向:从物质关系、经济关系批判转向了精神批判。

在 20 世纪,人类为什么会有这种精神的困惑和危机呢? 获奖作家给出了自己的回答。在这里,加谬的《局外人》、萨特的《死无葬身之地》、皮兰德娄的《寻找自我》、怀特的《风暴眼》非常值得重视。

加谬的莫尔索是一个不为社会所接纳没有归属感的典型。母亲病故,他无大悲恸;对爱情也无所谓;宣判他死刑亦没有什么悲哀,既无对死恐惧又无对生眷恋,只是感到法庭里天气闷热,声音嘈杂。法庭也知道他罪不当诛,所以宣判他死刑,主要不是因为他的"犯罪事实",而是他显得与常人不同,行事违反社会公认常识。不与社会同流,就没有归属。

皮兰德娄则从另一方面表达人只有丢掉自我才会被社会接纳。皮兰德娄的《寻找自我》、《六个寻找作者的剧中人》、《亨利四世》、《或者一个,或者都不是》皆为石破天惊之作。皮兰德娄表达着他对人类精神危机根源的独特认识:社会现实支离破碎,变幻莫测,却又强大如洪水猛兽。面对着社会生活的迷乱与荒唐,人没有能力挣脱其羁绊,只好给"自我"戴上种种"假面"。"假面"是社会逼迫你演的"社会角色","假面"是你在社会上的"通行证"。你想摘掉假面,坦露真实的自我,必定为社会所不容,必定酿成人生悲剧。最大的精神痛苦和悲哀是,"假面"戴久了,不但欺骗他人,也欺骗了自己,自己反会把"假面"当成真实的自我。《亨利四世》中的主人公从夜迷状态清醒过来后为世所不容,只能逃遁于历史,继续戴上亨利四世的假面,以清醒的意识屈度疯狂的生活。

不用更多枚举,诺贝尔文学奖作家对资本主义世界精神危机的展示和批判,不但有其历史的必然性,而且有其普遍性。正因如此,这种展示和批判就具有很大的认识价值。

四、托尔斯泰《复活》的哲学分析

1. 列夫·托尔斯泰简介

列夫·尼古拉耶维奇·托尔斯泰(ЛевНиколаевич Толстой/ Tolstoy)(1828～1910)19 世纪末 20 世纪初俄国最伟大的文学家,也是世界文学史上最杰出的作家之一,他的文学作品在世界文学中占有重要的地位。代表作主要有长篇小说《战争与和平》、《安娜·卡列尼娜》、《复活》以及自传体小说三部曲《幼年》、《少年》、《青年》。其它作品还有《一个地主的早晨》、《哥萨克》、《塞瓦斯托波尔故事集》等。他也创作了大量童话。他以自己一生的辛勤创作，登上了当时欧洲批判现实主义文学的高峰。他还以自己有力的笔触和卓越的艺术技巧辛勤创作了"世界文学中第一流的作品"，因此被列宁称颂为具有"最清醒的现实主义"的"天才艺术家"。

托尔斯泰在读大学时，曾经醉心于哲学。他说："哲学经常吸引我，我喜欢研究这种专注而严整的思想活动。一切复杂纷繁的现象——它们的差异在哲学里都归于一统。"他仔细研读过黑格尔和伏尔泰的作品，对他的思想影响最大的是卢梭。托尔斯泰在晚年曾写道："从我15岁的时候起，卢梭就是我的老师。我一生受到两个重大有益的影响：一是卢梭的影响，一是《福音书》的影响。卢梭是永葆青春的。"托尔斯泰曾经尝试着要把自己的思想写出来，作为对卢梭《论人类不平等的起源和基础》的注释，题为《论哲学的目的》。当时，托尔斯泰18岁。在他看来，哲学的目的就是生活的目的，而"生活的目的就是力求使整个生命全面发展"。从这个意义上来说，托尔斯泰在他的文学作品中是应用了哲学的，其中贯穿着深刻的哲学思想。[1]

托尔斯泰思想中充满着矛盾，这种矛盾正是俄国社会错综复杂的矛盾的反映，是一个富有正义感的贵族知识分子在寻求新生活中，清醒与软弱、奋斗与彷徨、呼喊与苦闷的生动写照。托尔斯泰的作品纵然其中有反动的和空想的东西，但仍不失为世界进步人类的骄傲，他已被公认是全世界的文学泰斗。列夫·托尔斯泰被列宁称为"俄国革命的镜子"。

《战争与和平》是对于贵族的命运问题、人民的命运问题、俄罗斯人民在历史进程中所起作用的程度问题所作的艺术性的回答，兼有史诗和编年史的特色。《安娜·卡列尼娜》则是对行将崩溃的上流贵族社会及日益兴起的资本主义金钱势力的揭露和批判。《复活》是托尔斯泰几十年来对政治、经济、哲学、宗教、道德、美学的探索总结，借一个贵族公子引诱下层女

---

① 转引自郭湛主编：《哲学素质培养》，中国人民大学出版社2003年版，第235页。

性的题材,对现存的一切制度进行了猛烈抨击。托尔斯泰继承和发扬了俄国批判现实主义传统,扩大了艺术的表现领域,反映了广泛的社会面和丰富的生活内容。他擅长于细腻的心理描写,善于表现思想感情的产生和发展过程,使人物形象极为生动逼真。车尔尼雪夫斯基称之为"心灵的辩证法"。他的小说语言优美感人,用词准确鲜明。他的作品深入地反映了1861年至1905年这个历史时期俄国社会复杂的矛盾,的确成了反映1905年俄国革命的力量和弱点的一面镜子。

2.《复活》故事梗概

《复活》的情节以一起真实的刑事案件为基础。女主人公玛丝洛娃原是农奴的私生女,生在牛棚,被称作"救下来的孩子"。三岁丧母后成了地主的"半养女、半家奴",16岁那年被女主人的侄儿、年轻的贵族聂赫留朵夫奸污、遗弃,走投无路,沦为娼妓,最后遭谋财害命的旅店仆役所诬陷,被法官们错判流放西伯利亚服苦役。恰巧这时,当上贵族代表的聂赫留朵夫在法庭上认出了她,终于"良心发现",开始了"灵魂大扫荡",他决心为营救她而奔走,而且要正式娶她。但玛丝洛娃不愿接受这位老爷的恩惠,在流放中她同政治犯西蒙松结合,精神上得到"复活"。聂赫留朵夫也通过同法庭、监狱、流放所的黑暗现实的接触,加深忏悔,开始与自己出身的阶级决裂:把土地分给农民,财产送给姐姐,斩断自己同上流社会的关系,虔诚地皈依宗教,同样得到"复活"。

小说通过玛丝洛娃以及监狱中的"囚犯"蒙受不白之冤,对沙皇的法律、法庭、监狱、官吏和整个国家的反人民本质作了广泛而深刻的揭露。作者用辛辣的讽刺手法描写法庭审判,撕毁统治阶级的"一切假面具"。参加审判的人员是一些淫棍、酒鬼、骗子手。副检查官在玛丝洛娃待过的妓院里寻欢作乐了一夜,以致在开审前还不知案情。庭长明知玛丝洛娃的案子判错,但为了提前去会情妇,根本无心纠正。法官愁眉苦脸,想着自己的心事,无心审判。他们竟把无辜的玛丝洛娃判处四年苦役。托尔斯泰又通过聂赫留朵夫为玛丝洛娃四处奔走、上诉,冤狱始终得不到解决的情节,说明残忍冷酷、昏愦腐败,决不是个别官吏,而是从地方到中央,从外省到首都整个官僚集团所共有的反动本质。

同样,小说对作为沙皇专制制度的精神支柱的官方教会的伪善、欺骗和诡诈发出愤怒的谴责,指出宗教是少数人发财和愚弄人民的工具。但是,托尔斯泰反对的是官方教会,而他又鼓吹清洗过的新宗教。

沙皇专制制度赖以存在的经济基础——地主土地占有制,更是这位宗法制农民情绪表达者的大敌。小说揭示了地主与农民间的矛盾。作品描绘了农奴制度废除后农民生活的困境:"老百姓正在死亡";"儿童大量夭折,妇女过度的劳动,人们营养不良,特别是老年人";到处是饥饿,"四处讨饭"。托尔斯泰指出农民赤贫的真正原因:"那就是,惟一能够养活他们的土地,却给地主从他们的手里夺去了。"所以应该把土地交给农民。小说还从农民生活的旧基础、旧宗法关系和道德规范被破坏的角度对资本主义进行了批判,表达了农民对破产和丧失土地的抗议,也表达了宗法制农民对俄国土地上出现的这个"吓人的怪物"不理解而产生的恐惧。聂赫留朵夫作为"忏悔的贵族"的形象,在托尔斯泰创造的人物画廊中是一个特殊的典型。他逐步地背离贵族阶级,痛恨社会及周围的诸多罪恶,但看不到改造社会积极有效的方法;他努力改变自己的生活方式,开始接近人民,但没有超越贵族阶级的习惯和传统。小说结尾时,聂赫留朵夫不再是沙皇专制制度的抗议者和社会罪恶的见证人,他成了托尔斯泰"新宗教"的传教士,堕落的贵族得到了人性的复活,但这种精神"复活"所表达的不过是作者改造社会的方案——"道德自我修养"和"勿以暴力抗恶"。

总之,《复活》对劳苦大众和弱势群体的同情和爱护之心,对贪官污吏的深恶痛绝,对统治者的愤恨,对贵族的厌恶和憎恨,对革命者充满敬意,对官办教会的蔑视,这一切都表现得淋漓尽致,发人深省。诗人勃洛克在《复活》中看到了"正在逝去的世纪对新世纪的遗嘱",罗曼·罗兰称《复活》是"关于人的恻隐之心的最杰出的长诗之一"。①

---

① 转引自张建华、温玉霞:《托尔斯泰画传》,中央编译出版社 2008 年版,第 226 页。

3.《复活》的哲学分析

(1)聂赫留朵夫如何让自己"心中的上帝"觉醒的、复活的。

主人公聂赫留朵夫生平进行过多次的"灵魂的净化"。在托尔斯泰看来,聂赫留朵夫的"灵魂的净化"主要是指这样一种精神状态:他生活了一段时期,忽然觉得内心生活迟钝,甚至完全停滞。他就着手把灵魂里堆积着的污垢清除出去,因为这种污垢是内心生活停滞的原因。聂赫留朵夫每次通过"灵魂的净化"就是一次觉醒,每次觉醒之后,他总是订出一些日常必须遵守的规则,例如写日记,开始一种他希望能坚持下去的新生活,也就是他自己所说的"翻开新的一页"。但每次他总是经不起尘世的诱惑,不知不觉地又堕落下去,而且往往比以前陷得更深。这一段可以说是托尔斯泰对聂赫留朵夫懦弱性格的细致描写,既有从哲学上描述聂赫留朵夫"性格的矛盾张力",又立即辅助以文学感性的刻画:他这样打扫灵魂,振作精神,已经有好几次了。那年夏天他到姑妈家去,正好是第一次作这样的事。这次觉醒使他生气蓬勃、精神奋发,而且持续了相当久。后来,在战争时期,他辞去文职,参加军队,甘愿以身殉国,也有过一次这样的觉醒。但不久灵魂里又积满了污垢。后来还有过一次觉醒,那是他辞去军职,出国学画的时候。从那时起到现在,他又好久没有净化灵魂了,因此精神上从来没有这样肮脏过,他良心上的要求同他所过的生活太不协调了。他看到这个矛盾,不由得心惊胆战。[①] 托尔斯泰所说的聂赫留朵夫的"觉醒",从哲学上来看实际上就是"反思"。这诚如苏格拉底所言:"未经反省的人生,毫无存在的价值"。

以下是聂赫留朵夫的"反省":

> "我要冲破束缚我精神的虚伪罗网,不管这得花多大代价。我要承认一切,说老实话,做老实事,"他毅然决然地对自己说。"我要老实告诉米西,我是个生活放荡的人,不配同她结婚,这一阵我只给她添了麻烦。我要对玛丽雅(首席贵族妻子)说实话。

---

① [俄]托尔斯泰:《复活》,草婴译,上海译文出版社1983年版,第119页。

不过,对她也没有什么话可说,我要对她丈夫说,我是个无赖,我欺骗了他。我要合理处置遗产。我要对她,对卡秋莎说,我是个无赖,对她犯了罪,我要尽可能减轻她的痛苦。对,我要去见她,要求她饶恕我。对,我将象孩子一样要求她的饶耍"他站住了。"必要时,我就同她结婚。"

他站住,象小时候那样双臂交叉在胸前,抬起眼睛仰望着上苍说:"主哇,你帮助我,引导我,来到我的心中,清除我身上的一切污垢吧!"

他做祷告,请求上帝帮助他,到他心中来,清除他身上的一切污垢。他的要求立刻得到了满足。存在于他心中的上帝在他的意识中觉醒了。他感觉到上帝的存在,因此不仅感觉到自由、勇气和生趣,而且感觉到善的全部力量。凡是人能做到的一切最好的事,他觉得如今他都能做到。

他对自己说这些话的时候,眼睛里饱含着泪水,又有好的泪水,又有坏的泪水。好的泪水是由于这些年来沉睡在他心里的精神的人终于觉醒了;坏的泪水是由于他自怜自爱,自以为有什么美德。

他感到浑身发热。他走到窗口,打开窗子。窗子通向花园。这是一个空气清新而没有风的月夜,街上响起一阵辘辘的马车声,然后是一片寂静。窗外有一棵高大的杨树,那光秃的树枝纵横交错,把影子清楚地投落在广场干净的沙地上。左边是仓房的房顶,在明亮的月光下显得白忽忽的。前面是一片交织的树枝,在树枝的掩映下看得见一堵黑魆魆的矮墙。聂赫留朵夫望着月光下的花园和房顶,望着杨树的阴影,吸着沁人心脾的空气。

"太好了! 哦,太好了,我的上帝,太好了!"他为自己灵魂里的变化而不断欢呼。①

---

① [俄]托尔斯泰:《复活》,草婴译,上海译文出版社 1983 年版,第120—121 页。

由此,《复活》为我们展现了聂赫留朵夫从迷津回归"正途"的"心史"。

(2) 玛丝洛娃的世界观:世界观决定人生观

使他感到惊奇的,主要是玛丝洛娃不仅不以自己的身份为耻(不是指她囚犯的身份,当囚犯她是感到羞耻的,而是指她妓女的身份),似乎还觉得心满意足,甚至引以为荣。不过话也得说回来,一个人处在这样的地位,也就非如此不可。不论什么人,倘若要活动,必须自信他的活动是重要的,有益的。因此,一个人,不论地位怎样,他对人生必须具有这样的观点,使他觉得他的活动是重要的,有益的。

通常人们总以为小偷、凶手、间谍、妓女会承认自己的职业卑贱,会感到羞耻。其实正好相反。凡是由命运安排或者自己造了孽而堕落的人,不论他们的地位多么卑贱,他们对人生往往抱着这样的观点,仿佛他们的地位是正当的,高尚的。为了保持这样的观点,他们总是本能地依附那些肯定他们对人生和所处地位的看法的人。但要是小偷夸耀他们的伎俩,妓女夸耀她们的淫荡,凶手夸耀他们的残忍,我们就会感到惊奇。我们之所以会感到惊奇,无非因为这些人的生活圈子狭小,生活习气特殊,而我们却是局外人。不过,要是富翁夸耀他们的财富,也就是他们的巧取豪夺,军事长官夸耀他们的胜利,也就是他们的血腥屠杀,统治者夸耀他们的威力,也就是他们的强暴残忍,还不都是同一回事? 我们看不出这些人歪曲了生活概念,看不出他们为了替自己的地位辩护而颠倒善恶,这无非因为他们的圈子比较大,人数比较多,而且我们自己也是这个圈子里的人。

玛丝洛娃就是这样看待她的生活和她在世界上的地位的。她是个妓女,被判处服苦役,然而她也有她的世界观,而且凭这种世界观她能自我欣赏,甚至自命不凡。

这个世界观就是:凡是男人,不论年老年轻,不论是中学生还是将军,受过教育的还是没有受过教育的,无一例外,个个认为同富有魅力的女人性交就是人生最大的乐事。因此,凡是男人,表面上都装作在为别的事忙碌,其实都一味渴望着这件事。她是一个富有魅力的女人,可以满足,也可以不满足他们的这种欲望,因此她是一个重要的不可缺少的人物。①

她过去的生活和现在的生活全都证实这种观点是正确的。

在这十年中间,不论在什么地方,她都看见,一切男人,从聂赫留朵夫和上了年纪的警察局长开始,到谨慎小心的监狱看守为止,个个都需要她。至于那些不需要她的男人,她没有看到,对他们也不加注意。因此,照她看来,茫茫尘世无非是好色之徒聚居的渊薮,他们从四面八方窥伺她,不择手段——欺骗、暴力、金钱、诡计——去占有她。

玛丝洛娃就是这样看待人生的。从这样的人生观出发,她不仅不是一个卑贱的人,而且是一个很重要的人。玛丝洛娃把这样的人生观看得高于一切。她不能不珍重它,因为一旦抛弃这样的人生观,她就会丧失生活在人间的意义。为了不丧失自己的生活意义,她本能地依附于具有同样人生观的人。她发觉聂赫留朵夫要把她拉到另一个世界里去,就加以抵制,因为预见到在那个世界里她将丧失这样的生活地位,从而也就丧失自信心和自尊心。也就因为这个缘故,她竭力避免回忆年轻时的事和她同聂赫留朵夫最初的关系。那些往事的回忆同她现在的世界观格格不入,因此已从她的记忆里抹掉,或者说原封不动地深埋在记忆里,而且封存得那么严密,就象蜜蜂把一窝螟虫(幼虫)封起来,免得它们糟蹋蜜蜂的全部劳动成果一样。因此,现在的聂赫留朵夫对她来说已不是她一度以纯洁的爱情爱过的人,而只是一个阔老爷。她可以而且应该利用他,她和他只能维持她和一切男人那样的关系。

"嗯,我没有能把主要的话说出来,"聂赫留朵夫跟人群一起往出口处走去时想。"我没有告诉她我要同她结婚。尽管没有说,但我会这样做的。"②

可以说,小说对玛丝洛娃"复活"之路的描写,实际上就是她作为一个

---

① [俄]托尔斯泰:《复活》,草婴译,上海译文出版社 1983 年版,第 178 页。
② [俄]托尔斯泰:《复活》,草婴译,上海译文出版社 1983 年版,第 178—179 页。

独立的伦理主体的人的意识、爱的情感的复归之路。

(3)从人性论角度分析聂赫留朵夫的思想变化

《复活》中表现出深厚的人性,这是有目共睹的。

有一种迷信流传很广,认为每一个人都有固定的天性:有的善良,有的凶恶,有的聪明,有的愚笨,有的热情,有的冷漠,等等。其实人并不是这样的。我们可以说,有些人善良的时候多于凶恶的时候,聪明的时候多于愚笨的时候,热情的时候多于冷漠的时候,或者正好相反。但要是我们说一个人善良或者聪明,说另一个人凶恶或者愚笨,那就不对了。可我们往往是这样区分人的。这是不符合实际情况的。人好象河流,河水都一样,到处相同,但每一条河都是有的地方河身狭窄,水流湍急,有的地方河身宽阔,水流缓慢,有的地方河水清澈,有的地方河水浑浊,有的地方河水冰凉,有的地方河水温暖。人也是这样。每一个人都具有各种人性的胚胎,有时表现这一种人性,有时表现那一种人性。他常常变得面目全非,但其实还是他本人。有些人身上的变化特别厉害。聂赫留朵夫就是这一类人。这种变化,有的出于生理原因,有的出于精神原因。聂赫留朵夫现在就处在这样的变化之中。

在法庭审判以后,在第一次探望卡秋莎以后,他体会到一种获得新生的庄严而欢乐的心情。如今这种心情已一去不返,代替它的是最近一次会面后产生的恐惧甚至嫌恶她的情绪。他决定不再抛弃她,也没有改变同她结婚的决心,只要她愿意的话,然而现在这件事却使他感到痛苦和烦恼。①

(4)聂赫留朵夫对问题的反思

"要做我的良心要求我做的事","要牺牲我的自由来赎我的罪"是聂赫留朵夫人性中一种纯善境界,是他道德"重生"的内在动因。

聂赫留朵夫想起他怎样在库兹明斯科耶开始考虑自己的生活,决定今后该做些什么和怎样做。他想起他怎样被这些问题困住,无法解决,因为他对每个问题都顾虑重重。现在他又向自己提出这些问题,发现它们都很

---

① [俄]托尔斯泰:《复活》,草婴译,上海译文出版社1983年版,第227—228页。

简单,不禁感到奇怪。所以变得简单,因为他现在不再考虑对他将有什么后果,甚至对这些问题不感兴趣,而只考虑照道理应该怎么办。说也奇怪,应该为自己作些什么,他简直毫无主意,可是应该为别人作些什么,他却一清二楚。现在他明白,必须把土地交给农民,因为保留土地是很可恶的。他明白,不应该撇下卡秋莎,而应该帮助她,不惜任何代价向她赎罪。他明白,必须研究、分析、理解一切同审判和刑罚有关的问题,因为他看出一些别人没有看出的事。这一切会有什么后果,他不知道,但他明白,不论是第一件事,还是第二件事,还是第三件事,他都非做不可。这种坚强的信念使他感到快乐。

……聂赫留朵夫走进屋里。"真的,真的,"他想。"我们生活中的一切事情,这些事情的全部意义,我不理解,也无法理解。我为什么有两个姑妈?为什么尼科连卡死了,而我却活着?为什么世界上会有一个卡秋莎?我怎么会对她疯疯癫癫?为什么要发生那场战争?后来我怎么过起放荡的生活来?要理解这一切,理解主的全部事情,我无能为力。但执行深铭在我心灵的主的意志,那是我力所能及的。这一点我毫不怀疑。我这样做,自然就心安理得。"

……

"问题的症结在于,"聂赫留朵夫想,"那些人把不成其为法律的东西当作法律,却不承认上帝亲自铭刻在人们心里的永恒不变的律法才是法律。正因为这样,我跟那些人很难相处,"聂赫留朵夫想。"我简直怕他们。他们确实可怕。比强盗更可怕。强盗还有恻隐之心,那些人却没有恻隐之心。他们同恻隐之心绝了缘,就象这些石头同花草树木绝了缘一样。他们可怕就可怕在这里。据说,普加乔夫、拉辛之类的人很可怕。其实,他们比普加乔夫、拉辛可怕一千倍,"他继续想。"如果有人提出一个心理学问题:怎样才能使我们这个时代的人,基督徒、讲人道的人、一般善良的人,干出罪孽深重的事而又不觉得自己在犯罪?那么,答案只有一个:就是必须维持现有秩序,必须让那些人当省长、典狱长、军官和警察。也就是说,第一,要让他们相信,世界上有一种工作,叫做国家公职,从事这种工作可以把人当作物品看待,不需要人与人之间的手足情谊;第二,要那些国家公职人员结成一帮,这样不论他们对待人的后果怎样,都无须由某一个人单独承担责任。没有这些条件,就不会干出象我今天所看到的那种可怕的事来。问题的症结在于,人们认为世界上有一种规矩,根据这种规矩人对待人不需要有爱心,但这样的规矩其实是没有的。人对待东西可以没有爱心,砍树也罢,造砖也罢,打铁也罢,都不需要爱心,但人对待人却不能没有爱心,就象对待蜜蜂不能不多加小心一样。这是由蜜蜂的本性决定的。如果你对待蜜蜂不多加小心,那你就会既伤害蜜蜂,也伤害自己。对待人也是这样。而且不能不这样,因为人与人之间的友爱是人类生活的基本准则。的确,人不能象强迫自己工作那样强迫自己去爱,但也不能因此得出结论说,对待人可以没有爱心,特别是对人有所求的时候。如果你对人没有爱心,那你还是安分守己地待着,"聂赫留朵夫对自己说,"你就自己顾自己,干干活,就是不要去跟人打交道。只有肚子饿的时候,吃东西才有益无害,同样,只有当你有爱心的时候,去同人打交道才会有益无害。只要你容忍自己不带爱心去对待人,就象昨天对待姐夫那样,那么,今天亲眼目睹的种种待人的残酷行为就会泛滥成灾,我这辈子亲身经历过的那种痛苦,也将无穷无尽。是啊,是啊,就是这么一回事,"聂赫留朵夫想。"这真是太好了,太好了!"他对自己反复说,感到双重的快乐:一方面是由于酷热之后天气凉快下来,另一方面是由于长期盘踞在心头的疑问忽然得到了澄清。①(第二部40)

托尔斯泰的上述分析是有"人性论"作为理论基础的。他认为,社会之所以如此腐败,"问题的症结就在于人们丧失了做人的主要品质"。在他看来,每个人身上仿佛都有"兽性的人"和"精神性的人"在互相对抗,"兽性的人"占了上风,人就作恶;"精神性的人"取胜了,人就向善。基于这种对"人性"和"兽性"矛盾的认识,他才让男女主人公通过"忏悔"和"宽恕"走向"复活",借以体现"人性"由丧失到复归的过程,使他们几乎都成了"托

---

① [俄]托尔斯泰:《复活》,草婴译,上海译文出版社1983年版,第415—416页。

尔斯泰主义"的活标本①。

(5)上帝死了

城里教堂的大铜钟敲响了,颤动的钟声荡漾在水面上。站在聂赫留朵夫身旁的马车夫和所有赶大车的一个个脱下帽子,在胸前画了十字。只有站在栏杆旁的一个个儿不高、头发蓬乱的老头儿没有画十字,只是抬起头来,眼睛直盯着聂赫留朵夫,而聂赫留朵夫起初并没有注意到他。这老头儿身穿一件打过补钉的短褂和一条粗呢裤,脚登一双补过的长统靴。他的肩上背着一个不大的口袋,头上戴着一顶破皮帽。

"老头子,你怎么不做祷告?"聂赫留朵夫的马车夫戴上帽子,拉拉正,问他说。"莫非你不是基督徒吗?"

"叫我向谁祷告?"头发蓬乱的老头儿生硬地还嘴说。他说得很快,但每个字都说得很清楚。

"当然是向上帝罗,"马车夫含嘲带讽地说。

"那你倒指给我看看,他在哪儿? 上帝在哪儿?"

老头儿的神气那么严肃坚决,马车夫觉得他是在同一个刚强的人打交道,有点心慌,但表面上不动声色,竭力不让老人的话堵住自己的嘴,在那么多人面前丢脸,就连忙回答说:

"在哪儿? 当然是在天上。"

"那你去过那儿吗?"

"去过也罢,没去过也罢,反正大家都知道该向上帝祷告。"

"谁也没在什么地方见过上帝。那是活在上帝心里的独生子宣告的,"老头儿恶狠狠地皱起眉头,急急地说。

"看样子你不是基督徒,你是个洞穴教徒。你就向洞穴祷告吧,"马车夫说,把马鞭柄插到腰里,扶正骖马的皮套。

有人笑起来。

---

① 《关于〈复活〉》,见列夫·托尔斯泰:《复活》,汝龙译,人民文学出版社 1979 年版,第 622 页。

"那么，老大爷，你信什么教呢?"站在船边大车旁一个上了年纪的人问。

"我什么教也不信。除了自己，我谁也不信，谁也不信，"老头儿还是又快又果断地回答。

"一个人怎么可以相信自己呢?"聂赫留朵夫插嘴说。"这样会做错事的。"

"我这辈子从没做过错事，"老头儿把头一扬，断然地回答。

"世界上怎么会有各种宗教呢?"聂赫留朵夫问。

"世界上有各种宗教，就因为人都相信别人，不相信自己。我以前也相信过人，结果象走进原始森林一样迷了路。我完全迷失方向，再也找不到出路。有人信旧教，有人信新教，有人信安息会，有人信鞭身教，有人信教堂派，有人信非教堂派，有人信奥地利教派，有人信莫罗勘教，有人信阉割派。各种教派都夸自己好。其实他们都象瞎眼的狗崽子一样，在地上乱爬。信仰很多，可是灵魂只有一个。你也有，我也有，他也有。大家只要相信自己的灵魂，就能同舟共济。只要人人保持本色，就能齐心协力。"

老头儿说得很响，不住往四下里打量，显然希望有更多的人听他说话。

"哦，您这样说教有好久了吗?"聂赫留朵夫问他。

"我吗? 好久了。我已受了二十三年的迫害。"

"怎么个迫害法?"

"他们迫害我，就象当年迫害基督那样。他们把我抓去吃官司，又送到教士那儿，送到读书人那儿，送到法利赛人那儿。他们还把我送到疯人院。可是他们拿我毫无办法，因为我是个自由人。他们问我:'你叫什么名字?'他们以为我会给自己取个名字，可我什么名字也不要。我放弃一切，我没有名字，没有居留地，没有祖国，什么也没有。我就是我。我叫什么名字? 我叫人。人家问我:'你多大岁数?'我说我从来不数，也无法数，因为我过去、现在、将来永远存在。人家问我:'那么你的父母是谁?'我说,我没有父母,只有上帝和大地。上帝是我父亲,大地是我母亲。人家问我:'你承认不承认皇上?'我为什么不承认。他是他自己的皇上,我是我自己的皇上。他们说:'简直没法跟你说话。'我说,我又没求你跟我说话。他们就是这样折磨人。"

"那么您现在到哪儿去?"聂赫留朵夫问。

"听天由命。有活我就干活,没有活我就要饭,"老头儿发现渡船就要靠岸,得意扬扬地扫了一眼所有听他讲话的人,结束说。① (第三部 21)

"我认识这个人,"聂赫留朵夫慌忙对典狱长说。"为什么逮捕他?"

"警察局因为他没有身份证,把他送来了。我们要求他们别把这种人送来,可他们还是送来,"典狱长怒气冲冲地斜睨着老头儿说。

"看来你也是个反基督的家伙吧?"老头儿对聂赫留朵夫说。

"不,我是来参观的,"聂赫留朵夫说。

"哦,你们来见识见识反基督的家伙怎样折磨人吗? 那就看吧。他们把人抓起来,在铁笼子里关了整整一大批。人应当靠辛勤劳动过活,可他们把人都锁起来,象养猪一般养着,不让干活,弄得人都变成畜生了。"

"他在说什么?"英国人问。

聂赫留朵夫说,老头儿责备典狱长把人都关起来。

"您问问他,照他看来应该怎样对付不遵守法律的人?"英国人说。

聂赫留朵夫把这个问题翻译了一遍。

老头儿露出一排整齐的牙齿,怪样地笑起来。

"法律!"他鄙夷不屑地跟着说了一遍,"那些反基督的家伙先抢劫大家,霸占所有的土地,夺取人家的财产,统统归他们所有,把凡是反对他们的人都打死。然后他们再定出法律来,说是不准抢劫,不准杀人。他们早就应该定出这样的法律来了。"

---

① [俄]托尔斯泰:《复活》,草婴译,上海译文出版社 1983 年版,第 495—497 页。

聂赫留朵夫把这些话翻译了一遍。英国人微微一笑。

"那么,究竟应该怎样对付小偷和杀人犯呢,您问问他。"

聂赫留朵夫又作了翻译。老头儿严厉地皱起眉头。

"告诉他,叫他先除掉身上反基督的烙印,这样他就不会再遇到小偷和杀人犯了。你就这样告诉他。"

"他疯了,"英国人听了聂赫留朵夫给他翻译的老头儿的话,说,接着耸耸肩膀,走出牢房。[①] (第三部 27)

列宁在评论列夫·托尔斯泰的时候指出,托尔斯泰主要是属于 1861 年至 1904 年这个时代的;他作为艺术家,同时也作为思想家和说教者,在自己的作品里惊人地、突出地体现了整个第一次俄国革命的历史特点,它的力量和它的弱点。作为伟大的作家,他是俄国千百万农民在俄国资产阶级革命快到来的时候的思想和情绪的表现者。托尔斯泰"在晚期的作品里,对现代一切国家制度、教会制度、社会制度和经济制度作了激烈的批判",达到"撕下了一切假面具"的"最清醒的现实主义",是"创作了世界文学中第一流作品"的"天才的艺术家";另一方面,他是狂热地鼓吹"不用暴力抵抗邪恶"等教义的"托尔斯泰主义者","即是一个颓唐的、歇斯底里的可怜虫"。这时作家世界观已经发生激变,抛弃了上层地主贵族阶层的传统观点,用宗法农民的眼光重新审查了各种社会现象,通过男女主人公的遭遇淋漓尽致地描绘出一幅幅沙俄社会的真实图景:草菅人命的法庭和监禁无辜百姓的牢狱;金碧辉煌的教堂和褴褛憔悴的犯人;荒芜破产的农村和豪华奢侈的京都;茫茫的西伯利亚和手铐脚镣的政治犯。托尔斯泰以最清醒的现实主义态度对当时的全套国家机器进行了激烈的抨击。列宁的这个评价正是站在哲学的视角对托尔斯泰《复活》这部作品进行哲学分析的概括和总结。

----

① 〔俄〕托尔斯泰:《复活》,草婴译,上海译文出版社 1983 年版,第 520—521 页。

五、劳伦斯《查太莱夫人的情人》的哲学分析

1. 作家劳伦斯简介

劳伦斯(1885—1930)英国小说家、诗人、戏剧家和画家,生于诺丁汉郡的伊斯特伍德村。1911 年发表了第一部长篇小说《白孔雀》,1921 年发表长篇小说《虹》,1928 年私人出版了最有争议的最后一部长篇小说《查太莱夫人的情人》。由于劳伦斯在《查泰莱夫人的情人》中,用大量粗俗的语言赤裸裸地描写性爱场面,而使这本书一时间声名狼藉。英美等国直到 20 世纪 60 年代初才解除对此书的禁令。劳伦斯是 20 世纪英国文学史上最独特、最有争议的作家。

据英国《每日电讯报》报道,英国诺丁汉大学劳伦斯研究的退休教授约翰·沃森在《局外人的生活》一书中宣称,英国著名作家 DH·劳伦斯极具争议的长篇小说《查泰莱夫人的情人》中描写的爱情故事的素材来自作者本人的妻子和一名意大利军官的感情纠葛。劳伦斯深受肺结核之害,丧失了性生活的能力,而他的妻子弗里达把意大利士兵安吉洛·拉瓦格里当成了情人。正是这件事启发劳伦斯创作出惊世骇俗的小说《查太莱夫人的情人》,将无聊的贵族夫人——查太莱夫人和他丈夫的庄园看守员之间的恋情刻画得真实感人。这也意味查太莱夫人可能就是劳伦斯的妻子。毫无疑问,妻子的这段婚外恋情深深地影响了劳伦斯,妻子的越轨行为至少在一定程度上,为劳伦斯提供了创作灵感和信手拈来的素材。

2.《查太莱夫人的情人》故事梗概

先看郁达夫所写的故事梗概:查太莱夫人,名叫康司丹斯(Constance),是有名的皇家艺术学会会员,司考得兰绅士(SirMalcelmReid)之次女。母亲是费边协会的会员,所以康司丹斯和她的姊姊希儿黛 Hilda 从小就受的是很自由的教育。她们姊妹俩,幼时曾到过巴黎、弗罗伦斯、罗马等自由之都。当一九一三年的前后,希儿黛二十岁,康司丹斯十八岁的光景的时候,两人在德国念书,各人曾很自由地和男同学们谈过恋爱,发生过关系,一九一七年克列福特·查太莱从前线回来,请假一月,他就和康司丹斯认识,匆

匆地结了婚。一月以后,假期满了,他只能又去上了弗兰大斯的阵线。三个月后,他终被炮弹所伤,变成了一堆碎片被送回来了。这时候康司丹斯(爱称康妮 Connie)正当二十三岁的青春。在病院里住了两年,他总算痊愈了,但是自腰部以下,终于是完全失去了效用。一九二零年,他和康妮回到了查太莱世代的老家,他的父亲死了,所以他成了克列福特男爵,而康妮也成了查太莱男爵夫人。此后两人所过的生活,就是死气沉沉的传统的贵族社会的生活了。男爵克列福特,是一个只有上半身(头脑),而没有下半身的废人。活泼强壮的查太莱夫人,是一个守着活寡的随身看护妇。从早起一直到晚上,他们俩所过的都是刻板的不自由的英国贵族生活。而英国贵族所特有的那一种利己、虚伪、傲慢、顽固的性格,又特别浓厚地集中在克列福特的身上,什么花呀、月呀、精神呀、修养呀、统治阶级的特权呀等废话空想,来得又多又杂,实际上他却只是一位毫不中用,虚有其名的男爵。

在这中间,这一位有闲有爵,而不必活动的行尸,曾开始玩弄了文墨。他所发表的有许多空疏矫造的文字,也曾博得了一点社会上的虚名。同时有一位以戏剧成名的爱尔兰的青年密克立斯 Michaelis(爱称 Mick)于声名大噪之后,终因出身爱尔兰人的结果,受了守旧的英国上流社会的排挤,陷于了孤独之境。克列福特一半是好意,一半也想利用密克而成名,招他到了他的家里。本来是一腔热情,无处寄托,而变成孤傲的密克,和查太莱夫人一见,就成了知己,通了款曲。但查太莱夫人,在他的身上觉得还不能够尽意的享乐,于是两个人中间的情交,就又淡薄了下去。密克去伦敦以后,在 WragbHall 里的生活,又回复了故态,身强血盛的查太莱夫人,又成了一位有名无实的守活寡的贵族美妇人。这中间她对于喜欢高谈阔论,自命不凡的贵族社会,久已生了嫌恶之心了。因厌而生倦,因倦而成病,她的健康忽而损坏到了消瘦的地步。不久以后,克列福特的园圃之内,却雇来了一位自就近的矿区工人阶级出身,因婚姻失败而曾去印度当过几年兵的管园猎夫 Mellors。小说中的男主人公从此上场了! 这一位工人出身的梅乐士就是查太莱夫人的情人!

原书共十九章,自第五章以下,叙述的就是查太莱夫人(康妮)和情人梅乐士两人间的性生活,以及书中个人的微妙的心理纠葛。

正如郁达夫所言:这书的特点,是在写英国贵族社会的空疏、守旧、无为而又假冒高尚,使人不得不对这特权阶级发生厌恶之情,他的写工人阶级,写有生命力的中流妇人,处处满持着同情,处处露出了卓见。本来是以极端写实著名的劳伦斯,在这一本书里,更把他的技巧用尽了,描写性交的场面,一层深似一层,一次细过一次,非但动作对话,写得无微不至,而且在极粗的地方,恰恰和极细的心理描写,能够连接得起来。尤其要使人佩服的,是他用字句的巧妙。所有的俗宇,所有的男女人身上各部分的名词,他都写了进去,但能使读者不觉得猥亵,不感到他是在故意挑拨劣情。

弗吉尼亚·伍尔夫曾在她的《论戴·赫·劳伦斯》中这样评价道:"他以先知的、神秘的性欲理论的阐述者、隐秘术语的爱好者、放手使用'太阳神经丛'之类词语的一门新术语的发明者而著称于世,这样的名声可并不吸引人……"劳伦斯作品的魅力就在于他对社会的虚伪、愚昧、腐败等现状给予了无情的鞭笞。

3.《查太莱夫人的情人》的哲学分析

从总体上来说,《查太莱夫人的情人》是对现代工业社会和现代工业文明的批判。林语堂先生在谈到《查太莱夫人的情人》时说:"劳伦斯此书是骂英人,骂工业社会,骂机器文明,骂黄金主义,骂理智的。他要人归返于自然的、艺术的、情感的生活。劳伦斯此书是看见欧战以后人类颓唐失了生气,所以发愤而作的"。郁达夫在谈到现代人的状况时,曾评论道:"现代人的只热衷于金钱,Money! Money! 到处都是为了 Money 的争斗、倾轧,原是悲剧中之尤可悲者。但是将来呢? 将来却也杳莫能测! 空虚,空虚,人生万事,原不过是一个空虚! 唯其是如此,所以大家都在拼命的寻欢作乐,满足官能,而最有把握的实际,还是男女间的性的交流!"

劳伦斯提倡人性自由以及和谐的两性关系,反对工业文明对自然的破坏。

首先看作者对当时社会的描述:

"我们根本就生活在一个悲剧的时代，因此我们不愿惊惶自扰。大灾难已经来临，我们处于废墟之中，我们开始建立一些新的小小栖息地，怀抱一些新的微小的希望。这是一种颇为艰难的工作。现在没有一条通向未来的康庄大道，但是我们却迂回前进，或攀援障碍而过。不管天翻地覆，我们都的生活"。①

这就是劳伦斯对于现代人吃人的社会的观察。

作者一开篇就让两位主人翁登场，通过对他们的介绍，展现了两人自然状态的"张力"：一个是"乐天安命的人"，但"他的脸上却仍然表示着一个残废者的呆视的状态和有点空虚的样子"；一个是"健康的村姑样儿的女子，软软的褐色头发，强壮的身体，迟缓的举止，但是富有非常的精力"。通过这种对比为后来的另一位主人翁(情人梅乐士)上场做好了铺垫。这样就形成了"三角"关系，有助于我们分析两两之间的矛盾张力。

对于康妮，学术界主要有两种观点：有人认为她是现代妇女，因为她面对死亡婚姻，毅然地冲破了禁锢她的道德牢笼，可见她具有强烈的独立自主意识。而有人则持否定的观点，认为在康妮和梅乐士的关系中，康妮一直是作为性的奉献者而存在，"她丧失了自我，因此她算不上一个现代女性。"无疑，劳伦斯的作品摒弃了伪君子的"贞洁"意识，描绘了西方发达国家"性解放"之前的情况，具体而言，与康妮相关的主要有四个人物：第一位是康妮的大学同学，这是康妮生活中第一朵浪漫之花。第二位是康妮的丈夫克利福·查太莱，这是康妮生活中第二朵短暂的浪漫之花；第三位是剧作家 Michaelis，他引起了康妮的同情并委身于他。后来，康妮发现他的不体贴和蔑视女人，终于和他分手，这是康妮生活中第三朵短暂的浪漫之花。第四位就是狩猎人梅乐士，也就是查太莱夫人的情人。小说中查太莱夫妇的结合是一种不和谐的畸形婚姻，康妮只不过是这场婚姻中的一件美丽的附庸和传宗接代的工具。查太莱不能满足康妮的正常情欲，梅乐士则帮助

---

① ［英］戴·赫·劳伦斯：《查太莱夫人的情人》，饶述一译，湖南人民出版社 1986 年版，第 1 页。

康妮实现了自我,唤醒了她身上的女性本能。最终,两人的契合由肉欲之爱升华到心灵的交融,康妮反叛了她所从属的那个阶级,在那个封建保守的时代,她的勇敢选择,无疑具有女性个体自由的积极意义。

作者借主人翁康妮之口对时代精神状况的反思与体悟。"我们的时代本质就是一个悲剧的时代,因为我们拒绝以悲剧的方式承受它……大灾难已经来临,我们处在废墟之中……"小说的开篇语就紧紧抓住康妮那独立的、追求个性解放的性格。"康妮觉得所有伟大的字眼,对于她的同时代人,好像都失掉意义了:爱情、欢乐、幸福、父、母、丈夫,所有这些有权威的伟大字眼,在今日都是半死了,而且一天一天地死下去了。家不过是一个生活的地方,爱情是一个不能再愚弄人的东西,欢乐是人'却尔斯登'舞酣时用的词,幸福是一个人用来欺骗他人虚伪的语调,父亲是一个享受他自己的生涯的人,丈夫是一个你和他同住而要忍心静气和他住下去的人。至于'性爱'呢,这最后而最伟大的字眼,只是一个轻佻的名称,用来指那肉体的片刻销魂——销魂后使你更感破碎的名称,破碎! 好象你是一块廉价的粗布做成的,这块布渐渐地破碎到无物了。"[1]正是对时代、对人物、对时代中所有这些有权威的伟大字眼的蔑视,康妮感到"我们的文明就要崩毁了!我们的文明正向着无底的井中、深渊中崩毁下去"[2]。"她觉得自己毫无力量,而且完全地孤独无依了。他希望有什么外来的救援,但是整个世界中并没有可以救援她的人,社会是可怕的,因为它是癫狂的。文明的社会是癫狂的。金钱和所谓爱情,便是这个社会的两个狂欲,其中金钱尤为第一。在混沌的癫狂里,个人在这两种狂欲中——金钱与爱情中——追逐着。……"[3]所以,"有时一种恐惧占据着她,一种对于那蔓延了整个文明人类的

---

① 〔英〕戴·赫·劳伦斯:《查太莱夫人的情人》,饶述一译,湖南人民出版社1986年版,第84页。

② 〔英〕戴·赫·劳伦斯:《查太莱夫人的情人》,饶述一译,湖南人民出版社1986年版,第102页。

③ 〔英〕戴·赫·劳伦斯:《查太莱夫人的情人》,饶述一译,湖南人民出版社1986年版,第137页。

初期狂病所剩的恐怖。"①

劳伦斯对爱情的本质的追问。很多时候人们都是充满了理性地去看待爱情,爱情变成了一件事情,或者一件物品,大凡所说的爱情,便有了从精神到肉体的这一段过程,似乎不这样,便违背人伦。爱情被我们自己弄得很复杂。其实爱情本身很简单,就是一种感觉,可能是在心中慢慢积累后沉淀下来的,也可能就是那么一瞬间,象火山口受到岩浆的剧烈地冲击而爆发,还有可能,象化学反应那样,从最初的某种状态,质变到另一种状态……爱情只是一种感觉,那么它的存在必定是没有一定的定势的。只是人们根据自己的臆断而加上了一些条条框框。康妮与梅乐士,最初只是性的吸引,但是他们之间的性充满了和谐与融洽,慢慢到依赖到依恋到爱恋,到后来为了爱,不顾一切,并走向最终的结合。到底是因爱而性,还是因性而爱,谁能下一个最正确的定义呢?爱情的存在虽然没有定势,但是因为爱情所衍生出来的其他附属品,比如家庭,比如子女,比如责任,我们都必须以爱的名义,全盘担负起。

很明显,爱情——肉体的爱——已在他们身上经过了。肉体的爱,使男子身体发生奇异的、微妙的、显然的变化。女子是更艳丽了,更微妙地圆满了,少女时代的粗糙处全消失了,脸上露出渴望的或胜利的情态。男子是更沉静了,更深刻了,即肩膊和臀部也不象从前硬直了。② 这就是爱情——肉体的爱对男女的不同影响。

再来看劳伦斯对性爱的细致描写:

> "不! 不要走! 不要离开我! 不要和我斗气! 抱着我罢! 紧紧地抱着我罢!"她盲目地,疯狂地,喃喃地说,也不知道自己说着什么,她用一种奇异的力量紧抱着他。她要从她自己的内在的暴怒中和反抗中逃了出来,这占据着她的内在的反抗力,是多么强

---

① ［英］戴·赫·劳伦斯:《查太莱夫人的情人》,饶述一译,湖南人民出版社 1986 年版,第156 页。

② ［英］戴·赫·劳伦斯:《查太莱夫人的情人》,饶述一译,湖南人民出版社 1986 年版,第6页。

呵!

　　他重新把她抱在他的两臂中,紧压着她。突然地,她在他的两臂中变成娇小了,这样地娇小而贴服了。完了,反抗力没有了,她开始在一种神妙的和平里溶解了。当她神妙地在他的两臂中溶解成娇小玲珑地时候,他对她的情欲也无限地膨胀了。他所有的血管里都好象为了这臂里的她,为了她的娇媚,为了她的勾人心魂的美,沸腾着一种剧烈的,却又温柔的情欲。他的充满着纯粹的温柔的情欲的手,奇妙地,令人晕眩地爱抚着她,温柔地,他抚摩着他腰间的软滑的曲线,往下去,再往下去,在她柔软而温暖的两股中间,移近着,再移近着,直到她身上最生动的地方。她觉得他象是一团欲火,但是温柔的欲火,并且她觉得自己是溶化在这火焰中了。她不能自禁了。她觉着他的阴茎带着一种静默的、令人惊奇的力量与果断,向他竖举着,她不能自禁地去就他。她颤战着降服了,她的一切都为他开展了。呵! 假如他此刻不为她温存,那是多么残酷的事,因为她是整个地为他开展着,整在地在祈求他的怜爱!

　　那种强猛的,不容分说地向她的进入,是这样的奇异,这样的可怕,使她重新颤战起来。也许他的来势要象利刃似的,一刀刺进她温柔地开展着的肉里,那时她便要死了。她在一种骤然的、恐怖的忧苦中,紧紧地抱着她。但是,他的来势只是一种缓缓的、和平的进入,幽暗的、和平的进入,一种有力的、原始的、温情的进入,这种温情是和那创造世界时候的温情一样的。于是恐怖的情绪在她的心里消退了。她的心安泰着,她毫无畏惧了。她让一切尽情地奔驰,她让她自己整个地尽情奔驰,投奔在那泛滥的波涛里。

　　她仿佛象个大海,满是些幽暗的波涛,上升着,膨胀着,膨胀成一个巨浪,于是慢慢地,整个的幽暗的她,都在动作起来,她成了一个默默地、蒙昧地、兴波作浪的海洋。在她的里面,在她的底下,慢慢分开,左右荡漾,悠悠地、一波一浪荡到远处去。不住地,在她的最生动的地方,那海底分开,左右荡漾,中央便是探海者在温柔的深探着,愈探愈深,愈来愈触着她的底下;她愈深愈远地暴露着,她的波涛越荡越汹涌地荡到什么岸边去,使她暴露着。无名者的深探,愈入愈近,她自己的波涛越荡越远地离开她,抛弃她,直至突然地,在一种温柔的、颤战的痉挛中,她的整个生命的最美妙处被触着了,她自己知道被触着了,一切都完成了,她已经没有了,她已经没有了,她再不存在了,她出世了:一个妇人。

唉! 太美了,太可爱了! 在那波涛退落之中,她体会这一切的美而可爱了。现在她整个的身体,在深情地紧依着那不知名的男子,在盲目地依恋着那萎缩着的阴茎,它,经过了全力的、狂暴的冲刺后,现在柔软地、娇弱地、不自知地退缩着。当它,这神秘的锐敏的东西从她的肉里退了出来时,她不自觉地叫了一声,一声迷失的呼喊,她试着把它放了回去。刚才是这样的佳妙! 这样的使她欢快!

现在她才知道了那阴茎的小巧,和花蕊似的静躺,柔嫩。她不禁又惊奇地尖锐地叫了一声。她的妇人的心,为这权威者的柔嫩娇弱而惊奇地叫着。

"可爱极了!"她呻吟着说,"好极了!"

但是他却不说什么,静息地躺在她身上,只是温柔地吻着她。她幸福地呻吟着,好象一个牺牲者,好象一个新生的东西。

现在,她的心里开始对他奇怪地惊异起来了。一个男子! 这奇异的男性的权威压在她身上! 她的手还有点害怕地在他身上轻抚着,害怕他那曾经使她觉得有点厌恶的、格格不入的奇异的东西:一个男子。现在,她触摸着他,这是上帝的儿子们和人类的女儿们在一起的时候了。他多么美,他的皮肤多么纯洁! 多么可爱,多么可爱,这样的强壮,却又纯洁而嫩弱! 多么安静,这敏锐的身体! 这权威者,这嫩弱的肉,多么绝对地安静! 多美! 多美!

她的两手,在他的背上畏怯地向下爱抚着,直到那温软的臀上。美妙! 真是美妙! 一种新知觉的骤然的小火焰,打她的身里穿过。怎么这同样的美,她以前竟只觉得厌恶? 摸触着这温暖生动的臀部的美妙,是不能言喻的! 这生命中的生命,这纯洁的美,是温暖而又有力的。还有他那两腿间的睾丸的奇异的重量! 多么神秘! 多么奇异的神秘的重量,软软的,沉重的,可以拿来放在手上。这是根蒂,一切可爱的东西的根蒂,一切完备的美的原始的根蒂。

她紧依着他,神奇地惊叹起来,这种惊叹差不多可说是敬畏恐怖的惊叹。他紧紧地抱着她,但是不说什么。他决不会说什么的。她偎近着他,更加偎近着他,为的是要亲近他那感官的奇异。在他的绝对的、不可思议的安静中,她又觉得他那东西,那另一个权威者,重新慢慢地颤举起来。她的心在一种敬畏的情绪中溶化了。

这一次,他的进入她的身内,是十分温柔的,美艳的。纯粹地温柔,纯粹地美艳,直至意识所不能捉摸。整个的她在颤战着,象生命之原液似的,无知而又生动。她不知道那是怎样的,她不复记忆那是怎样过去的,她只知道世上再也没有这样可爱的事情了。就只这一点儿。然后,她完全地静默着,完全地失掉意识,她也不知道经过了多久的时间。他和她一样地静默着,和她一样地深陷在无底的沉寂中。关于这一切,他们是永不会开口的。

当她的意识开始醒转的时候,她紧依在他的胸前,喃喃地说:"我的爱! 我的爱!"而他则沉默地紧抱着她。她蜷伏在他的至善至美的胸膛上。

但是他依旧是在那无底的静默中,他奇异地,安静地,把她象花似的抱着。

"你在那儿?"她低声说,"你在那儿? 说话罢! 对我说说话吧!"

他温柔地吻着她,喃喃地说:"是的,我的小人儿!"

但是她不知道他说的是什么意思,她不知道他在那儿,他的那种沉默,使她觉得似乎是失落了。

"你爱我,是不是?"她喃喃地说。

"是的,您知道!"他说。

"但是告诉我你爱我吧!"她恳求道。

"是的!是的!您不觉得么?"他模糊地但是温柔地、确信地说。她愈紧地、愈紧地依着他。他在爱恋之中比她安泰得多了。她却需要他再使她确信。

"你真的爱我吧!"她固执地细声说。他的两手温柔地爱抚着她,好象爱抚着一朵花似的,没有情欲的颤战,但是很微妙,很亲切的。她呢,却依旧好象恐怕爱情要消遁似的。

"告诉我,你爱我吧"她恳求说。

"是的!"他心不在焉地说。她觉得他的问话,使他远离着她了。①

我们从劳伦斯对于性爱的描写中,就可以感受到他把工业文明作为异己力量同正常人精神生活的冲突,作为自己作品中一切冲突的基础,从而运用现实主义象征的笔触深入地创造生动的情境,直指现实,反叛传统,让我们感到勃勃生机的大自然的召唤和伟大力量,感到人与自然的和谐才是生活的首要。这诚如劳伦斯在《性与可爱》一文中指出的:"性和美是一回事,就像火焰和火是一回事一样。如果你憎恨性,你就是憎恨美。"劳伦斯毕生想要做的,是力图通过小说的形式,给人带来一种健康而崭新的观念:人的生命本能是人生欢乐和幸福的唯一根基,并指出了通向健全的灵肉交融生活的途径,人不应该害怕本能,害怕自己的肉体,而应该正确地认识它,善待它。

在谈到两性的和谐时,劳伦斯说了这样一段话:

---

① [英]戴·赫·劳伦斯:《查太莱夫人的情人》,饶述一译,湖南人民出版社1986年版,第249—252页。

"我们今日的人类,已经进化到超于我们的文化所附带的种种野蛮禁忌以外了。这种事实的认识是很重要的。"①

"事实上,思想和行动,字眼和事实,是意识的两种分离的形式。是我们所过的两种分离的生活。我们确实是需要把这两种东西联合起来。但是,当我们思想的时候,我们便不能行动;当我们行动的时候,我们便不能思想。最大的需要,是我们依照思想而行动和依照行动而思想。"②

"再也没有真正的人性的性欲,再也没有那使人的血液沸腾,使人的全身全心清爽的性欲了"③;

"什么纯洁的少女,洁白得象一张未染墨的白纸,都是纯粹的胡说。一个少女和一个青年男子,是性的感性和性的思想的一种苦恼的网,一种沸腾的混乱,只有时间才能清出头绪的。多年的纯正的性的思想,多年的性的奋斗行为,将使我们终于达到我们所要达到的地方,达到真正的功德圆满的贞洁,达到完备的终点,那时我们的性行为、性思想是相谐的,不相左的。"④

作为女人,年轻的康妮向往浪漫奔放的爱情,追求完美的婚姻,而对查太莱来说"性爱对他没多大意思……那只是一种偶然的事,或是一种附属品……",康妮的青春就是在这种活守寡中慢慢消逝的,劳伦斯暗示我们,完美的性爱,既是生命的源泉,也是世间最美好的东西,"如果精神与肉体不能和谐,如果他们没有自然的相互的尊敬,生命是难堪的"。这是劳伦斯对自然性爱的肯定和对"完整的人"及"完整的人性"的理解和追求,婚姻爱情重要的并不是生孩子和维系家庭的繁衍,而是建立在纯真的感情基础之上的幸福。康妮与梅乐士的出走,已然超越了身份的羁绊,她们在尊重生

---

① [英]戴·赫·劳伦斯:《查太莱夫人的情人》,饶述一译,湖南人民出版社1986年版,第4页。
② [英]戴·赫·劳伦斯:《查太莱夫人的情人》,饶述一译,湖南人民出版社1986年版,第5页。
③ [英]戴·赫·劳伦斯:《查太莱夫人的情人》,饶述一译,湖南人民出版社1986年版,第97页。
④ [英]戴·赫·劳伦斯:《查太莱夫人的情人》,饶述一译,湖南人民出版社1986年版,第5页。

命情热的基础上,以性爱为前哨,反叛束缚自己的枷锁,打响了乞求个性自由的革命,康妮作为那个时代追求婚姻爱情自由的使者,她是勇敢的,这也是劳伦斯对时代的呼唤。

作者对拜金主义和金钱崇拜的批判。

> "这英格兰正生产着一种新的人类,迷醉于金钱及社会政治生活,而自然的直觉的官能却是死灭了的新人类。这是些半死的尸体,但是,活着的一半却奇异地、固执地生活着。这一切都是怪诞的、乖戾的。这是个地下的世界,不可以臆测的世界。……她想:唉,上帝呵,人类把自己弄成怎么样了?人类的领导者们,把她们的同胞弄成怎么样了?他们把他们的人性都消灭了,现在世上最也不能有友爱了!那只是一场恶梦!"①

> "金钱,金钱,金钱!所有现代的人只有个主意,便是把人类古老的人性的感情消灭掉,把从前的亚当和夏娃切成肉酱。他们都是一样。世界随处都是一样:把人性的真实性杀了,每条阴茎一金镑,每对睾丸两金镑!什么是'孔',还不是性交的工具!随处都是一样。给他们钱,叫他们去把世界的阳具割了。给他们钱,钱,钱,叫他们把人类的血气消灭掉,只剩下一些站立不稳的小机械"②。"钱这东西,你有了的时候,它便毒害你;你没有的时候,它便饿死你。"③"你既生活着,你便需要金钱,这是唯一的绝对的需要品,其余一切你都可以不要"④。

劳伦斯对现代工业社会的控诉和批判。在小说中,他借狩猎人与其情人之口说出来了:

---

① [英]戴·赫·劳伦斯:《查太莱夫人的情人》,饶述一译,湖南人民出版社1986年版,第226页。

② [英]戴·赫·劳伦斯:《查太莱夫人的情人》,饶述一译,湖南人民出版社1986年版,第315页。

③ [英]戴·赫·劳伦斯:《查太莱夫人的情人》,饶述一译,湖南人民出版社1986年版,第437页。

④ [英]戴·赫·劳伦斯:《查太莱夫人的情人》,饶述一译,湖南人民出版社1986年版,第85页。

"虽然,最近百年来,一部分人对于群众的行为是可耻的:人变成工作的昆虫了,他们所有的勇气,他们所有的真正生活,都被剥夺了。我定要把地球上的机器扫个干净;绝对地了结了工业的时代,好像了结了一个黑暗的错误一样。但是我既不能,并且也没有人能,我只好静静地过我的生活——假如我有生活可过的话,这倒是使我有点怀疑的。"①"这世界象是个疯人院。"②

"一个英格兰把其他的一个英格兰消灭了。煤矿业曾使那些大厦致富。现在却把那些大厦消灭了,如同把那些茅舍消灭了一样。工业的英格兰把农业的英格兰消灭了。一种意义把另一种意义消灭了。新英格兰把旧英格兰消灭了。事态的继续并不是有机的,而是机械式的"③。

"因守着你们的腐败吧——如果你们喜欢这种腐败;固守着你们的卫道主义的腐败吧,固守你们时髦的放荡的腐败吧,固守着你们的肮脏心地的腐败吧,至于我,我是忠于我的书和我的态度的:如果精神与肉体不能谐和,如果他们没有自然的平衡和自然的相互的尊敬,生命是难堪的。"④

劳伦斯认为:"我们是正向着死亡的途上走去了!"他以为一个人,不必定要求幸福,不必定要求伟大,但求知道"生活",而做真正的人。要做真正的人,要过真正的生活,便要使生命澎湃般的激动。这种激动是从接触(contact)中,从合一(togetherness)中产生出来的。现代的人太愚昧了,他们对于生命中最深的需要都忽略了。他们过着一种新野蛮时代的生活,机械的生活,他们不知道真正的人的生活是怎么回事。道德、习惯,社会制度,……束缚着人性的自然发展。我们要脱离所有过去的种种愚民的禁忌(taboos),从我们人身所最需要,最深切地需要的起点,用伟大的温情的接

---

① [英]戴·赫·劳伦斯:《查太莱夫人的情人》,饶述一译,湖南人民出版社 1986 年版,第 320 页。
② [英]戴·赫·劳伦斯:《查太莱夫人的情人》,饶述一译,湖南人民出版社 1986 年版,第 415 页。
③ [英]戴·赫·劳伦斯:《查太莱夫人的情人》,饶述一译,湖南人民出版社 1986 年版,第 224 页。
④ 同上,第 8—9 页。

触,去产生新道德,新社会,新生命。可以说,劳伦斯的这种理想,在《查太莱夫人的情人》一书中得到了很好地体现①。

思考题

1. 如何理解文学与哲学的关系?

2. 结合文学史说明哲学对文学发展的影响?

3. 结合哲学史说明文学对哲学的影响?

4. 试选择一部你最喜欢的文学作品,分析在这部作品中体现的文学与哲学的关系?

5. 如何理解"没有哲学底蕴的文学作品是浮而无根的,没有文学色彩的哲学作品是涩而无味的"?

---

① [英]戴·赫·劳伦斯:《查太莱夫人的情人》,饶述一译,湖南人民出版社1986年版,译者序,第2—3页。

第十讲 哲学的终结[①]

    但是这种历史观(指马克思的历史观)结束了历史领域的哲学,正如辩证的自然观使一切自然科学都成为不必要和不可能的一样。现在无论在哪一方面,都不再是要从头脑中想出联系,而是要从事实中发现这种联系了。这样,对于已经从自然界和历史中已经被驱逐出去的哲学来说,要是还留下什么的话,那就只留下一个纯粹的思想领域:关于思维过程本身的规律的学说,即逻辑和辩证法。

                                ——[德国哲学家]恩格斯

    20 世纪的西方哲学笼罩在浓重的"死亡情结"和"终结意识"之中,从尼采的上帝之死开始,哲学里一个个"崇高者"、乃至"崇高"本身和"哲学"本身,不断地被宣布"死去"。在对敲钟者死亡情结的哲学分析中,人们发现自己不得不面对的是现代哲学种种悖谬的状况,每一个敲钟者正是背负着沉重的未来,向历史中书写着他们的"终结意识"。伴随着社会的变革与危机,哲学现实地承受着自己的危机,迎接着自己的变革。在死亡和终结之后所留下的空间里,哲学家们尤其是被称为后现代主义的思想者小心翼翼地回避留下任何痕迹,似乎他们的写作所要传达给世人的,只是种种独特的体验;而这些体验的总的线索仍然是那些被终结的崇高,正如在英语里死亡和目的分享着同一个词(End)。

---

    ①   本讲部分内容和马海燕合作,参见:洪晓楠、马海燕:《20 世纪西方哲学的"终结意识"》,《大连理工大学学报》(社会科学版)2002 年第 1 期。

一、20 世纪西方哲学的"死亡情结"

"情结"是一个心理学术语,指的是一群重要的无意识组合,或是一种藏在一个人神秘的心理状态中,强烈而无意识的冲动。每个心理学理论对于情结的详细定义不同,但不论是弗洛依德体系还是荣格体系的理论都公认情结是非常重要的。情结是探索心理的一种方法,也是重要的理论工具。旧称情意结或情意综。

"情结"(complex)一语是由 Theodor Ziehen 于 1898 年所创,由荣格在与弗洛伊德·西格蒙德合作的时期发扬光大。荣格将 complex 形容为"无意识之中的一个结"。可以将情结想成一群无意识感觉与信念形成的结。这个结可以间接侦测,而表现的行为则很难理解。荣格在职业生涯早期就找到证明情结存在的证据。1910 年代他在词汇关联测验中注意到受试者的行为模式暗示着此人的无意识感觉与信念。只有造成有害行为的情结,荣格才视为心理疾病。荣格派理论视无害的情结为普通健康心理的多元变化。

恋母情结,又称俄底浦斯情结(Oedipus complex),在精神分析中指以本能冲动力为核心的一种欲望。通俗地讲是指男性的一种心理倾向,就是无论到什么年纪,都总是服从和依恋母亲,在心理上还没有断乳。所谓"情结"是指情感上的一种包袱。恋母情结来源于古希腊罗马神话与传说。传说底比斯国王拉伊俄斯受到神谕警告:如果他让新生儿长大,他的王位与生命就会发生危险。于是他让猎人把儿子带走并杀死。但猎人动了恻隐之心,只将婴儿丢弃。丢弃的婴儿被一个农民发现并送给其主人养大。多年以后,拉伊俄斯去朝圣,路遇一个青年并发生争执,他被青年杀死。这位青年就是俄底浦斯。俄底浦斯破解了斯芬克斯之谜。被底比斯人民推举为王,并娶了王后伊俄卡斯特。后来底比斯发生瘟疫和饥荒,人们请教了神谕,才知道俄底浦斯杀父娶母的罪行。俄底浦斯挖了双眼,离开底比斯,四处漂流。

尼采(上帝死了)、福柯(人死了)、利奥塔(知识分子死了)、罗兰·

巴特(作者死了),这个关于死亡的作家名单还可以更长,而每一个都在某种程度上被视为哲学家中的造反家。他们看到哲学中虚伪的统治并感到难以忍受,他们每一个都极力表现出与垂死的秩序的毫不妥协;从上帝、人到知识分子,他们所宣布死去的并非简单地需要被埋葬,或者说,人道主义的形而上学形态的死亡,正是科学理性与人文精神在 20 世纪的涅槃。

1. 尼采与"上帝之死"

在西方哲学中,上帝之死并不是一个全新的命题。可以说,基督教的演进伴随着对上帝之死的不断的再解读。但最终在 20 世纪哲学中独树一帜并且发人深省的是尼采关于上帝之死的告白。文复兴时期以来,欧洲的宗教信仰业已趋于解体,多少世纪以来至高无上的权威面貌统治着历史与人的思想的宗教已经无可挽救地死亡。上帝实际上是不存在的,这已是人人皆知的真理。不妨说这是上帝的第一次死亡,是不尽彻底的死亡。之所以是不尽彻底的死亡,因为,人们还心存上帝的偶像,寄希望于理性的信仰。正是在这个时候,尼采大声疾呼:"上帝死了"。这一声呼喊所产生的深远影响绝不能低估,可以说它宣告了上帝的第二次死亡。实际上,对人类而言,关键不是"上帝死了"这个事实本身,而是上帝死亡造成的社会结果。正如,陀斯妥耶夫斯基笔下的卡拉马佐夫所说:"上帝死了,一切都是许可的"。上帝之死不但意味着基督教信仰的崩溃,更重要的是意味着传统道德、理性的崩溃,传统善恶法则的崩溃以及一切相当于上帝地位的信仰与权威的崩溃。尼采的召唤使人们在随着上帝之死而发生的价值真空中看到一线希望:一切价值都是人们自己建立的,人的生活的意义应由人自己来评价。这种"价值翻转"的思想深深地震动了现代西方人的心灵,西方人的精神生活由于这种价值重估而发生了根本性的变化。①

因为在尼采那里,对上帝的批判不仅是狭隘宗教意义上的,而且是哲学意义和价值意义上的,代表的是西方传统理性主义尤其是启蒙理性孜孜

---

① 杜小真:《一个绝望者的希望——萨特引论》,上海人民出版社 1988 年版,第 3—4 页。

以求的对价值理想和终极关怀的探究的继续。在尼采的时代,基督教已经不再是中世纪那种势力庞大随时可以制造恐怖的"宗教裁判所"式的教会—政治形态,也已经不再是文艺复兴时期那种必须隐讳地加以策略地征讨的现实力量,启蒙理性已经摧毁了上帝在人间的神圣统治。上帝已经从现实的社会生活退隐于价值理想和终极关怀的精神堡垒;但是在这里,上帝和他的维多利亚式的生活方式一道,压抑着生命力,窒息着人的生存。"每一种迄今为止被倡导、推崇、鼓吹的道德都是反对生命本能的,是对生命本能的隐蔽的、公开的、肆无忌惮的谴责"。尼采并不企图取消一切价值,而是要"重估一切价值",重估的结果便是超人哲学的提出。"人是一样应该超过的东西","人之伟大在于其为桥梁而不是目的"。重估一切价值的努力并没有在现实世界中得以实现,或者说,正如尼采所预料的那样,人还没有做好准备,迎接超人。

　　人是理性与非理性的统一,基督教上帝以理性的形式把人的精神禁锢在非理性的信仰世界,而完全蔑弃人的生命欲望,"教会用不折不扣的切除来克服激情:它的策略、它的治疗是阉割,它从来不问:'怎样使欲望升华、美化、圣化?'它在任何时代都把纪律的重点放在根除(感性、骄傲、支配、占有欲、复仇欲)——但是从根本上摧毁激情就意味着摧残生命。教会的实践就是与生命为敌。"尼采深刻地揭示着、批判着基督教道德,把基督教道德作为超人哲学的最为直接和最为强大的敌人,"基督教的道德是一种最有害的虚伪意志,是使人类腐化的真正巫婆。……它是人性的欠缺,它是一种非常可怕的事实,既凡是非自然的东西都被接受而作为道德的最高荣誉,都是悬诸人类之前以作为无上命令的法则。"与基督教道德相反,尼采赞美自然本能,"每一种健康的道德都是受生命本能支配的——生命的任何要求,都用应该和不应该的一定规范来贯彻,生命道路上的任何障碍和敌对事物都借此来消除。"①

　　尼采借用上帝之死的命题表达了至今仍有其活跃的生命力的思想:在

---

① 王守昌:《尼采的道德哲学》,《人大复印资料·外国哲学与哲学史》1998 年第 2 期。

理性与非理性的冲突中,非理性可能伪装成至上的理性而统治人类的价值理想和终极关怀,非理性的信仰理性化而占据了理性话语的中心地位,理性就不得不从非理性的形式中挣扎出自己的生存空间。换言之,在理性霸权的时代,非理性的信仰也必须向理性妥协,经过理性的证明和装扮而理性化,从而成为至上的理性。这时,对非理性的信仰的批判,也就成为对理性的批判,从而非理性的生命欲望,就成为武器和目的。以非理性的生命欲望批判非理性的信仰,从这个意义上说,尼采是启蒙理性的继续,尼采的批判所针对的是基督教形式的虚伪的理性。尼采的非理性,并不是以反理性为目的。而当理性蜕变为非理性的话语霸权时,理性的合理的形式应该是非理性甚至应该是反理性的。理性的彼岸是价值理想和终极关怀,而价值理想和终极关怀只能是非理性的——在这个意义上,尼采是彻底的非理性主义哲学家,甚至于用诗的语言写作哲学。

"上帝死了",尼采将理性与非理性的冲突撕裂给世人看,创作了他的时代的哲学悲剧。

2. 福柯与"人之死"

"人只是一个晚近的发明,并且是一种也许正接近其终结的发明。如果这些发明会象它们曾经出现过的那样行将消失……那么,我们可以肯定地打赌,人将被抹去,就像画在海边沙滩上的面孔一样。"①人的存在与人的死亡一样被福柯认为是他的知识考古学的发现。后现代主义者似乎执著于冲击任何天经地义,然而面对福柯广博而确凿的"知识考古学"的证据,同样也由于其他一群后现代主义哲学家的精辟的话语,天经地义正在逐渐从我们时代的知识的地平线上消失。福柯紧随尼采之后,在尼采宣告了末人的消息之后,福柯用他的"知识考古学"的方式,发现并准备重新埋葬大写的人。"人们沉睡于人学的迷梦中昏昏不醒。他警告说:迷梦已到了尽头,现代的丧钟正开始敲响,一个更新知识型的文化即将到来。从此,人将不再处于创造的中心地位,不再站在宇宙的核心点。……我们面临的将是

---

① 路易斯·麦克尼:《福柯》,贾湜译,黑龙江人民出版社1999年版,第52页。

一个没有人的真空,但却是充满了可能性的真空。"①

事实上,埋葬大写的人的努力已经由自然科学的进展所做出,哥白尼——达尔文——弗洛伊德的名字早已依次地写在为"大写的人"演习的葬礼上,人不是宇宙的中心,人也不是主宰者,人甚至不是信仰和道德的做好了准备的受教化者。但自然科学所做出的发现不仅没有使人类丧失征服者的雄心,反而坚定了人作为宇宙骑士的勇气,人开始了对自身的探究。这种探究一方面用关于西方文化与部落文化比较的争论开始了纠缠于价值观之中的关于进步的神话的编织,另一方面日益认识到在整个文化中把功利主义和工具理性的地位置于人类之上并因此进行着种种反科学、反理性的讨论。而人学探究同时也证明人类是一个不断宣布其信仰的存在。但"人将消失,尼采思想所宣布的不是上帝的死,而是随着这死而到来的与这种死有着深刻关系的凶手的末日;是人的面容在笑容中的爆炸,也是假面的复原;是人觉得自己沿袭已久,并且从事物的存在中感觉到它的存在的那条深远的时间之流的消失;这是同一回归与人的绝对散失的同一。"②福柯用语言学的方式消解了人的这种统一而多元的存在,因为人的中心地位、主体地位、乃至人的本质的概念只是产生于话语的规则,人只是在主语的幻影中享有着主体性。"人一直是一个出现在两种语言方式之间的形象;或者更确切地说,当语言已经在表象之中找到了自己的位置,并仿佛在其中趋于瓦解,此时,语言只有放弃自己的完整,变成各种碎片,他才能摆脱这种处境,只有在这时,人才会得以构成:人在那种破碎的语言的空隙中,构成了他自身的形象。"③在近代社会,人类失去了原初的单一含义而分裂为话语的存在、经济的存在、生物的存在。我们在话语中破碎地生存,而只有离开了话语,我们才能得以完整地存在。

然而话语还不是全部,在话语和人之间,是由权力生产、并由语言表述的知识。权力通过创造真理的仪式创造着知识和知识信仰的传播,权力无

① 夏基松:《现代西方哲学史教程》,高等教育出版社1998年版,第633页。
② 康健:《生命之约——重读尼采》,四川人民出版社1996年版,第37页。
③ 约翰·施特洛克:《结构主义以来》,辽宁教育出版社1998年版,第110页。

所不在地控制着人。当福柯找到话语的时候,或者说福柯与语言学转向了的主流哲学会合的时候,可以说福柯是在消解和瓦解着幻影的存在,而当他提出权力的微观物理学时,人们看到的已经是人道主义精神的张扬。尽管福柯跻身于"反"声卓著的后现代主义阵营,尽管我们难以认同他的"局部斗争",但我们还是很容易地从他的"完整"与"破碎"的二元对立中,直到他对监狱、精神病院、性等等边缘语境的充满人文精神的分析中,找到他所致力于埋葬的"人"。毕竟,福柯写作的这个时代,仍然是我们的这个充满了人的时代。作为一个著名的"作者",他所使用的语言中充满他所拥有的"知识"的令人信服的证明:他拥有这个"权力"使他的关于人的埋葬的文本被一读而再读。而福柯所预示的我们的这个时代,正是一个人文精神艰难地、然而执著地沿着那条螺旋形的路线重新升起的时代。

人的死亡就是形而上学人道主义的死亡,"是人的两种终结的统一体:即人的必死性和人的完满或实现的统一体"。德里达在 1968 年"人的终结"的讲演中认为,海德格尔返回形而上学传统的起源处并以此反对形而上学,福柯与传统决裂并以间断性形式改变基础,这两种消解大写的人的策略都难以摆脱形而上学的泥沼;海德格尔所固守和试图融合的人与自然的对立在德里达这里被延异而消解,福柯所使用的形而上学的语言被德里达的播撒所分散;虽然这一段哲学史仍在继续之中从而不能最终判断德里达是一种极端的形式还是一种彻底的形式,但现代性的人的存在,形而上学人道主义的存在,至少在德里达本人的文本中,已经完全成为一种虚无的真空:他的解构主义试图"理清虚无主义中形而上学的内涵,以及形而上学中虚无主义的内涵",而人的死亡,形而上学的人道主义的死亡,在德里达的文本中只是被"后现代"话语卷去的形而上学浊流中的一股泥沙。死去了形而上学的人道主义和被褫夺了大写抽象的人,在不断自我解构的疯狂与思想之间挣扎。

3.利奥塔德与"知识分子之死"

1983 年,利奥塔德以《知识分子的坟墓》引起法国学界的震惊。在利奥塔德看来,知识分子中一味奢谈传统,抱着旧价值体系不放,敌视创新和价值重估，为统治者效劳的不乏其人。这种人以人性全面伸张和社会开明进步为由，要求人们丧失个体的独特性以成全对秩序权威的与日俱增的服从。在利奥塔德看来，这种知识分子的痼疾，其源概出于整体性、元话语，因此，只有以彻底反叛的姿态，才能打破霍克海默和阿尔多诺所谓独裁主义人格。①

知识分子之死是元叙事合法性危机的必然产物。元叙事曾经赋予知识分子的权威、价值和使命在这场危机中正在化为乌有。后现代并不是发明了而是发现了这场危机，"后现代不是别的，就是对各种元叙事的怀疑，……宏大叙事已经失去了它的可靠性，无论它采用什么样的统一方式"②。"我们不再求助于宏大叙事，即我们既不能求助于精神的辩证法甚至也不能求助于人类的解放来使后现代科学的话语合法化。但是，正如我们所见到的一样，小型叙事仍然是富于想象力的发明的精华，在科学中特别如此。"③小型叙事适应着可以称之为知识经济的时代，在这时，确定的知识被置于商品化过程之中，化简为可由机器处理的信息量。知识客体化造成一种新的文化环境；在此环境中，为知识合法化张目的元叙事彻底丧失作为信仰的力量④。从而，在后现代状况下，所有知识学科中的霸权地位逐渐由"科学知识"所占据，而那些凝结着传统人文精神并且构成所谓启蒙话语之实质内涵的"叙事性知识"则陷入空前的危机，这一危机的实质也就是以启蒙为职任的知识分子使命的总体性危机：知识分子已经消解于普通大众之中，不再作为有强烈社会责任感的"专名"存在。⑤

知识分子原本应该是由一个未来的普遍性主题赋予他的话语以权威的思想者。但既然至少从 20 世纪中叶开始，普遍性思想已经衰退甚至是没落，既然我们可以满足于从整体性强迫观念那里解放出来的责任的多样

---

① 王岳川：《后现代主义文化研究》，北京大学出版社 1992 年版。
② 夏基松：《现代西方哲学史教程》，高等教育出版社 1998 年版，第 659 页。
③ 冯俊：《从现代主义向后现代主义的哲学转向》，中国人民大学学报》1997 年第 5 期。
④ 王宾：《"现代性"难题与利奥塔的"异识"观》，《开放时代》1998 年第 6 期。
⑤ 邹诗鹏：《遮蔽与解蔽：走出启蒙的当代困境》，《天津社会科学》1997 年第 2 期。

性和独立性带来的灵活、宽容、温和,那么就"不应该再有'知识分子'了,如果还有的话,这是因为他们对自 18 世纪以来西方历史上的这一新事实视而不见:在现实中已不再出现普遍的主体——受害者,让思想能够以他的名义提出一种同时是'世界的构想'(寻找名字)的控诉"①。也许利奥塔德走的太远了一些,远得我们无法追随和接受这个浪漫法兰西的知识分子,尤其当他对历史和未来抱有一种如此极端的怀疑时:他称作"现代性"的被害妄想的,可能正是我们所最为钟爱的。

在利奥塔德的语汇中,"知识分子"还有另一种所指,即在权威的代表的光环下提供每一种称职能力的合法性并首先给这种合法性存在的思想提供合法性的"哲学家",利奥塔德拒绝与这种意义上的知识分子同流合污,从而坚持拒绝与任何形式的权威、规则……即破产了的元叙事妥协,以至于在电视屏幕上,他的声音经常找不到适当的口型。——德里达在退却于公开露面时同样会说,"那些同时控制形象制作、设计及其社会含义的规则……与我所从事的写作和工作的意义相违背"。我们所称为后现代主义者的这一群人在作为通常意义的知识分子这一点上似乎有一个共同的特征,知识分子的良知凸显在他们的执著以至执拗上,在现代性的语境中,在对自身所处的时代前瞻和回顾批判中,他们发现了危机、霸权……种种使启蒙理性和马克思主义曾经得以产生而又全然不同的东西,他们因此拒绝接受授予他们的任何称谓,而试图成就着历史中象纯粹理念一样毫无瑕疵地闪光的名字,也许在某种意义上,只有这样一种元叙事的方式才构成了我们时代真正的知识分子。尼采、福柯、利奥塔德……他们每一个人都在构建着一种没有读者的批判哲学,或者一种没有读者的体验:那只大海里

① 利奥塔:《知识分子的坟墓》《后现代性与公正游戏》,上海人民出版社 1997 年版,第 121 页。

的漂流瓶盛满的是一个饱含人文热情的知识分子的孤独。①

二、20世纪西方哲学的"终结意识"

上帝是人创造的彼岸世界,19世纪末机器的马达轰鸣赶走了习惯于伊甸园里的寂静的造物主;人是知识分子创造的价值理想,20世纪上半叶完成的后工业社会改造把知识分子曾经的光荣与梦想比特换算成比特,抹平于数码化的新世界;而知识分子借以存身的共同体的形而上学,早在形而上学形态的人文精神坍塌之前就已经开始土崩瓦解。

1. 维特根斯坦与"形而上学的终结"

马克思主义不仅仅要终结一种形而上学或别的什么精神世界的人为构造,因为那只是物质的社会制度终结过程中必然的附赠品;但对于用哲学的语言写作的经典作家们而言,对于哲学的终结和批判就有了实践的意义。"在思辩终止的地方,在现实生活面前,正是描述人们的实践活动和实际发展过程的真正的实证科学开始的地方。……对现实的描述会使独立的哲学失去生存环境"②。对于中国读者而言,马克思主义为形而上学约定了一个深刻的否定性定义,然后藉由中国作者的努力,再用形而上学和相同命运的唯心主义和资产阶级几个少数的词汇来批判几乎一切西方哲学和西方哲学的进展。这一努力虽然与西方哲学中的终结意识殊途同归,但令人遗憾的是,这些批判的意义已经严格地被限定于批判赖以产生的社会政治的历史。

对形而上学的激烈的征讨主要表现于科学哲学之中的时候,有良好的自然科学素养的科学哲学家们对形而上学采取了"连头也不回过去"的轻蔑态度;因为"形而上学的命题……它们实际上是完全无意义的,因为我们

---

① 我在多个场合曾经说过:"大师死了"。这是继尼采呼喊"上帝死了"、福柯呼喊"人死了"、利奥塔德呼喊"知识分子死了"之后必然得出的结论。由于科学技术的分化和人文学领域的分化,这就是我们这个时代虽然呼唤大师的产生但是终究不可能出现大师的原因。在近代中国出现了一大批大师级人物,诸如梁漱溟、熊十力、冯友兰、金岳霖、胡适等人,然而时至今日我个人认为不可能再出现这种类型的"大师"了。"大师死了"之后就是分门别类的各种类型的"专家"了!

② 《马克思恩格斯选集》第一卷,第73页。

根本不知它们所要说的是什么"①。他们如此面对的是元初意义上的形而上学，"是指研究事物本质的知识领域，它超越了以经验为基础的归纳科学领域，这种意义的形而上学包括费希特、谢林、黑格尔、柏格森、海德格尔等人的体系，但不包括对于各门科学的成果进行综合概括的努力"②。以科学哲学为主要（如果不是唯一）哲学形态的科学哲学家们急于与形而上学划清界限，因为"形而上学与其说是理论，毋宁说它是诗歌。因此科学哲学的任务是对科学做逻辑分析，或者说是对科学的语言系统作句法分析"③。

反思逻辑哲学之后的维特根斯坦从语言学的角度重新审视了形而上学的传统问题之后断言，"我们觉得：我们不能指出答复这些问题的任何东西，但是又应该指出，某种东西，我们面对着哲学上使人感到困惑的重要根源之一，就在于我们要给名词找到一个它的对应物"④。形而上学产生于语言的滥用，或者说被盲目地使用的时候，"当语言休息的时候，哲学问题就产生了"在苏格拉底或老子的时代，语言作为工具催生着形而上学的思考，而一旦语言中堆积的形而上学已经成为形而上学的唯一合法的语言，一旦历史学式的研究已经成为人文社会科学被称为研究的一切，中国语境的形而上学就获得了消解形而上学源初意义的合法性。

透过形而上学的语言和语言中的形而上学化，维特根斯坦在他的《哲学研究》中甚至拒绝使用引文来论证自己的发现，"语言的述说乃是一种活动，或是一种生活形式的一个部分"。必须认识到，目的决定语言的使用，无论是人类解放的目的或教小孩子学会数数的目的，都是我们唯一应该把握的语言的使用规则；"如果能做这样的替换，我们就能从寻找意义的'对应物'这个束缚中解放出来了"。形而上学形态的哲学这时也就失去了存在的必要性，无论它自称为科学哲学还是自称为人性哲学，因为"哲学决不能干涉语言的实际使用，而只能描述语言的实际使用"，维特根斯坦把自己

---

① 《西方现代资产阶级哲学论著选集》，第 268，284 页。
② 洪谦：《逻辑经验主义》（上卷），商务印书馆 1998 年版，第 36 页。
③ 卡尔纳普：《哲学与逻辑句法》，第 84 页。
④ 维特根斯坦：《蓝皮书和棕皮书》，英文版 1958 年版，第 1 页。

的工作归结为"给予人们的一切只是一种方法,我不能给你们以任何新的真理";"我正在做的工作只是劝人们改变他们的思想方式"。因为急切地宣布于世的真理可能只是形而上学语言迷宫中的一条死胡同,而消解了形而上学形态的哲学,首先在批判哲学自身当中得以确立自身的合法性:"哲学的成就在于发现这种或那种胡说","我想教的是,把一个不明显的胡说变为一个明显的胡说",哲学的出路在于语言学的转向,"我们应该摧毁的是哲学中的空中楼阁,我们要清扫的是语言的基地,而哲学的空中楼阁就是建立在这个基地上的","我们在语言使用的知识中建立一种秩序:带有某种特殊目的的秩序,许多可能秩序中的一种而不是唯一的秩序"。①

2. 海德格尔与"哲学的终结"

"有一种既不能是形而上学又不能是科学的思想吗?"海德格尔给出了一个简单但可能充满歧义的回答:"思想的任务就应该是:在规定思想的事情时,要放弃迄今为止的思想。"这是一个令人恐惧和战栗的宣告,因为如果照字面的含义理解,我们不得不面对两个有可能是自相矛盾的事实:哲学历史的沉积可能是每一个初学者必须在某一个时刻加以反叛的误导;而面对历史的虚无态度可能只会回报以一种荒谬的幻想。也许哲学历史存在的意义只在于,我们只有拒斥才能获得思想。想想看,哲学如果榨干历史,还会剩下什么?

"哲学即形而上学,……形而上学以因果说明性的表象思维方式思考存在者作为存在者。"原子论的因果关系式的证明在今天已经被证明是不充分的和不可靠的;虽然从亚里士多德和孔子开始,(但绝不是从苏格拉底和老子开始),思想在谋求自我封闭的体系化或经典化的同时也在要求着后来者服从于哲学史式的开始和表现哲学思想的语言游戏规则;与中国哲学的统一和式微相比,西方哲学充满生命力的同时也充斥着混乱:这种混乱将把每一个叩门者拒之门外,因为以辩证法还是原始给予性直观去经验那种不需要证明就能为思想所获得的东西,是一个必须由哲学中我们将要

---

① 维特根斯坦:《哲学研究》,商务印书馆 1996 年版,第 17 页。

去体验的那些思想帮助我们决定的。"但是在我们还没有允许它进入之前,它又如何可能让我们做出决定呢?"

海德格尔宣称此在进行了一场哥白尼式的革命。在旧哲学或形而上学语言中,充满了人为的二元对立,但二元对立只是糟糕的形而上学的观点。海德格尔甚至把本体论从任何二元对立的划分消解为唯一的此在在此,并且所有的此在在此共同在世界之中。这个浑然一体的世界终于不再有任何形式的二元对立。海德格尔终于消解了人与自然、自我与他人、主体与客体、在活生生的使用关系中人才赋予物以意义。不难看出,海德格尔从本体论为形而上学的终结所做出的努力与维特根斯坦关于词的意义在于使用的观点十分相似。德里达评论说,这种对二元对立的消解,不过是膨胀了的唯我论;因为它仍在有我必有他的语言中。

海德格尔哲学史式的考察最终所能得到的一个结论就是,"形而上学就是柏拉图主义。尼采把他自己的哲学标示为颠倒了的柏拉图主义。随着这一已经由卡尔·马克思完成了的对形而上学的颠倒,哲学达到了最极端的可能性。哲学进入其终结阶段了。就人们还在努力尝试哲学思维而言,它只不过是谋求获得一种模仿性的复兴及其变种而已。"①

3. 德里达与反逻各斯中心主义

"哲学自从黑格尔或马克思、尼采或海德格尔之后,已经在昨天死去,但仍然围绕着它的死亡的意义进行,或者说,活着的哲学总是意识到自身正在死亡。哲学在历史的某一天死亡。或者说,哲学总是在痛苦挣扎之中,以暴力的方式开创历史,反对非哲学,这就是它的过去、他的关切、他的死亡和再生。"②

"从柏拉图到卢梭,从笛卡尔到胡塞尔,整个西方哲学都设定先有善而后有恶,先有本质而后有非本质,先有单一而后有繁复,先有必然而后有偶然,先有原本而后模仿。这并非是形而上学态度的一面,而是其基本要求,

---

① 海德格尔:《哲学的终结和思想的任务》,《哲学译丛》1992年第5期。
② 转引自洪晓楠:《后现代主义文化哲学及其对当代中国的影响》,《求是学刊》1997年第4期。

是其最永恒、最深刻、最内在的秩序。"①

"在传统的哲学对立中,并没有对立双方的和平共处,而只有一种暴力的等级制度。其中,一方(在价值上、逻辑上,等等)统治者另一方,占据着支配地位。消解这种对立首先就是在某个特定的时刻颠倒那个等级关系"②,德里达把追逐外在意义、终极实在、绝对法则的思维方式称为逻各斯中心主义,因为它把意义、实在、法则视为不变之物,并把他们作为思想和认识的中心。言语中心主义是逻各斯中心主义的特殊形式,言语是思想的再现,文字是言语的再现,写作是思想的表达,阅读则是追寻作者的原意。哲学于是产生了一个怪诞的哲学家的生存:在现实世界之外,一个日益庞大的文本的世界里,文本代替了所有的实在和方法,成为哲学家的唯一。德里达提出了解构主义;解构并非完全消灭原有的东西,而是编织无可穷尽的意义之网。但为了在语言的形而上学之外创建一个消解一切秩序的秩序,德里达不得不回到造字得初民的生存中,与声音相比,文字是不在场的形式,因此延异只是书写方式而不是发音方式上的变化,延异就是延缓和差别的相互融合,是文本中的一种散漫力量,在延异之后,没有一种意义是唯一的,甚至作者和读者也是被颠倒的……

在某种程度上说,每一个哲学家几乎都试图回答所有的问题,每一个读者都希望找到明确的少数的教条,如果我们试图说明或评价德里达,我们所做的便仍将被德里达拒之门外,德里达在海德格尔或维特根斯坦之后,以反逻各斯中心主义的形式、以解构一切文本的主张,从甚至哲学和语言之外,终结着形而上学的哲学。而消解了逻各斯中心主义的哲学可能只是不断消解自身的延异,"它不是在场的存在,无论是多么出众的,独一无二的,根本的,或超验的。它一无管辖,一无统治,不在任何地方实施权威。……不仅没有任何'延异'的王国,而且延异煽动对每个王国的颠覆。这是它明显地产生威胁,并不可避免地使我们内心深处那些欲求的王国欲求着

---

① 转引自王岳川:《后现代主义文化研究》,北京大学出版社 1992 年版,第 81 页。
② 转引自汪堂家:《德里达与后现代主义》《人大复印资料·外国哲学与哲学史》。

王国在过去或未来出现的一切事物,一切事物担惊受怕。""这是不再从属于存在视界的印迹的游戏,但它的游戏转达于包括了存在的意义:印迹的游戏,或延异,它没有任何意义和不存在。它不从属,没有任何支持,也没有任何深度,这一无底的棋盘,存在就是在其上被推入游戏。"①

4. 罗蒂与教化哲学

罗蒂主张反对一切传统的哲学,矛头直指逻各斯中心主义。逻各斯中心主义断言人具有反映外部存在及其本质的先天的认识构架,而哲学的任务在于寻求普遍真理和第一原则,并为人类的精神生活立法。罗蒂断言这种理论在一定的历史阶段是必要的,它协调了各门学科之间的关系,引导人类精神生活向确定的方向发展。但是,今天它已完成了使命,走向终结。罗蒂认为,传统的哲学是一种建立在虚无基础上的镜喻哲学。"心灵是一面大镜子,它包含种种表象,并能够用纯粹的非经验方法进行研究。"②罗蒂称这种认为知识有其外在的基础的观点为基础主义;称认为外在的基础能为人心所把握的思想为表象主义。"如果不把心灵看作一面镜子,不把知识看作是一种表象",那么争论不休的形而上学的问题也就失去了全部的意义。罗蒂断言,表象主义、基础主义的镜喻哲学今天已到了尽头。因为在它们自身的发展中孕育出了自己的掘墓人:从分析哲学中孕育了后期维特根斯坦的语言游戏论,库恩的范式论以及费耶阿本德的无政府主义方法论等等;在现象学的自身发展中则孕育出了海德格尔的后期哲学、伽达默尔的解释学等等。这两股出于不同源头的反表象主义、反基础主义、反本质主义的思潮正在汇合,它们为传统的镜喻哲学敲响了丧钟。代替以知识论为内容的镜喻式旧哲学的是一种新的哲学:传统哲学以后的哲学,他称之为"后哲学";"后哲学"是一种"后实在论"的哲学,即摒弃实在论与反实在论的无谓争论的哲学,它也是一种"无镜的哲学"。为了把它区别于旧哲学,罗蒂把旧哲学称为"大写的哲学",而把新哲学称为小写的哲学,并宣

---

① 转引自韩震:《论后现代非理性主义的新特征》,《社会科学辑刊》1995 年第 2 期。
② 夏基松:《现代西方哲学教程新编》,高等教育出版社 1998 年版。

称,"只有反对大写的哲学,才能成为一个真正的哲学家。"

罗蒂通常用大写的哲学来意指:"哲学家们通常认为自己学科所讨论的是常青的、永恒的问题,是我们只要进行思考就会出现的问题……哲学,作为一门学科,自认为旨在保证和揭示由科学、道德、艺术或宗教提供的认识论主张,它想根据其对认识和心灵本质的独特理解来达到这一点。较之文化的其余部门,哲学可以是基础的,因为文化是各种认识主张的集合,而哲学对他们做出判断。哲学可以这样做,是因为它理解认识的基础,是因为它在对作为认识者的人、对使认识成为可能的'心理过程'或者'表象活动'的研究中就发现了这种基础。① 这样一种大写的哲学所追求的是大写的"真理"、大写的"善"、大写的"理性"等等,以及这样一些东西的本质,以便获得更多的日常真理,做更多的日常的善事,以及变得更为合理。

先验的柏拉图主义是这种哲学典型,但经验的实证主义同样没有摆脱这样一种哲学的幻觉。它们都认为,我们的文化是一个以认识为中心的文化,文化的各个部分都是不同的方式认识世界的不同方面,其中有些是精确的,有些并不精确,而哲学这个"文化之王"就是专事检查哪些是精确的,哪些并不精确,并告诉我们怎样才能精确地描述实在。这是因为哲学所认识的不是世界的某个特定部门,而是世界本身或世界的本质,不仅如此,它也认识认识活动本身和认识这本身或其本质,先验哲学与经验哲学的区别只是在于,前者认为,自然哲学不能主宰一切,还有更多的真理有待发现,而后者则认为,自然科学就是所有的真理。

罗蒂还把哲学分为系统哲学和教化哲学两种。系统哲学是以认识论为中心的建设性哲学,系统哲学家在抽象的确定的知识领域从事研究。教化哲学则是怀疑认识论出发点的哲学。教化哲学家关心的不是构建一个永恒的非历史的知识架构,而是关心文化、历史、道德经验和人的自我改造。教化哲学家不是理论地、逻辑地讨论问题,而是在格言、讽刺作品、小说和诗歌中阐述他们的思想。罗蒂认为,在我们时代,杜威、维特根斯坦、

---

① 罗蒂:《哲学与自然之境》,普林斯顿 1979 年版,第 3 页。

海德格尔就是伟大的、教化型的思想家。他们的工作已显示出一种哲学发展的后哲学文化前景。在这种后哲学文化中，哲学应有功能将被文学所取代。哲学将由它的暧昧不明转向文学和文化批评并放弃道德地盘给小说家和诗人。后者将以叙事这种完美的讨论形式代替哲学家空洞和抽象的概念游戏。

那么什么是罗蒂所说的新的哲学："后哲学"或"小写的哲学"呢？那就是解释学，或者说是一种与实用主义相结合的解释学："新实用主义解释学"或简称"新实用主义"。

罗蒂断言：传统的哲学强调"摹写实在"，重视认识论问题；实用主义，特别是杜威的实用主义不重视或不讨论"摹写实在问题"，而强调"应付环境"，重视政治问题，重视"实用"和"满意"的问题。他认为实用主义能与欧洲大陆哲学，尤其是与海德格尔、德里达、福柯等人的哲学相结合。因为它们在否定逻各斯中心主义方面起了很大的作用。因此他主张建立一种把实用主义与欧洲大陆的解释学结合起来，以解释学取代认识论，以政治问题取代认识论问题的新实用主义的后哲学。这种新实用主义不再是体系哲学，而是一种苏格拉底式的反讽的教化哲学。它通过平等对话、自由商谈、彼此沟通，以克服人与人之间的隔阂，而达到教化自新，协同一致的目的。

在这个后哲学文化中，大写的哲学死了，但哲学作为文化的一个部门本身没有消失。正如在一个后神学文化中，神学也仍有其生存的权利和地盘。所不同的是，神学在一个后神学文化中，哲学在一个后哲学文化中，不再有文化之王的地位。这就好像一个封建社会的国王，可以作为一个普通的公民继续存在一样。在"民主先于哲学的一文中，罗蒂认为自己就是这样一个文化中的哲学家，因为他的职业，他对完满性的追求，包含了象构造自我、认识、语言、自然、上帝或类似这样一些东西的模式，并不断修补这样的模式直到他们相互协调为止。对于小写的哲学家，罗蒂的描述是，"这些人没有任何特别的'问题'需要解决，没有任何特别的'方法'可以运用，也没有任何别的学科标准可以遵循，没有任何集体的自我形像可以作为专业。他们可能象现在的哲学教授那样,对道德责任而不是诗体学兴趣,或者对表达句子而不是表达人体感兴趣。但他们也可能不是这样。他们是兴趣广泛的知识分子,乐于对任何一个事物提供一个观点,希望这个事物能与所有其他事物关联。"①

罗蒂认为,维特根斯坦、海德格尔和杜威为建立后哲学文化提出了纲领:认为认识是由特别的心理过程并通过一般的表象理论得到理解的精确表象的观念予以抛弃;"认识基础"的观念和吧哲学看作是迪卡尔主义,怀疑论者的回答为核心的观点予以扣除,为迪卡尔、洛克和康德共有德把心灵作为位于内在空洞,包含使认识或可能的成分和过程的观念予以取消。

而另外一些人,如奎因、塞拉斯、戴维森、赖尔、马尔库姆、库恩、普特南、福科、德里达赫哈贝马斯、则为实现这样的纲领提供了工具。例如,奎因的"经验主义的两个教条",所倡导的经验主义就从根本上消除了主客之分;塞拉斯对于"给予物"神话的分析表明,经验乃是一个社会时间问题;库恩的不可比概念说明,由于缺乏一个可以评判文化的所有部门的元规派,哲学无法成为文化的基础;普特南对形而上学实在论的批判证明我们不可能获得一个"上帝的观点";德里达和福科则根据各自的分析认为,一个超人类非历史的名词是不容易得到的;哈贝马斯"未受歪曲的会谈"概念则暗示,我们的研究不能受任何学科外的准则的支配。

罗蒂自称他对传统哲学提出的大多数具体批评,都是取自于塞拉斯、奎因、戴维森、赖尔、麦尔柯姆、库恩和普特南这类哲学家,正是他们为罗蒂提供了所使用的手段,而维特根斯坦、海德格尔和杜威则为他提供了这些手段所针对的目的。可以说,塞拉斯对有关"所与"神话的严厉批评和奎因对语言—事实的区别所持的怀疑态度,促使罗蒂试图把奎因的观点与塞拉斯的观点结合起来,从而企图将近代哲学问题背后更多的假定抽离出来,希望能使塞拉斯和奎因对传统经验论的批评普遍化和扩大化。

奎因在他的《经验论的两个教条》一文中,主要表明了三个相关的观

---

① 罗蒂:《后哲学文化》,上海译文出版社 1992 年版,第 15 页。

点。第一,他通过对分析性概念的详细的剖析,得出结论:所谓分析命题和综合命题的区分是难以成立的;所谓必然性知识的先天依据是完全乌有的。第二,还原主义试图将所有陈述还原为直接经验报道的理想是无法实现的。知识不可能与直接经验的报道一一对应。它的变化并不是人的社会、语言之外所能直接决定的。因为,第三,知识是一个整体,"从地理和历史中的最有因果性的问题,到原子物理乃至纯数学和逻辑的最深刻的定律,都是人造的网络,这个网络仅仅沿着边缘与经验相接触"①。任何东西,除非参照我们已有的信念,都不能被看作是一种知识。奎因认为,我们没有办法越过我们的信念和我们的语言去找到某种评判知识的客观的中性标准。他先于罗蒂对镜子隐喻提出置疑:"要问一个概念系统作为实在的镜子的绝对正确性是没有意义的。"②如果奎因的结论能够成立的话,就会否定存在所谓必然的客观中性的关于事物本质的知识,我们所有的知识都只是偶然的、社会的,它离不开我们的语言文化共同体。对此,罗蒂指出:"假使奎因的怀疑……可以成立的话,那就很难说明在什么意义上,哲学有一个分离的'形式的'研究领域,因此也很难说明其结果如何可能具有所希望的必然真的特性。""这两种挑战都是对'知识论'观念本身的挑战,因此也就是对被看作是以这一理论为中心的哲学这门学科本身的挑战。"③

与奎因的工作相呼应的是塞拉斯对"所与神话"的否定。所谓"所与神话",是传统经验主义包括一些逻辑经验主义者的共同看法。按照塞拉斯的理解,它的内容主要包括三个方面:第一,在认知者和认知对象之间,存在有一种直接的认识与被认识的关系;第二,这种认识具有一种不需要推理就能断定的基础,一切认识活动都可靠地建立在这一基础之上;第三,不论认知对象如何,它总是存在着的④。依照这种关于认识的分析,我们必然

① 奎因:《从逻辑的观点看》,上海译文出版社 1987 年版,第 40 页。
② 奎因:《从逻辑的观点看》,上海译文出版社 1987 年版,"中译本序"第 15 页。
③ 罗蒂:《哲学和自然之镜》,三联书店 1987 年版,第 147 页。
④ 参见涂纪亮:《分析哲学及其在美国的发展》(下),中国社会科学出版社 1987 年版,第 682 页。

承认,认识是由直接的、具体的感觉材料(所与)开始的,命题必定来自个别
事物,语言必定取决于外在的对应物。这正是塞拉斯所不能同意的。塞拉
斯并不否定,认识开始于对外在刺激所作出的反应,但是,塞拉斯指出,这
只是知识的因果条件而不是知识的基础。在传统的经验主义者看来,我们
首先接受了一些感觉所予,如"红"等,然后才有关于对象的知觉认识,如
"这是一朵红玫瑰",认识起自于"红"这样一些最基本的感觉所予。塞拉斯
的分析告诉我们:"关于个别事物或概念的知识,在时间上并不先于关于命
题的知识(而永远是从后者得出的一种抽象),从而,对语言学习和对命题
知识的非命题的基础的经验主义的论述,不可避免地是错误的。……因此
说我们对红色或红色的例示的认识是我们有关'这是一件红色的物体'或
'红是一种颜色'这种知识的'基础'(与该知识的因果条件相对立),永远
是一种错误。"①认识和语言是同步的,没有先于语言并作为语言基础的东
西存在。语言是一种社会的产物,认识不可能越过社会而有什么外在的中
性的基础。罗蒂认为,塞拉斯和奎因的整体论学说向我们揭示了"证明不
是在观念(或字词)和对象之间的关系的问题,而是谈话和社会实践的问
题";"当我们理解对信念的社会性证明时就理解了知识,从而没有必要把
知识看作再现准确性的问题"②。

　　除了塞拉斯、奎因的影响之外,对罗蒂而言,维特根斯坦、海德格尔和
杜威是 20 世纪哲学的三位英雄。罗蒂认为,维特根斯坦、海德格尔和杜
威,他们每一个人早先都曾试图找到一条使哲学成为"基本的"新路,一条
拟定最终思想语境的新路。维特根斯坦曾试图建立一种与心灵主义毫无
关涉的新表象(再现)论;海德格尔曾企图建立一套与科学、认识论或笛卡
尔的确定性寻求毫无关涉的新哲学范畴;而杜威曾企图建立一种自然化了
的黑格尔式的历史观。他们每一个人都把自己早先的努力看成是自我欺
骗性的,每一位在自己后期的研究中都摆脱了那种把哲学看成是基本性的

---

① 罗蒂:《哲学和自然之镜》,三联书店 1987 年版,第 158 页。
② 罗蒂:《哲学和自然之镜》,三联书店 1987 年版,第 148 页。

康德式观点。在罗蒂看来,循后期维特根斯坦发展的分析哲学,特别是自奎因以后,可以很好地与实用主义结合起来。如果我们接受维特根斯坦的看法,把语言当作一种工具而不当作一面镜子,我们就不会去寻求语言再现作用可能性的必要条件了。海德格尔的主要贡献是其历史主义。罗蒂认为,虽然后期海德格尔在很大程度上偏离了早期海德格尔,但把两个海德格尔连接起来的是,他想发现一套使他保持本真的词汇。这套词汇将阻止任何想把自己与某个更高的力量结合的企图,任何想逃避时间而进入永恒的企图。每一个人在每一个时候都有一套最后的词汇。但这套词汇与其说是最后的,不与说是最新的,因为它本身还需要在将来得到重新编织。在罗蒂看来,如果我们接受海德格尔的哲学观,我们就会把使认知主体的天性成为必然真理的一种根源的企图看成是另一次自我欺骗,它要用一种"技术的"和明确的问题取代那种向生疏世界敞开的态度,而最初正是后一种态度诱使我们去开始思考的。杜威可以说是罗蒂版哲学史上的最主要的英雄。在罗蒂看来,我们必须区分两个杜威,即作为在政治上保持中立的理论家的杜威与作为社会活动家的杜威。在像逻辑规则、科学本质和思想本性这样一些问题上成为专家、权威的杜威,其哲学中的科学崇拜成分现在已经受到科学哲学的驳斥,但科学哲学对一个杜威的驳斥却又可以帮助我们更好地欣赏另一个杜威,因为这种科学哲学完成了对认识的主客模式及支持这个模式的柏拉图主义和笛卡尔主义的一系列观念的攻击,并为我们提供了新的理智工具,使我们可以更好地促进杜威所心爱的社会政治目标。罗蒂指出,如果我们接受杜威的知识观,并被证明有理由信奉它,那么我们将不会认为对于可称作知识的东西存在着持久的限制因素,因为我们将把辩护看作一种社会现象,而不是看作"认知主体"和"现实"之间的一种事务。罗蒂还认为,"詹姆斯和杜威不仅早已等在分析哲学所走的辩证道路的尽头,而且也等在(例如)福科和德鲁兹现在在走的道路的尽头。"[1]正是基于这种洞察,罗蒂试图把实用主义作为重造哲学辉煌的途径。

---

① 罗蒂:《后哲学文化》,上海译文出版社1992年版,第8页。

综上所述,在罗蒂的哲学"谱系"中,奎因的"经验主义的两个教条"所倡导的经验主义就从根本上消除了主客区分;塞拉斯对于"所与"神话的分析表明,经验乃是一个社会实践的问题;库恩的不可比概念则说明,由于缺乏一个评判文化的所有部门的元规范,哲学根本无法成为文化的基础;普特南对形而上学实在论的批判证明我们不可能获得一个"上帝的观点";德里达和福科则通过各自的分析说明,一个超人类非历史的词汇是不可能得到的;哈贝马斯"未受歪曲的会谈"概念则暗示,我们的研究不能受任何学科外的准则所支配。所有这些都严重地破坏了大写的哲学的根据,而准备着一个后哲学文化的到来。

从尼采、海德格尔、维特根斯坦等人发端,以福柯、利奥塔德、德里达、罗蒂等人为代表的这一股宣告死亡和谋求终结的哲学力量,一般被称为后现代主义。后现代主义试图瓦解的只是观念中的形而上学,它本身则产生于实践中的历史感的丧失和意义的失落。在今天,正象德里达所说的那样,历史除文本之外已别无他物。

三、现代性或历史的终结与哲学的命运

杰姆逊指出,"在后现代主义中,关于过去的那种深度感消失了,我们只存在于现实,没有历史,历史只是一堆文本档案,纪录的是个确已不存在的事件或时代留下来的只是一些纸文件袋。"①

历史的终结是后现代主义的"现代性终结论"的一个重要组成部分。意大利的哲学家威特姆在《现代性的终结》一书中指出:现代性的终结就是历史的终结。后现代性这个新时代就是在历史的终结的基础上产生的,后现代性哲学就是对历史终结感的体验,历史的终结并不是客观历史进程的终结,而是指启蒙理性所建立的历史意识与历史概念的终结,是现代历史理论的终结。

首先,传统历史学是一种宏观历史学,它所主张的进步过程、启蒙思想

---

① 转引自文兵:《走向后现代的反理性主义》,《江海学刊》1999 年第 3 期。

的发展等一系列单一概念已被突破,这种宏观历史学已被后现代主义的微观历史学所取代,这种趋势表现在西方学术界近几十年的历史研究之中。其次,在福柯及其追随者的著作中,把话语的修辞分析从文学领域移向了历史学领域,把历史看作是另一种写作方式,把历史本身的真理性陈述,置换成对历史学话语的分析。最后,进步的概念是西方传统历史学观念的基础,它发生了危机,因为进步的观点已被彻底世俗化了。从施本格勒的立场看,当代世界的进步已成了一种"没落"。进步的方向不再指向"自由王国"和"无阶级社会",这种在传统意义上的进步观念,被单纯理解为技术的进步,在消费社会表现为商品的更新、更好,进步观念的丧失同时也正是历史观念的丧失。[①]

进步观念同时也是几乎每一种意识形态的基础,在个人与社会进步的意义上,意识形态是为人类的思想和行为定向的价值体系,提供为人类所追求以至献身的目标和理想。战后五十年代开始,经历了三四十年代的社会思想动荡之后,欧美进入了相对稳定的和平发展时期,许多知识分子放弃了激进理论和社会革命立场,意识形态的论争时代已经结束。1955 年 9 月美国 E·施尔斯在意大利米兰举行的"自由的未来"研讨会发表一文《意识形态的终结》,认为意识形态的终结鲜明地表现于西方发达国家,人们已经不再考虑左或右的区别,而是根据需要采取实事求是的态度来解决。因为"我们不仅认识到极权主义和极端主义狂热的实质性缺点,而且也意识到意识形态定向方式的错误。"美国哈佛大学教授丹尼尔·贝尔提出非意识形态化的观点,在他看来,传统的意识形态由于按照非此即彼的思维容易对一些复杂的事件产生误解与混乱。实际上,意识形态终结是根据"科技治国"论产生的,同样是科技理性的牺牲品。贝尔的《后工业社会的来临》就是这种典型的论调。

理性危机是进步概念和历史终结的另一面。在二十世纪里,科技理性君临天下并成为知识分子唯一的神明;然而科技理性本身并不是启蒙话语

---

① 王兴祥、付文忠:《"现代性终结论"产生的原因》,《哲学动态》1996 年第 7 期。

中原初意义的理性,启蒙强调的"人性"的自由精神在科技理性面前蜕变成一纸空文,人空前地意识到自己处于自然规律的主宰之下,虽然这种规律以人的力量的形式表现着自己。在规律与自由的对立统一之中,人们已经感受不到任何属于"人的本质"的力量:科学已经成为无所不在的利维坦,即使科学家也只是这个实在化了的怪物的仆从。然而科学是无可拒绝的,启蒙所宣称的一切灿烂辉煌的,就成为第一个要被终结和埋葬的。

而科学自身也处于危机之中,如果说在人文精神的领域是科学本身的过于强大才带来了理性的危机,那么在科学发展的前沿,不断传来的令人兴奋而沮丧的消息就使得科学哲学不得不不断地自我埋葬和自我催生着,这本身就是认识论革命的时代确定无误的标记。怀疑主义在革命的缝隙之间生长者,但决不会只是野草,因为多元文化已经从实践那里提供给每一个哲学家以反虚无主义的提示:正如反逻各斯中心主义的德里达所说,"我从未说过不存在中心,没有说过我们可以不要中心。我相信中心是一种功能,而不是一种存在———一种实在,只是一种功能,这种功能是绝对不可或缺的。"①。

在世俗的世界里,人们通过各种"绿色"的主张首次听到对科学和理性的怀疑,环境污染、资源耗竭、……种种曾经标志着人的伟大和历史的进步的,而今成了科学无可推卸的罪状。但是,原子弹的危机是来自原子能还是来自武器?克隆人的科学方法在它作为科学方法上面与环境科学提供的方法有何不同?……科学每一天都在提供着比昨天更多的发现和发明,科学的危机虽然已经渗透到实践中,但它还远不是科学家的危机,而只是人类精神总的危机的一部分。人类精神的总的危机,又是人类生存状况的总的危机的表面化。在过去的这个世纪里,一个突出的特征是生存受到了现实的怀疑。这场危机同时是资产阶级文化冲突的一部分,科技成为新的集权和新的神话,抹平着任何意义和价值的消费主义直接主导着人的生存,自由选择被剥去了最后的包装而裸露出令人恐惧的野蛮和愚昧。

---

① 转引自韩震:《论后现代非理性主义的新特征》,《社会科学辑刊》1995 年第 2 期。

由此可见，死亡的并不是被宣称死去的几乎所有方面的科学理性和人文精神，而是在 20 世纪的危机中脆弱不堪的文化中的谎言；"后现代主义者"所要终结的也不是生产这些谎言的文化，恰恰相反，他们在各种文化哲学中精心地为人类的精神重建着家园，当然不是象被错误地称为建设性向度的格里芬那样，而是象被错误地称为破坏性向度的利奥塔德那样，时代要求我们"为后现代的异识干杯！"

自 20 世纪 50 年代以来，在西学语境下对"终结意识"的研究出现了许多专著，如丹尼尔·贝尔的《意识形态的终结》、劳伦斯·卡弘的《哲学的终结》、威廉·斯班诺的《教育的终结》、阿瑟·丹托的《艺术的终结》、斯科特·拉什与约翰·厄里的《组织化资本主义的终结》、科斯塔斯·杜齐纳的《人权的终结》、Gianni Vattimo 的《The End of Modernity：Nihilism and Hermeneutics in Postmodern Culture》、弗朗西斯·福山的《历史的终结及最后之人》等等。虽然西方"终结意识"是作为某种与现代性对立的面貌出现的后现代主义的理论主张，但是它依然无法摆脱现代性的现实语境。实际上，无论是造成现代性的内在冲突或风险的原因，还是批判或修正现代性的推动力量，依然都是来自现代性的内在本性和机制。甚至宣称与现代性势不两立的所谓的"后现代转向"实际上并不是现代性之外的某种力量使然，而是现代性内在的超越本性的必然结果。因此，西方"终结论"思潮作为后现代主义者对现代性内在矛盾和张力冲突的揭示和批判的理论主张，并不只是对现代性的自我否定和自我批判，也是对现代性的自我反思和自我完善。尽管学派、流派众多的后现代主义对现代性批判的理论角度不一而足，运用的分析方法各异，观点主张各有不同，但反思和批判现代性却始终是贯穿于其思想中的一条红线。现代性作为"一个启蒙方案，一个未完成的方案"也正是在反复沉思和不断批判中臻于成熟的。所以，西方"终结论"思潮的实质就是后现代主义对现代性的深刻反思和理性超越。至此，人们不禁要追问的是：文明真的终结了吗？意识形态真的终结了吗？历史真的终结了吗？自然真的终结了吗？哲学真的终结了吗？现代性真的终结了吗？我们的回答是：文明没有真的终结，只不过人类（抑或西方）在对自己的文明进行深刻地反思,文明在转型,文明也在经受考验;意识形态没有真的终结,因为,"意识形态的终结"就是一种典型的意识形态,人类只不过走出了"冷战"的阴影,面临着可能的"文明的冲突";历史没有真的终结,东欧的剧变、苏联的解体表明,终结的只是教条主义(传统主义)的社会主义历史,资本主义也并没有取得最终胜利,革新的社会主义正在面临着新的机遇;自然没有真的终结,只不过是没有打上人类实践烙印的自在自然的范围越来越缩小了,人类赖以生存的自然面临的问题更加加剧;哲学没有真的终结,20世纪的西方哲学家正是在谈论"哲学的终结"的过程中反思"旧的"哲学、开辟"新的"哲学,只要人类存在,哲学就有反思的对象,就有自己的未来;现代性没有真的终结,人们正在反思和批判的不过是把西方的(甚至西欧的)现代性当作"唯一的"现代性、独断的现代性,由于东亚的崛起,人们发现"另类"现代性的可行性和现实性,特别是20世纪90年代以来中国经济的高速增长,人们又在津津乐道"中国经验"、"中国模式"、"北京共识",这实际上正标志着"中国特色"现代性的快速生成和发展壮大,"现代性"正以"多元现代性"的面孔出现在人类不同的社群之中,面对"可选择的现代性",人类还会面临许多新的问题需要我们去探索、解决。①

后现代主义哲学作为一种影响广泛的文化哲学运动,消解了科学主义思潮和人本主义思潮的对立,代表了两者合流的趋势;在思维方式上引发了一场毋宁说是"后哥白尼式的革命",不如说是"反哥白尼式的革命",这些都是后现代主义哲学思潮的主导倾向和特征。基于此,我在多个场合对后现代主义作过这样一个评价:后现代主义思潮类似于中国的"五四"运动。中国的"五四"运动又类似于西方的文艺复兴或启蒙运动。我们说中国的"五四"运动类似于西方的文艺复兴,是因为"五四"运动主要是复兴非儒学说,以此来反对、批判儒家学说。就此而言,中国的"五四"运动"实在是一个彻头彻尾的文艺复兴运动,使一向对一千多年来所逐渐发展的白话

---

① 参阅洪晓楠:《当代西方社会思潮及其影响》,人民出版社2009年版,第354—355页。

故事、小说、戏剧、歌曲等等活文学之提倡和复兴的有意识的认可。"①我们说中国的"五四"运动类似于西方的启蒙运动,是因为通过"五四"一代不仅批判和反思了中国的传统文化,甚至在一定意义上是彻底摧毁了中国的传统文化,重新估价一切价值,从而用新文学取代了旧文学、用新文化取代旧文化、用新道德取代旧道德、用新伦理取代旧伦理、用新哲学取代旧哲学,"五四"运动的功用在一定意义上超过了西方的启蒙运动。我们正是在这个意义上来比喻后现代主义类似于中国的"五四"运动。这是因为,后现代主义是对现代西方文化和哲学的反思和批判,是对自启蒙运动以来西方哲学和文化的反思和批判,我们甚至可以说,后现代主义所要进行的是对整个两千年以来西方哲学和文化的反思和批判。就此而言,后现代主义就是要挖西方文化和西方哲学的"祖坟"。② 从一定意义上,我们可以"把后现代主义看做是现代性的延伸和自我批判"。③ 正是从这个意义上,我们说20世纪西方哲学家们用哲学的探讨终结着哲学,而且这种终结和对终结的探讨还有着继续的倾向。消解了形而上学的哲学可以有小写的形态,也可以有与文学打开了界限的形态;哲学所关注的内容可以是关注政治的,也可以是关注人的处境的;在这个多种声音并存的时代,文化哲学引人注目地悄然兴起,并试图占据哲学舞台的"中心"。过去的一个世纪的哲学的历史仍在争论之中,因为历史比未来更加难以确定;而关于死亡和终结笼罩下的哲学的未来,我们唯一能说明的是我们还会不断地谈论它……。

思考题

1. 何谓"情节"? 你是如何来理解西方哲学的死亡情节的?

2. 为什么西方哲学具有如此浓厚的死亡情节?

3. 如何理解"上帝死了"?

---

① 胡适:《胡适口述自传》,唐德刚整理翻译,安徽教育出版社2005年版,第186页。

② 参阅洪晓楠:《当代西方社会思潮及其影响》,人民出版社2009年版,第193—194页。

③ [美]阿里夫·德里克:《跨国资本时代的后殖民批评》,王宁等译,北京大学出版社2004年版,第75页。

4. 如何理解"人死了"？

5. 如何理解"知识分子死了"？

第十一讲 性别、种族与哲学

男性和女性的关系是很自然的；一个地位较高，一个地位较低；一个统治，一个被统治；这一法则必定对所有人都是有效的。

——[古希腊哲学家]亚里士多德

　　谈到哲学与性别、哲学与种族的关系时，人们往往会发出唏嘘之声：难道哲学与性别有关系吗？难道哲学与种族有关系吗？人们提出种种质疑，自有各种理由，然仔细想来，这些理由大都站不住脚、立不起来。美国学者罗伯特·所罗门在谈到这一问题时，曾一连提出了 7 个问题，我们不妨把这些问题列举出来，以便我们进一步思考。

- 你相信男人和女人的思维是不同的吗？你从何而知？如果确实如此，那么你会把这种不同归因于什么——天性、后天教育还是个人选择？
- 你相信不同种族的成员的思维是不同的吗？你从何而知？如果确实如此，那么你会把这种不同归因于什么——天性、后天教育还是个人选择？
- 当你（尤其是向自己）描述自己时，什么才是你最认同的——国籍、居住地、社会地位、性别、所爱的人、种族、信仰、成就或抱负，或者其它什么东西？你没有提到的选项对你的自我认同有什么重要性？
- 是什么使得一种"文化"不同于另外一种文化？把某种信仰或习俗从一种文化"翻译"到另一种文化是如何可能的？你是否相信，只要所有的文化都学会"说同一种语言"，它们就可以相互理解？
- 你为什么认为白种男人主导了"西方"的文化生活？

● 在从法律上废除奴隶制以前,拥有奴隶在道德上是否是正当的? 为什么?

● 在印度,有些遗孀被认为应该同她们刚刚死去的丈夫一起火葬。我们可能以哪些理由批评或反对这种做法? 直到最近,在非洲的某些地方,青年女性需要做疼痛难忍的阴蒂切开手术。我们如何能够批评或反对这种做法? 在今天的许多国家,男婴(有时是青年男子)需要行痛苦的割礼,你将如何批评这种行为或为之辩护?①

一、性别与哲学

1. 从哈佛大学校长被迫辞职说起

2005 年 2 月 15 日,哈佛大学文理学院通过了一项针对校长劳伦斯·萨默斯(LawrenceH. Summers)的不信任提案。在只有 18 人缺席的情况下,表决以 218 票对 185 票,通过了对现任校长的不信任提案。这项非约束性决议称:"哈佛员工对劳伦斯·萨默斯的领导缺乏信任。"此次提案,在很大程度上是象征性的举措。因为根据规定,只有哈佛集团才有权解聘校长。此次哈佛大学史无前例的不信任表决,对萨默斯来说,无疑是一次沉重的打击。2005 年 2 月 21 日,哈佛大学在其网站上宣布,校长劳伦斯·萨默斯将在 2005—2006 年学年结束时辞职,其辞职的主要原因是哈佛职员对其投下的不信任票。事发的直接原因源于 2005 年 1 月萨默斯在一次经济会议上说,由于男女之间存在的内在性别差异,男人比女人更适宜于在理科和数学方面发展。虽然萨默斯事后一再道歉,但这番言论还是招致各方的强烈抨击和抗议,导致文理学院教职员联手投下不信任票撵走萨默斯,而他抢先宣布了离职,成为哈佛校史上第一个被通过"不信任案"的校长。

萨默斯是哈佛大学最年轻的终身教授之一。从 1991 年起,在世界银行任首席经济学家。1999 年至 2001 年,出任克林顿政府财政部长。

---

① [美]罗伯特·所罗门:《大问题:简明哲学导论》,张卜天译,广西师范大学出版社 2004 年版,第 325—326 页。

卸任后成为哈佛校长。萨默斯一向喜欢"信口开河"。2002 年,萨默斯指责黑人明星教授韦斯特"不务正业",导致韦斯特投奔普林斯顿大学。2004 年,萨默斯说:"据统计,1970 年韩国汉城(现首尔)有近 100 万未成年妓女。"韩国人对此非常不满,因为当时汉城的少女总数还不到 100 万。2005 年又抛出"女人头发长见识短","搞科研女不如男",闹得沸沸扬扬。哈佛一些教职工说,萨默斯为人粗鲁傲慢。因宣称"女性在数学和自然科学领域先天逊于男性",萨默斯 2005 年 2 月而被迫辞职。萨默斯离职后,哈佛前校长德里克·博克重返校园,出任临时校长。《纽约时报》说,由于萨默斯声称女性在数学等领域不如男性,他在学校引起众人愤慨。萨默斯两年前曾向吉尔平·福斯特求助,希望她出面平息众人怒火。萨默斯还要求福斯特帮助创造新机制,在数学、工程学及自然科学领域招募、留用女性,并为她们提供晋升机会。

　　2007 年 2 月 11 日,哈佛大学任命著名历史学家吉尔平·福斯特为第 28 任校长。自 2006 年夏天哈佛大学前校长萨默斯被迫辞职以来,哈佛校长人选一直悬而未决。此前,有包括华裔科学家在内的多名候选人成为竞选热门。如今,福斯特终于可以从临时校长德里克·伯克手中正式接过这座美国历史最悠久的高等学府的权杖了。巧合的是,福斯特的当选使美国八所"常青藤学院"男女校长比例各占一半。福斯特 2001 年出任拉德克利夫高等研究院院长。此前,她曾在宾夕法尼亚大学教授历史 20 余年,此前从未领导过大型学府。拉德克利夫高等研究院也是哈佛目前最小的学院,前身是哈佛女子学院,学院资助的大部分研究也主要集中在女性、性别和社会问题方面。

　　在美国政界或行政管理界非常强调"政治正确"(Politically Correct 简称 PC),萨默斯正是因为触犯了"政治正确"(PC)的戒律,因而成为近 150 年来任期最短的哈佛校长。无独有偶,也许正是由于萨默斯的性别歧视/偏见,人们才期待一位女校长,而福斯特恰恰成为哈佛自 1636 年建校以来首位女校长。

　　女性在很大程度上被排除在了哲学之外。长期以来,除少数几个例外,我们在哲学教科书、哲学史教科书中几乎看不到女性哲学家的身影。甚至有人说,"女性哲学家"本身就是一个矛盾的概念(范畴错误)。

女性主义是一个难以界定的术语。"没有一个关于女性主义的定义是完全令人满意的,因为这个术语是不定型的、模糊的,它包含许多思想流派,其观点差异甚大而又不断变化。"①按《布莱克韦尔政治思想百科辞典》的说法,"'feminism'是关于一种复杂现象的一般性的一个词……它关心妇女的地位……现代女性主义的语言和目标出现于法国大革命和启蒙运动后,它追求女性的权利、性别平等,并对'女人'一词重新定义"。② 简言之,"女性主义既不是一个铁板一块的僵硬实体,也不是一堆古怪观点的任意集合。它是一个包含着各种依赖于十分特殊的经验性和规范性断言的立场观点的家族。"③自从女性主义产生之后,几乎在各个领域中都有人从女性主义角度来提出和分析问题,同样在科学领域和科学哲学领域也不例外。

2. Gender 取代 Sex

从历史上看,西方妇女运动的渊源可以一直追溯到法国革命和启蒙运动时期。1791 年 9 月,法国知识妇女奥林柏·德·古热在献给法国王后的题名为《妇女和女公民权利宣言》的文件中,以著名的《人权宣言》为蓝本,系统阐述了妇女权益共 17 款,被称为《女权宣言》;1792 年,英国女作家玛丽·沃斯通克拉夫特(Mary wollstonecraft)著《女权辩护》一书,为争取妇女的教育权和社会平等而呼吁,被称为"世界妇女运动的鼻祖"。但是现代意义上的妇女运动主要指 19 世纪下半叶以来两次大的运动浪潮。

女性主义运动"第一次浪潮"是指 19 世纪中叶到 20 世纪 20 年代的妇女运动。这一时期的妇女运动从要求改善她们在就业、教育、政治和家庭

---

① [美]斯玛丽·帕特南·童《女性主义思潮导论》,华中师范大学出版社 2002 年版,第 4 页。

② [美]克瑞斯汀·丝维斯特:《女性主义与后现代国际政治》,余潇枫等译,浙江人民出版社 2003 年版,译者序第 10 页。

③ [美]艾丽森·威利,[加]肯特·荷加斯:《女性主义认识论与科学哲学》,见:欧阳康《当代英美哲学地图》,人民出版社 2005 年版,第 718 页。

中的位置和机会,逐渐集中于为争取妇女参政权的斗争。美国这一时期的妇女运动得益于废奴运动的鼓舞和斗争经验,率先于1920年在全美各州通过了妇女选举权,英国在1928年也达到了这一目的。妇女运动"第一次浪潮"至此落下帷幕,并一度趋于消沉。直到20世纪60年代美国黑人民权运动、反战运动和学生运动创造的政治气候,才酝酿了当代女性主义即妇女运动"第二次浪潮"的诞生。

法国女性主义者朱利亚·克里斯蒂娃在《妇女的时间》中指出,女性主义的发展经历了"女权"、"女性"、"女人"三个不同的阶段。20世纪初叶到50年代,女性渴望在历史的线性时间中为自己争得一席之地,要求在象征秩序中获得同男人平等的机会和权力,因此政治平等、经济平等、职业平等以及精神解放是初级阶段女性主义的重要标志,因此这一阶段人们通称之为"女权主义"。

20世纪60年代,随着全球政治格局的变化,席卷世界的自由与人权运动以及反对文化权威的运动(特别是与20世纪60年代美国黑人争取民权的运动、反越战的抗议运动以及法国1968年的学生运动有着密切的关系)的背景下,女权主义运动出现了一个新的高潮。她们从"新左派"运动中男性激进分子的傲慢态度中发现了她们自身的真实处境。她们意识到大男子主义和女性的屈从地位实际上是社会压迫的根源和原型,女权主义必须进行真正的变革。因此,这次运动不再像早期的女权运动那样仅仅寻求表面社会上的象征性平等,而是从社会文化体制、文化理论以及深层次的心理状态等方面对父权社会进行批判,要求重视并且尊重两性之间的差异,并以差异性为名否定男性象征秩序。"新女权主义者将失落于男性中心文化中的'女性残片'重新聚拢,并进而意识到仅仅局限于男女平等仍然是在抹杀女性的独特性,仍然是在对女性的理性翻案中行使否定权。因此,必须注重女性不同于男性的心理体验、象征表征和内在情愫,重新赋予过去历史文化中的'盲视'以全新的'洞见'"。[1] 虽然,法国女作家西蒙·德·

---

① 王岳川:《后现代主义文化研究》,北京大学出版社1992年版,第385—386页。

波伏娃的名著《第二性》在1949年就发表了,但是在20世纪60年代的文化背景下这本著作才引起女性主义者的足够重视,为这一时期的运动奠定了基础。波伏娃在书中详细考察了女性身心的成长历程和女性成为次于男人的"第二性"的原因,阐明了妇女树立独立人格、改变"他者"地位、实现自身解放的途径,被尊为西方妇女的《圣经》。波伏娃有两个基本的论点:第一,女人不是天生的,而是逐渐造就的,换句话来说,"性别"(gender)是社会建构的,而不是天生的。"一个人之为女人,与其说是'天生的',不如说是'形成的'"。第二,女人在整个历史上扮演"他者"的角色,通过与男人的关系而被界定。波伏娃认为,所谓的"女性气质"实际上是男性杜撰出来的,是男性标准内化为女性行为准则的结果。"人类是以男性为中心的,男性不就女人的本身来解释女人,而是以他为主相对而论女人的;女人不是天然进化形成的一种人类。"可以说,波伏娃的思想颠覆了传统的男性化思维对女性的要求,要求女性从自身的感受出发,独立地对自己的行为做出决定。而1963年美国女性主义者贝蒂·弗里丹(Betty Friedan)的《女性的奥秘》(The Feminism Mystique)一书,通过对弗洛伊德"生理就是命运"观点的批判,引发人们对传统女性角色进行重新思考,继而断然否定"女性气质的奥秘",成为当代女性主义运动的纲领性文件和宣言。贝蒂·弗里丹对女性的家庭角色展开了锐利的解构与批评。她指出:父权文化塑造快乐的、满足的、幸福的家庭主妇形象,使得女性自幼就向往这个形象,并把自己的一生寄托于家庭。而这个理想的形象是男权文化塑造的,对女性来说,这只是一个神话。母亲照料孩子的传统责任是由文化决定的,而不是生理上的必然。男女之间兴趣和能力的每一种明显差别都不是天生的,是教育造成的,或至少是被夸大了的。女性要发挥自我潜能,必须与男性一样从事公共领域的活动。女性可以同时兼顾家庭与事业,并以事业为主。因此,第二次浪潮比第一次浪潮无论在实践上还是理论上都更加激进。1970年,凯特·米利特(Kate Millett)出版了《性的政治》一书,这是"一本划时代的著作"。① 米利特是最早将男权制(父权制)这一概念引入女性主义理论的人,她在《性政治》一书的第二章首先引入了这一概念,成为后来女性主义理论大量使用这一概念的起点。

> 在引入"性的政治"这一术语之前,我们必须首先回答一个不可回避的问题:"两性关系可以作为一种政治观点来考察吗?"答案取决于如何界定政治。本文不把政治定义为有关会议、主席和政党等较狭隘和专一的内容。"政治"这个术语是指各种权力结构关系,凭借这种关系和安排,人类的某一群体控制另一群体……我们的社会和其他所有的历史文明一样,都是父权制社会。②

应该说,这个概念本不是什么新创造出来的概念。政治几乎存在于人类群体的每一种关系之中,但是最基本的权力形式是男人对女人的统治,即父权制。米利特为它加入了新的含义,这样它就包含了双重含义:第一,它指男性统治女性;第二,它指男性长辈统治晚辈。从 20 世纪 60 年代开始,这一概念被定义为男尊女卑的系统化机制。凯特·米利特在书中从诸多方面对父权制社会进行了考察,并以大量无可辩驳的事实证明,在当今社会中,男性和女性无论是在心理气质还是在社会角色或者社会地位上的差异,都不是先天的,而是后天的文化、习俗、语言等因素塑造的结果。因而她赞同用一个更具社会学意义的词汇"性属"(Gender)来取代生理学意义上的词汇"性别"(Sex)。总之,女性主义在"第二波"浪潮中寻求的是"我们是女人还是女性"的答案。

如果说前两次女权运动的浪潮主要发生在西方社会的话,那么第三次浪潮则主要得益于有色人种、第三世界国家或殖民地国家的妇女要求发出自己的声音,她们要求不仅摆脱性别压迫,还要摆脱阶级和种族的压迫。③

---

① [加]巴巴拉·阿内尔:《政治学与女性主义》,郭夏娟译,东方出版社 2005 年版,第 263 页。
② [加]巴巴拉·阿内尔:《政治学与女性主义》,郭夏娟译,东方出版社 2005 年版,第 263—264 页。
③ 佟新:《社会性别研究导论——两性不平等的社会机制分析》,北京大学出版社 2005 年版,第 224 页。

随着女性主义运动的发展,女性主义者渐渐认识到,她们长期运用的理论框架越来越难以预期理论协调一致。因为,前者建立在普遍性、同一性和科学方法论的基础上,后者则建立在身份认同、差异性、特殊性和具体性等概念之上。"女权主义不再强调男女的对立,或女性一元论,而是注重多元论,强调男女文化话语互补关系(但不是双性同体);注重女权、女性、女人的统一,使女人不再成为与男性对立的'准男性',而是女人成为女人,男人成为男人;消弥冲突、对抗、暴力等男性统治话语,推进爱、温情、友谊等新的文化政治话语,使世界成为具有新生意义的后现代世界。"①1973年1月,美国最高法院宣判堕胎是孕妇的私事,怀孕三个月内妇女可以不受政府和医生的控制,按照自己的意愿堕胎。同年春天,"平等权利修正案"(ERA)在美国参议院和众议院两院得以通过。这两项成果代表着这一时期女权运动的重大胜利。当代女性主义从男女同工同酬到人工流产合法化的全方位努力,不仅导致妇女参与机会的增多、女性自我意识的觉醒,而且直接触及了父权制结构的根本。1996年成立的"全美妇女组织"(NOW)以妇女充分地参与到社会的主流中、享有与男人同等的权利和职责为宗旨,在当代妇女运动中担当了重要的领导角色。同时,为促进成员之间的平等参与及集体合作精神,一种特有的组织活动方式——"提高觉悟小组"(Con-sciousness‐raising groups)纷纷涌现,妇女们聚在一起畅谈各自生活中作为女性所经历的痛苦和遭受的不公待遇,意在打开女性长期受蒙蔽和受压抑的无意识状态,让她们通过诉说和交流清醒地意识到作为女人的受压迫处境,并分析社会和家庭是如何一步步使自己甘心屈于从属地位的,这一活动方式成为启发女性意识觉醒的有效手段。这一时期的妇女不仅要求经济、政治、社会生活上的平等参与,而且要求对自己身体的控制和支配权,并将这种权利要求诉诸法律。第三次浪潮的女性主义立场的核心是解构二元论的理论框架。因为,二元论总是意味着必须存在一个"他者",以此来界定参考点、概念或视角,第三次浪潮的女性主义则强调从"女性的"观

---

① 王岳川:《后现代主义文化研究》,北京大学出版社1992年版,第386页。

点出发,承认女性视角的多样性和差异性,最终沟通"此人"和"他者"。女性主义的起点是"差异性而不是同一性概念,身份认同和特殊性而不是普遍性,赞美他者或局外人地位,而不是想成为局内人,赞赏具体性而不是无任何背景的视点",①总之,主张一种联系的方法而不是二元论的方法,同时注意到女性内部的差异性和多样性。

由上可见,女性意识的觉醒主要包括三个不同的层面:第一是社会层面,从社会阶级结构看女性所受的压迫及其反抗的觉醒;第二是自然层面,从女性生理特点研究女性自我,如周期、生育、受孕等特殊经验;第三是文化层面,以男性为参照,了解女性在精神文化方面的独特处境,从女性角度探讨以男性为中心的主流文化之外的女性所创造的"边缘文化",及其所包含的非主流的世界观、感受方式和叙事方法。②

3.女性主义理论的主要类型

女性主义理论来源于女性主义运动,并为之服务。女性主义理论家思考的主要是妇女受压迫的根源及解放的道路。由于对这些问题的不同回答,20 世纪 60 年代以来的女性主义理论大致分为几个派别。这些派别的主要分歧在于以不同的政治观点和哲学基础去寻找妇女受压迫的原因和解放的道路。在这里,简要介绍自由主义女性主义、马克思女性主义、激进女性主义、心理分析女性主义、社会主义女性主义、现象学女性主义以及后现代女性主义。

(1)自由主义女性主义

这一理论可以追溯到十八世纪的玛丽·沃斯通克拉夫特以及约翰·斯图亚特·穆勒。其当代的主要代表有贝蒂·弗里丹、贝拉·阿布米格、齐力·R.艾森斯坦。他们认为,妇女受压迫的根源在于社会中的一系列传统和法律,这些传统和法律使妇女的潜能得不到发挥,从而阻碍了社会进步。他们最初关注于社会公正,为消除歧视妇女的法律和社会习惯而斗

---

① [加]巴巴拉·阿内尔:《政治学与女性主义》,郭夏娟译,东方出版社 2005 年版,第 278—279 页。

② 乐黛云:《跨文化之桥》,北京大学出版社 2002 年版,第 311 页。

争。从 19 世纪到 20 世纪,自由主义女性主义一直为妇女取得各种权利而斗争,如选举权、个人财产权、受教育权以及平等的工作机会权。自由主义女性主义强调了女性权利,把父权制下的男性权利扩展到女性,以法律为武器争取女性权利和男女平等。这是理论的贡献,但是,其平等理论强调的是以男性为准的、忽视男女差异的平等。

(2)马克思女性主义

这一理论赞同恩格斯的说法,认为对妇女的压迫是伴随私有制出现而产生的,私有化使财富集中在少数人手中。而且最初全部都是男性,它导致阶级的产生,这在当代表现为资本主义和帝国主义。对妇女的压迫并不只是父权制,即男人凌驾于女性之上的社会和文化规范造成的,也是资本主义制度本身的产物。如果所有的妇女都获得解放,就必须以社会主义取代资本主义。生产资料归全民公有,解放生产力,从而使妇女在经济上独立于男性,获得解放。马克思主义女性主义认为,马克思主义把劳动分工归因于资本家,忽视了父权制社会关系的影响,尽管父权制先于资本主义社会存在,但资本主义社会的基本机制是维护男人对妇女的优势地位,所以妇女解放既要反对私有制,又要反对父权制。

(3)激进女性主义

这一理论试图以性别压迫来解释许多社会压迫。他们认为妇女受压迫的根本原因是以权利、统治、等级制为特征的父权制的存在,这一体制无法进行改造,必须连根拔掉,不仅要摧毁这体制的法律和政治结构,也要摧毁它的社会和文化结构,包括家庭、社会和学校。他们指出,男人对妇女的压迫主要是生理上的压迫。因此,他们提出的妇女解放道路也颇为激进,强调推翻妇女压迫不能简单地通过改革政治和经济制度来完成,女性主义必须完全改变性别制度。如消除性别区分、建立阴阳同体的文化、采取性分离主义政策、拒绝异性恋、提倡女同性恋以及采取生物学技术使妇女摆脱生物因素的控制等。显然,激进女性主义仅仅侧重于从生物学角度分析妇女受压迫的原因,忽视了对这一现象得以产生的社会历史根源的分析。

(4)心理分析女性主义

这一理论认为妇女受压迫的根源在于人类的心理。人格（例如人的自我概念和性别认同）意识依赖于人们在 3 岁之前形成的无意识结构的稳定性。根据弗洛伊德的前恋母情结和恋母情结理论，心理分析女性主义试图解释在新生儿和儿童时期男女性别体验上的差异。他们认为，如果妇女不探讨在这两个阶段中自己的心理生活，尤其是性别生活的构成，就不能认识到被压迫的根源。他们主张通过男女共同养育子女来改变或结束恋母情结，同时不再把权威、自主看成男性代表的价值，不再把爱和依恋看成女性的价值，而把所有的价值都看成是人类的价值，只有这样，妇女才能获得解放。

（5）社会主义女性主义

这一理论产生于 20 世纪 70 年代中期的欧洲和北美社会，它接受马克思主义关于社会主义是妇女解放的首要前提，以及权力和阶级分析的观点，但也接受了激进女性主义对于父权制的看法。它没有把资本主义当作妇女受压迫的唯一原因，也强调权力和压迫来源于性别和种族，是父权制、种族主义以及资本主义物质和意识形态的共同结果。社会主义本身是不充分的，尽管实现了生产资料公有制，性别歧视还可能存在，因此除了改变经济基础以外，还必须借助于特有的文化活动来发展女性主义意识。

（6）现象学女性主义

这一理论试图把现代西方哲学中的现象学理论与女性主义结合起来。女性主义理论家借用了胡塞尔的理论讨论女性主义意识问题。他们认为，女性主义的理论化应该来自女性的体验，描述女性意识是女性主义的重要任务。女性经验世界与男性不同，她们是以自己的意向原则来把握这个世界，同时也是以自己身体上独特的体验来把握世界，女性完全可能根据这种对世界的认识和把握形成女性主义意识。

（7）后现代女性主义

后现代女性主义的基本理论倾向来源于后现代主义。这一理论的要点是反对一切有关人类社会发展规律的宏大理论体系，主张分散的、局部的和小型（微型）的理论。它把妇女最根本的解放看成是思想的解放，反对把女性主义理论变成僵化的教条。后现代女性主义拒绝"妇女的观点",即只以一种,而且只以一种方式来说明现实。它认为,妇女有阶级、种族、文化与人种的不同,而这种差异、他者比仅仅是被压迫、劣势的地位有更多的含义,它让人的思想开放、多元而丰富多彩。

我们可以从人们对待男女关系的立场,看出女性主义不同流派的偏向:

- 男女相异——男尊女卑,男权制,父权制
- 男女相同——男女平等,自由主义女性主义
- 男女相异——男女平等,社会主义女性主义
- 男女相异——女尊男卑,文化女性主义和激进女性主义
- 男女相混——男女界限不清因此难分高低,后现代女性主义

这五种立场虽然是并存的,但是它们又是基本上按时间顺序兴起与衰落的。传统的性别观念主张男强女弱,男尊女卑,男主女从,男主外女主内,强调男女的区别和差异,并以此作为性别不平等的基础。现代的性别观念不强调男女差异,提出"男女都一样",批判男性气质和女性气质的刻板印象。随后发生了否定之否定,女性主义又重新强调男女差别,但是更激进。极端者为女性气质赋予前所未有的价值,发掘各种"女尊男卑"的文化、伦理和道德理念。最后,后现代的性别观念主张弱化两性的界限,以量的差异代替质的两分。①

4.哲学史视野中的女哲学家

为了说明这一问题,我们不凡列举几本在中国影响比较大的哲学史教科书来分析一下。

罗素的那本曾获得诺贝尔文学奖的《西方哲学史》(上、下卷),是一部既具有思想深度又具有文学才情的哲学史。这部哲学史论述了从前苏格拉底哲学家到逻辑分析哲学,前后长达2000多年,在本着"那些我以为似

---

① 李银河:《女性主义》,山东人民出版社2005年版,第11页。

乎不值得详尽处理的人物(除了极少数例外)完全略过不提"①原则指导下,罗素只字未提女性哲学家在哲学史上的贡献。在我国影响很大的两部现代西方哲学教程——夏基松著的《现代西方哲学教程》以及刘放桐等编著的《现代西方哲学》(上、下册修订本)也只字未提女性哲学家的贡献,我这样介绍,本没有苛求编者的意味,我想指出的是,在很长一段时间里,女性和女性哲学家没有在我们的视野之里。西方哲学如此,同样,中国哲学史的教材和著作也不例外。例如,复旦大学编了一套《二十世纪哲学经典文本》,有中国哲学卷,选了二十世纪中国的哲学家所写的经典著作,一共选了 20 个人。他们是:严复、康有为、谭嗣同、章太炎、蔡元培、梁启超、王国维、陈独秀、鲁迅、熊十力、张君劢、张东荪、李大钊、胡适、梁漱溟、金岳霖、冯友兰、贺麟、唐君毅、牟宗三。这些人中没有一位是女性。冯契先生的《中国古代哲学的逻辑发展》一书是在中国影响很大的哲学史著作之一,这部书试图用马克思主义的辩证方法来研究中国古代哲学史……用粗线条来描绘一下中国古代哲学思想合乎逻辑地发展的轨迹。……以求建立科学的中国哲学史,但是这部哲学史著作也没有论及任何一位中国古代的女性哲学家。因为,在正统(传统)的哲学视野或哲学史视域之内,根本就不可能讨论哲学与性别的论题,换句话来说,哲学是与性别无关或不相关的。真正讨论哲学与性别论题的,只是女性主义产生之后的事情。"一些女哲学家抗议说,在哲学中她们不得不以男人的术语去思考,从而把自己看成是低于男人一等或是'不充分的'男人;同样,第三世界的哲学家也抗议他们不得不以西方的术语进行哲学上的思考,从而认为自己所处的哲学文化是幼稚的、原始的或处于'发展中的'。"②夏基松先生在 2006 年出版的《现代西方哲学》中摆脱了以往现代西方哲学中不论及女性哲学家的偏见,用了一定的篇幅论述了阿伦特的反极权主义的政治理论、加亚特里·斯皮瓦克的后殖民主义以及后现代女权主义。

---

① [英]罗素:《西方哲学史》(上卷),何兆武、李约瑟译,商务印书馆 1986 年版,第 6 页。

② [美]罗伯特·所罗门:《大问题:简明哲学导论》,张卜天译,广西师范大学出版社 2004 年版,第 330 页。

《世界哲学》2010 年第 5 期开辟了一个《哲学家肖像》的专栏。编者按语指出,这个专栏将以访谈、翻译和专论等形式向读者推荐那些在世界哲学领域已然产生或正在产生着重要影响的大哲学家。专栏选取的第一个人是女性哲学家。为什么选取女性哲学家进入《哲学家肖像》专栏呢?

> 首先选择女性哲学家进入《世界哲学》的肖像画廊,这不是偶然或随意之举。因为传统哲学王国里的人称代词没有"she"(她),在这里,女性与哲学是两不相宜的。惟其有这样的习见,我们对奥尼尔的优先推荐就包含着某种故意,就是要做出一种颠覆的姿态。事实上,本刊在"哲学家肖像"专栏里策划了一个被戏称为"美女哲学家"的选题系列,它包含那位对规范性问题不懈追问、曾任美国哈佛大学哲学系主任的克里斯蒂娜·科斯嘉(1952—);那位对希腊悲剧与哲学进行着创造性哲学解读的美国哥伦比亚大学哲学系、文学院和法学院教授玛莎·纳斯鲍姆(1947—);还有那位虽在上世纪 70 年代过世、但其思想依然鲜活至今的德裔哲学家汉娜·阿伦特(1906—1975);……这个名单中的人都是第一流的,这个名单还在添入新的名字,它让我们确实感觉,时代不同了。①

《世界哲学》的这个编者按语实际上反映了现时代人们对哲学与女性的看法,然而,编者后面的一句话反映了现在大多数学者仍然没有摆脱传统哲学对哲学与性别的看法。编者指出:"'哲学家肖像'的外延远不限于女性系列,而且我们在内心里也并不关注哲学家的性别"。这表明,在大多数情况,人们仍然认为哲学是与性别无关的。

5. 案例:女性主义的科学哲学

为了揭示性别与哲学的关系,我们这里仅以女性主义的科学哲学为例作一说明。

---

① 《世界哲学》2010 年第 5 期,哲学家肖像编者按,第 5 页。

在当代西方科学与文化的反思热潮中,女性主义者作为一支重要的学术批判力量,近几十年来正在从政治运动,意识形态向整个文化界、学术界弥漫,并由人文社会科学逐步渗透到自然科学。女性主义介入科学领域虽然只是在 20 世纪 70 年代,但它从独特的视角出发对主流科学的批判,以及关于重建所谓"女性主义科学"的构想和实践,体现了女性主义理论与科学的社会研究的综合,已越来越引起西方学界的关注。女性主义者从不同层面对主流科学进行了深刻的批判,揭露了其中的男性中心主义偏见,进而建构女性主义科学。

在女性主义学者看来,"现代科学的核心问题和方法是父权制为解决女性化问题而创立的"①,所以,女性主义学者伊夫林·凯勒认为,女性主义科学批判关注的主题不是妇女问题,或妇女与科学,而是"男人和女人的创造如何影响了科学的创造",这样一项事业"导致了两种表面上独立发展的学问的交汇:女性主义理论和科学的社会研究"②,这就是女性主义对科学的批判思潮。女性主义的科学批判可以分为两种宽泛的类型。第一种是所谓公平批判,即女性科学家的工作没有受到公平的待遇。女性主义的科学家、科学教育家和政策分析家、科学世家,特别关注于证明女性在科学领域中所受训练、所派代表和所获承认方面的不平等。第二种就是所谓的内容批判,即女性主义的科学家和科学哲学家往往提出有关内容的问题——她们发现了规范科学方法论常常在甚至是精心构造起来的最可信的科学理论内容中再造出(而不是清除掉)一个性别歧视社会的种种关联性偏见的无数方式。③ 当然,这里所谓的"科学"也就是我们一般的"公认观点"所认为的中立的、理性的、客观性、普适的科学。公认的观点是,演绎的、分析的、原子的、非情境化的和数量的认知风格被标明是"男性的",而直觉的、

---

① Sandra Harding. The Science Question in Feminism. Cornell University Press, 1986, pp. 140 – 141.

② 吴小英:《科学、文化与性别》,中国社会科学出版社 2000 年版,第 28 页。

③ [美]艾丽森·威利,[加]肯特·荷加斯:《女性主义认识论与科学哲学》,见:欧阳康《当代英美哲学地图》,人民出版社 2005 年版,第 720 页。

综合的、整体的、情境的、质量的认知风格被标明是"女性的"。① 科学中妇女相对少,科学长期拒绝女人,科学中女人地位相对低,女人是"执行者"、"边缘者",而男人是"指令者"和"中心者",这就是说,科学本质上是"男性主义的意识形态"(androcentric ideology)。这种典型的二分法渗透到社会的一切部门,在科学中也不例外。女性主义认识论认为,西方哲学中所谓的理性和客观性排斥了女性和下层阶级的经验与特点,其中包括情感、事物间的联系、实践的感受和特殊性。科学家习惯于从父权制的现实出发,提出假设,收集证据,进行性别偏见的推理,最后得出维护父权制社会的结论,由此形成的科学,女性主义称之为"坏科学"。由此可见,这种"坏科学"是系统地排斥"他者"(otherness)的产物。"不管是有意的还是无意的,传统的认识论在整体上都排除女性可能成为'知识者'或知识主体的可能性……科学的声音属于男性;……历史是以(居于支配阶级和种族的)男性的观点写成的;……传统社会学判断的主体总是被假定为男性。"②针对这种情况,女性主义认识论将性别、种族、民族、阶级和性倾向这五种处于不利地位的人群加进入认识的主体之中。

女性主义对主流科学批判的目的就是为了建构一种能够克服现有科学中的男性中心主义偏见及所有等级观念的女性主义科学。对此,不同的女性主义流派见解不同,他们心目中的女性主义科学也各有特点。根据女性主义科学批判的三个主要认识论进路——女性主义经验论、女性主义立场论和后现代女性主义,我们可以把女性主义的科学构想大致分为三种。女性主义从社会学层次到认识论层次的科学批判,揭示了导致科学中性别不平等和科学的男性统治模式的认识论基础,由此可视为女性主义对科学批判的关键部分。女性主义经验论、女性主义立场论和后现代女性主义这

---

① Anderson, Elizabeth "Feminist Epistemology and Philosophy of Science", The Stanford Encyclopedia of Philosophy (Fall 2003 Edition), Edward N. Zalta? (ed.), URL = < http://plato. stanford. edu /archives/fall2003/ entries/ feminism - epistemology/ > .

② Sandra Harding. Introduction: Is There a Feminist Method? In Sandra Harding, ed. [M], Feminist and Methodology: Social Science Issues. Milton Keynes: Open University Press:1987,pp. 1 – 14.

三个女性主义科学哲学流派对传统科学进行了不同程度、不同方面的批判，它们各具特色，并且有异有同。我们从女性主义这个整体的角度出发，可以发现它们与传统的科学观的对立，对传统科学观的继承和发展。同时，女性主义认识论又受到后现代主义思潮的影响，陷入现代主义与后现代主义的争论之中。因而，它们与后现代主义有着千丝万缕的联系。

女性主义经验论认为，按照科学标准规范的要求，克服现实科学中的男性中心主义偏见和统治欲望，使之成为反映自然和社会的真实面貌、真正客观无偏见的科学。"女性主义经验主义认识论提示我们：需要女性主义科学家的实际努力，去揭示在科学视野中持有偏见歧视的所有关于男人和女人的故事（可能不全是真实的）"①。这种构想就是以主流科学观中的理想科学相一致的"好科学"模式修正和取代实践中的"坏科学"；注重以女性主义方式实践科学。他们要求在科学中女性与男性应给予平等的机会，并认为妇女运动为消除正式和非正式的障碍。让更多的妇女进入科学领域提供了可能性。他们相信科学应该是价值无涉的，因而未对主流科学规范进行审视和质疑。除此以外，他们认为妇女运动的作用不仅仅是改变科学中的科学结构，而且通过女科学家人数的增加对科学知识的增长产生质的增长。女性主义强调在实践中纠正科学的男性化倾向的可能，科学规范的可达到性在父权制文化中由于男性主体群落的政治局限而未能完成，但这一结果却通过妇女解放运动而得以改变。可见，女性主义经验论所作的工作并没有超越主流科学话语，未对主流科学的认识论构成根本性的挑战，而只能算是对它的修正和补充，因而遭到女性主义激进派代表女性主义立场论的攻击。但这种方案容易被实践中的科学家所接受，使他们能够获得在政治上、智力上强有力的社会支持。

女性主义立场论认为，女性主义经验论未能跳出传统经验论的男性思维框架和价值体系，她们主张从女性主义统一立场出发，以女性及其他边

---

① ［美］克瑞斯汀·丝维斯特：《女性主义与后现代国际政治》，余潇枫等译，浙江人民出版社2003年版，第88页。

缘人群的生活经验为背景和来源,建构能够免于包括性别压迫在内的一切
等级制和压迫形式的真正解放的科学。女性主义立场论认为在现有的科
学模式未曾发生根本转变之机,鼓励更多女性进入科学领域并不能改变女
性科学家在性别主义、种族主义、阶级主义的社会相结合的科学结构中的
不平等地位和受压迫状况。相反,它将女性主义的注意力和精力从反对男
性统治的源泉的斗争转移到投入主流趋势的工作之中,并且有可能加剧高
度分层的科学的社会结构中女性之间的等级分化,使女性科学家成为男性
统治的同谋。因此重要的是创立一种女性主义后续科学来取代男性主流
科学。然而,女性主义立场论同时坚持女性科学家若能找到一种运用她们
作为女性的独特经验,创造一个对男性主流框架及其影响进行批判的视点
的方式就能对科学知识的增长带来益处。因此女性主义对常规科学的批
判提供了对女性科学家可以提供的科学资源的不同评价,其中重要的不是
女性科学家的人数和她们严格遵循科学规范进行无性别研究的能力,而是
她们从女性的社会活动和立场去思考以填补女性经验与主流框架之间的
鸿沟的能力,这种能力要从女性主义政治斗争中才能获得。妇女运动将通
过政治斗争提供科学资源,如同近代科学的诞生之初使欧洲从中世纪走向
现代世界的资产阶级政治斗争所提供的资源一样。与女性主义经验论相
比,女性主义立场论的科学重建方案更易被历史学家、政治学家和知识社
会学家所接受,但它对主流科学的激进批判态度却更易遭到主流科学以及
科学哲学界的拒绝。

　　第三种实际上是女性主义与后现代思维方式的结合,它可以分两个层
面来展开,即女性主义后现代主义和后现代女性主义。"后现代主义和女
性主义的关系是一种很不稳定的关系,因此,把自己归之于后现代主义的
女性主义者,常常很难解释自己如何可能既是后现代的,又是女性主义
的。"①女性主义后现代主义作为一种认识论,这种认识论反映了西方哲学

---

　　① ［美］斯玛丽·帕特南·童:《女性主义思潮导论》,华中师范大学出版社 2002 年版,第 285
页。

在后现代时期的转向,以及对自我、性别、知识、社会关系和文化(从线性的、目的论的、阶级观的、整体的或是二元思考方式来理解的文化)进行彻底的怀疑;而后现代女性主义揭示了性别的隐喻,运用性别扭曲现象和确凿的科学数据来判定我们对"女性"的科学理解,要求在我们的头脑中消除法西斯主义,建构起人类文本真正的开放品质。[①] "女性主义后现代主义和后现代女性主义之间细微的差别在于后者能够从容忍自我决断的政治学向移情合作的政治学转化。"[②]

后现代女性主义认为科学批判只是提供一种改造现实的可能性,并不追求新的科学模式的建构。因为重建意味着重新落入男性主义的圈套,树立新的权威和普遍话语。女性科学应该是远离中心的、历史的、情景的、解释的和多元的,因为它建立在多元的、非本质的、支离破碎的女性主义身份基础上。要容忍偏见、模糊、矛盾和多样性,因为世界处在不稳定的、复杂的和无秩序的流变之中。这一构想由于否认了女性主义科学重建的意义,被认为无论在理论上还是在实践上都不利于女性主义的发展。

由此可见,女性主义的三种认识论的科学重建虽各有侧重,但是他们之间也有一些共同的特点,就是为建立一种新的科学而斗争。在她们看来,现有的科学、其价值观乃至理论知识是由一种权力关系建构的,显然不是中立的。因此,他们设想一种不同于现有科学的科学。那么,这种女性主义科学究竟存在与否以及如何存在呢? 对此,由于女性主义者来自不同的学科领域以及"女性主义"与"科学"本身就是两个有争议的领域,因而对于能否产生女性主义科学的看法也不同。

桑德拉·哈丁阐述了近年来女性主义者对这个问题的几种看法[③]:

首先,一些学者认为,女性主义科学只能出现在革命之后。虽然现在

① [美]克瑞斯汀·丝维斯特:《女性主义与后现代国际政治》,余潇枫等译,浙江人民出版社2003年版,译者序、第70页。

② [美]克瑞斯汀·丝维斯特:《女性主义与后现代国际政治》,余潇枫等译,浙江人民出版社2003年版,第71页。

③ Sandra Handing. Whose Science? Whose Knowledge? . New York : Cornell University Press, 1991. pp. 299 – 305.

已经向形成女性主义科学迈出了重要的一步,但"女性主义科学"一词应该是为未来的实践和制度所保留,她们相信在其形成规模之前肯定会发生重大变革。科学史家伊丽莎白·菲(Elizabeth Fee)提出了为未来可能出现的科学保留"女性主义科学"这一提法的理由。① 她认为,在目前的历史时刻,女性主义科学还未形成,人们谈论的只是女性主义对现存科学的批判。而在目前想象女性主义社会中的女性主义科学有点像一个中世纪的农民去想象遗传学理论和航天器的出现。尽管女性主义学者可以提出观念并设想女性主义科学应达到的标准,但是不应将此与实际形成科学理论混为一谈。不过,也不能因此而断定女性主义科学本身不可能形成。

第二,一些人认为只有"好科学"和"坏科学"。一些观察者指出,女性主义所要提出的女性主义科学实际上只是纯粹的好科学。在科学的发展史上,也曾有人提出过女性主义所主张的变革,既然今天或过去的非女性主义者也曾经或正在呼唤女性主义者所呼唤的变革,这些变革就不是专属于女性主义的,也就没有必要讨论女性主义科学这一问题了。相反的意见则认为,传统的在"好科学"和"坏科学"之间进行两分并不能解决全部问题,如果认识不到政治变革在知识发展中的作用,就会对好的科学的实际发生构成真正的威胁。

第三,后结构主义女性主义的评论提供了另一种答案。他们指出,分析主流理论和实践,而拒绝对"我们应该做什么?"或"世界实际上是怎么样的?"等问题提供积极明确的解释,这一批判本身是有价值的。不管人们是否可以想象出可行的选择,它至少使人们朝着新的方向思考,为新的思想和行动的出现创造空间,但是这些思想和行动过于脆弱,还无力成为被综合详述的学说或是行动计划。急于求成会过早地结束批判和讨论,从而鼓励过分简单化,或错误地处理人们尚未完全理解的问题。忙于取得"实际的"结果而不肯在知识方面和政治方面进行艰苦的工作,只能是欲速而不

---

① Sandra Handing. Whose Science? Whose Knowledge? . New York : Cornell University Press, 1991. p. 301.

达。

第四,认为女性主义社会科学也是科学。桑德拉·哈丁指出,那些主张会有,但现在还没有女性主义科学的人,那些含含糊糊赞同女性主义科学的可能性的人,似乎心目中只有自然科学。然而,社会科学,甚至生物学和医学,都有着多重研究的传统,创造女性主义社会学、经济学、生物学、人类学或心理学的思想并非可望不可即。① 她号召在知识探索的过程中,女性主义学者需要改变一些传统观念。一是不应将"科学"一词局限于自然科学,而是将"科学的知识探索"的称号平等地赋予那些系统而有效的探索模式,包括社会科学甚至人文科学;二是不应认为只有"正规"研究计划处于适当的地位,而没有人再争论怎么样从事女性主义科学时,女性主义才使自己成为一门真正的科学。三是应摒弃这样一种观点,将获得经验知识的指导性理论和经验知识的实际获得截然分开,认为其中只有后者才是真正的科学。最后,应转变欧洲中心主义的立场——认定"真正的科学"只能是现代西方科学已经在从事的那些工作或是被认定为科学的东西,认为设想有着不同的有关自然的理论、丰富多彩的获得经验知识的方法和与现代西方科学不同的日程的科学是毫无意义的。这些看法不利于女性主义科学的形成。

由上可见,女性主义前三种看法对于女性主义科学存在可能性的看法都不是很乐观,而哈丁则显得比较乐观。她认为女性主义在社会科学和生物学领域的工作正在导向女性主义科学的目标,因此虽然当代科学的整体并未发生根本改变,但我们仍可以认为女性主义科学进程已在发展中。

综上所述,女性主义者对科学的反思既可以看成是女性研究向科学领域的渗透,也可以看作是科学研究在女性主义中的体现。它提供了一个新视角,新主题和一种新的可能性,使之区别于科学批判的两大趋向(社会人文批判和认识论方法论批判)而独具特色。② 女性主义将科学与性别有机

---

① Sandra Handing. Whose Science? Whose Knowledge? . New York : Cornell University Press, 1991. p. 305.

② 吴小英:《科学、文化与性别》,中国社会科学出版社 2000 年版,第 28 页。

地联系在一起,以此为出发点向我们揭示了主流男性科学的弊病,这是其他的科学批判所不能看到的。女性主义所提倡的从妇女的生活出发进行思考,向我们提供了一个崭新的思维方式,由此一个新的更加广阔的领域展现给世人。她们还提出从边缘人的生活出发进行思考。社会边缘者的经验和生活,正如她们自己理解的那样,提供了不同的有待解释的问题和科研计划,而优势群体是看不到和重视这些问题和计划的。处于社会边缘者的经验和生活往往遭到贬抑和忽视,因而成不了处理自然界和社会关系的重要问题(尤其是涉及客观性最大化的问题时)的源泉。可是,从这种生活出发的思考,能提出有价值的问题。①

女性主义科学反思对科学从其结构、功能到认识论基础进行了深刻的批判。从总体上看,它主要集中于对认识论、方法论的批判。但又不同于科学批判的认识论、方法论的批判。它从性别关注出发,指出了现有科学的许多弊病,寻找其在认识论方面的根源,进而发展自己的女性主义认识论,最后建构女性主义科学。从这一系列的行为看,女性主义的科学反思更注重从认识论上、从根本上转变科学,转变传统的科学观。与传统的科学观不同的是,它不再把科学等同于真理,不再把科学视为唯一的,而是从不同的角度来诠释科学,使科学具有新的涵义。尤其是在后现代主义思潮的影响下,女性主义的科学反思更趋向多元化,这顺应了世界复杂多变的特性,然而在另一方面增加了自身为科学寻找解放道路的难度。

在女性主义科学重建的问题上,我们看到女性主义各种派别的构想其意图无疑是好的,要使科学成为为全人类谋福利的事业。但是其构想及途径皆不够完善,在现有科学强有力的情况下,不能动摇其基础,更不用说取而代之。因此可以说,女性主义科学的构想还处于空想阶段。

女性主义的确提出许多重要的问题,这对科学的发展带来了强烈的警示和启发。然而,女性主义对这些问题给出的答案并不尽如人意。在建构

---

① ［美］桑德拉·哈丁:《科学的文化多元性——后殖民主义、女性主义和认识论.》,夏侯炳、谭兆民译,江西教育出版社 2002 年版。

女性主义科学的过程中,女性主义经验论满足于对这些问题的修修补补,女性主义立场论主张重建科学并诉诸于妇女运动,这些都不能从根本上动摇主流科学制度的基础。科学是一种社会建制,有其社会、历史和文化的根源,是一多种因素综合作用的结果。而女性主义对科学的批判虽已接触到科学制度本身(例如,对常规科学的批判),但是这种唯一的性别关注毕竟有其片面性,这难免会出现以偏概全的现象。例如,女性主义科学批判主要来自社会科学和生物学部分领域的研究,对自然科学并没有产生深刻影响,这样得出的结论的可靠性值得怀疑。由此可见,女性主义对科学的反思的可贵之处在于提出问题,而对问题的解决则需要女性主义者们继续努力。

女性主义科学反思是以对现代科学的批判为基础,是现代主义的直接产物。然而,它与世界性的文明、文化与科学的反思潮流和趋势相吻合,与作为现代主义对立面的后现代主义有着千丝万缕的联系。女性主义有众多的流派,各流派见解不同,观点各异,主张多元化,非中心,差异性,这些都构成了女性主义科学批判的后现代特征。因而,女性主义科学反思始终处于不同的纷争之中,并且面临现代与后现代的两难选择。但正如哈丁所言,或许女性主义面临的夹缝中的窘境正表明了它的与众不同和重要性。①

在女性主义的科学反思中,我们看到,其分析研究主要限于西方文化的传统,尽管女性主义也强调全球女性主义的科学问题。它的批判主要以西方科学历史、制度为模版,缺乏对西方科学文化传统以外的科学与妇女的分析。例如1998年,女性主义科学史家西宾格尔谈到:"我们还没有关于中国古典科学的社会文化性别的研究,也没有关于印度次大陆的妇女及关于非洲或南美洲的科学中妇女(或社会文化性别)的研究。"②按照女性主义的说法,这也会阻碍女性主义对科学知识做出较少偏见的论断,使我们不能尽可能地增加知识的客观性。

---

① Sandra Handing. Whose Science? Whose Knowledge? . New York :Cornell University Press, 1991. p. 187.

② 刘兵,曹南燕:《女性主义与科学史》,《自然辩证法通讯》1995 年第 4 期,第 51 页。

女性主义的科学反思使我们重新思考,什么是科学,是否还存在一种大写的科学,一种不依赖个人意志和特殊文化特性的不断进步的客观性的科学。如果存在这样一种科学,那么我们如何看待对科学的批判呢?如果不存在这样一种科学,那么又有谁能建构一种优于这种科学的科学呢?我们看到女性主义对科学的建构是不成熟的。还是如后现代主义所言,根本没有必要建构一种统一话语?当然,这种思考并不是对科学的不尊重,因为科学是历史的,它在不断改变、塑造自身的形象。

二、种族与哲学

在第三讲我们谈到哲学的特质时,曾经讲到哲学的民族性,那么哲学的民族性以及哲学与种族之间是一种什么关系呢?为此,我们在这里先要简要地叙述一下民族与种族的关系。

1. 民族与种族

民族在某些场合下也称国族,指的是一群人觉得他们自己是一个被历史、文化、和共同祖先所连结起来的共同体。民族有"客观"的特质,这些特质可能包括地域、语言、宗教、或共同祖先,也包括"主观"的特质,特别是人们对其民族性(nationality,或译国籍)认知和感情。我们讲民族是非血缘共同体,主要是相对氏族、部落的血缘关系特点而言的。有的民族长期生活在一个闭塞区域,很少与外民族通婚,此种情形似乎属于血缘关系之列。但事实上这主要是地域阻隔和民族压迫制度的产物,并不像氏族、部落那样严格,而且随着民族关系的变化,这种状况也会发生变化。民族不是以血缘为纽带结成的人们共同体,在由部落发展为民族时,早已冲破了氏族部落的小圈子,而容纳了不同部落甚至不同种族的人们。这和氏族、部落的血缘集团有根本区别的。

种族也称做人种,是在人类早期形成的生物学意义上的人们集团,是在体质形态或遗传特征上具有某些共同特色的人群,划分时可以根据外在特征(如肤色、发色、面部骨骼结构等)、基因以及自我认同为标准。"种族"这一概念以及种族的具体划分都是具有相当争议性的课题,其在不同的时代和不同的文化中都有差异,种族的概念也牵涉到诸如社会认同感以及民族主义等其他范畴。通常我们主要根据皮肤的颜色、头发的形状和颜色、面容、眼睛及体格等征象来划分人种类别。例如,黑种人(即尼格罗人种)的特征主要表现为:深棕色的皮肤,黑且卷曲的头发,栗色眼睛,宽鼻翼,厚嘴唇。黄种人(即蒙古人种)则表现为:黄色的皮肤,黑且直的头发,扁平的面部,低平的鼻梁,厚度适中的嘴唇等。白种人(即欧罗巴人种)的主要特征是:浅色的皮肤,颜色不一而柔软的头发,褐、灰、蓝或绿色的眼睛,高鼻梁,薄嘴唇,特别发达的体毛和胡须等。目前,关于人种的划分尚有很多分歧。但是,无论何种划分方法,都很难把人类全部容纳进去。由于长期历史的发展和种族间的接近及混杂,世界上原来纯粹的人种早已为过渡性的混合型种族所代替。由此可以看到,种族属于体质人类学和生物学的范畴,其标志是体质形态上具有某些遗传性的生理特征。而马克思主义经典作家则认为,民族是以共同的语言、共同的地域、共同的经济生活及共同的心理素质四大特征为标志的历史范畴。

人们在谈论哲学时,往往都"遵循着同一种哲学传统,这个传统发源于古希腊,并通过犹太—基督教神学和欧洲科学的兴起而得到发展"①。正鉴于此,人们提出了"中国古代是否有哲学?"、"中国古代是否有科学?"等问题,也就是我们前面曾经讨论过的"中国哲学合法性"问题。按照这"同一种哲学传统"的逻辑,那么所谓的中国哲学、印度哲学等都是不存在的。这个"同一种哲学传统"正是"西方中心主义"、"欧洲中心主义"或者说(现代的)"美国中心主义"的表现。"我们不应该狭隘自负地把哲学定义为只包含古希腊、中世纪以及近代欧洲的思想"②,然而,人们真正认识到这一点,则是后殖民主义兴起之后的事情了。

---

① [美]罗伯特·所罗门:《大问题:简明哲学导论》,张卜天译,广西师范大学出版社 2004 年版,第 326 页。

② [美]罗伯特·所罗门:《大问题:简明哲学导论》,张卜天译,广西师范大学出版社 2004 年版,第 326—327 页。

2. 后殖民主义的兴起

"后殖民主义"一词虽然出现在 20 世纪 90 年代,但这一思想早在 20世纪 70 年代就已经产生了。一方面,20 世纪 70 年代末,当世界上大多数地区不再存在殖民者的行政统治的时候,殖民话语批评才进入西方文化理论和批评。一般公认的是美国哥伦比亚大学教授爱德华·萨义德首先在其《东方学》一书(1978 年)中把"殖民话语"作为研究的对象,他系统地批判了西方殖民主义在文化上的表现。他的著作是英美人文学科中最早对帝国主义、种族主义、殖民地统治进行抨击的一部力作。① 20 世纪 80 年代末 90 年代初,随着原苏联的解体和东欧的剧变,冷战时代也就结束。冷战结束后,靠赤裸裸的军事侵略来征服世界,不仅代价很大,而且很难行得通。因此,西方大国大力推行文化帝国主义的政策。1989 年福山提出了"历史终结论",1993 年美国哈佛大学著名政治学家亨廷顿发表著名的"文明冲突论",这些都是鼓吹文化帝国主义的理论,从而为西方国家的精神文化征服披上了道德的、合法的外衣。另一方面,以印度历史学家为代表的一些学者编写了一部《特称文化研究选》,在此书中,特别强调了自己民族文化的特殊性,并提出了一些写作民族文化历史的新方法。这标志着历史研究范式的深刻转型。在此转型中,人们自觉不自觉地一直运用的以西方文化中心主义为核心的历史研究模式受到冲击,而第三世界的情感被迅速唤起并参与到历史的舞台之中。在这里,第三世界的知识分子第一次明确地意识到并自觉地起来反对第一世界思想家和历史学家的文化霸权主义潮流。他们意识到,此种源于西方的文化霸权主义、文化帝国主义的突出表现就是不承认社会历史的特殊性和差别性,企图用某一种普遍主义的文化解释理论或历史研究模式来说明一切民族的发展过程,而实质上是在用源于西方民族和地区的局部经验性理论来解释世界上所有民族和地区的历史,从而把以欧洲中心主义为基础的历史理论和价值标准推广到全球,使之获得至高无上的文化霸权地位,这是一种典型的文化霸权主义、文化

---

① 张京媛主编:《后殖民理论与文化批评》,北京大学出版社 1999 年版,第 4 页。

帝国主义和西方中心主义。对此,以赛义德、汤姆逊(P·Thompson)、霍布斯鲍姆(E·Hobsbawm)等人为代表的第三世界学者给予了深刻批判,强调各个民族的文化发展有自己的特殊方式,不能用西方文化的研究模式来框定。① 实际上,这一问题在中国也有所表现和反映,我们将在稍后分析。

20 世纪 70 年代的文化霸权主义批判还只是后殖民批判主义的雏形。真正对之展开全方位批判的还是 20 世纪 90 年代的事情。1990 年普拉卡什在《编写第三世界的后东方主义历史:来自印度历史学界的观点》一文中,明确地提出了后殖民话语的出发点问题,即第三世界如何来写"它自己的历史",并明确提出了"后殖民批判主义"等一系列概念及思想。在以后的《后殖民批判主义和印度历史学》(1992)等文章中,他又进一步发展了这些思想。与此同时,许多第三世界的知识分子(包括生活在第一世界的第三世界知识分子)和其他激进知识分子都围绕此问题展开了研究。1991 年汤林森博士出版了《文化帝国主义》一书,首次系统地对文化帝国主义话语进行了分别和剖析,但是此书仍然没有摆脱西方中心主义的窠臼,他是通过对文化帝国主义的话语分析来为文化帝国主义进行辩护;1993 年德华·萨义德出版了他的另一部巨著《文化与帝国主义》。这部著作扩展了他早先的主题,文化与殖民活动之间的密切关系,探索隐没于小说、诗篇和闲暇情趣之下的帝国主义意识形态,同时注意了在东方的对西方霸权的抵抗,并且强调了后殖民主义知识分子的反权力话语的历史。随着全球化进程的进一步展开,1999 年汤林森博士又推出了旨在分析全球化文化帝国主义的力作《全球化与文化》,从而使我们对文化帝国主义理论的认识更加深刻和系统。于是,后殖民批判主义就在当今世界的学术界甚至社会生活中日益形成一股强大的思想潮流。

从总体上看,后殖民主义思潮的突起是"冷战"体制瓦解后,资本主义全球化势力渐增时,国际社会中弱者与强者的对话。由于旧的殖民关系遭到抵制,强制性的政治、经济、文化压迫受到冲击。但是,资本主义生产方

---

① 杨金海:《后殖民主义概况综述》,《马克思主义与现实》1997 年第 1 期。

式、社会制度、文化观念仍然具有影响力,直到今天,它不仅仍然控制着西方社会结构,而且借助跨国金融资本的力量以日益强大的态势同化现时代的各种关系。后殖民主义正是资本主义全球化条件下的产物,是对新的世界、社会关系的一种文化描述,它反映了有殖民地心理背景的知识分子在观察历史时的心态。

3.帝国主义、殖民主义、新殖民主义与后殖民主义

为了加深对帝国主义、殖民主义和新殖民主义的了解,为此我们对这些基本概念作一点辨析。所谓帝国主义就是指一个国家为了经济剥削和民族荣耀,通常采用军事力量把统治权扩张到其他国家的一种实践。殖民主义是帝国主义的一种特殊形式。在这种形式下,征服国和其"殖民地"疆域是严格分开的;殖民地居民的政治和法律全皆比较低。在古代社会,帝国主义和奴隶制是携手并进的,但被征服者的国土则保持正常的完整性,并不存在殖民地。从资本主义早期起,西欧的帝国主义开始向全球大部分地区进行扩张,而且一般都采取殖民地形式(最典型的是英帝国和荷兰帝国)全世界大多数人民,曾一度变成了帝国主义和殖民主义统治的牺牲品而很少有受益者。1890年代,在英国,帝国主义成了主要的政治论题。这导致了相当多地论述帝国主义的著作的产生。J. A. 霍布森(Hobson)的《帝国主义论》一书是其中的精华之作。帝国主义概念在当代发展社会学中起着重要作用……许多作者更愿意使用新帝国主义这个术语,来表示富国在不采用直接的军事干涉条件下对穷国的经济剥削。①

所谓新殖民主义,这个术语起初时表示旧宗主国(如英国、法国)对原殖民地交出正式的国家控制权后对殖民地的经济统治的延续和扩展。它很快地包括了新的宗主国(美国、日本、西德)在第三世界资源和市场中的掠夺性的利益,尽管它们从未拥有正式的殖民地(就德国而言也为数很少)。1955年在亚非国家万隆会议上人们对"新殖民"情况的集体意识已

① 〔英〕迈克尔·曼主编:《国际社会学百科全书》,四川人民出版社1989年版,第95、287—288页。

经明朗化。在激进的发展文献中大量使用新殖民主义这个术语的做法就始于此次会议。尽管"新殖民主义"这一术语是发明来指经济统治的,但它并未排除宗主国(特别是美国)为保证他们的海外经济利益而采取的政治压力、军事支持、颠覆等政策以及直接干涉。各宗主国的利益和第三世界国家的民族抱负的矛盾,加剧了冷战所倚靠的地理—政治背景,从而使新殖民主义的政治和军事方面更加明显,有时甚至掩盖了它们所为之服务的经济目标(如在越南战争中就是如此)。①

后殖民主义(Postcolonialiam)又叫后殖民批判主义(Postcolonial Criticism)。作为一种文化现象,它是当今世界出现的后殖民社会状态的反映。按照著名学者 A·德里克等人的解释,后殖民一词意指当今世界的三个层次的社会状况:一是指先前的殖民地社会的当代状况,即先前的一些殖民地社会在结束了西方殖民主义的军事、政治、经济等统治之后仍然存在的甚至日益严重的殖民文化统治状况。二是指准"第三世界"的当今社会状况,即以先前第三世界为主的一些国家和地区(其中既有先前的殖民地社会,也有非殖民社会)遭受西方文化霸权主义统治的状况;三是指一种全球状态,亦即在西方殖民主义结束之后,在全球普遍存在的文化殖民主义或文化帝国主义状况。后殖民主义主要就是以先前的殖民地和第三世界知识分子以及生活在第一世界的殖民地和第三世界知识分子为主体的知识分子的一种文化话语,是他们的一种文化关怀和文化倾向。②

后殖民主义当然与殖民主义问题有关,而这里的"后"又有三层意思:(1)顾名思义,它是一个在所谓殖民地、殖民主义问题解决以后又产生的新问题,但这里的"新"是指对于问题有"新"的认识。可以说这层含义是最广泛的。正因为其过于泛化,因此对问题的认识就需要进一步加深,于是就有进一步分梳的可能。(2)所谓"后殖民",不是指获得独立后的殖民地国家的知识分子对前宗主国文化所进行的批判,而是宗主国培养出的一部分

---

① [英]迈克尔·曼主编:《国际社会学百科全书》,四川人民出版社 1989 年版,第 453—454 页。

② 杨金海:《后殖民主义概况综述》,《马克思主义与现实》1997 年第 1 期。

来自前殖民地国家的知识分子在他们自己置身其中的学术营垒中的反戈一击。从这个意义上来讲,后殖民主义说到底仍是西方文化传统内部的一种自我扬弃和整合。就此而言,萨义德是一个典型。(3)后殖民主义论者既是西方旧殖民主义的批判者,同时又是新殖民主义理论的代言人。就此而言,汤林森对文化帝国主义的辩护就是一个典型的代表,亨廷顿、福山等人也不例外。

4. 后殖民主义与后现代主义

从社会基础来看,西方社会从 20 世纪 60 年代面临着一系列新的变化。这种新的变化不仅是传统的认识和观念所无能为力的,也不能完全由现代主义来解释,于是,人们将这种社会称为晚期资本主义(恩斯特·曼德尔)、后工业社会(丹尼尔·贝尔)、后资本主义社会(拉尔夫·达伦道夫)、后社会主义社会(阿兰·杜汉纳)、后现代社会(阿米泰·艾特奇奥尼)、后匮乏社会(《社会政策》杂志)、后福利社会(吉迪恩·绍伯格)、后大规模消费社会(赫尔曼·卡恩)、信息与传媒社会(马歇尔·麦克卢汉)、奇观社会(格尔·迪伯德)、有计划性衰竭的官僚政治社会(亨利·列斐伏尔)等等。这种新的社会和历史阶段需要用新的概念和理论去阐释,于是,"后现代主义"可以说应运而生,"后殖民主义"又在后现代主义的大背景下孕育产生。从理论渊源上讲,后殖民主义秉承了后现代主义的衣钵,是后者在文化领域中的延续和具体化,因而后殖民主义也是一种批判思潮。这可以从"后"这个字上看出其理论的目标。这是因为 20 世纪 60、70 年代后的西方思想理论界,在经过了所谓后结构主义思潮的洗礼之后,已相当普遍地接受了这样一个认识假设:即越来越自觉地以解构主义语言学的原理来对本学科进行反思。持这一观点的理论批评家认为,19 世纪资本主义经历了在全世界侵略扩张、发展到帝国主义阶段的过程。而伴随着帝国主义的经济侵略和领土扩张,在文化的层面上,也有一个同步进行的、将整个世界的方方面面都文字化、符号化的过程。接受了后结构主义语言学理论的后殖民文化批评家们,把后结构主义、解构主义的各种概念和术语搬来,在对已有的与帝国主义全球扩张相对应的一套文本进行解构的同时,从事一套新的话语的建构。在他们看来,文化层面上的帝国主义的扩张,是一个"成文"(a texting)、"文本"(textualising)、"艺术化"(a making into art)的过程,一个"形成某个供人认识理解的对象"的过程(斯皮瓦克语),是一个形成帝国主义"文化霸权"的过程(赛义德语),而后殖民主义者所要做的工作,简单地说就是"揭秘"(de-mystify)、"解码"(decode),即对于我们习以为常、看似自然的各种文本进行解构,揭示其意识形态的偏见,在此基础上再进行一种新的话语整合,形成一种新的认识。①

后殖民主义已经借鉴吸收了德里达的解构哲学、福柯的知识谱系学、利奥塔德对一切宏大叙事都表示怀疑的后现代主义立场,格林布拉特关于话语之间的"协商"以及巴赫金的"对话"等,并把它们作为自己认识的基础和前提。他们尤其倚重福柯关于"权力"与"话语"关系的论说,而按照此一论说,这世上的一切"知识",说到底都是一种此长彼消的"话语"的较量。从这个意义上说,后殖民主义对于帝国主义文化霸权的批判,着眼于对现代西方文明的主流话语进行改写,揭示了现行西方文化传统中资产阶级意识形态的种种偏见,揭示了"文明"掩盖下的"野蛮",它所提倡的从一种新的政治视角切入而对文本所作的解读,的确具有相当大的革命性意义。后殖民主义者对社会、政治、经济、文化的反思如此,同样当他(她)们把锐利的眼光投向哲学本身时,就极力批判西方哲学中心主义、西方理性中心主义、西方哲学的霸权主义,这种反思既具有深刻性的一面又有走向另一个极端的危险,这种反思的理论形态就构成了后殖民哲学研究的具体内容,其中具体的体现之一就是学界反复讨论的"如何重写中国哲学史?"这一问题,同时也不断拓展了我们对各种不同的哲学传统的比较研究及其理论的讨论视域,从而丰富了我们对各种不同哲学传统的认识,也丰富了"我们的"文化。

---

① 盛宁:《人文困惑与反思——西方后现代主义思潮批判》,生活·读书·新知三联书店1997年版,第173页。

三、谁的哲学史？

"今天的'女权主义'和'多元文化'哲学的风潮在很大程度上包含了对'另一种'范畴的拒绝和对真正的自我反思的尝试,即弄清除身为女性或女权主义者、黑人、亚洲人、中国人、越南人或朝鲜人、种族主义者或非种族主义者、'西方人'或'非西方人'到底意味着什么。于是就有人提出,哲学中是否有些概念天生就包含着种族主义或性别歧视? 我们关于哲学本身的概念是否就有点种族主义、性别歧视或排他性的味道?"①于是,人们就不得不提问:我们现有的哲学史是男性中心主义的哲学史? 还是西方中心主义或欧洲中心主义的哲学史? 换句话来说,我们要问的问题就是:究竟是谁的哲学史? 如果它是男性中心主义的哲学史、西方中心主义或欧洲中心主义的哲学史,那么,我们如何才能摆脱这种性别歧视或种族主义的偏见呢?

实际上,第三世界在挣脱了殖民主义的枷锁之后,所面临的是发达世界早已长期构筑完成的一套概念体系,也就是一套遍及于政治、经济、文化各个领域的、长期占统治地位并被广泛运用的话语。事实上,这套话语经过数百年积累,汇集了千百万智者对于人类各种问题的思考(这种思考正是在殖民地物质财富生产者所创造的财富的基础上才得以进行),我们不能说其没有价值;然而,危险的是,如果第三世界只用这套话语构成的模式去诠释和截取本土文化,那么大量最具有本土特色和独创性的活的文化就会因为不能符合这套模式而被排斥在外。如果像有些人所主张的去"发掘"出一种绝对属于本土的话语,那么,这种话语根本就不存在,因为,文化总是在与其他文化的相互作用中发展的;即便有这样的"完全本土"的话语,也不能为对方所理解而达到沟通的目的。② 这就是第三世界国家面临的两难困境:要么继续接受发达世界的话语,从而文化被继续"殖民化";要

---

① [美]罗伯特·所罗门:《大问题:简明哲学导论》,张卜天译,广西师范大学出版社2004年版,第330页。

② 乐黛云:《跨文化之桥》,北京大学出版社2002年版,第24页。

么拒斥西方发达世界的话语,自己另起炉灶。这两种路径,我们认为都是不可取的,可取的路径就是实现不同文化的交流、互动,在文化对话的过程中逐步形成共同的话语。文化是这样,哲学也是如此。

上述问题,具体到中国来说,我们要问的问题就是:我们究竟如何来写作中国哲学史?如何处理好用西方哲学的范畴、西方哲学的范式来撰写中国哲学史?胡适之的《中国哲学史大纲》(卷上)、冯友兰的《中国哲学史》奠定了中国哲学史研究的现代范式吗?然而这种范式又是明显地打上了西方哲学研究范式的烙印,这是不是西方中心主义的表现?换句话来说,我们今天如何来写中国哲学史(特别是中国古代哲学史)这一问题仍然没有得到真正的解决。那种要求返回并发掘"未受任何外来影响的"、"以本土话语阐述的"、"原汁原味"的中国哲学的叙述能够存在吗?我们认为,这种"原汁原味"的中国哲学史如今是不能写出来的。如果我们说的不是"已成的"、不变的文化遗迹如青铜器、古建筑之类,而是世世代代由不同人们的创造积累、不断发展的文化传统和哲学传统,那就必然蕴含着不同时代受着各个层面的外来影响的人们对各种文化现象和哲学理念的选择、保存和创造性诠释,这种得到创造性诠释的思想、理念本身就是哲学传统的有机组成部分,我们是不能坐视不管的。排除这一切去寻找本源,必然不会发现什么有价值的结果。

再比如,中国古代是否有哲学这一问题的提出本身也许就是一个虚假的问题,因为,提出这一问题的内在理路,就是用西方哲学对哲学的理解来论衡中国哲学。人们没有看到即便在古代,西方哲学的表现形式也是多种多样的。哲学可以存在于诗中,像西方的《物性论》和中国的《道德经》;哲学可以存在于散文和随笔之中,如蒙田的散文;哲学可以存在于寓言之中,如《庄子》;哲学还可以存在于书信之中,如伏尔泰的《哲学通信》;此外,哲学还可以存在于小说之中,如卢梭的《爱弥尔》和狄德罗的《拉摩的侄儿》;哲学也可以存在于格言和短语之中,如帕斯卡的《思想录》以及朱熹和王阳明的语录之类的著作;当然,哲学既可以存在与康德和黑格尔的纯理性的著作之中,也可以存在于马克思和恩格斯的论战性著作之中,虽然它们的风格各有不同,但是就它们都可以是哲学的存在形式而言,它们又都是相同的,都以不同的形式体现、反映了不同的哲学思想。冯友兰先生在谈到这个问题时,曾经说过西方哲学具有形式的系统,中国哲学则具有实质的系统,因此无论是中国哲学还是西方哲学都是对于人类精神生活的系统的反思,这是它们的共性。

思考题

1. 在你的经验/交往中,有没有区别男女角色或职能的成见? 列出这种成见可能发生的方式和避免成见的方式?

2. 为什么在哲学史中很少能看到女性哲学家的名字,难道"女性哲学家"真是一个矛盾的字眼吗?

3. 在女性哲学家中,你最欣赏哪一位? 为什么?

4. 你认为哲学与种族有关系吗? 为什么?

第十二讲 哲学的方法

哲学家们只是用不同的方式去解释世界,问题在于改变世界。

——[德国哲学家]马克思

马克思的整个世界观不是教义,而是方法。它提供的不是现成的教条,而是进一步研究的出发点和供这种研究使用的方法。

——[德国哲学家]恩格斯

对于哲学方法问题的探讨,自古以来,就有哲学家在讨论,甚至有哲学家认为,哲学的进步主要就是哲学方法的进步。当然,对于此种观点,也会有哲学家提出异议。本讲我们主要讨论一些常见的哲学方法。

一、分析方法与综合方法

整体(integration)与部分(part)的矛盾,不仅是自然界而且也是人类社会中普遍存在的一对基本矛盾。作为思维方法和哲学方法的分析与综合,是人们在认识客观对象时,按照一定的认识目标而对对象实行的这样或那样的分解与组合。

分析是把客观对象的整体分解为一定部分、单元、环节、要素并加以认识的思维方法。分析方法在思维方式上的特点,是通过认识对象的各个组成部分的属性,来认识对象内在的本质和整体规律。这种思维方式,包括三个基本要素:(1)把作为整体的研究对象分割成各个独立的部分;(2)深入剖析各独立部分的特殊本质,即各种属性及其规定性;(3)进一步剖析各部分之间的相互联系情况,以及相互作用的规律性。

分析方法在不同的阶段的发展对哲学产生了不同的影响。美国哲学家怀特把20世纪的西方哲学称为分析时代的哲学,认为这样就能"抓住本世纪一个最强有力的趋向来标志这个世纪",因为"20世纪表现为把分析作为当务之急,这与哲学史上某些其他时期的庞大的、综合的体系建立恰好相反"。① "20世纪初,西方哲学发生了一场革命性的转折:哲学的基础和开始不再是传统哲学的认识论,而是现代诞生的数理逻辑;哲学研究的方法不再是对个人感知的心理分析,而是具有客观性和形式特征的逻辑分析;逻辑不仅被看作是人类理性思维的基本能力,更被奉为哲学发展的真正楷模。这种革命性的转折所带来的重要结果,就是形成20世纪西方哲学中声势浩大的分析哲学运动。"②分析哲学的名称就标明了这种哲学的分析性特征,即以分析作为哲学研究的基本方法,无论是逻辑的分析还是概念的分析。作为一种哲学思潮,分析哲学出现于20世纪的西方,但作为一种哲学研究的方法,分析哲学却在西方哲学史上有着深刻的思想根源。历史地看,早在亚里士多德哪里就出现了"分析"的概念,并自觉地使用了分析的方法。虽然亚里士多德并没有给出"分析"这个概念的明确解释,但根据他的论述,"分析"就意味着"定义",也是对包含在前提中的结论的揭示过程,这是一个具有必然性而排除了任何偶然性的过程。当代分析哲学继承了亚里士多德的分析思想,首先是把"分析"理解为"分解",就是把一个总体或整体分解为相互独立的部分。

弗雷格的分析概念完全建立在其一阶逻辑的基础之上。首先,他认为思想是由各部分组成的,哲学分析就是把思想分解为其组成部分的过程,在一阶逻辑中,这就是要求"一个整体的构造总是通过满足一个不满足的部分完成的"。其次,他的分析方法基本上是区分函数(函项)和自变元(主目)。他认为,函数的本质是在各种类似表达式中共同的东西,自变元则与函数共同构成一个整体;因为函数本身是不完整的,需要自变元的补充。弗雷格说,"我们在表达式中认出函数,这是因为我们

---

① 怀特:《分析的时代》,商务印书馆1986年版,第5页。
② 江怡主编:《走向新世纪的西方哲学》,中国社会科学出版社1998年版,第17页。

是以分析的方式对它思考;而这样一种可能的分析是由于表达式的形态产生出来的"。由此,弗雷格把他的工作任务就规定为对句子结构的分析,最终揭示那些无法定义的最简单的成分。

在罗素那里,哲学分析是一个把复合物分解为更简单的组成部分的过程,按照这种观点,所有的命题都是关系式的,对命题的分析就是要把命题分解为组成命题的不同关系项与它们所依赖的外在关系。他认为,哲学分析的核心是关注语言的逻辑形式,而哲学分析就是哲学研究的主要工作。罗素把哲学径直称作哲学分析,并把哲学等同于逻辑。在这里,罗素把"逻辑"分为两个部分,一个是作为一门学科的逻辑,即为定理提供证明的形式逻辑,另一个则是等同于哲学的逻辑,这种意义上的逻辑关注可能出现的命题类型,关注事实的各种不同类型,以及对事实的组成部分的分类整理。

卡尔纳普的分析概念最初来自弗雷格和罗素,但在维特根斯坦的影响下,他逐渐把分析活动看做是自由地选择语言形式的过程,这样,哲学分析就不是对外在实在之物有所断定,而仅仅是一种语言形式上的要求,即命题形式是无内容的同义反复,只有经过这种分析的命题才是有意义的。在卡尔纳普看来,如果一个陈述只要具有经验性质就属于事实科学,那么留给哲学的就只能是一种方法,即逻辑分析的方法。这样的方法具有双重作用:从消极的方面看,它可以用来清除无意义的语词和假陈述;从积极的方面看,它可以用来澄清有意义的概念和命题,为事实科学和数学奠定逻辑的基础。

在不同的哲学流派那里,"分析"方法得到了不同程度的发展,形成了诸如:语言分析方法、逻辑分析方法、话语分析方法、心理分析方法等等。

逻辑分析方法。在逻辑实证主义看来,"哲学研究的新的、科学的方法"就是"对经验科学的命题和概念进行逻辑分析"。哲学的作用"在于使经验科学的命题明晰,更具体地说,它把命题分解为它的各个部分(概念),一步步地把概念归结为更基本的概念、把命题归结为更基本的命题"①。

① 卡尔纳普:《旧逻辑和新逻辑》,引自艾耶尔编《逻辑经验主义》,第133页。

实际上,对分析方法的不同理解直接涉及到对哲学的不同理解。例如:维也纳学派认为,哲学只是关于概念、语言的学问,研究的只是概念符号及其相互关系,至于概念的内涵所指,是一个没有意义的问题。形而上学所探究的正是这类没有意义的问题,所以应该取消。按照这种理解,哲学只是发挥逻辑的功能,"分析科学中底概念及命题,使之清楚确定,就成为哲学的主要任务"①。冯友兰则不赞成这种观点,他说:"照我们的看法,逻辑分析法,就是辨名析理的方法,这一句话,就表示我们与维也纳学派的不同。我门以为析理必表示于辨名,而辨名必归极于析理。②"辨名"是关于语言的学问,"析理"则是关于实在的学问。维也纳学派认为,哲学的任务只在于"辨名",即是关于语言的学问,探究实在不是哲学的任务,而是科学的任务。冯友兰认为,对于哲学来说,"辨名"只是手段,目的在于"析理",即认识概念的内涵所指,这内涵所指就是人门无法感知的实在。探究这一实在,正是形而上学的任务。所以逻辑分析方法只是建构形而上学的方法,而不是哲学的全部。冯友兰"新理学"的贡献就在于它讲逻辑分析方法运用于中国哲学,使得蕴藏在中国传统哲学中的理性主义精神得到了发扬。例如,冯友兰对中国传统哲学中的"道",通过逻辑分析方法,指出"道"有六义:

(一)道字之本义为路,引申为"人在道德方面所应行之路"。此指"人之道",亦即当行之路。

(二)指真理或最高真理,如孔子说:"朝闻道,夕死可矣。"

(三)道家所谓道,无形无名,有似于"新理学"的真元之气。但冯友兰说:"道家所说之道,靠其自身,即能生万物,而我们所说真元之气,若无可依照之理,则不能成为实际底事物。"

(四)"真元之气,一切理,及由气至理之一切程序",总而言之,统而言之,"新理学"名之日道。此道即指动的宇宙。

① 冯友兰:《冯友兰学术精华录》,北京师范学院出版社 1988 年版,第 381 页。
② 冯友兰:《新知言》,《三松堂全集》第五卷,河南人民出版社 1986 年版,第 233 页。

（五）"无极而太极，此'而'即是道。"这是指宋儒所谓道体。也就是《易系辞》说的"一阴一阳之谓道"，包括实际世界的阴阳变化的一切程序。

（六）道亦指"宇宙间一切事物变化所依据之理"，天道即天理，如程朱所说的"形而上者谓之道"。[①]

日常语言分析方法。分析哲学家普遍把全部哲学问题归结为语言问题，认为哲学的混乱产生于滥用或误用语言，许多哲学争端都可以归结为语言问题的争端。他们把哲学的内容或者归结为对科学语言进行逻辑分析（如罗素、维也纳学派），或者对日常语言进行语义分析（如后期维特根斯坦），认为哲学不是理论，而是活动，哲学家的任务不是发现和提出新的命题，而是阐释思想，使已有的命题变得清晰。他们强调语言对哲学的影响，重视对语言问题的研究，强调概念的明确性和推理的严密性。这种观点有其合理性。可是，他们把全部哲学问题归结为语言问题，认为哲学的任务不是探索世界的本原和本质，不是研究自然界、社会和思维的一般发展规律，而仅仅是对语言进行逻辑分析或语义分析，这就否定了哲学作为世界观和认识论的理论意义，从而否定了哲学本身。而且，哲学混乱的出现，究其根源，尽管不排除语言的滥用或误用，但最根本的原因应从认识论和一定社会的政治、经济中去寻找。因此，仅仅依靠语言分析并不能彻底揭露哲学混乱的实质，更不可能根除它们。

摩尔、后期维特根斯坦、澳斯丁等则开创了日常语言分析或概念分析的传统。后期维特根斯坦的名言是，词语的意义就是它的用法。但是，一个词在语言中或在不同的语言游戏中有很多用法，这就需要通过分析确定，当一个词在一句话或一段话中出现时，它到底使用的是哪种意义？它是否被误用：它在某个语句中的出现是否同它的其他用法相矛盾？通过这样的分析，一个词的意义可以越来越明晰。逻辑分析和概念分析的目标，就是要达到正确的形式、明晰的概念和有效的推理。

---

① 参见冯友兰：《贞元六书》（上），华东师范大学出版社 1996 年版，第72—73 页。

　　罗素和前期的维特根斯坦以及逻辑经验主义者,都十分强调形式分析或逻辑分析,即从纯粹逻辑的观点分析语言的形式,研究现实和语言的最终结构。摩尔和后期的维特根斯坦以及日常语言学派,则强调概念分析或语言分析,即研究概念的各种特性、特质以及它们之间的相互关系,仔细分析与认识有关的某些具体词汇。分析作为一种研究方法能起一定作用,这种方法在语言哲学等方面已取得某些积极成果。但是,这些分析哲学家把分析方法夸大为哲学研究的主要的甚至是唯一的方法,在应用时,还往往把语言的内容和形式割裂开来。由于他们片面强调分析,忽视综合,以致他们的研究成果往往显得烦琐,不能对认识对象作出全面、概括和综合的说明。

　　摩尔分析了一些哲学概念和伦理学概念。摩尔认为,伦理学不外乎是一门关于什么是善、什么是恶的学问。它不像亚里士多德那样“开列各种美德的名单”,而是探讨“什么是善”的本源问题,寻找伦理学的一般真理。所以,伦理学是一门知识性的科学。如何给“善”下定义? 第一,善是一个单纯的、不可再分的词,它表示的是一种性质,一种价值意义,与一般的事物概念不同。第二,“善”(good)与“善的东西”(something good)截然不同。前者表示一种纯“质”,后者表示与“善的”这个形容词“善的东西的整体”。

　　道德认知的方法:“善”是不能被定义的,那么,如何认识善呢? 摩尔认为,善是一个“不能下定义的”、“不能分析的概念”。只能以直观的方式认识善,而不是描述性的和推导的,因为,善本身是自明的,无须借助其它东西或性质来证明,更不能从别的东西中推导出来。“善”与“善的东西”不同,说明我们不能用“自然性事实”(如快乐、欲望等)或别的东西(如理性、意志等)来定义善。以往的伦理学犯了什么错误? 自然主义的错误是指:在本质上混淆了善性质与善事物,并以自然性事实或超自然的实在来规定“善”。主要有两种表现形式:一是把善性质混同于某种自然物质或某些具有善性质的东西(如功利主义、快乐主义);二是把善混同于某种超自然、超感觉的存在,如康德把“善良意志”等同于善。两种错误中,前者从存在(is)中求应当(ought to be),后者从“应当”(ought to be)中,求是(is)。殊途同归,两者都陷入"自然主义的谬误"。

国内有学者曾运用分析方法对"天人合一"命题进行语言分析、逻辑分析,现摘录如下①:

> 张岱年先生把天人合一看作中国传统哲学的一个重要特征。② 但"天人合一"究竟是什么意思呢? 在中国思想传统中,"天人合一"中的"天"一词,指的是有意志、有感情、有道德、有情绪、有善恶、主宰并支配人类命运的天。这一点从李申的论述中可以得到印证。③

> 按郭齐勇的论述④,天具有自然属性,天包括地,天是万物的总根源和主宰,天是最高的神,天具有爱、乐、严、哀等道德情感。"天"是囊括一切的"大全"。从郭齐勇的引证中我们就可以看到,董仲舒所说的,实际上是作为"百神之大君"的天对人类事务的主宰。而据李申的考证,宋代之后,天人合一成为解读《周易》的基本思想。

> 总之,天人合一有两个方面。第一,圣人或儒者与天合一,知道上天的意志,知道上天的喜怒哀乐,知道过去现在未来,知道什么样的社会政治结构符合天意,因此能够内圣外王。而算命先生、算命女士们则通过摆弄八卦,也可以与天意合一,从而能够预测吉凶祸福。人心与天道合一,就是人心与天心合一。这个命题从前提和方法上讲都是错误的。天并无心,人心可以通过科学研究懂得自然界的道理,却不可能通过算卦而推算宇宙或自然界的

---

① 朱志方:《分析方法与哲学问题》,http://hps.phil.pku.edu.cn/bbs/read.php? tid=749.

② 张岱年:《中国哲学大纲》,北京三联书店 2005 年版,第 6—10 页。

③ "合一"则是指"人副天数"和"天人感应"。董仲舒认为,人为天所生,天是人的曾祖父,所以人数符合天数,人是天的副本。天是圆的,所以人的头圆;地是方的,所以人的脚是方的。天有日月,所以人有两只眼睛;天有四季,所以人有四肢;天有阴有晴,所以人有喜怒哀乐;天有 360 日,人的骨头有 360 节;一年 12 个月,所以人的大骨节为 12 块。由于人副天数,人与天同类,所以有天人感应。董仲舒的天不是自然界。

④ 郭齐勇:《中国哲学史》,高等教育出版社 2006 年版,第 136—138 页。

过去未来。

近来,许多学者力图赋予"天人合一"以当代意义。其中最为突出的是把"天人合一"看作一个环境伦理命题:保护我们生存的环境,达到自然与人的和谐统一。这是一个多余的解释。

首先,环境问题完全是一个现代问题,不是来自于天人合一的思想。环境的质量是一系列的物理化学指标。对于这些问题,也只有科学技术才能解决。其次,保护我们的环境不是天人合一,而是人与自然的一种适当的关系:为了人生活得更好,我们应该怎样开发和利用自然。有些开发方式是不好的,有些开发方式是好的。环境问题纯属人的问题。没有人、没有人的需要与欲望,就没有环境问题。

天人合一的另一种解释是指一切讲究自然而然,天然,不要人工的东西,不要人为的东西。但这种解释是不可能的。我们的衣食住行,全是人工的,全是技术的,区别只是技术的高低而已。我们是否应该用低级的技术取代高级技术?

"天人合一"中是没有地的,讲天人合一,是把天当成宇宙的主宰,人与天合一了,就可以成为世界的主宰,主宰什么?当然人无法主宰天,那就只有主宰地和主宰别人。所以,天人合一就是要宰制地和人。这样一种观点如何能够成为环境伦理学的核心思想?

在关于"天人合一"诸多论述中,充满了概念意义的混乱。如果天是指自然界,合一是指人与环境的相互关系,那么这个解释就不能归之于中国传统思想,因为这属于西方自然主义思想。而如果天指主宰人的有意志的天,合一是指知天命,那么它表达的则是一个荒唐的命题。

但这决不是说"天人合一"没有任何现代意义。我以为在当代把"天人合一"解释为一个美学命题却并无不当。庄子说:"人与天,一也"(《庄子·山水》);"天地与我并生,万物与我为一"

（《庄子·齐物论》）。文学艺术，原本是人类最自由的活动。艺术，就是要打破一切限制，打破时间和空间的限制，打破因果律的限制，通过想象，创造奇迹。

话语分析方法。话语（Discourse）是指术语、范畴、理论体系、话语规则等一套言说内容与言说方式，其中深层的东西是其独特的思维模式与方式、价值标准，而这些归根到底是一种文化精神的表现。话语涉及人与人之间通过语言而从事沟通的行为或活动，具体地说，指一定的说话人与一定的受话人之间，在特定语境中，通过本文而展开的沟通活动。这就是说，话语意味着把讲述内容作为信息由说话人传递给受话人的沟通过程；而用来传递这个信息的媒介具有"语言"性质；同时，这种沟通过程发生在特定语境中，即与其他相关性语言过程、与说话人和受话人的具体生存境遇具有联系。"语言"、"话语"和"言语"的区别是："语言"是普遍的或社会的，"话语"则是特定的或具体的，"言语"则是个人的，"话语"则不仅是个人的。"本文"仅仅是指供阅读的特定语言构成物，"话语"则不仅包括"本文"，还包括"说话人"、"受话人"、"沟通"和"语境"。"语境"，也称"上下文"，指说话人和受话人的话语行为所发生于其中的特定语言关联域，及其与他们的具体社会生存境遇相联系的那些方面。福柯对话语一词曾作如下解释：话语是由符号组成的，但它们所做的要比这些符号所指物来得更多。正是这个更多，使它们不可能归结为语言和言语。而我们正是要解释和描写这个"更多"。在福柯看来，话语不是单纯的语言和文本，而是一种具有历史、社会和制度独特性的陈述、术语、范畴和信仰结构。福柯认为，考察话语的方法之一，是将话语系统确认为一种"排除"或约束系统。话语系统涉及一系列的边界，它规定了什么可以说，什么不可以说；因而，如果某件事情不能说，那么甚至也不会被想到。

正如有学者指出的：

> "话语分析"的主流带有明显的后现代倾向，它把一切思想理论都"平等地"视为"论述"或"陈述"（一套说辞），把一切知识都

一律地视作带有特定价值预设即主观性的"陈述整体",否认所有被视为"真理"(或科学)的权威,并致力于淡化人们追求客观、确然真理的兴趣(其极端者如拉康[Jacques Lacan],干脆声言"真理来自误认")。其次,它往往否认话语对象内涵的"实在性"或"确定性",强调"话语"本身的所谓"不自明性"(一个模糊的、漂浮的"能指")和"建构性",重视揭露"话语"主体的言说或分析。"策略"(strategy,不同于探求"真相"的"method"[方法])、政治动机、价值预设及其实践功能,致力于追究其"话语"在社会实践中的权力关系、传播和运作的社会化过程、作用方式和形态等。与此同时,由于它是一种习惯于质疑一个陈述或说辞背后的思想预设、具有自我反思性和批判精神的研究路径,因而对于已有的各种权威解释和论断,它又通常具有某种解构性。第三,与上述强调话语内容的模糊性相关,它拒绝为其寻找历史上的相关物或相似物,拒绝进行"延续性"的探索和原有思想史常用的那种"影响"分析,也反对寻找与分析甚至同一"命题"下的各种话语之间内涵的同一性及其某些"实在"根据,表现出一种对"断裂"和"离散"的偏执。①

笔者曾经在拙著《文化哲学思潮简论》中运用话语分析方法分析了自五·四运动、科玄论战以来中国文化哲学界对"五·四"新文化运动的话语重构。从总体上说,对五四运动的历史诠释存在着三种不同的"五四"话语系统:唯物史观派作为主流意识形态的"五四"革命的强势话语系统;自由主义西化派有关"五四"启蒙的渐进的弱势话语系统;文化保守主义派构建的反"五四"话语系统。研究三种"五四"话语系统的同中之异和异中之同,不难发现三种不同的"五四"话语系统都不是凝固不变的,而是动态地发展变化的。

心理分析的方法。弗洛伊德认为,人格的发展,是以性欲为中心的,经

---

① 黄兴涛:《"话语"分析与中国近代思想文化史研究》,《历史研究》2007 年第 2 期。

历了几个不同的阶段：第一阶段："嘴巴阶段"。这个阶段大体是从出生到一岁半。这个阶段的动欲区是嘴和唇，婴儿的吮吸活动表明婴儿得到一种"性"满足。第二阶段，是"肛门阶段"，大体是从一岁半到二岁。这个阶段动欲区是肛门。儿童在这个阶段从大小便中得到了快感。第三阶段，是"崇拜男性生殖器阶段"，大体是从三岁到六岁。这一阶段动欲区是生殖器。第四阶段，是"生殖的阶段"。弗洛伊德认为，在这个阶段以后，生殖器在生活中占了统治地位。按照弗洛伊德的看法，人格结构有三个层次：本我（id）、自我（ego）、超我（super - ego）；心理结构也有三个意识层次：无意识、前意识、显意识。本我是人格结构的最底层，处于无意识状态，"性欲"就蕴含在"本我"之中，是人类活动最原始的内在驱动力、"本我"要避苦求乐，获得快乐是人类一切行动的基本动机。但是，这种享乐原则常与现实环境发生矛盾，就要由"自我"加以调节。前意识就用以控制"自我"的本能，使它处于意识与无意识之间。"超我"则是体现社会利益的心理机制，运用社会原则来压制"本我"的冲动。但是，"本我"的"性欲"是人的终极动力，在现实中长期压抑得不到满足，就会使人走向毁灭。于是，自我和超我就力求让"性欲"在梦幻想象和文学艺术中得到宣泄。在弗洛伊德看来，人们在人格方面的许多差异都是由于人们的上述各个发展阶段进展的情况有所不同所致。这样，弗洛伊德的人格理论实质上就是一种"性欲决定论"。健康人格和人格障碍都可以诉诸"性欲"给以解释。

古代的知识成果之所以不成其为科学的体系，主要是因为古代人不能深入事物内部去弄清它们的本质特征，因为古人还没有掌握分析方法。分析的基本作用，就是深入事物的内部，从各个不同的侧面，研究各个细节，为从整体上认识事物积累材料，以便把握事物的本质。没有分析，就没有近代科学。

分析方法的局限性。运用分析方法在思维中对事物现象进行必要的分割，孤立地研究这些部分，的确能把认识引向深入，但这种思维方法也容易养成一种孤立、片面、静止地观察问题的思维习惯。正因为近代科学体系的建立对分析方法有很大的依赖性,所以近代自然科学与哲学都带有这种认识方法所特有的局限性,即形而上学的思维方式。人们认识事物不仅要认识其各个部分,更要认识其整体。怎么认识整体呢? 这就要用到另一种逻辑思维方法——综合方法。

综合就是在分析的基础上,把对客观对象一定部分、单元、环节、要素的认识联结起来,形成对客观对象统一整体的认识的思维方法。综合是分析的逆过程,综合方法与分析方法是两种作用、方向完全相反的思维方法。两者都是思维操作方法,都是建立在整体与部分的矛盾之上。必须强调的一点是,综合是在分析的基础上进行的,没有分析,就谈不到综合。当然,综合的目的是为了从整体上把握对象,但古代人认识世界的方法,也是从整体上去把握对象的,这是不是综合呢? 不是,因为这种整体认识缺乏分析的前提和基础,所以只能称之为笼统的直观。另外要注意的一点是:综合决不是把事物的各个部分机械地凑在一起。综合必须有所依据,即事物各部分间的本来联系。

分析与综合的辩证关系。分析与综合是人们在认识客观事物过程中运用的两种思维方式,存在着相互联系、不可分割的关系。分析把复杂的事物、过程分解为各个部分、片断,综合又把被分割的各个部分、片断联结为一个整体。客观事物与现象总是部分与整体、多样性与同一性相结合的有机整体,建立在这一基础上的分析与综合也必然是相反相成、对立统一的关系。具体表现在如下两方面:(1)分析与综合互相依存、互为条件、互相补充。离开分析的综合将是空洞的、无根据的,对整体的认识只能靠猜测、臆断并最终导致思辨,这种猜测、臆断和思辨的结论决不是科学;离开综合的分析,无论这种分析是多么精细、准确、可靠,也不可能自动上升为理论,也不能自动揭示事物的本质及运动发展的规律。这些零散的资料只能揭示事物某些方面的本质,只能说明个别现象。(2)分析与综合相互转化。这种转化表现在两个方面:首先,从科学认识的长远进程来看,这两种认识方法是不断交替更迭使用的。分析→综合(假说)→再分析(检验)→再综合(判决);其次,就具体科学认识活动而言,分析与综合这一矛盾的两方面,其主次地位也是不断转换的。

对分析与综合方法的成功运用,表现在张岱年先生提出的"文化的综合创新论"。所谓文化的"综合创新",主要包括"综合"和"创新"两个环节。综合,就是反思和吸取,具体来说有两层含义:一是中西文化之综合,即在马克思主义基本原理的指导之下综合中国传统文化的优秀内容与近代西方的文化成果,其中最重要的是吸取,学习西方的科学成就及其科学发展有密切联系的哲学思想。二是中国固有文化中不同学派的综合,包括儒、墨、道、法各家的精粹思想的综合以及宋元明清以来理学与反理学思想的综合。在此基础上,对其中包含的文化要素进行仔细的鉴别汲取,区分其中"活的"因素和"死的"因素,吸取那些为本民族文化中不足的或缺少的文化要素,以丰富本民族文化中的活的因素。总之,"综合"就是以社会主义现代化建设的根本需要为依据,吸取传统文化中的活的因素以及现代资本主义文化中有益于中国社会主义现代化建设的文化要素,把这些可相容的、不同民族的、不同时代的文化要素有机地建构成一个新的文化系统。这个新的文化系统既是民族文化传统的继续,而又高于本民族原有的文化系统,它是对其他民族文化系统中积极因素的主动选择,同时又把该因素容纳进新的文化系统中。显然易见,这种综合需要创造精神,是一种创造性综合,而这种综合又为新的创造奠定基础。所谓创新,就是发现新情况、揭示新规律、发明新器具,从而开阔发展的新阶段。文化的发展离不开创新。文化的"综合创新"也必以"创新"为主导原则,"综合"的目的是为了"创新"。因此,在文化的"综合创新"过程中,要把经过认真挑选出来的来自古今中外不同文化系统的文化要素综合成一个现代化的中国文化系统,就必须做到:第一,坚持马克思主义普遍真理的指导;第二,坚持社会主义原则;第三,弘扬民族主体精神;第四,走中西融合之路,以创造的精神从事综合并在综合的基础上有所创新。总之,文化的综合创新的理论基础,就是马克思主义的普遍原理;文化综合创新的核心是马克思主义理论与中国文化的优秀传统的综合。

要让"综合创新"文化观形成为一系统学说,既要有严谨的理论建构,又要有现实的实践基础,真正为大家所认同,还要做大量的工作。所以,不仅要做"综合创新"文化观的深入研究工作,更要做宣传普及实践工作。后来的学者在这方面做了大量的工作,取得了较多的成果。如张先生的学生程宜山,在张先生指导下执笔写成《中国文化与文化论争》一书,系统而详细地论述了张先生关于文化问题的一些基本观点。方克立教授提出"古为今用,洋为中用,批判继承,综合创新"16字方针,概括了"综合创新论"的主旨与方向。刘鄂培、陈来、刘仲林、李存山、王中江、王东、洪晓楠等学者在阐释、宣传和发展"综合创新"文化观方面起了重要作用,并取得丰硕的成果。如:刘鄂培著《综合创新——张岱年先生学记》、《张岱年研究》;刘仲林著《中国文化综合与创新》《中华文化人生亲证》;洪晓楠著《当代中国文化哲学研究》、《文化的反思与重建》等,都是对张先生"文化综合创新"思想的进一步丰富和发展。1995年,在澳门专门举办了"'综合创新'文化观研讨会",与会学者对"综合创新"的文化观的重要理论价值和实践意义进行了充分肯定和探讨。如今,文化综合创新思想逐渐引起人们的重视,并成为我国学术界普遍认同的一种主流观点。①

二、比较方法

什么是比较?比较是依据一定的标准,把彼此有某种联系的事物加以对照,找出共同点和差异点的逻辑思维方法和哲学方法。人们对事物的认识总是从区分事物开始的,要区分事物,首先就要进行比较,找出其差异性和同一性。因此,比较是认识事物的出发点和基础。事物之间存在同一性和差异性,这是比较方法的客观基础。

比较的类型主要由三种:空间上的比较、时间上的比较以及时空综合比较。

空间上的比较,即在空间上同时并存的事物之间的比较,能够使人们

---

① 燕京晶:《张岱年"文化综合创新论"发展历程研究及其启示》,http://zhwhdx. blog. tianya. cn。

在既定的形态上区分或认识不同的事物。就哲学研究来说,这种空间上的比较可具体表现为东方哲学与西洋哲学的不同。

时间上的比较,即同一事物在不同历史时期的不同形态的比较,能够使人们进一步认识同一事物的动态变化过程。就哲学研究来说,这种时间上的比较具体表现为中国哲学的古代形态与近代(现代)形态的不同、西洋哲学的古代形态与现代形态的不同。

在认识过程中,这两种方式的比较往往是相互结合使用的,即时空综合比较。

相同点的比较——认识异中之同:比较两个以上的对象认识其相同点。这种比较使我们认识到表面相异的对象的共同点。例如,中国哲学、西方哲学之所以成为哲学,必有其相同点即共相。

对象	被比较的特性
A	a,b,c,……
B	a,b,c,……

所以,A、B 相同或相似。

(因为 A、B 两对象具有相同点 a,b,c,……)

相异点比较——认识同中之异。例如,中国哲学、西洋哲学作为哲学具有相同点,但是,与此同时,中国哲学有不同于西洋哲学的特质,否则,就不必称之为中国哲学或西洋哲学,而可以直接称之为哲学。

对象	被比较的特性
A	a,b,c,……
B	a,b,c,d……

所以,A、B 相异。

(因为 A、B 两对象有特性 d 不同)

科学的比较法有两个方面或两个环节:把不同的过程、领域或不同的阶段进行比较(类比),比较它们在本质上的相同之点和相异之点;对事物、过程本身内部矛盾的双方进行比较(对比)。只有对过程本身进行矛盾分析、对比,才能在不同过程之间进行类比;而对不同过程进行类比,又帮助我们去深入揭露所考察的过程的矛盾。毋庸置疑,比较总是在同一个标准下就被比较的对象的主要方面来说的,例如,我们在中西文化之间进行的比较,按照不同的标准,可以得出不同的结论。有人强调中国文化主张天人合一,西方文化主张天人相分,这样说固然有一定的合理性,但是我们可不能由此将这种比较的结论绝对化,因为在中国的传统中,也有不少学者主张天人相分(例如荀子、柳宗元、刘禹锡等);在西方的传统中,也有不少学者主张天人合一。还有人主张中国传统文化是静的文化,而西方文化是动的文化,这也并不表明中国传统文化没有发展,西方文化没有静止的一面。

使用比较方法应遵循的逻辑规则主要有:第一,必须在同一关系上,同一标准下对事物进行比较。例如,我们一般只能对同时代的哲学思想进行比较,而不能也不必对不同时代的不同哲学思想进行比较,但是却可以对不同时代的同一哲学思想进行比较,从而考察这种哲学思想发展脉络;第二,相比较的背景与环境条件要一致。例如,我们可以考察中国近代以来的哲学家对中国哲学近代化(现代化)做出的贡献,可以比较冯友兰、金岳霖、胡适等人对中国哲学现代化的成就与不足;第三,相比较的事物属性,应当是事物内在的本质属性。因为要比较的事物属性是多种多样的,所以要抓住主要的内在的本质的属性进行比较。例如,我们可以考察现代新儒家对哲学与文化关系的答案,因为,回答"中国文化向何处去?"、"中国哲学向何处去?"这一问题不仅是现代新儒家,也是自由主义西化派、中国的唯物史观派要共同回答的首要的、中心的问题。黑格尔说过:"假如一个人能看出当前即显而易见的差别,譬如,能区别一枝笔与一头骆驼,我们不会说这人有了不起的聪明。同样,另一方面,一个人能比较两个近似的东西,如橡树与槐树,或寺院与教堂,而知其相似,我们也不能说他有很高的比较能力。我们所要求的,是要能看出异中之同和同中之异。"①

---

① 黑格尔:《小逻辑》,商务印书馆 1981 年版,第 253 页。

比较方法的作用：比较方法适用于观察、实验和理论思维过程的始终，因而不仅对科学研究而且对哲学研究都具有重大的意义。首先，运用比较方法，可以对不同的哲学流派进行定性的鉴别和定量的分析。其次，用比较方法可以由能够直接观察到的现象推知无法直接观察到的过程。其三，用比较的方法可以对理论研究的结果与观察实验的事实之间是否一致，做出明确的判断。

正是对比较方法的运用，在哲学中逐步发展起来一个分支学科——比较哲学。

三、科学抽象的方法

"抽象"一词，来源于希腊文。"abstraction"是排除、抽出、提取等意思。科学抽象方法，就是人们运用思维的能力，透过事物的各种现象，抽取出事物的本质属性及其发展规律的过程和方法。

科学抽象的作用：(1)科学抽象可以帮助我们区分事物的真象和假象，撇开事物外部的非本质的联系，揭示出事物内部的本质联系，达到对事物的规律性的认识。(2)科学抽象可以帮助我们区分基础的东西和派生的东西，由表及里，揭示事物的性质，使对事物的认识不断深化。(3)科学抽象可以撇开与当前考察无关的内容，抛开次要过程和干扰因素，使人们在理论思维中，从纯粹的形态上考察事物的运动过程。列宁说过："物质的抽象，自然规律的抽象，价值的抽象等等，一句话，那一切科学的(正确的、郑重的、不是荒唐的)抽象，都更深刻、更正确、更完全地反映着自然。"[1]

科学抽象的过程：科学抽象以实践为基础，表现在科学抽象的过程中，科学抽象抽取事物本质和规律的作用，也要通过科学抽象的过程才能实现。科学抽象过程有哪些步骤呢？简单地说，科学抽象过程有三个环节两个阶段构成：感性具体→抽象规定→思维具体。

---

[1] 《列宁全集》，第 38 卷，人民出版社 1956 年版，第 144 页。

1. 感性具体→抽象规定

什么是感性具体呢？所谓感性具体是指人们在实践中获取的关于客观事物的现象，反映在人们的思维中所形成的生动的、直观的具体表象。感性具体是科学认识的初步成果，是人类认识的一种朴素功能，也是科学抽象的出发点。它的特点是形象、直观、具体。但是，它对客观事物的认识，还没有把握住内在的、本质的规定性。因此，依据感性具体往往不能对客观事物作出清晰、深刻、准确和具体的说明。比如人们对于疾病的认识，最初的时候认为，发烧、疼痛、不舒服、劳动能力丧失等等，就是疾病。

什么是抽象规定呢？所谓抽象规定是指思维从大量的经验材料中抽取出事物各个必然的、本质的因素，达到对事物某个方面的本质属性的认识。由感性具体到抽象规定，是科学抽象过程中的第一次飞跃，在这个过程中要使用许多逻辑方法，其中主要是分析方法。通过这次认识上的飞跃，使人们的认识向理性认识深入了，与事物的本质接近了。但是，每一个抽象规定，只能解释事物某一个方面或某几个方面的现象，不能解释客观事物的全部表现，因此，抽象规定对事物的认识还不够深刻，还只是一些零碎的、片断的、不完整的认识。

2. 抽象规定→思维具体

思维具体是科学抽象过程中的第三个环节，其含义是指按照事物本身的固有层次和转化关系，把事物的全部联系在思维中完整地复制出来，形成对客观事物统一的、整体的认识。这一认识的形成，实现了从抽象规定向思维具体的飞跃，这是科学抽象过程中的第二次飞跃。在这次飞跃过程中也要使用许多逻辑方法，但其中主要是综合方法。

在进行科学抽象时，我们还应注意以下三个问题：第一，重视感性具体。感性具体虽然只是现象的具体、个性的具体，但却是科学抽象的出发点。第二，在科学抽象时应注意得到了关于事物的一些抽象规定，并不是科学抽象的结束。第三，科学抽象的结果正确如否，不是主观决定的，而是要通过实践的检验才能确定，即实践是检验认识真理性的唯一标准。

总之，科学抽象的过程，就是从感性具体出发，通过分析，使感性具体达到抽象规定,让思维捕捉到的事物的浅层本质分别规定下来,从而否定了感性具体,使认识离开现象层次,靠拢本质层次,而构成矛盾的第一次自我否定;随着认识的深入,思维中的具体又通过综合的方式否定了彼此独立的抽象规定,仿佛是向感性具体的复归,但又远高于感性具体,而构成了矛盾的第二次自我否定,实现了认识内容的飞跃和对事物全面深刻的理解。

四、历史与逻辑相统一的方法

历史是指客观事物的发展过程或人类对它的认识过程;逻辑是指人的思维对客观事物发展规律的概括反映,即历史的东西在理性思维中的再现。可以按逻辑发展程序和自然事物的历史发展进程相一致的原则建立理论。一般来说,经验性比较强的自然科学理论体系采用这种方法:化学的理论体系从元素开始到化合物……也可以按逻辑发展程序和人类认识自然历史的过程相一致的原则来建立理论体系。一般说来,数学和数学化的自然科学采取这种方法建立理论体系较多,比如物理学从力学一直到相对论的学科体系。

逻辑是历史在理论上的再现,是由历史的东西派生出来的。“历史从哪里开始,思想进程也应当从哪里开始,而思想进程的进一步发展不过是历史过程在抽象的、理论上前后一贯的形式上的反映。”逻辑的东西是“修正过”的历史的东西,这种“修正”表现为逻辑按历史的规律性来“修正”历史,撇开偶然抓住必然、根本方向和基本线索,从而能够在比较“纯粹的形态”中把握历史的内在规律。按历史本身固有的逻辑“修正过”的“历史”,比起未加“修正”的自然主义的历史描述,能更深刻地反映历史的本质。

用历史的方法与逻辑的方法相结合来考察哲学史,就可看到,哲学史体现了认识的矛盾运动:哲学家们所争论的问题就是矛盾,某个矛盾产生、发展、解决了,另一个新的矛盾又产生、经过发展得到解决,……这是一个在循环往复中前进的过程。这样的过程，就表现为黑格尔、列宁都说过的近似于一串圆圈、近似于螺旋形的曲线。……所以，全部哲学史是一个否定之否定的过程，它可以比喻为一个大的圆圈。而这个大圆圈又是由许多小的圆圈构成的。①

逻辑与历史相统一的方法在哲学史中的一个主要表现就是站在发展的高级阶段回顾历史的方法。从方法论说，要给历史遗产以批判的总结，必须站在发展的高级阶段来回顾。我们一方面要站在高级阶段回顾历史，另一方面要掌握以前各阶段的历史发展的线索，这样就能古为今用。这就是"古"与"今"的辩证法。正如马克思所说的："人体解剖对于猴体解剖是一把钥匙。低等动物身上表露的高等动物的征兆，反而只有在高等动物本身已被认识之后才能理解"。这就是说，只有从发展的高级阶段来回顾，才能理解低级阶段的历史地位。恩格斯指出："在希腊哲学的多种多样的形式中，差不多可以找到以后各种观点的胚胎、萌芽"。黑格尔也说过："虽然我们应当承认，一切哲学都曾被推翻了，但我们同时也必须坚持，没有一个哲学是被推翻了的，甚或没有一个哲学是可以推翻的。……所谓推翻一个哲学，意思只是指超出了那一哲学的限制，并将那一哲学的特定原则降为较完备的体系中的一个环节罢了"。

五、现象学方法

现象学不是一个统一的学派，而是由不同理论、学派组成的思想运动。各种现象学理论和学派的一致性表现在，他们都采用了现象学方法。

斯皮格尔柏格在《现象学运动》一书中把现象学的本质特征限定为现象学方法，并总结出现象学方法的七个要点，现摘录如下：

1. 考察个别现象。其具体途径为现象学直观、现象学分析和现象学描述。现象学直观实际上是从专注于现象的某一点开始

---

① 冯契:《中国古代哲学的逻辑发展》(上册)，上海人民出版社 1983 年版，第17—18 页。

而生发出来的自由联想,直到对这一现象一切可能的方面、性质和形态都获得清晰的观念。它不仅起综合作用,而且强调自由的想象。现象学分析是把呈现于直观中的各种观念加以分类的过程。分类需要概念名称,这里包含着从个别到一般的过程。现象学描述即使用分析中获得的概念、名称对直观内容进行描述,也要在语言中把思想观念明确化、固定化。我们可以用一个事例来说明这一过程。假设考古学家发掘出一块金属碎片,他通过直观,把能够想象到的碎片的方方面面综合在一起,想象它原本是什么事物,使用诸如"酒器"、"铜器"、"祭祀用品"、"文字载体"、"陪臣用品"等概念来指示它的形状、性质、文化功能和象征意义,等等。在对这一器皿的全部意义的描述中,考古学家不但达到了这一事物的知识,而且知道了它的使用者和制造者,乃至当时的社会环境。

2. 考察一般本质。这种考察以现象学描述使用的概念和语言为对象,理解其意义。意义是一般性的本质,对意义的理解也是一种直观,是把呈现于对个别事物的感性直观中的材料加以理想化的结果。本质考察使个别现象获得一般意义。

3. 理解本质联系。本质联系即概念间的联系,理解概念间的联系的直观称作范畴直观(categorical intuition)。比如,"桌子是黑的"这一判断中的概念"桌子"和"黑"是对个别事物和本质加以现象学考察的产物,但对连词"是"的理解却是前述过程所不能说明的,这是范畴直观的产物。对逻辑词语如"相同"、"差异"、"或者"的意义的理解,也属于范畴直观。

4. 关注事物显示的方式。在以上过程中,事物或显示在感性直觉中,或显示在联想中,或显示在概念联系之中,方式不同清晰程度也不同,总的来说,经历了由事物侧面到整体,又通过淡化整体边缘,集中关注核心这样一个过程。现象学方法强调显示过程对显示内容的决定作用,把对现象的考察集中于对显示过程的考察。

5. 探讨现象在意识中的构造。把知觉内容联接为一个整体，它类似"格式塔"（gestalt）心理构造。

6. "悬搁"对现实性的信念。现象学方法处理的是所有直观材料，不管它们是现实的或非现实的，是具体的或抽象的，对于它们，不做本体论上的区分，即，把对它们存在或不存在的判断"悬搁"起来。

7. 揭示被蒙蔽了的意义，还事物以真面目。现象虽在自我显示过程中表现自己，但自我显示并不意味着自明，相反，现象受到各种偏见，尤其是语言的歧义的干扰和蒙蔽。因此，对一些重大的概念必须做解释学的考察，恢复其本意。解释学的本意是对《圣经》语句的解释，它的要求是使暗喻的意义明了。现象学要求对一切表示现象的理论语言都要进行这样的考察。①

六、诠释学方法

诠释学（又译为解释学，Hermeneutik）一词来源于赫尔默斯（Hermes），传递诸神的消息和指示。由于语言不同，所以需要翻译和解释，前者是语言转换，后者是疏解。在古代，这个词至少有三个意义指向：一是说或陈述，即口头讲说，二是解释或说明，即分析意义，三是翻译或口译，即语言转换。其目的都是"带入理解"或"促成理解"。如在宗教里，有福音预告，解释以及口译。诠释学是关于理解的学问，是对"理解"的理解。对"理解"本身进行理解（反思、研究），将有助于自觉地对待自己和别人的理解，更有助于我们正确地理解。

诠释学（Hermeneutik）作为宣告、口译、阐明和解释的技术，在古希腊时代就已经存在。赫尔墨斯（Hermes）是上帝一位信使的名字，他给人们传递上帝的消息，解释上帝的指令，并将上帝的指令翻译成人间的语言，使凡人

---

① 转引自赵敦华：《现代西方哲学新编》，北京大学出版社 2000 年版，第 149—151 页。

可以理解,因此诠释学引申而成为一种关于理解和解释的技艺学。"诠释学"作为书名第一次出现是在 1654 年,作者为 J. Dannhauer。后来诠释学沿两条路线发展下去:神学的诠释学和语文学的诠释学。神学诠释学是一种正确解释《圣经》的技术,在中世纪的欧洲十分盛行。著名神学家奥古斯丁的《论基督教学说》是神学诠释学的代表著作之一。在宗教改革时期,新教神学家们为了维护自己对《圣经》的理解,试图用诠释学工具对教会学说的独断传统展开批判,神学诠释学因此成为神学内一个不可缺少而具有漫长历史的学科。

语文诠释学也最早出现在古希腊罗马时代,当时的"批评法"就是一种简单的语文诠释学。经过法国古典主义到德国古典主义时期沃尔夫、迈耶等人的开创性努力,语文诠释学在古代语法学和修辞学的基础上发展为一种关于解释和理解的方法学。在宗教改革和文艺复兴推动下,重新认识传统的要求呼声日起。无论是神学的诠释学还是艺术领域内的语文诠释学都面临着同样的处境。在人们对于自身"理性"的发掘和自信中,两种传统的诠释学走向了统一。人们发现,没有某种程度上对意义的解释,就不能正确理解文本;没有适当的文献学训练,就无法理解文本的信息。偏重于意义哲思的神学和重视修辞技术的语文学可以也应当合而为一。这种统一了的诠释学,实际上是一种正确理解的技术,是一种狭义的关于文本解释的方法论。

诠释学作为精神科学一般的方法论,所指向的是人类的精神现象。它在方法论上的所有革新,都旨在使我们对精神世界的理解具有一种普遍有效性。诠释学观念的起源可以追溯到中世纪对圣经的研究与解释。耶教的解释学在近代由施莱尔马赫(Schleiermacher)所开拓,在施莱尔马赫和狄尔泰之间有 19 世纪伟大的德国史学家 L. 兰克,J. G. 杜里申等人。现代诠释学的形成和发展大体上可划分成前后相继的两个阶段,这两个阶段各有着自己独特的取向:第一个阶段可称为认知性的诠释学(施莱尔马赫、狄尔泰);第二个阶段为本体论诠释学(海德格尔、伽达默尔)。前者着眼于精神现象的"客观知识",因此,致力于探索适合于精神科学的方法论;后者直接将被意识到的存在当做本体,颠覆了传统的本体论。狄尔泰首先是解释学与历史之间这一盟约的解释者,狄尔泰提出的基本问题是:历史知识何以可能? 或者更一般地说,人文科学何以可能? 这些都是局限在认识论领域,海德格尔和伽达默尔的解释学则使解释学从认识论领域走向本体论领域,这里要问的问题是"只有在理解中才存在者的存在方法是什么"。有人认为,如果从局部解释学向一般解释学的第一个变动能够被誉为哥白尼式革命的名号,那么解释学从认识论领域走向本体论领域的第二次变动必须被看作是第二次哥白尼式的革命的预兆。现在解释学的发展正走向新的形态——批判的解释学。各派解释学理论的发展,更加深化了西方哲学与宗教方面的解释研究。

伽达默尔的名著《真理与方法》的主旨并不是探讨如何以恰当的方法得到真理,而是追问一个问题,是否有客观真实的普遍真理,而且可以用正确的方法加以掌握? 伽达默尔的《真理与方法》可视为对自然科学想要通过强调方法而主导人文科学倾向的反击。简而言之,《真理与方法》反对使用正确方法就可以掌握真理的想法,而将此应用在对历史的了解。伽达默尔指出,了解历史并非是全然客观的,因为在了解的过程当中,势必受到所欲了解的历史所影响,这种观点他称之为"效果历史"(Wirkungsgeschichte)。伽达默尔在《真理与方法》里的基本论题是,"效果历史这一要素影响着所有对传统的理解",即使现代历史研究已经广泛地采用科学方法,效果历史这一要素仍然在发挥作用,因为历史并非像科学实验,可以在控制的情况下加以重复。伽达默尔在一封写给贝帝(E. Betti)的信中说:"从根本说来我并未提出任何方法,相反,我只是描述了实际情形。……换言之,我认为唯一科学的做法就是承认实际情形,而不是从应该如何[以及可能如何]出发进行思考。正是在这个意义上我才试图超越现代科学的方法概念(它自有其有限的权利)进行思考并在根本的一般性中考虑一直发生的事情。"基本上伽达默尔想要将实际情况指出来,实然优先于应然以及或然,因此想要超越现代科学的方法概念,做出更加广泛的普遍性思考。

从诠释学的起源和发展不难看出,诠释学实质上是一种理解理论。要理解诠释学,首先就必须要理解几个基本概念:诠释学循环、视野的溶合、效果历史等。

诠释学循环。只有理解了整体,才能理解局部;只有理解了局部,才能理解整体。理解就是从整体到局部、从局部到整体的循环中前进的。这便是诠释学中所说的"解释学循环"("诠释学循环")。诠释学循环是指理解中的一个客观的矛盾,即理解局部和理解整体之间的一种矛盾关系,这种关系具有一种循环的性质。当论及"诠释学循环"时,伽达默尔追随海德格尔,认为"对文本的理解永远都是被先前理解的预期运动所决定",意即"先前理解"("先见")所形成的预期,决定了理解的方向。由于先前理解的不可缺少,伽达默尔对抗启蒙运动以来的趋势,大胆地宣称"偏见"(Vorurteil)为理解活动的先决条件。因此,所有的理解都是建立在某一个"偏见"(合法的偏见)的出发点,在与文本会遇当中,逐渐形成新的理解,也就是新的偏见。对伽达默尔而言,诠释学的目标之一,就是区隔导致理解之"真的偏见"与带到误解之"错的偏见"。伽达默尔甚至批评说,启蒙运动的"偏见",就是自以为可以"克服一切的偏见"。当人们开始看到"偏见"的必要时,才能明白人性的有限,以及活在历史中的人,是何等的有限。伽达默尔认为,"诠释学循环"既非主观的,亦非客观的,而是"传统的运动"与"解释者的运动"二者之间的相互作用。

所谓"视野的溶合"或"视阈融合",其主要意思是说:

> 在人文科学研究中,由于理解的对象是人及他的一切活动。无论是历史、典籍、个人生活、思想、哲学乃至一个艺术作品,都是由有意识的人来创造的。作品、哲学、文化,都有它们自己的历史"视野"(horizon),即在一定的历史时刻和人的历史存在中产生出来。当我们带着自己由历史给予的"视野"去理解历史作品、哲学,或某种文化时,就一定会出现二个不同的"视野"或历史背景的问题。我们无法摆脱由自身历史存在而来的"先见",这是我们的"视野",但我们却又不可能以自己的"先见"去任意曲解解释的

对象。如历史典籍,历史事件,某种哲学,因为它们各自都有历史的特定内容,限制了我们的"先见",只接纳它可能接受的理解。无论是去解释历史、文学作品,以及他人的言谈,都会卷入这样两个不同的相互限定的历史背景。只有当这两个历史背景,即解释者的"先见"和被解释者的内容,能够溶合在一起,产生意义,才会出现真正的理解,伽达默尔称这种过程为"视野的溶合"(Horizon verschmelzung)。由"视野的溶合"而形成的理解,既不再是解释者原有的"先见",也不完全是作品或历史的原有内容。它应当并且只能是给人生新增添的东西,人就在这种既在历史中接受又在历史中更新的理解形式,给人生开辟出新的可能。①

效果历史(Effective history)或"效果历史意识"(Wirkungsgeschichtliches Bewusstsein)是伽达默尔诠释学重要的概念,描述与历史传统密切相关的意识,很不容易翻译成中文。这个名词是由"效果"、"历史"与"意识"组成,强调的是历史不断地对诠释者发挥影响的效果,因为历史就是由诠释者的参与所形成,而对此历史影响效果的觉醒,就是"效果历史意识"。这样的意识,既对历史的影响效果有所觉醒,同时本身也正在发挥着影响效果。

> "真正的历史对象根本不是对象,而是自己和他者的统一体,或一种关系,在这种关系中同时存在着历史的实在和历史领会的实在。一种名副其实的解释学必须在领会本身中显示历史的实在性。因此我把所需要的这样一种东西称之为'效果历史'。"

伽达默尔认为历史或传统不仅仅是过去,而且也是一个实现的过程。历史通过制约我们的历史理解力而产生效果。一位解释者从属于这样一种方式,其中一个对象在这解释者所属的传统中已经得到了理解。任何理

---

① 殷鼎:《理解的命运:解释学初论》,生活·读书·新知三联书店 1988 年版,第 261—262 页。

解都处于历史的形势之中,不可避免地带有偏见。因此,理解不是一个主体的行为,而是效果历史的一个方面。根本不存在纯"客观的"、无任何特殊视角的理解。历史限制了我们的知识,但也通过决定我们能理解什么而帮助了我们的理解的开展。因此,对于传统的拒绝没有能比它的拥护者所主张的更激进的了。意识因拥有一个前历史(pre‐history)而被历史影响,并通过具有一个后历史(post‐history)而反过来影响历史,这样一种意识就被称作"效果历史意识"。历史是历史对它的理解的统一体。伽达默尔提出"效果历史意识"的目的,并非要突显"意识"的重要,而是为了能够更加认识"存有",而存有却是从未全然彰显的。因此,伽达默尔不认为人可能完全掌握真理,人只是处于不断地趋近真理当中。

基于此,我站在马克思主义实践哲学的立场,曾经提出过马克思主义实践诠释学。① 从马克思主义诠释学的角度来看,任何文化价值都是抽象与具体、有与无的统一。在由传统文化和"国学"研究引发的有关"文化价值"问题的讨论中,有些人之所以出现缺失、偏差,原因之一是将"典籍文化"文本的处理单一化了。他们没有看到"典籍文化"文本的双重性:一是有待理解和解释的观念上的文本(简称文本1),二是观念文本实际上意向着的生存实践活动的文本(简称文本2),文本的双重性决定了典籍文化价值的双重意蕴,即典籍文化价值总是常—变、虚—实、抽象—具体、一般—个别,或者说是有—无的辩证统一。

具体说来,文本1的文化价值具有绝对性、永恒性和超越性。它是抽象的、一般的,或曰"无"的东西。这里的"无"是无象、无限,是不可确知②。所谓"无象",不是空无,而是万象,此由"典籍文化"的复杂性所决定;所谓无限,即是超限、出限,此由"典籍文化"的"苟日新,日日新,又日新"的生成性所决定;所谓不可确知,不是不可知,而是为知提供了无限的可能性,此由"典籍文化"的丰富性所决定。文本1之文化价值的无象、无限和不可确

① 洪晓楠:《文化哲学思潮简论》,上海三联书店2000年版,导言。
② 参见李鹏程:《当代文化哲学沉思》,人民出版社1994年版,第25—26页。

知性决定了它是一种抽象的、潜存的文化价值,这种抽象文化价值相对于具体文化价值而言,就是"无",但又具有"无用之大用"。然而,虚、无、抽象、一般不能孤悬,故总要落到实、有、具体、个别,这就涉及到"典籍文化"之实有,即历史或现实的具体文化价值。

《易传》云:"天地之大德曰生"、"生生不已"、"变而通之以尽利"。所谓"利",即价值。这就是说,只有通过对历史或现实世界的理解才能找到理解观念世界的钥匙。这里,实际上包含着三个层次的关系:实践、现实生活是第一层次,它决定典籍文化之具体的现实文化价值,所谓古为今用即就此说;文本2是第二层次,它决定典籍文化之具体的历史价值,此就文化主体和客体的历史性而言;文本1是第三层次、它决定典籍文化所涵蕴的抽象价值,此就文化的超越性而言。从释义学的角度来看,实践活动是理解和解释文本的基础和前提。因此,文本2+文本1,指示着抽象文化价值向历史文化价值的转化,现实的人的实践又决定着历史文化价值向现实文化价值的转化,其方法就是"批判地继承";现实生活、人的实践+文本1,提示着抽象文化价值向现实文化价值的转化,其方法即是"创造性转换"。由此可见,文本2是文本1通向现实的人的生存实践活动的中介和桥梁,它的文化价值表现出两栖性,即亦"有"亦"无"、"有"即"无"的特性。相对于抽象文化价值("无")而言,它具有历史文化价值,因而是"有";相对于现实生活而言,它若能从历史文化价值转化为现实文化价值,则是"有"。因此,历史文化价值的重估和再发现充实并开拓了典籍文化价值的空间,也为它进一步向现实文化价值的转化提供了条件,这里,只有实践、现实生活的导向、主体精神生活的欲求才能使"典籍文化"中那可能的、无限的潜在价值充分显露。

思考题

1. 如何理解历史与逻辑相统一的方法?试举一例说明之。

2. 现象学方法的实质是什么?

3. 何谓诠释学方法?如何理解诠释学循环、视野融合、效果历史这三个核心概念?

第十三讲 哲学的价值

一个成功者和一个失败者,不在于他的知识和经验,而在于他的思维方式。

——[美国]哈佛大学

人们只是在知识很少的时候才有准确的知识,怀疑会随着知识一道成长。

——[德国文学家]歌德

每一个好的哲学家都是传统观念的挑战者。

——[英国哲学家]I.伯林

一个民族有一些关注天空的人,他们才有希望;一个民族只是关心脚下的事情,那是没有未来的。

——温家宝

哲学的价值问题,也就是问"哲学为何?"的问题。"告诉我,爸爸,历史有什么用?"①这是法国年鉴学派的宗师马克·布洛赫在其遗稿《历史学家的技艺》(中文本译为《为历史学辩护》)中开篇的第一句话,布洛赫赞赏它击中要害。历史学如此,哲学并不比历史学幸运。重视实际行动的美国人曾讽刺哲学不能烤面包。冯友兰 1947 年在美国遇见一位哲学教授,他说,当时的美国哲学教授,最怕学生的家长们所问的一个问题就是:"你教孩子们的那些东西,对孩子们有什么用处?"教授们对于这个问题,茫然不知所

---

① [法]马克·布洛赫:《为历史学辩护》,张和声、程郁译,中国人民大学出版社 2006 年版,第 1 页。

对。今天,当我们给学生或一般社会大众讲授哲学时,人们经常问的问题依然是:我为什么要学习哲学? 学习哲学对我自己有什么用呢? 学习哲学能帮助我解决哪些问题呢? 实际上,这些问题的核心就是问,哲学到底有什么价值,或者更直接一些就是,哲学究竟有什么用处。如果哲学毫无价值或用处,如果哲学不能解决具体问题,为什么我们还要花费时间和精力去学习或研究它呢? 在我接触的青年学生中,就有一位女生提出过这样一个问题:"哲学能否帮助我炒菜?"当然,在今日有女孩子关心炒菜是一件美妙的事情,如果通过学习哲学能够把菜炒好,那就是更美妙的了。

要理解哲学的价值,就必须对哲学本身进行分梳。在我看来,可以从以下几个层面来理解哲学的价值。

一、哲学作为一种理论化、系统化的思想体系

哲学作为一种理论化、系统化的思想体系,它是时代精神的精华。因此,通过学习这种系统化的思想、理论,它可以锻炼、发展人的理论思维的能力。这也就是为什么我们一般的社会大众都应该学习一点哲学的道理。对此,黑格尔曾说过:"一个国家没有哲学,就像一座雄伟壮观的庙中没有神像一样。空空荡荡,徒有其表,因为它没有可信仰的东西,可尊敬的东西。"对于一个民族而言,哲学是极其重要的。日本一位著名的哲学家说过,没有哲学的民族是浅薄的民族。的确,没有哲学的民族是浅薄的民族,而没有哲学思维头脑的人则是浅薄的人。在罗素看来,没有哲学色彩的人一生免不了受缚于种种偏见,由常识、由他那个时代或民族的习见、又未经深思熟虑就滋长的自信所形成的偏见。对于这样的人,世界是固定的,有穷的,一目了然的;普通的客体引不起他的疑问,可能发生的未知的事物他傲慢地否定掉。但是反之,……只要我们一开始采取哲学的态度,我们就会发觉,连平常的事情也有问题,而我们能提供的答案又只能是极不完善的。哲学虽然对于所提出的疑问不能肯定告诉我们哪个答案对,但是却能扩展我们的思想境界,使我们摆脱掉习俗的控制。因此,哲学虽然对于例如事物是什么这个问题减轻了我

们可以肯定的感觉,但是却大大地增长了我们对于什么事物可能是什么这个问题的知识。它把从未经过自由怀疑的境地的人们的狂妄独断的说法给排除掉,并且指出熟悉的事物中那不熟悉的一面,使我们的好奇感永远保持灵敏状态。①

与时代无关的哲学是经院哲学;与时代需要相脱离的哲学家是书斋哲学家。这种哲学和哲学家没有生命力,它必然会焦枯萎缩。哲学尽管在困境中踯躅,但决不会停止前进。哲学不能丧失自己的特性变为非哲学。但哲学工作者可以从哲学角度对其它领域的重大实际问题和理论问题进行研究。我们坚信:被马克思称之为头脑、闪电和报晓雄鸡的哲学,在建设中国特色的社会主义伟大而生动的实践中,一定会越来越显示出她的效用和价值。

二、哲学作为一种世界图景(世界观)

爱因斯坦说过这样的话:"人们总想以最适当的方式来画出一幅简化和易领悟的世界图象;于是他就试图用他的这个世界体系(cosmos)来代替经验的世界,并来征服它。这就是画家、诗人、思辨哲学家和自然科学家所做的,他们都按自己的方式去做。各人都把世界体系及其构成作为它感情生活的支点,以便由此找到他在个人经验的狭小范围里所不能找到的安静和安定"。② 马克思和恩格斯,尤其是恩格斯,可以说属于最早一批试图绘制"世界图景"这幅巨画的画师。正如有人指出的:"甚至'世界图景'(The Picture of the world)这个概念本身的发明权,恩格斯也是最有资格的竞争者之一。"③因为,在恩格斯看来,这幅图画对于他所参与构思的新世界观具有特别重要的意义:正是由于 19 世纪自然科学自身发展中所呈现出来的普遍联系的、合乎规律地流转变化的宇宙画面,才有可能找到人类社会的严

---

① 转引自胡军:《哲学是什么》,北京大学出版社 2002 年版,第 226 页。
② 《爱因斯坦文集》第一卷,商务印书馆 1976 年版,第 101 页。
③ [奥]瓦尔特尔·霍利切尔:《科学世界图景中的自然界》,重版序言(纪树立),上海人民出版社 1987 年版,第 2 页。

格的发展规律,并且直接在物理、化学定律的启示下建立起严格的社会发展规律来。恩格斯在他的一系列著作中曾试图勾勒出这幅宇宙图景的轮廓。但是,由于种种历史条件的限制,恩格斯没有最终完成这幅关于"世界图景"的巨画;但这并不妨碍他勾勒出关于他那个时代的最出色的草图。

虽然实证科学和哲学都是以世界为研究对象,但实证科学甚至全部自然科学的总和,都不能构成包括人和人类社会在内的世界总体图景,因为实证科学的总和仍然是对世界的实证知识,而哲学是以人与世界的关系为中心而展开的对世界的总体性把握。

三、哲学作为一种认识方法(思维方式)

哲学作为一种认识方法,它是人类"伟大的认识工具",是我们认识世界、改造世界的锐利的思想武器。它为我们提供了论证现实、反思现实、批判现实、超越现实的方法。就此而言,论证现实,只是哲学的一般功能。然而,过去我们过分夸大了这种功能,好像哲学只有这种功能,而没有其它功能似的,从而使得作为科学指导的理论长期落在实践的后面,成为一种"事后诸葛亮"式的解释世界的理论,而不是像马克思所主张的那样"问题在于改变世界"。任何哲学,只要是哲学,它决不只是为现实进行论证,更不是现实工具,哲学最重要的功能就在于立足于现实而又反思现实、批判现实、超越现实,运用批判的权利,创造新的价值,从而促进人类文明的进步。马克思、恩格斯对于资本主义社会的批判,就为我们提供了一个较好的范例。"自然科学家可以采取他们所愿意采取的那种态度,他们还是得受哲学的支配。问题只在于:他们是愿意受一种坏的时髦哲学的支配呢,还是愿意受一种建立在通晓思维的历史和成就的基础上的理论思维的形式的支配。"(恩格斯)

恩格斯早就指出:"马克思的整个世界观不是教义,而是方法,它提供的不是现成的教条,而是进一步研究的出发点和供这种研究使用的方法。"①哲学理论的重要意义主要体现在它所创立的理念思维方式里的。一种新的哲学,就意味着它给人们认识和对待外部世界提供了一种新的观察方式、认识视野和精神意境。马克思提出的实践观点,首先是意味着改变了哲学对人从来就有的抽象化的看法,进而也就根本改变了在人与自然关系、人们对外部世界的态度、看待事物的观点等这一切问题上的理论,一句话,根本改变了哲学对待事物的观察视角,看待问题的理念模式。这是哲学思维方式的根本变化。马克思主义哲学之所以为马克思主义的哲学,它与其他一切哲学的根本区别,也就集中体现在以实践为基础,表达新时代人们看待事物的态度和方式的"思维逻辑"中。具体说来就是,**哲学不应再去追求万物的终极存在,宇宙的永恒本体,人的不变本原之类的东西,而应植根于人的现实生活世界,从历史和现实的发展出发。就此而言,马克思的哲学就是实践哲学,是人的现实活动的哲学,是一种在世的哲学。**

哲学作为智慧和生活意识,哲学的基本功能就不像知识那样,确定某种知识,解释某种未知现象,而是一种批判和超越的方法。它不仅要向已知挑战,拷问其真实性和意义;而且要跨越边界,形成一种综合的、前所未知的视角,拓宽人们的视野,拓展现有的论域。毋庸置疑,这种意义追求和知识综合是不确定的、辩证的,因而在这个意义上来说,哲学也就没有多少实用性,但它确实又是"无用之大用"。因此,学界有学者针对哲学的功能,突出了如下主张:淡化对哲学的知识意识,强化哲学的文化意识;淡化抽象的本体论意识,强化哲学的生活意识;淡化理论论证实际的后滞意识,强化哲学的前导意识和批判意识。

哲学的反思功能就表现在人与动物的区别之一是在于人有反思,即自我意识和反省的能力。比如,动物和人类都生活在地球上,动物恐怕就不追问其自身存在的意义和价值,而人却不然。象爱因斯坦这样一位智者还在一再追问生命的意义这个最古老的哲学问题,他的回答是:"凡是认为他自己的生命和人类的生命是无意义的人,他不仅是不幸的很,而且他也难

---

① 《马克思恩格斯全集》第39卷,人民出版社1974年版,第406页。

于适应生活。"由此可见,确立起一种正确的人生哲学于每个人,乃是生死攸关的重要。失去了人生目标的人是最不行的人。柏拉图认为哲学只不过是专心致志于死亡。

哲学还具有超越功能。正如费尔巴哈所说,动物只为生命所必经的光线所激动,人却关注那遥远的星辰所发射出来的无任何功利性质的光线。(人具有超越性)这就是所谓:明其道,不计其功;朝闻道,夕死可矣的乐趣与热情。这乐趣、这热情就是最高意义上的哲学精神。康德宣称,他头顶上的星座和心中的道德律构成了他哲学思想的源泉,意义就在于此。哲学是以观念的方式内在地把握世界,它源于生活,源于现实,立足此岸世界,但却并不满足于对现象的分析,而是试图在此岸世界与彼岸世界之间架起一座由此及彼的桥梁,从这个意义上讲,哲学是人的一种精神性的超越。

哲学的批判功能。哲学就其本性来说,它是人类知识的一种批判性的形式。批判就是一种考察,以及在考察的基础上依据理性原则所进行的判断。哲学正是以这种批判分析的方式考察、分析和"检验"现存的精神文化,揭示其实质,展示其前景,"使其不得安宁",使其永远处在激动状态,推动思想在一切活动领域中向前运动。① 这诚如英国哲学家 I. 伯林所说的:"如果不对假定的前提进行检验,将它们束之高阁,社会就会陷入僵化,信仰就会变成教条,想象就会变得呆滞,智慧就会陷入贫乏。社会如果躺在无人质疑的教条的温床上睡大觉,就有可能会渐渐烂掉。要激励想象,运用智慧,防止精神生活陷入贫瘠,要使对真理的追求(或者对正义的追求,对自我实现的追求)持之以恒,就必须对假设质疑,向前提挑战,至少应做到足以推动社会前进的水平"。

哲学的批判功能是全方位的,它对它自己所面临的一切对象都具有批判的义务和责任,当然,它也要把批判的矛头对向它自身。从总体上来看,主要有哲学对科学的批判、哲学对社会的批判、哲学对文化的批判、哲学对生活的批判、哲学对自身的批判。具体来说:

---

① 《哲学问题》1987 年第 1 期社论:《改革问题与现阶段哲学的任务》。

哲学对科学的批判:剔除科学观念中可能存在的种种局限性,展示新的科学范式的更为合理的前景;

哲学对社会的批判:揭示一切社会体制、经济体制、生产方式的暂时过渡的性质,展示新的社会体制、经济体制、生产方式的更为合理的前景;

哲学对文化的批判:揭示传统的、现实的文化现象和观念中落后的、保守的、狭隘的、非科学的性质,倡导某些更为积极向上的、更为科学有益的、与时代发展的前景更相匹配的新文化现象和观念;

哲学对生活的批判:在对一般人的生活态度、生活方式的理性审视的基础上,揭示出一般社会生活中的盲目性、狭隘性,以及非人性、非人道化的倾向,把那些更为积极合理的生活态度、更为科学美好的生活方式向世人展示;

哲学对哲学的批判:揭示不仅一切客观现实的是暂时的,而且一切人类的理性成果,包括一切哲学的观念、体系也都毫无例外地具有暂时的性质,从而破除哲学自身可能具有的某些僵化、教条化、落后、保守的一面。①

哲学有哲学的目的和作用:罗蒂力主"我们应该把科学看作适用于某些目的,把政治、诗歌和哲学(不能看作一门超级学科,而是看作依据过去的知识对目前思想倾向的一种明达的批评活动)都看作是各有其目的。我们应当摒弃西方特有的那种将万事万物归结为第一原理或在人类活动中寻求一种自然等级秩序的诱惑"②。

哲学,就是力求系统地提供一些解决这些生活问题的基本原则和方法……哲学教会我们怎样在包括我们自己的论证在内的任何论证的逻辑推理中发现谬误,怎样检验我们自己或其他人缺乏论据支持和论证无力的逻辑前提及理论。总之,哲学试图教给我们深刻地思考和合乎逻辑地推理的能力,谁能否认后两者的重要性呢?③

---

① 参见邬焜:《哲学的比附与哲学的批判》,《中国社会科学》1995 年第 4 期。

② [美]罗蒂:《哲学与自然之境》,三联书店 1987 年版,第 15 页。

③ [美]J. P. 蒂洛:《哲学:理论与实践》,古平、肖峰等译,中国人民大学出版社 1989 年版,第25 页。

四、哲学作为一种生活方式（生存方式）

哲学作为一种生活方式，它是一种道德的力量，决定了我们一个人的努力方向和意义，使人改变自己的生活态度。重视实际行动的美国人曾讽刺哲学不能烤面包。但是哲学家宾克莱在《理想的冲突》中的回答是："哲学是一个人的生活方式，它虽然不能烤面包，但作为道德的力量，却决定一个人努力的方向和意义。在这种意义上说，哲学确实具有实用性。"①我们在生活中碰到的很多问题都涉及到哲学。哲学存在于生活之中，生活中处处都有哲学。如我是谁？我从何而来？我要到哪里去？或者说，生从何来？应做何事？死归何处？2002 年我到美国哈佛大学访问时，我注意到哈佛大学开设了这样一门课程，叫做"人的自我认同"。

正如古罗马雄辩家、政治家、哲学家西塞罗所言，"哲学，人生之导师，至善之良友，罪恶之劲敌，假如没有你，人生又值得什么？"

A. 奥古斯丁说得好：当我们拥抱曼妙的酮体、畅音甘甜的清泉、享受丰盛的筵席、嗅取玫瑰的芬芳、欣赏优美的音乐、拥有璀璨的珍宝时，我们是幸福的；当我们拥抱真理本身、领受真理的饮食、吸取真理的芳香、体会真理的和谐、感受真理的光辉时，我们不是更加幸福吗？

约翰·斯图加特·穆勒在谈论哲学时说过："……表面上看，哲学显得跟日常生活所需和人的物质利益，相隔如此遥远，但实际上，哲学是这个世界上对人最有影响的东西，而且从长远看，除哲学本身所受的影响，哲学的影响要胜过任何其他的影响。"

当马克思作为一个年轻的大学生时就说过：没有哲学我就不能前进。

我国现代著名哲学家冯友兰先生说过，哲学不是使人成为"某种人"，而是使人成为"人"。冯先生说，哲学不是培养"某种人"，而是"使人作为人能够成为人"。

---

① ［美］L. J. 宾克莱：《理想的冲突——西方社会中变化着价值观念》，马元德等译，商务印书馆 1984 年版，第 26 页。

诺齐克曾提到,"尼采曾要求:你应如此活着,一如你愿意这样的生命可以永恒的重复。那似乎有点苛求了。然而,哲学,却确实构成一种生活方式,值得延续至其终结。一如苏格拉底最初向我们示范的一样。"

"道德哲学家的任务,仅在于帮助人们面对问题,面对可供选择的行动范围,向他们解释有哪些选择以及做出某种选择的原因。它应当努力阐明所涉及的各种因素;解释全部的可能性及其含义;不是孤立地,而是统观全局地甚至从整个生活形态的角度描绘各种可能性的性质。"换句话来说,"哲学家的主要任务是估价正反双方的理由、澄清可以做出的选择的影响,而不去指明什么是正确的",由此,"哲学便负有双重使命:一方面,检验、尤其是批判由人们和他们的行动所做出的或按时的价值判断的先决条件;另一方面,直接处理那些不属于而且永远不会属于经验型和规范型这两大范畴的最基本的问题。"①

> 当人们扩大了自己的视野和学会了对各种理论和信仰、特别是对他们自己的理论和信仰提出疑问的时候,人们就有希望变得更有意识地处理生活中的困难和复杂问题了。……而如果人们不对与自己主张相反的信仰加以检验并对自己坚持的信仰提出疑问的话,那么他们肯定不会对其他信仰采取宽容的态度。②

五、哲学作为一种文化认同（人文精神）

所谓文化认同,就是指处于文化急剧变迁下的社会,人们似乎淹没于新的经验、脱节于旧有的传统。人们开始想知道"他们处于何处,他们是谁,要到何处去?"这一系列问题。具体到中国来说,就是"我们是谁?""中国人应当是什么样子的?""中国应当是什么样子?"过去一百年间,这些问题一直困扰着中国人,从而构成了一种集体身份焦虑。随着焦虑的产生,

---

① 麦基:《思想家》,周穗明、翁寒松译,三联书店1992年版,第36—37页。
② [美]J. P. 蒂洛:《哲学:理论与实践》,古平、肖峰等译,中国人民大学出版社1989年版,第24页。

人们经历到文化认同的危机。所谓文化认同危机,简单说就是不知道/不清楚"我是谁?",或者,"我"有了多种身份,原来以为清楚的,现在变得模糊了;以前自信的,现在惶惑了;以前相信的,现在怀疑了;……近百年来,由于西方的冲击,暴露了我们传统的许多缺点,打击了我们的文化自尊心,因此在我们的心理上造成一个"结",这种"结"使中国知识分子在潜意识中去寻出心理上的补偿,要么宣称中国文化可与西方文化并驾齐驱,甚或称之为优越,要么干脆说中国文化百事不如人(胡适语)。就中国知识分子对西方文化的认知而言,经历了四个阶段,而这四个阶段可以说正是对西方文化四个层面认识的四个阶段。第一个阶段是器物层面(坚船利炮)。随着鸦片战争,外国列强用坚船利炮打开了中国的大门,中国知识分子目睹了坚船利炮的厉害,开始睁眼看世界,寻求革新救国的方法,其中魏源提出了"师夷长技以制夷"的主张,就是典型的代表。然而,洋务派开办军事和民用工业并没有使中国富强起来。因为,文化不仅有物质层面,还有制度层面,物质的、技术的层面只是文化的表象。甲午中日战争失败之后,康有为、梁启超等掀起维新变法的浪潮。之后,孙中山领导的辛亥革命又以失败而告终。这是因为文化制度层面的建立还系于文化的观念的支撑。随后,接踵而至的新文化运动,真正开启了中国思想解放的闸门。五四新文化运动不仅涉及到文化的观念层面,更重要的是涉及到文化的价值层面,特别是"打倒孔家店"口号的提出,标志着近代中国人尤其是知识分子的文化认同危机已经是多么沉重了!文化认同危机表现得最深层面就是价值层面的危机,也就是意义危机。"意义危机"的源头如同人类历史一样久远。所谓"意义危机"或"精神价值危机",就是说,我们做为一个人,不论是古人或今人,不管是外国人或中国人,在生存的过程中,一定会面对一些基本的人生问题,如生死的问题、道德的问题等。但我们怎样去解释它,才能心安理得活下去呢?传统,有强烈的宗教意识可以帮助我们解决,无论信佛教、信道教、信儒家等等,都有一套完整的宗教意识形态来帮助解释,因此可以心安理得,可以"安身立命"。但是在现代,当传统的宗教意识和意识形态受到西方的冲击、震荡,甚至破碎之后,意义危机就更突显出来了。

这种文化认同危机或者说意义危机表现在现代中国就是如何正确地处理"古今中西"问题。面对这一问题，人们可能有几种态度：

第一种观点认为中西文化的差异纯粹是时代性的，可称为有古今无中外论。这种观点就是以胡适为代表的自由主义西化派，他们认为中国要走的路就是西方的路，也就是英美的道路；全盘西化论者只见到中国文化的落后缺点，而不了解中国文化也含有优秀传统。

第二种观点认为中西文化的差异纯粹是民族性的，可称为有中外无古今论。"儒学复兴"论就是这种观点的代表。从梁漱溟、熊十力、冯友兰、贺麟到牟宗三、唐君毅、张君劢等，其基本立场是一致的。他们强调由于文化认同的危机，面临西方文化的冲击，要复归儒家传统，由内圣开出新外王，即由格物、致知到修身、齐家，最后实现科学和民主。"儒学复兴"论者在反对欧洲中心主义、反对现代化只有西方一种模式的观点、反对把儒家文化与现代化截然对立起来、反对全盘西化，确有许多精到的见解。但是，"儒学复兴"论者在反对欧洲中心主义的同时又陷入了华夏中心主义的泥沼，夸大了儒家文化的超时代性和普遍性的品格，也未能正确地处理好文化的民族性和时代性的辩证关系。

第三种观点就是马克思主义的综合创新论。当时的中国人能够接受马克思主义，是有各方面原因的。其中一个原因就是因为马克思主义是来自西方同时又是批判西方的一种思想文化思潮，这种既来自于西方又批判西方的思想比较能够符合中国人当时的文化心理需要。马克思主义的综合创新论认为：一方面要承认文化的古今之别，另一方面也要承认文化的中外之别。从时代性来说，有奴隶制文化、封建制文化、资本主义文化和社会主义文化等，原始社会是文化的萌芽阶段。这就是文化的"古今"问题。不从文化的古今差异着眼，就会既割裂了文化发展的联系，又会否定不同文化有高低发展阶段的不同。那种在文化比较研究中只讲中外、不讲古今的观点，是不符合实际的。文化除时代性之外，还有民族性。所谓文化的民族性，就是说："同一时代不同的民族，其文化还是各有特点的。中国的封建文化与西方的封建文化及印度的封建文化是不一样的，这个不一样就表现了民族性"。文化的民族性是一民族文化与另一民族文化的区别所在,是一个民族存在的支柱和奋发向前的凝聚力。因此,讨论文化问题,必须充分重视文化的民族特点,这就是文化的中外之别。中国传统文化与近代西方文化之间,不仅有古今之别,也有中外之异。那种在中西文化比较中只讲古今、不讲中外的观点,也是不符合实际的。

可以说中国人的文化认同危机一直到 20 世纪末仍然没有完全消除。随着中国改革开放 30 多年来,中国经济的快速增长,中国发展逐渐引起世人的注目,世界上慢慢有人在探讨中国模式或中国经验。在这样一种情况下,人们慢慢地走出了文化认同危机,开始了真正意义上的文化自觉。

"文化自觉"这个概念是著名的社会学家费孝通先生晚年提出的。这个概念的提出,得到了许多学者的赞同。根据费孝通先生的解释,所谓"文化自觉""正表达了当前思想界对经济全球化的反应,是世界各地多种文化接触中引起人类文化心态的迫切要求。人类发展到现在已开始要知道我们各民族的文化是哪里来的?怎样形成的?它的实质是什么?它将把人类带到哪里去?"①文化自觉是指生活在一定文化中的人对其文化有"自知之明",明白它的来历、形成过程、所具有的特色和它的发展趋向,不是要"回归",也不是要"全盘西化"或"全盘他化"。通过文化自觉,我们才能真正认识自己文化,明白自己文化的主体性,才能理解自己所接触的多种文化,才有条件在这个正在形成中的多元文化的世界里确立自己的位置,经过自主的适应,和其他文化一起,取长补短,共同建立一个有共同认可的基本秩序,在这个秩序范围内,做到"各美其美,美人之美,美美与共,天下大同"。

六、哲学作为一种精神境界(理想情怀)

哲学作为一种境界,它能够丰富、提高人的精神境界,提供给人们一种终极关怀,给人以安身立命的生活之根。早在 20 世纪 30 年代末,冯友兰在

---

① 费孝通:《论人类学与文化自觉》,华夏出版社 2004 年版,第 190 页。

《新理学》绪论中就曾专设一目讨论"哲学之用处"。他认为,"对于人生,哲学与科学,都有其用处。"科学讲实际,能给予以积极的知识;哲学讲真际,能提高人的精神境界。也就是说,"科学或一种科学,对于人生的局部有用。哲学则对于人生的全体有用。科学对于人底关系是非人底,而哲学对于人底关系则是人底。"总之,"哲学能使人对于宇宙人生,有理智的了解,亦能使人,对于宇宙人生,有情感上底满足。"①在 20 世纪 40 年代末的《中国哲学简史》中,冯友兰认为哲学的功用可以分为最低和最高两个层次:就最低层次而言,"学哲学的目的,是使人作为人能够成为人,而不是成为某种人。"②就最高层次而言,哲学的任务"不在于增加积极的知识,而在于提高心灵的境界——达到超乎现世的境界,获得高于道德价值的价值"③。使人能够在精神上达到一种"与天地万物浑然一体"的境界。"哲学的功用是训练人成为完人,完人的最高成就是与宇宙合一。"④"哲学教人以怎样成为圣人的方法","成为圣人就是达到人作为人的最高成就。这是哲学的崇高任务。"⑤到了晚年,冯友兰对哲学的价值又作了详细的阐发,它代表着冯友兰经过将近一个世纪的风雨人生和七十年的哲学探索之后,对哲学价值的深切体会。冯先生认为,"哲学的作用有两方面,一是锻炼、发展人的理论思维的能力,一是丰富、提高人的精神境界。"⑥哲学能够锻炼、发展人的理论思维,这一点古今中外的哲学家多有论述。冯友兰的独特之处就在于他不仅合理地继承了前人的遗产,而且结合中国哲学的实际,创造性地提出了哲学能丰富、提高人的精神境界,并且将理论思维的发展与人的精神境界的提高两者结合起来用以说明哲学的价值和功用。在冯友兰看来,哲学尤其是形上学,能提高人的精神境界。冯友兰认为,人的精神境界,有四个层面:自然境界、功利境界、道德境界、宇宙境界。在他看来,

---

① 冯友兰:《南渡集》,《三松堂全集》第五卷,人民出版社 1986 年版,第 314 页。
② 冯友兰:《中国哲学简史》,第 13 页。
③ 冯友兰:《中国哲学简史》,第 6 页。
④ 冯友兰:《自选集》,第 558 页。
⑤ 冯友兰:《中国哲学简史》,第 378 页。
⑥ 冯友兰:《中国哲学史新编》第一册,第 27 页。

精神境界由觉解构成。自然境界(以本能和社会风俗习惯引导的境界)无觉解无知识;功利境界(所做的一切对自己有功利意义)有觉解有知识,此知识是积极知识;道德境界(所作的一切对自己有道德意义)有觉解有知识,此知识仍有积极知识;天地境界(所作的一切都为了宇宙的利益)有觉解有知识,此知识不是积极知识,而是理、气、道体、大全等空灵观念。这些空灵观念能使人知天,事天,乐天,同天。因此,"在哲学的反思之中,人的精神境界同时就丰富、提高了,反思既然是'思',不管说出来或不说出来,就在那里运用理论思维了。理论思维同时就发展、锻炼了。"①这表明,这两方面实际上是一回事,"用中国的一句老话说,哲学可以给人一个'安身立命之地'。就是说,哲学可以给人一种精神境界,人可以在其中'心安理得'地生活下去。"所谓"安身立命之地","这个'地'就是人的精神境界。"②总之,哲学的"用处"不在增加人对实际事物的知识和才能,而是使人改变自己的生活态度,使人由对世界的一种理解进而体现于一种人格、胸襟、气象,从而提供给人的精神受用。哲学有无用之大用。因此,用大家容易接受的术语来说,哲学的功用就是帮助人类寻找精神家园。这一点在市场经济条件下更为重要。由于现代人的厄运和困境就是"无家可归感",真可谓"故园东望路漫漫,远客思乡,谁不垂泪"。然而,真正的哲学思考就是唤醒你、我、他(她)的"家园感",使丧失家园的人"有家可归"。而哲学意义上的"家"就是指人类精神上的平衡、和谐和安宁。这种精神境界也就是人们常说的"明月松间照,清泉石山流"。张载所言,"为天地立心,为生民立命,为往圣继绝学,为万世开太平",就充分地体现了这一点。

这种哲学的境界从一定意义上来说,就有点相当于周敦颐所说的"孔颜乐处"。孔子说:"饭疏食饮水,曲肱而枕之,乐亦在其中矣。不义而富且贵,于我如浮云。"(《论语·述而》)又说:"一箪食,一瓢饮,在陋巷人不堪其忧,回也不改其乐。贤哉回也"(《论语·雍也》)孔子的意思是说,一个

---

① 冯友兰:《中国哲学史新编》第一册,第 27 页。
② 冯友兰:《中国哲学史新编》第一册,第 27—28 页。

人虽然在贫穷的环境中也可以有快乐的幸福生活。它不是说,贫穷的本身就是一种幸福快乐。孔子和颜回所乐的不是贫穷本身,他们只是,在贫穷的环境中仍然"不改其乐"。他们所乐的是什么呢? 这就是一个问题。人是不会满足于生命和自己的本能而生活的,总要利用这种自然的生命去创造生活的价值和意义。人之为"人"的本质,应该说就是一种意义性的存在、价值实体。人的生存和生活如果失去意义的指导,成为"无意义的存在",那就与动物的生存没有什么两样,这是人们不堪忍受的。例如:人在生活中最难忍受的就是:我们明明在那里"存在",却被人们当作"不存在"看待。比如你和朋友一起聚会,如果你被看成可有可无、视而不见、冷落一旁,你心中会是什么滋味呢? 所以人要经常要去(通过自己的作为,成就事业等)显示、证明自己的"存在"。与此相适应,人所追求的世界,也不是自然给予的现成存在的世界。人虽生存在大自然中(自然世界),本来的自然并非人的家园,那是动物的"乐园",人的家园要靠人自己去建造(属人世界)。

哲学是供人享用的。所谓哲学的享用功能是指个体通过哲学能够"实现某种需要、愿望(主要是精神方面的),从中体验满足、快乐、幸福,获得一种精神上的享受"①。我国著名的现代哲学家冯契指出:哲学的任务,不仅在于指导人们通过不同意见的讨论和争论来给现实问题作出科学的答案,而且尤其在于通过回答现实问题,来引导人们树立科学的世界观。② 哲学要面向现实,要回答生活中提出的问题,要敢于回答,不要回避问题,这正是哲学的生命所在。哲学作为世界观和人生观的学问,它尤其要给人们以理想,要给人构想出人类的理想社会和理想人格,而绝不能是干巴巴、冷冰冰的。③ 总之,冯契认为哲学的任务就是怎样实现理想世界,培养理想人格。

---

① 鲁洁、王逢贤:《德育新论》,江苏教育出版社 1994 年版,第 213 页。
② 《冯契文集》第九卷,华东师范大学出版社 1996 年版,第 387—388 页。
③ 《冯契文集》第八卷,华东师范大学出版社 1996 年版,第 90 页。

七、哲学作为一种终极关怀（终极关切）

《百度词条》对"终极关怀"的解释是：终极关怀正是源于人的存在的有限性而又企盼无限的超越性本质，它是人类超越有限追求无限以达到永恒的一种精神渴望。对生命本源和死亡价值的探索构成人生的终极性思考，这是人类作为万物之灵长的哲学智慧；寻求人类精神生活的最高寄托以化解生存和死亡尖锐对立的紧张状态，这是人的超越性的价值追求。

我们在这里要注意的是，有不少学者把终极关怀和临终关怀相混同了，这是不应该的。所谓"临终关怀"一词回溯到几百年以前，那时用于描述给虚弱或生病的旅行者以庇护。该词首次在当代意义上使用，表示对濒临死亡的老年患者给予亲切的抚慰、良好的照顾和尽可能的帮助，使其安然故去。最早对临终病人的照料是在 1967 年，在英国伦敦由桑德斯首创的圣克里斯多费临终关怀医院。迄今为止，临终关怀机构也在不少国家得到发展和推广。由此可见，临终关怀是近代医学领域中新兴的一门边缘性交叉学科，是社会的需求和人类文明发展的标志，而终极关怀是要贯穿于人的一生的。没有终极关怀的人就不能明白生活的意义和价值。说到底，正是终极关怀才给与人类一种生活/生命的意义和价值系统/价值承诺。

哲学作为一种终极关怀，是为了满足我们现代人对世界观的渴望和对哲学信仰的追求。在技术革命时代，这个问题将会更尖锐、更突出。20 世纪初，当旧物理学土崩瓦解，真理似乎已经没有了标准，科学家不知道科学是什么的时候，有位杰出的物理学家因信仰危机而自杀。大名鼎鼎的玻尔兹曼便是一个殉道者。这种世界观的悲剧，再次说明了在急剧变化的世界面前，人类是何等地需要严肃的哲学探索。

著名企业家、原"三株"公司总裁，曾被美国《财富》杂志评为 1997 年中国首富的吴柄新说过这样一段话：我这一生得意最大的就是哲学思想。尤其是在我的下半生中，我的一切作为，包括我写的论文，做的事情，对企业的管理，困难的克服，对将来的开拓，风险的化解无不与哲学有关。哲学能使人时刻保持清醒的头脑，在不利的情况下找到最有利的条件；使人在最困难的时代,在十字路口徘徊的时候,进行正确的选择,从而找到准确的人生坐标。

胡塞尔敏锐地意识到:"实证科学正是在原则上排斥了一个在我们的不幸的时代中,人面对命运攸关的根本变革所必须立即作出回答的问题:探问整个人生有无意义。"他所谓"探问整个人生有无意义",便涉及到哲学所要提供的"精神家园"。

张岱年先生指出:古今中外的终极关怀有三种类型:1.皈依上帝的终极关怀;2.返归本原的终极关怀;3.发扬人生之道的终极关怀。

> 皈依上帝的终极关怀就是把宗教信仰作为基础,以上帝为最后的精神寄托。宗教用臆想的彼岸世界来吞没现实世界以消弭生(有)死(无)的矛盾,宗教徒蜷缩于上帝、神的阴影下希冀于彼岸世界的灵光,生死完全委付给神,生命完全屈从于神,有限的卑微的个体以与神同在、以成为上帝的仆从的方式获得无限和永生;返归本原的终极关怀就是追溯世界本原,以抽象的道来代替虚拟的上帝作为人类精神生活的最高寄托,如哲学通过建构理性世界以观照现实世界的方式来消除有限与无限的矛盾;发扬人生之道的终极关怀把道德看得比生命更高贵更重要,追求天人合一、内圣外王乃至为万世开太平成为精神世界的真正依托。这三种类型的终极关怀对生死矛盾提供的解决方式在某种程度上都是有效的,都在追索人生最高价值的过程中以不同的方式实现了生死的超越,但无疑都是抽象的。

八、哲学的永久魅力

说到哲学的价值、哲学的力量,我们还可以从 1978 年开展的实践是检验真理的唯一标准的大讨论看到。"两个凡是"错就错在它束缚、桎梏了思想认识的发展。实践是检验真理的唯一标准的大讨论,好就好在它解放了思想,促进了理论的发展。试想:如果没有这场讨论,我们就不可能从两个

"凡是"的教条当中解放出来,也就不可能迎来改革开放的春天。由此可见,哲学这个作用大不大,哲学是不是有力量。这就是我们为什么强调要进一步解放思想的原因。总之,哲学是使人成为人,而不是成为某种人,正是从这个意义上说,哲学具有"无用之大用"的功效。

在我国,哲学经历了从吃香到受冷落,从高深和高明到名声不好的转变,从某个角度看,这种转变是正常的、必然的,是好事。虽然中国人漠视甚至藐视哲学有相当的历史和社会原因,但当前对哲学价值的否定在很大程度上并不是出于对过去荒唐岁月荒唐事的深刻反思,不是出于对哲学的清醒和正确的认识,而是出于对哲学的偏见和无知,出于对精神生活的漠视和蔑视。哲学一度在中国成了粉饰现实、歪曲现实的工具,但那是坏哲学、伪哲学,真正的哲学以追求智慧、追求知识为目的;不错,哲学一度在中国处于注解政策、迎逢上意的地位,但哲学的本性却是怀疑、反思和批判,它质疑现存秩序,解构一切凝固、僵死的东西。哲学思想和哲学精神与中国人久违了,有人于是把哲学当成胡说八道或急功近利的雕虫小技。①

最后,再回到我的学生提出的问题上。在我看来,哲学既"能"又"不能"帮助这位女生炒菜。这是辩证法,而不是诡辩论。当我们说哲学能帮助这位女生炒菜的时候,是因为哲学具有方法论的作用和培养人们理论思维能力的作用。就方法论而言,哲学中有以下观点涉及到这一问题:第一,一切从实际出发,因为"巧妇难为无米之炊";第二,质量互变规律中的质量度的关系,菜要炒好,就要注意把握"火候",讲究"适度"原则,菜、油、盐以及各种佐料要搭配好;第三,内因和外因的辩证关系。虽然大家都按照菜谱来做菜,但是有的人炒的菜好吃,有的人炒的菜难吃,关键还在于个人的内因——炒菜的技能。说哲学不能帮助我们炒菜,是因为我们哲学学得再好,如果不能把哲学世界观转变成方法论具体应用到炒菜这一具体的事情中去,哲学就不可能解决这样一个具体问题。哲学可以指导人们认识具体问题的性质,用辩证法来分析各种矛盾、把握问题的主流和本质等等。

---

① 参阅徐友渔:《不要用现实功利论证哲学价值》,2001 年 11 月 17 日东方网 – 文汇报。

　　总之,哲学既不像人们过去认为的那么无所不能("哲学万能论"又叫
"哲学代替论",就是用哲学代替具体科学),也不像人们现在忧患的那么无
能(哲学无用论,又叫"哲学取消论",即否认哲学对具体科学研究的指导作
用),哲学只能做本属于自己的那些事情,这便是哲学精神的回归。这也许
就是哲学的永恒魅力所在。

思考题

　　1.何谓哲学的价值?

　　2.为什么说"哲学是无用之大用"?

　　3.你是如何看待"哲学万能论"与"哲学无用论"的?

　　4.试举一例分析说明哲学的价值是如何体现的?

第十四讲　哲学家的使命

哲学家因爱智,故决不以有知自炫,而常以无知自警。哲学家不必是世界上知识最丰富之人,而是深切地追求真知之人。哲学家常自疑其知,虚怀而不自满,总不以所得为必是。

　　　　　　　　　　　　　　　　——[中国哲学家]张岱年

　　汤一介教授在《我的哲学之路》的《自序》中曾写下了这样一段话,真是发人深省:

　　　　1997 年夏,我去比利时访问鲁汶大学,有一位该校的女同学 Venessa Verschelden 写了篇论文《汤一介为什么不说自己是哲学家?》。她把这篇论文送给了我,可我不懂比利时文,所以至今我都不知道她写的内容。但是,在鲁汶,我们谈了两个小时。现在对当时谈了些什么大都已经淡忘,但却记得我当时给她的回答,这也是我常常问自己的问题。我说:"这个问题得由中国近半个世纪的历史来回答。1949 年后,当时有个普遍的看法:只有马克思、恩格斯、列宁、斯大林、毛泽东这样一些伟大的马克思主义者或社会主义国家的伟大领袖(各国共产党的领袖)才可以被称为哲学家,而其他人只能是哲学工作者,他们的任务只是解释这些伟大人物的哲学思想。这样的思想紧紧地缠绕着我们的头脑至少 30 年。80 年代后,我们开始对此有所怀疑,而后逐渐摆脱这一思想的困扰。但是我们真能从 1949 年以来的思想束缚中解放出来吗? 我们这一代学人,甚至我们上一代和下一代的学人中,谁

也难以明确回答。"但是,是不是我从来没有想过要做一位哲学家
呢? 不是的。我曾经也想要做一位哲学家,而且想做一位有创造
性的哲学家。①

从汤一介先生的回顾和自述中,我们不难看到中国社会是如何看待哲
学家和哲学工作者之称谓的。虽然,过去的时代已经逝去,但是,人们对
"哲学家"称谓的理解仍然是仁者见仁智者见智。

一、哲学家与哲学教授

所谓哲学家,就是自己有一个思想体系或哲学体系。作为哲学家,他
对哲学问题的回答是有自己的一套系统。哲学家遇见什么问题总是从自
己的元哲学立场出发,发表自己的看法,有自己解决的办法。

哲学史家,就是他对于一个哲学家,必须先懂得他真正想些什么,见些
什么,说些什么,他是怎样想的,怎样说的,以及他为什么这样想,这样说,
然后才可以对他的哲学思想做合乎实际的叙述。

哲学教授不见得一定就是哲学家,这恰如文学教授不一定是文学家一
样。哲学教授是自己并没有什么理论体系,自己没有什么解决问题的办
法,但是他能够把哲学家的思想融会贯通,用自己的话把它准确地讲出来。

柏拉图在《国家篇》中坚持认为,唯有那些能够发现事物的真理即把握
事物的真理亦即精擅"辩证法"(或哲学)的人才配称为真正的爱智者(哲
学家),而唯有真正的爱智者才有资格担当治国重任。因此,他建议,青年
人的最高教育科目应是哲学,因为这门学问可以有效地提升他们的认识能
力,增进他们的智慧,帮助他们把握各种事物(包括政治事务)的理念。

我国现代哲学家冯友兰先生认为,西方有一句话说,哲学家不同于
哲学教授。哲学教授是从文字上了解哲学概念,哲学家不同,他对于哲
学的概念并不只是做文字上的了解,而是做更深入的理解,并把这样的
理解融合于他的生活中。这在中国哲学传统生活中,叫做"身体力行"。

---

① 汤一介:《我的哲学之路》,新华出版社 2006 年版,自序。

哲学教授所做的,就是中国旧日所谓的"口耳之学",口耳之学固然容易,但不能对于人的精神进步起什么作用。哲学的概念,如果身体力行,是会对人的精神进步发展起提高的作用。这种提高,中国传统哲学叫做"受用"。受用的意思是享受。哲学的概念是供人享受的。

柏拉图在《理想国》中说了一个比喻:一个人从小的时候就处在洞穴里,一旦被释放出来,她忽然看到天地的广大,日月的光明,必然感到豁然开朗,心中快乐。柏拉图指出,这是人初次见到善的理念的时候的感觉。同样,人对于"大全"这个概念,如果有真正的了解,他所得的享受也是如此。①

哲学家对于哲学的主要概念,不仅要有理智的理解,而且更有直觉的感受。② 例如,所谓"道"是道学所谓"大用流行"。道是动态中的大全,大全是在静态中的道。对于"动态大全"这个概念,有深刻理解的哲学家,必然也直接的感受到有一个从头无尾、无始无终的洪流在那里流着,这就是"道体"。孔子在川上的那种感受(子在川上曰,逝者如斯夫),正是这种直觉,所以道学家们称之为"见道体之言"。程颐的《说仁篇》说:"学者须先识仁。仁者浑然与物同体,义、礼、知、信皆仁也。识得此理,以诚敬存之而已,不须防检,不许穷索。"(见《程氏遗书》卷二上)"浑然与物同体"是"仁者"的直觉。"识得此理"的这个"理"字,说明"浑然与物同体"就不是一个直觉,而是一个概念了。必须把直觉变成一个概念,其意义才能明确,才能言说,概念与直觉,不可偏重,也不可偏废。理学与心学的分歧,其根源就在于此。理学偏重分析概念,心学偏重运用直觉。③ "如果认识到真正的哲学是理智与直觉的结合,心学与理学的论争亦可以息矣"。④

---

① 谢遐龄编:《阐旧邦以辅新命》,上海远东出版社 1995 年版,第 443—444 页。

② 谢遐龄编:《阐旧邦以辅新命》,上海远东出版社 1995 年版,第 445—446 页。

③ 谢遐龄编:《阐旧邦以辅新命》,上海远东出版社 1995 年版,第 445—446 页。

④ 谢遐龄编:《阐旧邦以辅新命》,上海远东出版社 1995 年版,第 446 页。

专栏一:哈佛的哲学家们①

坐落在历史名城波士顿附近美丽的麻省剑桥市的美国哈佛大学不仅有培养了多名美国总统的肯尼迪政府学院,培养了众多商业领袖的商学院,还有培养了大量重要哲学家的哲学系。哈佛哲学系历来被看作是美国哲学的缩影:她曾拥有皮尔士(1839—1914)、詹姆斯(1842—1910)这样的美国哲学象征,还曾拥有刘易斯(1883—1964)、怀特海(1861—1941)、蒯因(1908—2000)这样的美国哲学领袖人物;现在还有罗尔斯(1921—2002)、普特南(1926—)这样的世界级的哲学家。哈佛哲学的变迁基本上反映了美国哲学的发展历程:以弗朗西斯·鲍温(1811—1889)为代表的19世纪的实在论;以爱默生(1803—1882)为代表的先验论思潮,哈佛大学建立的美国第一所哲学大楼,就特意命名为"爱默生楼";以阿萨·格雷(1810—1888)和约翰·菲斯克(1842—1901)为代表的进化论哲学;以霍金(1873—1966)为代表的人格主义;以培里(1876—1957)为代表的新实在论;以桑塔亚那(1863—1952)为代表的批判实在论;以布里奇曼(1882—1961)为代表的操作主义;以怀尔德(1902—1972)为代表的美国现象学和存在主义;以蒂利希(1886—1965)为代表的美国基督教神学;以诺齐克(1938—2002)为代表的政治自由主义;等等。

历史地说,20世纪的美国哲学几乎是由哈佛大学统领天下:在学风传承上,早期的刘易斯、中期的蒯因、晚期的普特南等重要哲学家都在哈佛哲学系任教;在思想传统上,哈佛大学哲学系是美国实用主义的摇篮,实用主义的创始人皮尔士、詹姆斯等人都是哈佛的骄傲:皮尔士不仅出生于哈佛所在地的麻省剑桥市,毕业于哈佛,而且他形成主要思想也是在哈佛完成的;同样,詹姆斯毕业和任教于哈佛,他的《实用主义》正是在哈佛期间完成的。其家族在哈佛拥有房产,如今已捐赠给哈佛大学,成为"教员俱乐部",校园里的最高建筑也被命名为"詹姆斯楼";在20世纪统领美国

① 改编自江怡:《哈佛浓缩美国哲学》,《环球时报》,2002 - 10 - 31(16)。

哲学的分析哲学重镇也非哈佛莫属,刘易斯、蒯因、普特南等大牌哲学家都是分析哲学在美国的重要代表;同时,美国的生命哲学、过程哲学等也都发起于哈佛。

作为当代美国哲学的缩影,哈佛哲学不仅体现了美国的实用主义哲学精神,而且反映了当代美国哲学的发展现状,这就是呈现出的多元化、无中心、非意识形态化以及重视社会实践活动的特征。哈佛哲学的多元化不仅体现在哲学系的课程设置以及教师队伍上,而且在与哲学、宗教、文化等相关的院系,如哈佛燕京学社、世界宗教中心、东亚系等,也始终保持着活跃的学术风气,对哲学系以及整个哈佛哲学圈都有很大的影响。虽然实用主义和分析哲学已然成为哈佛哲学的标志,但这并没有让哈佛哲学形成万马齐喑的状况,相反,实用主义和分析哲学作为治学方法和生活态度,渗透在哲学家们各自的研究领域,从而形成了风格迥异的各种哲学思想:蒯因的思想同样受到卡维尔等人的批评,而普特南的思想也受到来自伦理学家的责难,哲学家之间的学术争论和思想交锋经常发生。对伦理学和政治哲学的深入研究以及罗尔斯、诺齐克、桑德尔和科斯佳等人的世界影响力,使得哈佛哲学在所谓的应用哲学领域也取得了极高的声誉。在有着300多年悠久历史的哈佛园里,我不仅感受到了历史的厚重,更呼吸到了扩散于整个美国哲学中的清新空气,这就是学术的自由、讨论的民主以及思想的解放。

二、哲学家与哲学工作者

哲学家是把哲学作为自己的生命,而哲学工作者则把哲学作为自己的职业。对于哲学家来说,哲学思考和哲学写作,往往是苦闷中的一种解脱和自省,是一种喃喃的自语,而哲学工作者在某种意义上(夸大地说)是为了职称而写作,是为了自己的工作而写作,是为了自己和家庭的生活而写作或述而不作。

哲学是哲学家心灵的历史,而哲学工作者把哲学当作知识(其实把哲学当作知识完全是皮相之说)。不错,哲学当然是一种知识,哲学也离不开知识,包含知识的成分,但它本质上却并非知识,它要言说的比知识要深刻得多,也有意义得多,哲学是一种体验,一种人生的智慧,是从有限中把握无限的智慧。中国大陆哲学教育开展得不很成功的一个重要因素就是大多数教师和学生都是把哲学当作或仅当作知识来看待,这与哲学的丰富内涵相比,真是打了很大的折扣,从而存在着(哲学—知识)的亏损。

尼采对哲学家的要求特别高。在一般人看来,康德无疑是个伟大的哲学家,但在尼采的眼中,康德也只不过是一个"哲学工作者"。因此,尼采一方面对过去的哲学家提出了批判,例如,在《哲学的"理性"》中,尼采称哲学家为制造"木乃伊"的人。"你问我,哲学家都有什么特性? ……譬如,他们缺乏历史感,他们仇恨生成观念,他们的埃及主义(Egypticismns)。当他们把一件事物非历史化,当他们把它制作成一个木乃伊时,他们自认为是在向它致敬"。另一方面,尼采在《善恶的彼岸》中把哲学匠和真正哲学家的任务进行了对比,从而凸现出哲学家的品质。他认为前者以康德和黑格尔为代表,他们把自己那个时代的信念系统化并为它们作辩护——他承认这是一个不平凡的功绩。他认为,对真正的哲学家来说,也许有必要首先做历史学家、批评家、怀疑家和具有自由精神的人物,"以便融会贯通人类价值和价值感情,进而能够用各种不同的眼光和良心从高处向每一个距离、从深处向每一个高度、从一个角落向每一个浩瀚无际的领域去进行观察"。但这只是准备阶段——扩大一个人眼界的阶段、逐步意识到在一个人和其周围的人的思想中所存在的各种前提的阶段,对于一个人根据自己的文化所作出的公认的、传统的答案表示怀疑的阶段。最后真正哲学家将发现他总是反对他那个时代的流行的价值,而创造出新的价值。尼采形容真正的哲学家是"运用小刀对他们时代的美德本身的胸膛进行解剖"。鉴于此,我们不得不问道:"今天有这样的哲学家吗? 曾经有过这样的哲学家吗? 难道不应该有这样的哲学家吗?"。

尼采认为,哲学工作者和哲学本身应有所区别。哲学工作者——包括康德和黑格尔——他们继承传统价值:他们容纳过去,形成一个新的形式。但是,真正的哲学家是"征服"未来的:他们创造新价值,他们有强烈的责任感关怀人类命运,他们是历史的主要推动者。尼采认为,哲学家应该像个医生——外科医生,能运用自己思想的利剑来解剖时代;哲学家不仅探讨外物,更须经常解剖自己。哲学家用他自己的血来写作。尼采认为,一个人洞察自己时代的深度与他所受痛苦的强度成正比的。"一个思想家对他考虑的问题或者处于对之息息相关的地位,认为这些问题是他的命运、需要,乃至他的最高的幸福之所系;或者仅仅作为非个人的考虑,就是说,只用冷静的好作窥探的思想的触角去感觉和把握这些问题;这两种态度有极重大的差别。在后一种情况下,我敢保证,一事无成。[①] 尼采号召哲学家不要仅仅是批评家和逻辑学家,还要运用他们所能找到的一切手段去为我们的时代锻造新的价值,这个时代粉碎了过去的偶像,但是还没有建立新的奋斗目标。"重估一切价值",这就是有创造性的哲学家的使命。

三、哲学家的类型

施太格缪勒在其名著《当代哲学主流》中曾提到当代哲学的一个重要特征,即哲学的分化过程。这一过程一方面表现为哲学在职能上的分化,另一方面表现为不同流派哲学家之间相互疏远,越来越失去思想联系。这种分化有时甚至达到非常严重的程度,不仅一个哲学家无法理解另一个哲学家的陈述和论证,而且他对于另一个哲学家所从事的是一种什么性质的工作也感到迷惑不解。他再也不知道另一个哲学家所说的是什么,而且甚至于不能说出另一个哲学家所从事的以及用"哲学"这一名称所指的是一种什么样的活动。哲学研究已经达到完全不能互通信息的阶段。[②] 可以说,施太格缪勒描述的这种状况,反映了不同类型的哲学家对哲学问题、哲学研究对象以及哲学方法的认识很不相同,以至于模糊了哲学这个学科与

---

① [美]L. J. 宾克莱:《理想的冲突——西方社会中变化着价值观念》,马元德等译,商务印书馆 1984 年版,第 190—191 页。

② 施太格缪勒:《当代哲学主流》下卷,商务印书馆 1992 年版,译者前言,第 3 页。

其他学科的界限。

"狐狸"与"刺猬" 美国哲学史家 M.怀特把 20 世纪的哲学史形象地描述为"狐狸"与"刺猬"斗争的历史。所谓"狐狸",是指注重感性经验和细节分析的英美哲学家,如逻辑实证主义与语言分析学派;而"刺猬",则是指热衷建立宏伟体系、崇尚综合方法的欧洲大陆哲学家,如康德、黑格尔,以及 20 世纪的萨特、海德格尔等。

伊赛亚·伯林曾把托尔斯泰描述为一只自以为是刺猬的狐狸,但我觉得,他自己却更象一头以狐狸的方式行事的刺猬。狐狸与刺猬的说法,是伯林对古希腊残诗"狐狸知道很多的事,但刺猬则知道一件大事"的一种发挥。它用以比喻两种相反的思想性格:"刺猬"的胃口大,喜欢对广泛的事物采取整体把握的立场,即把各种问题或见解都纳入到一个体系中去处理,这种思考方式导向编排一以贯之的观念系统。"狐狸"则不然,关心的不必是全,而是多,即多方面的追逐、猎取目标,其思想方式具有离心的倾向。伯林感兴趣的,不是那些性格鲜明,可以对号入座的人物,而是以托尔斯泰为例,分析那种性格模糊或者说角色错位的现象。《战争与和平》试图提供一种普遍的历史哲学,但吸引人的却是精彩的具体情节,而非那乏味的哲理。托翁生性是一只狐狸,但却以为自己是刺猬。这种角色错位的原因,伯林认为应该从 19 世纪大体系的思想风气中寻求答案。伯林讲述的是俄国思想史上的故事,但它的精彩,启发我们寻绎自己的历史。余英时教授的《论戴震与章学诚》就是中国版的狐狸与刺猬的故事。不过,它不是 19 世纪而是 18 世纪,而且,也不是刺猬得志而是狐狸当道。其实,我们也可把它用回到伊赛尔·伯林本身。

可爱不可信与可信不可爱 哲学家、文学家王国维(1877-1927)曾经认真地钻研哲学。王国维研究哲学,先是读康德的书:《纯粹理性批判》,书很深奥,难以悉解。他便又读叔本华的书:《作为意志和表象的世界》,深受叔本华的影响。王国维写了《汗德像赞》、《叔本华之哲学及教育学说》、《叔本华和尼采》、《书叔本华遗传说后》、《释理》等论文,全面介绍了康德、叔本华、尼采的哲学思想。王国维深受叔本华思想的影响,哲学、美学、教育、宗教、法律、政治各方面的阐述都运用了叔本华的思想。他认为哲学和艺术是探求精神上永恒的真理,人生哲学就是探求揭示人生即痛苦这一真理以及其解脱之道。美学是感发人的情绪,洗涤人的精神,揭示人生的真义,使人超然物外,忘记利害关系,获得精神上的慰藉,求得暂时的解脱的功效。王国维研究哲学产生了疲惫的心态。他曾在《自序》中述说道:"余疲于哲学有日矣;哲学上之说,大都可爱者不可信,可信者不可爱。余知真理,而余又爱其谬误。伟大的形而上学,高严的伦理学,与纯粹之美学,此吾人所酷嗜也。然求其可信者,则宁在知识论上之实证论,伦理学上之快乐论,与美学上之经验论。知其可信而不可爱,觉其可爱而不能信,此近二三年中最大之烦闷。"这是王国维对当时西方传来的两种哲学思潮做出的评价,这反映了他内心的矛盾。当时西方传入中国的哲学有两大潮流:一是英国的实证主义,如洛克、休谟、斯宾塞等,即严复所宣传的一套实证论、经验论思想。另一是德国的哲学,如康德、叔本华、尼采的思想,是先验论、唯心论思想体系。王国维一方面偏爱康德、叔本华、尼采的哲学,但是,他也曾批评过这些哲学可爱而不可信,他曾说叔本华:"悟叔氏之说,半出于其主观的气质,而无关于客观的知识。"另一方面,他也曾受过实证论思想的熏陶,曾学过逻辑学、数学、化学、物理学,这些学问培养了他科学的研究方法。实证论者通常在伦理学上主张快乐论,在美学上主张经验论。作为科学家,他倾向于实证论,因为实证论与实证科学相联系;但在感情上,他又不满于科学、实证,而认为还需要探讨人生的道路、真理,他觉得叔本华的非理性主义和唯意志论更可爱。[1] 这便是他认为"可信而不可爱"。于是,他在可爱与可信之间徘徊,思想常处于矛盾之中。

把简单的事情复杂化与把复杂的事情简单化 冯友兰是属于那种能够把最复杂的事情简单化;金岳霖则属于那种能够把最简单的事情复杂化。冯友兰先生在《三松堂自序·四十年代》一章中说,"当我在南岳写《新理学》的时候,金岳霖也在写他的一部哲学著作","我们两个人互相看稿

---

[1] 方克立:《现代新儒学与中国现代化》,天津人民出版社 1997 年版,第 357—360 页。

子,也互相影响。……他曾经说,我们两个人互有短长。他的长处是能把很简单的事情说得很复杂;我的长处是能把很复杂的事情说得很简单"。金岳霖先生说冯友兰先生的长处是"能把很复杂的事情说得很简单",这一句话,真是说得好,说得准,的确是深刻地说到了冯友兰之所以是冯友兰的根本上。

散文型、诗歌型、戏剧型 张岱年先生曾经谈过三种类型的哲学家。他说,从风格上看,世上有三种类型的哲学家。一种是散文型。没有豪言壮语,也没有惊天动地之举,平凡、朴实是其特点。二是诗歌型。思想活跃而深邃、跳跃而浪漫,以哲理为内容、以诗歌为形式呈现在世人面前,如金龙入云,世人只能见其闪光的一鳞半爪,不能见其整体,为人们留下广阔的想象空间,让后人用猜想来建构各不相同的诸多体系,并留下许多蕴涵丰富、意味深长的智慧格言。三是戏剧型。一生中有许多戏剧性的经历,对于自己的理论宗旨,执著追求,身体力行,给后人留下许多生动的形象、感人的情节。有人认为,在西方古代哲学家中,亚里士多德、柏拉图、苏格拉底分别属于散文型、诗歌型和戏剧型哲学家的代表。在我国古代哲学家中,孔子、老子、墨子则分别是散文型、诗歌型和戏剧型哲学家的典型代表。他们以自己的睿智,用不同的方式方法,为世界哲学的发展作出了各自的贡献。

"柔性的"和"刚性的" 美国实用主义哲学家威廉·詹姆斯认为,哲学在极大程度上是人类几种气质冲突的历史,哲学家的许多分歧可以用他们的气质的不同来解释。詹姆斯把人类气质上的特殊差异,分为"柔性的"和"刚性的"两类,并据此划分了具有不同气质倾向的两个系列的哲学家。①

柔性的	刚性的
理性主义的	经验主义的
(根据原则而行)	(根据事实而行)
理智主义的	感觉主义的

---

① [美]威廉·詹姆斯:《实用主义》,商务印书馆1989年版,第9—10页。

唯心主义的	唯物主义的
乐观主义的	悲观主义的
有宗教信仰的	无宗教信仰的
意志自由论的	宿命论的
一元论的	多元论的
武断论的	怀疑论的

在詹姆斯看来,这两种类型都是很极端的,实际上大多数哲学家则是这两种相反气质的混合物,每种气质都不是很突出。

希望加强社会约束的人与希望放松社会约束的人　罗素在两卷本的《西方哲学史》绪论中曾把哲学家分为两种类型。在他看来,自从公元前600年直到今天这一漫长的发展史上,哲学家们可以分成为希望加强社会约束的人与希望放松社会约束的人。罗素认为:

> 每一个社会都受着两种相对立的危险的威胁:一方面是由于过分讲纪律与尊敬传统而产生的僵化,另一方面是由于个人主义与个人独立性的增长而使得合作成为不可能,因而造成接替或者是对外来征服者的屈服。一般说来,重要的文明都是从一种严格和迷信的体系出发,逐渐地松弛下来,在一定的阶段就达到一个天才辉煌的时期;这时,旧传统中的好东西继续保存着,而在其解体之中所包含着的那些坏东西则还没有来得及发展。但是随着坏东西的发展,它就走向无政府主义,从而不可避免地走向一种新的暴政,同时产生出来一种受到新的教条体系所保证的新的综合。①

罗素结合一个社会传统新旧更替的过程,分析了在社会发展过程中哲学家的两种类型缺一不可,当然,罗素这种对哲学家类型的划分是从一个特定的视角说明一个特定的问题的,他要宣传的实际上是自由主义的学说。如果从方法论上来分析,我个人则认为,罗素这种划分哲学家类型的方法并不可取,因为,我们可以任意选取一个视角,采用两分法,都可以把哲学家划分为两种既相互对立又相互补充的类型。

---

① ［英］罗素:《西方哲学史》(上卷),商务印书馆1986年版,第22—23页。

四、哲学家的使命

关于哲学家的使命,宋代的哲学家张载的表述最为全面。他说了四条:"为天地立心,为生民立命,为往圣继绝学,为万世开太平"。这四句话充分体现了中国传统文化的"仁者气象"与"天地情怀"。

其一,为天地立心。中国哲学一直是围绕"天人之际"展开的。司马迁作《史记》是为了"究天人之际,通古今之变,成一家之言。"(《报任安书》)邵雍说:"学不际天人,不足以谓之学。"(《皇极经世·观物外篇》)"天"在中国哲学中是一个很复杂的范畴,具有多重含义,其中一义就是外在自然。在这一意义上,约而言之是"天",详而言之即是"天地"。天在上,地在下,人立于其中。天、地、人合而为一整个宇宙。张载"为天地立心"的天地,正是在这一意义上的天地。"为天地立心"实质上所涉及的问题就是人如何看待自然、对待自然的问题,也就是存在是一何种存在的问题,也就是哲学本体论的问题。"天地"可意会为宇宙、社会,"心"指良心、精神、意图。这句意思是学者应为社会制定真理标准和理想目的。

其二,为生民立命。"生民"即老百姓,"命",也叫"天命",是指与人为相对应,人为所不能左右的,对个人生活产生决定性影响的,带有必然性的某种异己力量。"立命"指奠定生存根基,安身立命。中国历代思想家对命一直很重视。关于命的理论有多种学说。孔子讲"知命"、"畏命",孟子讲"立命"、"正命",庄子讲"顺命",荀子讲"制天命",墨子讲"非命"。张载"为生民立命"的思想,直接根源于孟子的"立命"论。孟子讲:"尽其心者,知其性也;知其性,则知天矣。存其心,养其性,所以事天也。夭寿不二,修身以俟之,所以立命也。"(《孟子·尽心上》)在孟子的思想体系中,心、性、天、命是相关联的范畴。孟子认为,一个人如果能充分发挥自己理性的作用,就能认识自己固有的本性。而人的本性根源于天道,所以一个人认识了自己的本性,也就认识了天道。在此基础上,一个人保存本心不使其丧失,涵养性情不使其受损,这样就可以事奉天,就可以顺天而行了。同时,一个人不管其是寿是夭、处逆处顺,都应当修持自己的身心以面对各种结果,这就是所谓的"立命"。所以,孟子的"立命"论是以"知命"为前提的,但他同时又认为,人在"命"面前并不是无所作为的,而是要努力修持自己的身心,以积极的态度来迎接、面对各种结果。因此可以说:这句意思是学者应为老百姓物质、精神生活制定利益行为准则,奠定生存根基。

其三,为往圣继绝学。"圣人"一词虽为先秦儒、道、墨、法之共同用语,然而墨、法中绝,道于圣之外,更多言"至人"、"神人"、"真人",后世更是如此,而释家言佛不言圣。所以,汉以后,"圣人"一词几乎成为儒家的专用语。张载"为往圣继绝学",并不是要接续一般意义的中国学统,而是明显地要自觉接续儒家之学统。"往圣"即过去的圣贤,"绝学"可有两种不同的解释,一是指断绝的学问,另一是指绝好的学问、最到位的学问。往圣之绝学,也就是尧、舜、禹、汤、文、武、周公、孔、孟一脉相传之道,实际上也就是所谓的"内圣外王"之道。这句意思是学者应继承发展优秀的文化传统。

其四,为万世开太平。"万世"指世界未来,"太平"是中国人根深蒂固的社会理想即是指永久和平。从《大学》的"平天下"到康有为的"大同社会",从黄巢的"均平"到洪秀全的"太平天国",所追求的共同理想都是"天下太平"。因此"为万世开太平"的这句意思是学者应为开创人类社会长治久安作贡献。

"为天地立心,为生民立命,为往圣继绝学,为万世开太平。"分而言之似有四项,然而其本身却是一个整体。天地之心与生民之命,往圣之学与万世太平,四者之间是一一贯通的。学之为学不仅因为其是有源之学、有道之学,更因为其是有用之学,是释天地、正人心、顺性命的安身立命之学,是调整和解决人与自然、人与社会、人与人、人之内在心灵的矛盾与冲突的所谓"大学"。而这一"大学"具有"内圣"与"外王"两个层面。"内圣"是"外王"的内在根源,而"外王"是"内圣"的必然延伸。"内圣外王"本是一个整体,孔子所言,《大学》所倡,即是"内圣外王"之道。"为天地立心",主要涉及人以什么样的姿态来对待自然的问题;"为生民立命",主要涉及"内圣"方面的问题,也就是安身立命方面的问题;"为往圣继绝学,为万世开太平"，主要涉及"外王"方面的问题，也就是如何建功立业的问题。① 这四句话是张载对孔、孟等儒家先贤关于修齐治平论述的高度概括，在历史上很有名，被称为"横渠四句"。宋人叶采对这四句评价极高，认为"学者以此立志，则所任至大，而不安於小成；所存至公，而不苟於近用"。

温家宝总理访问美国时，在哈佛大学商学院发表了"把目光投向中国"的演讲，聊发思古幽情，引用宋儒横渠四句直抒胸臆，站在关心人类命运的高点，体现了中华民族的宏大历史使命感。原文如下：

> 中华民族的祖先曾追求这样一种境界："为天地立心，为生民立命，为往圣继绝学，为万世开太平"。今天，人类正处在社会急剧大变动的时代，回溯源头，传承命脉，相互学习，开拓创新，是各国弘扬本民族优秀文化的明智选择。我呼吁，让我们共同以智慧和力量去推动人类文明的进步与发展。我们的成功将承继先贤，泽被后世。这样，我们的子孙就能生活在一个更加和平、安定和繁荣的世界里。我坚信，这样一个无限光明、无限美好的明天，必将到来！

德国学者费希特专门写过一本《论学者的使命》。他对这个问题从自在人、社会人、学者三个层面进行讨论，认为学者首先是自在人，其次是社会人，再是学者。他说，作为自在人，人的生存目的，在于道德的日益完善，把自己周围的一切弄得合乎感性；作为社会人，人的生存目的，还在于把人周围的一切弄得更合乎道德，使人本身日益幸福。社会各阶层及其成员虽然从事不同专业，有种种差别，但应通力协作，各尽其职，相互帮助，促进人类共同的发展。他认为，作为学者，其使命具有特殊性，因为他们的研究对象对人类发展有重要意义。因此，学者的使命首先是尽力发展他的学科，应当不断研究新东西，要尽力防止那种对别人的意见和叙述方法完全闭塞的倾向。其次，学者的使命主要是为社会服务，为社会传播和传递知识。

---

① 罗安宪：《从"横渠四句"看张载哲学的人文精神》，http://philo.ruc.edu.cn/dept/teacher/cp/luoanxian/200409/203.html.

学者应当把自己的知识,真正用于造福社会。学者要传授自己的知识,要做人类的教养员。第三,学者的使命是提高整个人类道德风尚。费希特对学者的道德提出要求,认为学者要成为身体力行的道德楷模,否则,人格与学说相脱节,就无人相信他传播的学说。可以说,费希特的表述和张载在很多方面是一致的。

思考题

1. 何谓哲学家?你能举出几个例子吗?

2. 为什么要区别哲学家的类型?

3. 哲学教授和哲学工作者的区别是什么?

4. 有人认为,中国没有现代哲学家。你如何评价这种观点?

第十五讲 如何哲学?

与其记住两个真理,不如弄懂半个真理

——[德国美学家]莱辛

化理论为方法,化理论为德性

——[中国哲学家]冯契

哲学是一种思维方式,更是一种生活态度。学习和研究哲学,需要训练哲学的思维方式,更需要培养哲学的生活态度。具体地说,就是要培养高远的气度、高明的识度和高雅的风度,对宇宙之谜、历史之谜和人生之谜进行永无止境的求索。

——[中国哲学家]孙正聿

黑格尔在《哲学史讲演录》中指出:"追求真理的勇气和对于精神力量的信仰是研究哲学的第一个条件。"[①]只有这样,"人有了这样的信心,没有什么东西会坚硬顽固到不对他展开。那最初隐蔽蕴藏着的宇宙本质,并没有力量可以抵抗求知的勇气;它必然会向勇敢的求知者揭开它的秘密,而将它的财富和宝藏公开给他,让他享受。"

罗素认为:"我觉得,据我的经验,哲学研究是从那种好奇、不满足的心情出发,心里觉得完全确信,而又说不出确信的是什么。长期注意所产生的那个过程正象在浓雾中注视一件越来越近的东西。最初不过是一片模糊的黑影,但是越来越近就清楚了,原来是一个男人或一个妇女,一匹马或一头牛,等等。我觉得那些反对分析的人是让我们满足于最初的那一片模

---

① 黑格尔:《哲学史讲演录》第1卷,商务印书馆1983年版,第3页。

糊的黑影。关于研究哲学的方法,对于以上那个历程的信赖是我最强、最坚定的成见。"①

所谓"如何哲学"也就是根据哲学的特点如何研讨哲学,对此,冯友兰也提出了许多有益的见解。这些见解大致包括:第一,学习哲学,应该是一种活动。学习哲学的活动,是对于人的精神生活作反思,在这种反思中发展、锻炼人的理论思维。第二,学哲学并不是记教条,背格言。它要求学的人对于人的精神活动有所反思。在反思中得到一些体会,增加一些理解,懂得一些道理。这就使他的精神境界有所丰富,有所提高。第三,由于哲学的主题是"内圣外王之道",所以学哲学不单是要获得这种知识,而是要养成这种人格。哲学不单是要知道它,而且是要体验它。它不单是一种智力游戏,而是比这严肃得多的东西。第四,哲学家不同于哲学教授。哲学教授是从文字上了解哲学概念,哲学家则不同,他对于哲学概念并不是只做文字上的了解。而是作更深入的理解,并把这样的理解融合于他的生活之中。哲学的概念,如果身体力行,是会对于人的精神境界发生提高的作用。这种提高,中国传统哲学叫做"受用"。受用的意思是享受。哲学的概念,是供人享受的。哲学家对于哲学中的主要概念,不仅要有理智的理解,而且要有直觉的感受。因此,"真正的哲学是理智与直觉的结合"②。

一、学习哲学知识

《道德经》中说,为学日益,为道日损。损之又损,以至于无。这可以看作是老子关于知识与智慧区别的看法。为道日益,这就是说,对于具体知识的学习是一个不断积累和进步的过程。这是由外到内的过程。为道日损,这就是说,越能体会道,人自身的欲望越是减少,最终能达到复归人的本性、顺其自然的地步,即最终达到"无"的境界。在马克思主义哲学看来,为道,即学习哲学,是增加人的智慧,提高人的境界。实践证明,自觉地、系

---

① 罗素:《我的哲学的发展》,商务印书馆 1988 年版,第 119 页。
② 参见《冯友兰语萃》,第 251 页。

统地学习哲学，能使我们站得更高，看得更远，想得更深。任何一个人，学习哲学，首先必须掌握一些最基本的哲学知识。没有对哲学基本知识的理解，我们就没有办法更好地理解哲学。作为知识的哲学大厦是由一些基本的哲学命题、判断和推理构成的，因此，初学者在学习哲学时，对一些哲学基本知识的了解是必要的。但是，我们也必须要注意这样一个问题，目前中国哲学教育最大的问题就是把哲学仅仅当作哲学知识，哲学教育工作者传授给学生的往往只是一些哲学知识的皮毛，最后再加上考试的指挥棒考核学生的也只是一些哲学知识，所以，很多学生在学习哲学的过程中，就把学习哲学与学习数理化一样，仅仅把它们当作知识来学习。这一点是我们必须要纠正的，否则，我们就不可能真正培养出有创新精神的人才。

二、培养一种哲学态度①

我国现代著名哲学家熊十力先生曾说过："哲学思想，夫人而有之也。不待学也。哲学、则不必夫人而能之也。学之不善、不唯自害。亦社会上之臭秽物也。人生而有知。非草木之顽然。非土石之块然。即其对于宇宙人生、莫不有相当之解释、而隐然自视其生活为有价值、有意义。七八龄之牧童、登高而发其天籁。静心聆之、则哲学思想于是乎在。而且比学人所推度者、味纯实而无妄。故曰哲学思想、夫人而有之也、不待学也。至若条达综贯其思想、以为哲学。此则天下睿智之事。必其仰观俯察、近取远观之余、知显而不昧于隐。索隐亦必据夫显。析微而不暗乎大。穷大亦必尽其微。迹迹而以推之远。致远要不泥于迩。极天下之至有、而荡其执、有而无也。无者、无迷执也。会天下之至变、而贞于一、变亦常也。体神化补测之妙于日用践履之中。无所袭于古今。无所异于庸众。而自巍然为宇宙真理之担负者。如诗、则可谓能治者学者已。"②

---

① 本节内容主要参考［美］J. P. 蒂洛：《哲学：理论与实践》，古平、肖峰等译，中国人民大学出版社1989年版，第37—42页。

② 《熊十力集》，第324页。

1.努力扩大思考范围

根据哲学的本性,初学者在学习哲学的时候,首要的任务就是努力扩大思考范围,接受新的和相异的观念,而不要由于它们初看起来对与日常生活过于奇怪和抽象就立刻拒绝它们。众所周知,哲学源于常识而又高于常识。任何一种观念或理论都不应该在我们尚未认真地思考和批判的时候就认定其无价值而拒绝给予考虑。只要我们尽可能充分和公正地考察各种哲学,我们就会加深对自己、对自己的思想和自己周围世界的了解,从而使我们适应于自己的生活,适应于将要学习的其他许多课程和将参与的活动。

2.对他人观点的思考

培养哲学态度的第二种必要的品质是真正留心听取别人的观点,认真仔细地阅读别人的书籍。通过这种方法,你的思想就开放了,就易于了解你以前不曾思考过的各种信息、观念和理论。同时,你还需要努力对别人的观点、立场和信仰的基础加以理解,从而寻找到他们相信这些东西的原因所在。为了做到这一点,你必须努力地把自己的判断和见解暂时地搁置起来(胡塞尔的"括弧法"),直到你完全地理解了其他人的观点为止。同时,当阐述自己的信仰、见解和批判时,当对自己的材料和观点不能肯定或当这些东西基本上确实是属于你自己的见解或观点时,你还必须克服武断和固执,最好用"我相信"、"我认为"、"我觉得"和"在我看来"等词语加以表达。你不应该过分鼓吹自己的观点或装出绝对正确地样子,相反,应该讨论和交流各种观点。

你需要带着一种宽容的态度进一步努力深入各种讨论和阅读其他人的著作。为了对他们的命题给予充分的思考,你应该将他们提出地观点置于其最佳语境中加以验证。例如:贝克莱(Bishop George Berkeley 1684—1753)的观点是,没有存在于人的感觉经验之外的物理世界或物质的东西。对于这种说法,在你还未做进一步的深入研究之前,就不要带着愤怒去驳斥它或拒绝它,而应该把你自己关于外部世界的看法"括起来",不带任何成见地阅读和思考贝克莱的著作。你应该把贝克莱设想为一位严肃的哲学家,因此对他的学说要予以严肃认真的思考。即使你别无所得至少还能多见一种观点吧。这一理论可能会对你以往养成的狭窄的思想有所启发。最好的话,你还会意识到人类感觉的复杂性和限制因素,以及意识到要认识有关那个不可考察的外部世界的困难。假如一种观点是令人信服的,那你将学到某种新的东西;如果它是不可信的,那么你就会在认真的验证之后,在理智的状况下拒绝它。

3. 批判的分析

(1)**运用感觉经验**。在你力求扩大自己的思考范围和对其他观点加以考察的范围时,应同时养成一种批判的眼光,并将你的创造性怀疑运用到你所听到、看到和构造的各种主要论述上去。首先,你应对以你自己的经验所构造的各种论述加以检验,这在某种程度上就是胡塞尔现象学方法的含义。它促使你运用自己的感观去证明能够通过这种途径证明的那些论述,并且运用你的"内"感觉去证明有关人的自由和意识等方面的论述。其次,你应以自己过去、现在、将来的各种经验,去检验所有的、尤其是有关人本质的理论和假设。当然,你必须尽可能诚恳、认真和精确地进行这些检验。

例如,科学理论认为,看到一件物体是由于光波,听到某种声音是由于声波。有些科学家甚至走得更远,认为人可以看到光波本身和听到声波本身。然而,如果你检验了你的感觉经验,你就可能不得不说你绝对没有,也从未看到过光波或听到声波,相反,你看到的是一件红衬衣或听到的是一声铃响。此外,当你在梦中看到或听到什么东西时,光波和声波又在哪儿呢? 这种分析决不会阻止那种关于存在光波和声波,或说这两种波造成我们的听觉和视觉的各种理论,但是这些理论确实引起了对力求把感觉经验仅仅归纳为与人类无关的外部事件这种说法的疑问。同时,也对人类利用自己的感官观察事物时真正经历到的是什么东西提出了疑问。

(2)**运用逻辑推理**。你必须运用正确的逻辑推理,检验所有的——其中也包括你自己的——论点和论述,认真发现推理过程和各种观点中常见的逻辑错误,并保证自己不犯这类错误。

简而言之,培养一种哲学态度的基本方法应该是:第一,保持开放,而又善于怀疑;第二,保持对别人及其观点的宽容和公正;第三,运用你自己和别人的感觉经验,以及正确的逻辑推理方法,批判地理解各种主张、理论和观点。

三、研读哲学原著①

1. 阅读哲学书籍的一般性建议

因为只有到了大学才开设哲学课程,大部分选修哲学的学生从未读过哲学书籍,因此认识到阅读哲学书籍与阅读任何其他书籍有很大的区别是极为重要的。首先,哲学书籍包含着一个介绍,它不仅介绍了各种事实、观念和理论,而且还介绍了一种哲学意义上的论证和讨论。我个人认为,这一点最为重要。其次,所有这些都是人们以往未曾以任何一种固定系统的方式思考过和研究过的重大问题(如形而上学、伦理学和认识论等领域)。正由于存在着这些区别,所以你应给你自己尽可能足够的时间和优越的条件,去阅读它们。

你应争取至少给自己一个到一个半小时的时间,并且要集中精力。假如可能的话,你还应安排时间,对自己所要研究的哲学书籍至少阅读上二至三遍,第一遍要不停顿地阅读全文,注意其中你需要查字典的词和特别难以理解的段落,并在以上两个方面尽量做出标记以备今后查阅。你还应该充分利用一本字典和书中提供的词汇表。一本好的哲学字典会为你提供巨大帮助。你在任何图书馆或书店一般都能借到或买到这样的字典,这是哲学专业学生的必备之物。

你应从字典中查出不易理解的词语,然后以较慢的速度第二遍阅读全文,把关键概念划出来,并在一张纸上写出本书主要观点的提要。在此期间,你应反复阅读难于理解的段落,以加深认识,随后通读你列出的大纲。

---

① 本节内容主要参考[美]J.-P.蒂洛:《哲学:理论与实践》,古平、肖峰等译,中国人民大学出版社1989年版,第42—49页。

最后,不停顿地再通读一遍全文,这时是关键时刻,你要努力抓住已标出的那些概念的实质,力求理解其内在的逻辑联系。

阅读哲学书籍,一定要解放思想,尽可能丰富的阅读,并自觉吸收得到阐发的观念,而不管它们的出现对于你来说是多么的奇怪。也就是说,给观念及其作者一个机会。不要在读书的过程中就拒绝各种概念或理论,而且在没有读第二遍或第三遍之前,你不要急于结束这一任务,不要考虑反驳、抨击或抛弃。但这时要记下你的看法和批判。运用这种谨慎的方式,不但能帮助你理解你所读的东西,而且也能为你开始有批判性地探讨或写出你自己的观点提供准备。

2. 阅读哲学入门书籍

在阅读哲学入门书籍或像书本一样地一般哲学教科书时,有必要遵照前述所列出的建议,使用作者为了学生们更好地把握内容和资料而设计的各种方案。例如,注意并利用用墨体或斜体字印刷地章节标题,注意段落、章节间的首尾呼应。在阅读中,注意关键术语的排列,注意它们的数字标号或字母标号。

此外,要充分利用附加的和特设的帮助,比如书中所提供的"本章提要"之类的东西。如果对于每一章,你都能在看过一至两遍之后,再去参考"本章提要",那么你将大获裨益,并且事实上可以代替你自己给每章做一个纲要的工作(尽管用自己的语言作出一个纲要对于你的理解可能还是一个很大的帮助)。你还应尽量回答每章后的思考题,它们都是针对正文中的内容而设置的。例如,"用你自己的话解释'形而上学'、'伦理学'和'知识论',并给出具体实例"。回答这些问题能够帮助你更清楚你自己对内容的理解程度。例如,当你看到"形而上学"这个词时,头脑中是一片空白,那么你就是尚未很好地理解它而需要再次阅读。最后,还要充分利用书后的词汇表和索引,因为它们能够使你深入了解各种词汇、概念和理论的特殊含义,而这些是在常规字典中难以获得的。无论这样的一本书是不是为你在课堂上阅读设置的,它都会给你一个很好的、有关哲学疑难问题和争论的背景知识的介绍。

3.阅读哲学原著

经典的哲学原著,如柏拉图的《理想国》,亚里士多德的《伦理学》,伊·康德(Immanuel Kant)的《纯粹理性批判》和让—保尔·萨特(Jean - Paul Sartre)的《存在与虚无》等,仅仅读这些著作就是相当困难的,因为从本质上讲它们都是哲学著作,而且由于它们是从另一种语言(如希腊文、拉丁文、德文、法文)翻译过来的,所以通常相当难以读懂,即使是英文写的也会由于当时的英语用法特点而在今天读起来非常困难。因此,阅读这样的哲学著作,就要求比阅读入门性、介绍性的书籍具有更大的忍耐性和精力更加高度地集中。你需要从历史、传记和你的老师的讲授中寻找背景材料,从中发现这些哲学家写作这些书籍时的时代到底是怎样的,这些哲学家的哪些传记资料可以帮助你理解他的作品,并从其所运用的语言和概念的特殊方式中理解他到底说的是什么东西。例如,阅读和理解柏拉图的著作,重要的是要知道一些他和苏格拉底为了改变希腊人的思维方式而斗争的情况,了解对话方式的使用,了解这两位哲学家所创立的理性辩证法。

恩格斯曾经指出:"一个民族要想站在科学的最高峰,就一刻也不能没有理论思维"。而要想站在思维的最高峰,除了学习以往的哲学史之外,没有任何捷径。叔本华告诉我们:"只有从那些哲学思想的首创人那里,人们才能接受哲学思想。因此,谁要是向往哲学,就得亲自到原著那肃穆的圣地去找永垂不朽的大师。"①这就像黑格尔之重温柏拉图,皮尔斯之重温康德,歌德之重温拉斐尔。雅斯贝尔斯对此更是做过精彩的描述:"为了把握整个哲学史中各种哲学的内容,我们必须在有所限定的意义中去反复阅读哲学家们的著作;我们必须获得一种关于科学的发展的清晰的观点;并且我们必须允许自己受宗教,文学和艺术的伟大作品的感动。我们不应当不断地转向新的和不同的作品中去,而应当使自己沉潜于那些真正伟大的作品中。"有的著作像那些伟大的艺术作品一样,具有无限的意义。它们所包含的思想比作者本人所知道的要多。"我是否在青年时代将自己托付于一

---

① 叔本华:《作为意志和表象的世界》,商务印书馆1997年版,第119页。

位伟大的哲学家，以及托付于哪一位伟大哲学家，这是一个哲学命运的问题……一个古代的忠告是，研究柏拉图与康德，因为他们包容了全部要素。我同意这个看法。"①然而，"选择一位伟大哲学家而研究它的著作，并不意味着将你自己局限于他。相反，当你研究一位伟大的哲学家时，还应当考虑与他完全不同的另一位哲学家。"②显然易见，研究原著并不是我们的目的，而是我们的手段，我们的目的就在研究原著的过程中去"创造思想"；如果我们只停留在研读原著，那就会导致"借他人之酒杯，浇灌自己之胸怀"。

芝加哥大学社会思想委员会曾给过一份阅读书目可供参考：

> 柏拉图：《对话录》、《理想国》(《The Republic》)；亚里士多德：《形而上学》、《伦理学》、《诗学》；荷马史诗；希腊三大悲剧家(Ae-schglus，Sophocles Euripdes) 的悲剧；《论语》、《庄子》、《吠陀书》；托马斯·阿奎那(ST·Thomas Aquinas) 的《神学》；马基雅维利(Machiavelli)《王权论》；笛卡尔《论方法》；斯宾诺莎《伦理学》；洛克《政府论》；亚当·斯密《国富论》；休谟《人性论》；卢梭《社会契约论》或/《旧政体与法国革命》；柏克哈特(Jacob Burckhadt)：《意大利文艺复兴文化》；马克斯·韦伯(Marx Weuent)：《经济与社会》、《新教伦理与资本主义精神》；莎士比亚的四大悲剧：《奥塞罗》、《哈姆莱特》、《李尔王》、《麦克柏斯》；陀思妥耶夫斯基：《卡拉马佐夫兄弟》；斯汤达：《红与黑》。

罗尔斯(John Rawls)曾有一段关于如何读书的自白。他说：

> 我读前人的著作，如休谟或康德，有一个视为当然的假定，即这些作者比我聪明得多。如果不然，我又何必浪费自己和学生的时间去研读他们的著作呢？如果我偶然在他们的论证中见到了一点错误，我的第一个反应是：他们自己一定早已见到了这个错

① [德]雅斯贝尔斯：《智慧之路——哲学导论》，中国国际广播出版社1988年版，第136页。
② [德]雅斯贝尔斯：《智慧之路——哲学导论》，中国国际广播出版社1988年版，第137页。

误,并且处理过了。他们在哪里见到并处理了这点错误呢? 这是我必须继续寻找的;但所寻找的必须是他们自己的解答,而不是我的解答。因此我往往发现:有时是由于历史的限制,我的问题在他们的时代根本不可能发生;有时则是由于我忽略了或未曾读到他们别的著作。总而言之,他们的著作中决没有简单的一般错误,也没有关系重大的错误。①

就此而言,哲学活动是一种对话。当代诠释学的著名代表伽达默尔主张,哲学诠释学的逻辑就是"对话式"的逻辑,也就是在解释者(哲学家)和被解释者(以前的哲学典籍)之间的一场对话。对话的根本优点在于,它既有利于反复诘难和论证,也有利于平等的、开放式的讨论和探索。正如雅斯贝尔斯所说的:"交流才是哲学的目的,所有其他的目的——如对存在的意识,从爱中得到的领悟,安宁境界的达到,无不是根源于交流。"②正是这样,我们研讨哲学时,应该把对对象的理解和被理解的对象严格地区分开来。例如:如果有学者写有《康德哲学》一书,则此人就犯了上述错误,所谓康德的哲学,也就是康德的全部著作。至于那个学者在他的著作中阐述出来的康德哲学只是他所理解的,打着他(她)的"偏见"的烙印的康德哲学,因此,严格说来,他的著作的名字应改为《我对康德哲学的理解》或《我对康德哲学的阐释》。

此外,你必须理解在你所阅读的某本哲学书中,什么是这些哲学家们所讨论的真正的问题。例如:他可能力求阐述一个特殊的词或概念,如"正义",或论证人类如无感觉经验便不会有任何观念;或试图证明伦理道德的含义总是以个人利益为转移的。总之,重要的是理解他们的主要观念,他们对词语的解释,他们论证的主要论点,以及支持自己的论证的实例或解释。你应从你的老师或任何附加的解释性的阅读材料那里寻求帮助,而且

---

① 转引自余英时:《现代儒学的回顾与展望》,生活·读书·新知三联书店2004年版,第417页。

② 雅斯贝尔斯:《智慧之路》,中国国际广播出版社1988年版,第16页。

这些材料应是为帮助你理解所读的东西而设置的。

一旦你确信自己已理解了某位哲学家所说的话，那么就应进而分析和批判地评价他的论点。在这时，你应遵循你的老师的引导来思考，当然也可以把下列问题考虑作为一条指导线索。

（1）这个哲学家所解释的主要词语是否既为哲学家又为非哲学家所理解？你应查对他对这些词语或概念的解释与普通字典上的解释，以及与你在日常语言中使用这个词语、概念的经验是否一致。如果他的解释是不同的，那么就要看一看怎么不同，他的解释是接近还是远离这个词语的日常用法，以及是否正确。

（2）如果他声称他的论据是根据感觉经验的，那么他对其感觉经验的描述是否正确？这一描述是否符合于你自己的感觉经验？是否符合其他人向你提供的感觉经验？

（3）他是否正确运用了归纳推理和演绎推理？是否合乎规则？

（4）有无逻辑错误？

（5）在问题（2）、（3）、（4）中所提出的各个要素是否可以证实他的全部论点和结论。

4.阅读第二手的哲学资料

第二手哲学资料是对一个哲学家在其原著中所表达的观点所进行的注释、分析和批判性的评价。它们通常是另一个哲学家写的，而且这个哲学家通常是反对第一个哲学家的理论和论点的。在阅读这些著作时，除了要遵循为阅读书籍和阅读原著所开列的指南以外，还应该考虑：

（1）首先，确定你是否读过和读懂了原著。其次，你是怎么能够理解第二个哲学家讨论或分析的论点的？

（2）除去使用前述的所有方法之外，在理解这个作者的思想时，还要注意下列问题：

◎第二个哲学家是否使用了与第一个哲学家相同的定义，或他已在某种程度上改变了定义？如果没有改变，那么他的定义与第一个哲学家的定义有何不同？

◎第二个哲学家的主要论点是什么,他对先前的哲学家做出了什么结论?

◎他是否充分证明了自己的主要观点和结论?

◎对先前作者的评价、分析和批判是否公正?

总之,第二手的哲学资料在帮助我们理解原著作家的意图,了解其假说和推理中成败之所在等问题上是相当重要的,因此,必须要象对待任何哲学原著那样批判地、认真地对待它们。

总之,阅读哲学原著对于哲学研究者来说非常重要。我国著名的美学家朱光潜先生也曾谈到过:"你与其读千卷万卷谈希腊哲学的书籍,不如读一部柏拉图的《理想国》"。总的说来,学哲学不是记教条,背格言。他要求学的人对人的精神活动有所反思。因此,"凡读书,不可求快……学人所以少深造者,既由读书喜为涉猎、不务精深之故。……然为哲学者,贵乎穷大致远,极深研几,不当以考据为务也。"[1]

四、学会哲学思考

(一)沉思

所谓"沉思"就是对一件事或一种观念深深地冥思苦想——问是什么、为什么、怎么样、在哪里和在何时等问题,哲学家们仅仅能够使自己的心灵沉浸在思想、情感和观念的王国中,直到其中某些问题引起了他们的兴趣。当然,某些其他人(哲学家或智者)对一件他们认为重要或有趣的事件的观察或提出的观点也可能激发哲学家去沉思。总之,哲学家是首先意识到一个问题或争论,然后再试图发现有关解决它们的方法的。"我个人喜欢独立思考,甚至可以说是喜欢标新立异。我认为对任何一种哲学学说都不能过信它,研究哲学不能依傍门户,不能人云亦云、随声附和。"[2]

学习哲学的最好方式就是去思考特定的问题:关于我们心灵之外的世

---

① 熊十力:《佛家名相通释》,中国大百科全书出版社 1985 年版,第 8 页。

② 《冯契文集》第一卷,华东师范大学出版社 1996 年版,第 16 页。

界的知识;关于他人心灵的知识;心灵与大脑之间的关系;语言如何可能;我们是否有自由意志;道德的基础;何种不平等是不公正的;死亡的本性;生活的意义。

例如,如果一个人读了一篇赞成生存权利而反对流产的文章,同时又看到赞成选择同意流产的论据时,他便可以说一开始了解到了围绕流产这一事件而出现的某些问题了。例如,人的生命从什么时候开始;什么时候她才应被赋予价值;妇女和尚未出生的胎儿有什么权利。当然,哲学家们可以选择任何问题和任何事件加以研究,或者有时不急于选择一个问题或事件,而是在充分地思考了许多问题之后再确定到底选择哪一个才是有意义的。如果一个问题或事件要求立刻解决或采取行动,那么一个人可能就不得不立刻作出抉择。例如:在一个家庭中,丈夫和妻子或女儿正面临着流产和不流产的问题,那么在这种情况下,此事对他们来讲就具有刻不容缓的意义。然而,如果不是这样紧迫,如果在作出决定之前有时间全面地思考,那么最好就是对有关流产的问题做一个完整的考察。这样的话,某些伦理和逻辑的基本知识可以帮助人们在陷入此事时对事件作出最恰当的抉择。

我认为最重要的和迫切的问题和事件是那些有关人类的生存、幸福和发展(包括你、你的家庭和其他人)的问题,我把这些作为选择对什么题目加以沉思和分析的首要的或最重要的标准。除此之外,这样的选择还可以依据其他标准:

1.这个问题对于较好地和充分地认识你自己、其他人和你周围的世界有怎样的重要性?

2.研究和解决这一问题到底有多大的意义?

3.从理智上讲,这个问题怎么会使你产生兴趣? 意识到问题和事件并对其加以选择是哲学思考中的首要前提。①

---

① 主要参考[美]J. P. 蒂洛:《哲学:理论与实践》,古平、肖峰等译,中国人民大学出版社 1989 年版,第47—48 页。

(二)分析

一个人在选择好要去解决的题目之后,他和她应深化对这个题目的思考,而且在这一过程中,可以运用下列七个步骤(简称为"哲学思考七步法"),从而系统地、有分析地深入到这一题目中去,以求问题的解决。①

1.谨慎而清晰地解释这个事件和问题。例如:在思考流产这个问题时,像上面所说的那样,你可能决定自己需要把注意力集中在人的生命从什么时候开始这个问题上。在这一步骤中,最重要的是清楚地解释所有的关键性概念,诸如"受精卵"、"胚胎"、"胎儿"、"怀孕"等。

2.尽可能收集有关这一问题和事件的所有资料。

◎运用感觉经验和观察——你的和别人的——尽量多收集所有对解释这一问题有用的经验证据。例如,为了掌握从女子的卵子受精到胎儿发育的过程中都发生了什么,你应该对生物学和遗传学做一些研究。

◎运用你的理智去考察来自宗教、心理学、社会学、人类学和哲学等方面,有关人的生命开始于何时的各种问题、理论和观念。

3.分析、组织这些材料并加以分类。例如,你可以把证据和推理分为三大类:(1)"强调生命"的观点;(2)"强调选择"的观点;(3)居于二者之间的各种其他观点。

4.运用你自己的推理,系统的提出在第三步已经出现的各种假设和暂时性的结论。例如,你可以假设,如果人们想采取最安然无害的道德立场,那么他们就应该接受"强调生命"的观点;相反,如果他们着眼于妇女对其肉体和生命拥有权利并且具有个性的自由,那么就应该考虑"强调选择"的观点。

5.如果你的前提是正确的,那么就要看一下从你的前提中会

---

① 参考[美]J. P. 蒂洛:《哲学:理论与实践》,古平、肖峰等译,中国人民大学出版社1989年版,第48—49页。

推演出什么结论。例如，你可以通过前提推论出，如果我们鼓励和支持流产，那么在其他领域(仁慈杀死、战争、杀婴)就可能引起对人的生命不加尊重的必然结果。

6. 你要在某种程度上证明自己的论证是正确的。例如，你可以从各个方面收集有关制定更为宽容的流产法是否导致对人的权利的全面贬低的材料，如果你发现这种论点毫无根据，那么就可以把它作为无根据的东西抛弃掉。

7. 思考一下你对自己、别人和整个世界所进行的哲学思考会有什么潜在的影响，这些问题与其他重要问题和事件的联系是什么。例如，流产或不流产对社会福利、儿童权利和孕妇未来的个人生活有什么影响？这最后一个步骤是非常重要的，因为它不仅是运用理论分析现实的生活状况，而且还是超越知识达到智慧的过程。

(三)自学

研究哲学的另一个非常重要的方法或步骤就是自学。

年迈的苏格拉底曾对克立托(Crito)道："那末你应当明确这样一个道理，休介于哲学教师的好坏，只要思量哲学本身。试好好真诚地体察她；她如果有害，便想法叫大家离开她；但她果如我所相信的那样，那末跟从她，效忠于她，奋起精神来。"

尼采曾言："没有什么教育者。作为一个思想家，一个人应当只谈自我教育。由别人来教育青年，若不是对一个至今还不知和不可知的人进行的实验，就是一种按原则拉平的做法，使新的品格(不管它是怎样的)符合于流行的风俗习惯。因此，这两种情况对于思想家都是毫无价值的……"①自我发现对尼采来说是做学问的唯一途径。因为，现今的学校教育就像大工业的机器生产一样，生产出的只是迎合社会需要的工业社会的就业者，

---

① ［美]L. J. 宾克莱：《理想的冲突——西方社会中变化着价值观念》，马元德等译，商务印书馆1984年版，第188页。

而不能生产思想家。

五、将哲学思考转化为日常生活

所谓将哲学思考转化为日常生活,也就是哲学家冯契先生所说的"化理论为德性",即是说把自己学习的哲学知识、哲学理论运用到自己的现实生活之中。在初始阶段,人们可能觉得这样做比较机械,一边是理论,一边是现实的生活,两者之间究竟有什么内在的联系呢?人们可能不知道如何运用理论或者哲学知识,或者即便知道也只是一种尝试性的,通过运用哲学理论和知识解决现实的问题多了,人们会慢慢地感觉到这些哲学理论和哲学知识不是外在的,而是内化到人们的血管之中,随着"哲学血管"的流畅,人们就逐渐能够真正将哲学思考转化为日常生活了。

六、哲学应用——研讨实例

(一)撰写小论文

选一个使你自己感兴趣的、引起争论的题目,写出一篇短文,全力支持相反的观点。①

1. 可供选择的题目:

2. 尽量暂时地"括起来"或放弃你自己的观点。

3. 为这一相反观点寻找论据,并用你所掌握的全部感觉证据和逻辑推理,锲而不舍地为其辩护。

4. 在论述中所要得到的:

(1)对方观点有什么你以前未发现的好的地方,你现在是否比以前更好地理解了它?

(2)写这篇短文对你原来的观点有何帮助?如有,是什么?如没有,为什么?

---

① 参考[美]J. P. 蒂洛:《哲学:理论与实践》,古平、肖峰等译,中国人民大学出版社 1989 年版,第 65 页。

（3）你原来坚持的观点有什么变化？通过写这篇短文，对你原有观点是加强了还是减弱了？为什么？怎样加强或减弱的？

（二）进行哲学论辩

进行哲学论辩是训练哲学思维的一种比较有成效的方法。因为，在进行哲学论辩时，不仅需要讲究技巧和策略，而且要把握理论语言的口头表达特点和辩论的风格。

所谓论辩，实际上就是论说和辩论。日常争辩主要是为了说服对方，法庭辩论主要是为了打赢官司，议会辩论主要是为了党同伐异。哲学论辩则毫无功利之心，不计较个人的利害得失，否则也就不会有这样纯粹的理论活动了。因此，哲学论辩不在于"胜人之口"，而是要"服人之心"。①

七、怎样系统地建构你的个人哲学

我们很多人一般都没有考虑过要系统地建构自己的个人哲学，因为，大多数人都认为那是哲学家们的事情，而这些事情确确实实地与自己无关。可能有的人会说，建构自己的哲学太难了；还有人会说，我没有自己的哲学，我不可能也没有必要建构自己的哲学。实际上，虽然我们没有自觉地意识到，但实际上我们每个人要么在创立自己的哲学，要么在运用别人创立的哲学。如此说来，我们究竟应该如何来系统地建构你自己的个人哲学呢？②

1.考察你的生活中的每一个受到哲学（形而上学、认识论、伦理学、宗教哲学、科学哲学、文化哲学等等）影响的领域。

2.运用正确的调查方法。

3.合理运用逻辑规则，避免逻辑错误。

4.认真组织你的材料并加以分类（论据、观点、命题等）。

5.批判地评价各种不同观点，避免不必要的、无根据的简化法和扩大

---

① 郭湛主编：《哲学素质培养》，中国人民大学出版社2003年版，第148页。

② 本节内容主要参考［美］J. P. 蒂洛：《哲学：理论与实践》，古平、肖峰等译，中国人民大学出版社1989年版，第605页。

法。

6.在可能及有用之处,综合对立的观点,以保持双方的优点,克服各自的不足。

7.在这一过程的不同阶段,写下你对各种观点的思考、态度、评价和根据。

8.定期复查你所写的东西,使其不断更新。至少每年要复查一次,不要以为自己的东西就像"刻在大理石上"一样。相反,要不断用新的论据和论证改变自己的哲学。

9.加入你对各种新发生的事件的说明,无论是你自己生活中的还是社会上的,国内的还是国际的。努力使你的个人哲学对现实生活有实用价值和意义。

把你的哲学运用到各种领域之中,使其不断发展,从而更具有生命力和实用价值。

八、怎样写作个人哲学论文

哲学论文的写作与其他学科论文的写作差不多,如报道、调查或论说文等。但是哲学文章要求更多的分析、批判和论证,这通常要求特殊的技能和方法。①

1.**一般要求**　其他许多搞好写作的要求对哲学同样适用:

(1)先思考后动笔。无论在课堂上(论文测验)或课下(一篇批判性的个人哲学的文章)。

(2)详解关键词语。

(3)阐明重要的观点。

(4)用实例深化概念。

(5)先列提纲,校对、改正后再写,绝不可不列提纲。

---

① 本节内容主要参考[美]J.P.蒂洛:《哲学:理论与实践》,古平、肖峰等译,中国人民大学出版社1989年版,第62—64页。

（6）在写作中，要注意语法、词法、句子结构和段落安排的恰当。有的学生认为不需要遵循正统语法的要求，因为这是哲学而不是语言课程，但是较高水平的语言（中文或英文）是哲学文章最起码的要求和任何哲学教师所希望的。当然，也要克服娇柔造作、华而不实的语言，而力求直截了当和简明准确。

（7）努力争取从语言教师和别的精通此种语言的人那里得到帮助，从而在你的行文中出现语言错误时可以给你指出来。

2.附加要求 除去上述一般要求外，下面提出一些处理哲学写作与其他种写作的不同方面的特殊要求：

（1）分析和批判地评价其他人的观念、理论、证据以及问题和事件（例如，伦理学相对主义和伦理学绝对主义，赞成和反对唯物主义的辩论，上帝存在和不存在的辩论等）。

（2）提出你自己对形而上学、伦理学和认识论中的各种哲学争论的观点。

（3）学会发现并防止在进行以上两方面工作时出现逻辑错误，以及使感觉证据与逻辑推理统一起来（归纳与演绎）。

3.分析一种哲学观点的方法 在对别的哲学家的理论或论证进行分析和批判性评价时，你应该：

（1）认真地描述和说明哲学家们的观点，澄清他们自己所用概念的特殊含义，并且在不带任何批判和评价的前提下，列出他们论证过程的要点。注意不要忽略他们所讲的任何东西。

（2）以一种有组织的、系统的方式分析和评价他们的观点和理论（你可以反驳和批判他们）。在这里，使两种针锋相对的观点交锋，同时建立起一种对他们观点的全面评价，通常是最好的方法。

（3）尽可能通过充分的论据和推理，支持与证明你对他们理论的评价。如果你对哲学家们有关同一问题的观点进行比较、对照和批判性的评价，那么你就可以在前面讲的这些方法的基础上把握他们。

4.分析一个争论或问题的方法 在你要分析和批判性地评价一个特

定的哲学争论或问题时(例如"身心"之争),应该做到如下几点:

(1)认真叙述这一争论,准确阐述关键概念。

(2)提出双方最有代表性的观点及其各自的内在推论方式。

(3)分析和批判性的评价双方观点,揭示他们各自在推理和论据上的逻辑错误与不足。

(4)如果要求你提出自己的观点和理由,那么就要充分证明它。

5.阐述个人哲学观点的方法 当需要你写出自己的个人观点时,你应该:

(1)从你的角度确切理解老师的意图。

(2)运用前述的"哲学思考七步法",并了解争论双方的观点。

(3)清楚地描述问题或争论。

(4)尽可能充分阐明和论证你自己在此争论中的观点和立场。

(5)尽可能多地列举能够支持自己观点的论据,并努力检验自己推理和论证中的逻辑错误与不足。

(6)多举实例证明自己的主要观点。

(7)在你文章的必要的地方引证别的哲学家有关这个问题的观点,标出来源出处(注释和参考书目),但不要不加分析地接受他们的观点。

从以上的所有要求可以看出,你在表述自己的哲学和哲学观点时,所表述的必须是真正自己的东西,在思考和写作时要与大哲学家们相齐。相反,许多问题和争论是为众多的、过去的思想家们讨论、争论过的。很明显,我们所应做的绝大多数事情不是什么新的和独特的探索,所以,我们要重述、阐述、分析和评价以往研究过这些问题的哲学家的经历中学习怎样进行哲学思考。需要记住的是,你进行哲学思考和运用哲学的方法的关键是要扩大、发展和深化你自己的思路,从而使你对自己、别人和周围的一切变得更加有意识。

思考题

1.如何才能提高人们的哲学素质?

2.为什么说哲学活动是一种对话？

3.为什么说学习哲学的最好方式就是去思考特定的问题？

4.为什么说要想站在思维的最高峰,除了学习以往的哲学史之外,别无其它捷径？

5.何谓"哲学思考七步法"？

6.运用"哲学思考七步法"分析一个你选择的问题,例如:处理一件有关友谊或感情破裂的事件;处理一个生态环境的问题;处理一件工作中的困难事情。

附录 1:公共哲学课"教科书"之反思①

所谓公共哲学课"教科书"是指目前我国大学通用的《马克思主义哲学原理》教程。根据目前我国实际情况,这类教科书主要包含了三种类型:第一是国家教育部主管部门组织编写的《马克思主义哲学原理》教程;二是各省市、自治区教育主管部门组织编写的同类教材;三是少数重点大学自行编撰的主要供本校学生使用的教材。目前规定的三个类型的教材,虽然改变了我国哲学教科书长期以来几百个版本,千本一面,互相雷同,缺乏创新的情况,但是从总体上来讲,公共哲学课"教科书"仍然存在着以下几个方面的问题。

首先,公共哲学课"教科书"没有凸现"哲学通识"。这里所说的"哲学通识"主要是指哲学睿识和洞见地把握与彰显。例如在元哲学问题——什么是哲学? 哲学研究的对象? 如何学习哲学? ——这些问题仍然没有突破传统哲学教科书的框架。元哲学作为一门以哲学自身为对象的学问,它是关于哲学学科本身的基础、性质、特征、功能及其与人类历史实践相互关系的理解和说明,它所要回答的基本问题是:何为哲学? 哲学为何? 如何哲学? 这些问题几乎同哲学自身的历史一样长,每一位哲学家都或多或少地思考过这些问题。但是,历史上大多数哲学家对哲学本身的看法都是零散,甚至是偶发的,或者说只是他们的哲学研究的一种副产品。因此,凸现"哲学通识"对于培养学生的哲学素养具有非常重要的意义。

所谓哲学素养,也称哲学素质的培养。哲学素质是人们在先天禀赋的基础上,通过后天的哲学学习和教育而获得的相对稳定的品质。具体包括

---

① 原载《以人为本与马克思主义哲学》,西南交通大学出版社 2005 年版。

哲学知识、哲学能力和哲学品格三个层次。从本质上说,哲学是一种"爱智慧"的生活态度,它能够锻炼、发展人的理论思维,丰富、发展人的精神境界。同时,它又是人类对人与自然、人与社会、人与人之间关系的一种反思,是人类追求真、善、美精神的集中体现。因此,哲学最有利于培养大学生的反思批判精神、抽象思维能力和超越能力,有利于帮助他们形成健全的人格、树立起对人类美好社会前景的向往和追求。哲学素质的培养应该说是大学生素质培养的关键。

其次,公共哲学课"教科书"遮蔽了马克思主义哲学特别是马克思哲学的某些重要方面。 反思马克思哲学,我们可以看出,马克思哲学不仅充溢着现代性,而且内在蕴涵着后现代因素。无论是对于前者,还是对于后者,现今的哲学教科书都没有明确地揭示。1999年元月31日,时任国家主席的江泽民同志视察内蒙古大学,来到吴彤教授(现为清华大学教授)的一个课堂上,当问到吴彤教授教的是马克思主义哲学课时,江主席向他提的问题是:"现代性"讲不讲? 如何理解现代主义、后现代主义? 这样提问,不仅说明江主席自身的一种素养,至少说明他了解、想更多地了解和非常关心这些当代学术的前沿问题。我们必须真正了解马克思的思想,才能凸现出马克思哲学的当代价值和当代意义。例如,马克思哲学以敏锐的洞察力捕捉到现代社会的后现代端倪,并对其加以批判审视,因此即便在西方很时髦的后现代主义也无法忽略、漠视马克思哲学,并认为马克思哲学是当代不可超越的视界。马克思哲学与后现代主义在人和自然关系、东方和西方的关系等一系列重大问题上具有一定程度的相通性,二者在当代的相遇源于这样一个事实,即二者都是对资本主义的批判,但二者关注的重心又不相同,马克思哲学关注的是西方经济与政治霸权的消除,并力图使现存世界革命化;后现代主义关注的是西方文化霸权的解码,并力图使之沉溺于话语之中。所以,美国的经济学家海尔布罗纳认为"不读马克思的书,就不能成为有洞察力的经济思想家"? 存在主义大师海德格尔也曾认为:马克思的历史唯物主义是一座不可逾越的思想高峰。萨特也在《辩证理性批判》中指出:"马克思主义是当代文化的真正核心,是惟一不可超越的哲学。"针对马克思主义哲学的一些根本观点,常听到一种议论:都什么时候了,还讲这些100多年前的东西? 在有些人看来,100多年前提出的观点,哪能不陈旧,哪有不过时的? 实际上,对于这个问题,我们必须具体分析。沃勒斯坦认为,"已经死亡的是作为现代性理论的马克思主义,这一理论是与自由主义的现代性理论一起被精心制造出来的,而且它确实在很大程度上受到自由主义的激励。而没有死亡的是作为对现代性及其历史表现、即资本主义的世界经济进行批判的马克思主义。"①我们可以不赞成沃勒斯坦的具体结论,但是他对马克思思想的具体解析是可以供我们参考的。因此,当代马克思主义哲学的教学和研究面临着双重任务:一是"回到马克思",通过深入研究马克思在政治经济学批判特别是对资本主义经济生活的分析批判,对重大历史事件的考察和科学社会主义理论探讨中的思想,真实地呈现马克思思想的全貌;二是"发展马克思",通过深入研究当代社会实践,科学技术发展和思想文化发展中提出的一系列时代难题,说出一些新的道理来,推进马克思主义理论上的新发展。而这些内容理所当然地应该真实地反映到公共哲学课的"教科书"之中。

第三,公共哲学课"教科书"没有凸现问题意识。问题是时代的声音。对于初学者来说,掌握一定的哲学知识当然非常重要,但是如果我们的教科书通篇讲的都是哲学知识,而没有"问题意识",这样就不能真正使学生养成学会提出问题、分析问题和解决问题的能力。当然,在谈到问题意识时,我们必须具体区分哲学问题与科学问题的关系以及哲学原理实际意向所指的具体时代问题。例如,一个年轻的母亲在公园里指着一丛植物对她蹒跚学步的孩子说:"这是什么? 这是花,多好看的花!"孩子呀呀学语:"这是花,多好看的花!"这是一种非常普通的生活场景。然而,这里面却包含了一个哲学的提问和回答。而"这是花"的回答,道出了那一丛植物的定义或本质。当然,如果是稍大的孩子还会对于这个问题继续追问下去:这是什么花? 是牡丹、芍药、杜鹃、君子兰、菊花,还是美人蕉、紫罗兰、郁金香、

---

① 俞可平:《全球化时代的"马克思主义"》,中央编译出版社1998年版,第13页。

红玫瑰? 是木本还是草本? 是针叶还是阔叶? 是落叶还是常青? 是什么类、种、属、科、纲? 通过对于这些问题的回答构成了一门科学——植物学。但是,无论这一丛植物属于什么种类,叫什么名称,具有什么习性,"花"是它最本质的规定,它表明了这丛植物最普遍、最一般的性质。因此,"这是花"的回答是哲学的回答,而其他回答,都是属于科学的知识。因此,我们发现,在对一般事物的提问中,首先的和基本的,是一种哲学的提问,然后才是科学的或其他的提问。① 此外,哲学的一个很重要的特点就是哲学问题答案的无定论性,这种不确定性也是把哲学与科学区别开来的一个重要标志。我们的教科书应该通过对一些具体问题的详细分析告诉学生,学习哲学,掌握基本哲学知识固然重要,但是进行哲学式地分析思考,掌握分析问题的方式和方法则更为重要。因此,我们认为公共哲学课"教科书"应该展现的就是怎么来做到让学生具有问题感(问题意识),并且让大学生把这样的思考习惯带到生活中去。通过对问题意识的养成,学生的创造性思维能力和创新能力才能有所增加。

第四,公共哲学课"教科书"缺少方法意蕴。毛泽东说:"我们不但要提出任务,而且要解决完成任务的方法问题。我们的任务是过河,但是,没有桥或没有船就不能过。不解决桥或船的问题,过河就是一句空话。不解决方法问题,任务也只是瞎说一顿。"(《毛泽东选集》第1卷,人民出版社1991年版,第139页)我国著名的哲学家冯契先生也反复强调"化理论为方法,化理论为德性"。可以说,在马克思主义哲学教科书中凸现方法意蕴,这是非常重要的。从中学开始,学生就被哲学的概念和抽象论证、推理的方式弄得苦恼不堪,但却没有任何真正的体悟。由于学生从小就学习政治常识和思想品德,所以学生在刚开始学习哲学时容易产生逆反心理,如果我们的教材能够从学生身边的事例出发,结合案例来分析问题,这样就能调动学生学习哲学的兴趣。我们只有通过对典型案例、典型问题、典型事实的哲学分析,通过揭示马克思主义哲学原理的方法论意义(或实践意

---

① 参见石述:《哲学怎么"说"》,《光明日报》2003年1月3日。

义),才能真正使学生学到化理论为方法的本领,才能达到学习哲学终生受益的目的。

第五,公共哲学课"教科书"未能彰显宏观史识。按理来说,我们现今大学生所学的马克思主义哲学原理是已经中国化了的马克思主义哲学,它既应该有马克思主义理论的远见卓识,也应该有中国特色的鲜明烙印。因此,马克思主义哲学原理应该培养青年学生的宏观史识,使青年学生了解中国近百年来追求现代化和现代性的进程,从物质文明、政治文明、精神文明的整体视角来分析考察当代中国经济现代化、政治现代化、文化现代化的历程,从而揭示出马克思主义哲学对人的现代化理论的内涵,展示马克思主义哲学有关人性、人的本质、人的价值、人的全面发展的学说精义,然而我们目前的教科书基本上达不到这种要求。再之,按照黑格尔所说的"哲学就是哲学史",因此真正的哲学命题只有放到哲学发展的长河中才能真正显示其内在的价值,然而,我们目前的哲学原理教科书基本上是和哲学史割裂开来的,学生充其量只知道几位西方哲学家的名字,而对这些哲学家为什么会提出这些问题、为什么会这样来处理问题以及他为后人遗留下什么问题,学生们基本上没有切实的体会和体验,到最后公共哲学课"教科书"既没有达到培养大学生"哲学通识"的目的,也没有使大学生较好地养成"问题意识"的习惯,更没有使大学生学会将宏观史识和微观个案相结合的方法。因此,公共哲学课"教科书"不适应中国社会现实需要的问题日益显露出来。我们知道,哲学作为文明的灵魂,时代精神的精华,不仅与人类文明的发生发展密切相关,不仅与其他所有的意识形态密切相关,而且与人类的社会实践活动密切相关。哲学不仅是时代精神的概括和总结,实际上也是时代精神的塑造者。因此,学习哲学时必须深入了解形成于历史上的哲学思想或理论的社会历史背景和广泛的文化和意识形态的背景。只有养成这种宏观的史识,我们的大学生才能"顶天立地",对世界面临的问题以及中国的现实问题就有了比较清楚的把握。

以上我们只是根据自己教学所及,就公共哲学课"教科书"的缺失谈了五个方面的问题。在这里,我们无意全盘否定公共哲学课"教科书"的历史贡献,同时,我们也不同意学界一些学者认为的现今的哲学教科书仍然停留在原苏联模式,但是我们应该看到公共哲学课"教科书"还存在着一些教条主义和僵化的因素(由于这些涉及到教材的具体内容,因篇幅限制,留待以后再谈)。我们只是就我们认为应该改进的方面谈了一些粗浅的想法,供后来者在编写公共哲学课"教科书"时参考。

附录2:《伦敦大学哲学学习指导》[①]

　　我在牛津大学哲学中心的 Common Room 里看到一本 Philosophy：Study Guide,是伦敦大学给学生的哲学学习指南,主要是指导学生读书特别是写作的。非常有价值。如果哪个学生按照要求做了,一定很快就会成材。当然,也正因为如此,并不容易做到。但无论如何,在黑暗中自己摸索,不如秉烛夜游,良有以也。

　　第一章名叫学习哲学指南。

　　1.如何读哲学(书)。开头就说"一生中任何阶段读哲学书皆非易事。有人称读哲学书足以怡情,但据说维特根斯坦发现读某些哲学书乃是一种痛苦。许多人倾向于同意他的看法。不管哲学家抱有多么好的意愿,想把他们的著作写得清晰易读,读来有趣,但结果几乎总是穿插点过时笑话的更沉闷更晦涩的文字罢了。记住,读哲学不是为了一时的痛快,而是要让你离开时仍会有印象的。如此看来,使你对哲学的阅读尽可能高效,读有所值,就十分重要了。为此,面对文本,你必须保持既同情又批判的态度。要做到这一点,最好的办法通常是在读书的时候,心里想着些普遍问题。一般说来,除非你能回答以下问题,否则你就不会从书本上得到你能够得到的所有东西。"

　　接下来,编者详细说明了七个问题:

● 作者想得到什么结论?

● 那个结论何以有趣?

---

　　① 摘编自网络 http://www.philosophyol.com/pol04/edu/p_edu/major/200611/2747.html,作者不详。

● 其论证是怎样?

● 就其自身而言,其论证是否有效?

● 论证的前提应该被接受吗?

● 如果我们接受其前提和结论,那会得出什么结论呢?

● 最后,论证、论点这个问题是比较复杂的,不能一概而论。但无论如何,你都要保持同情之理解,批判之态度。Dongt just read:think。

2.写哲学文章:Peter Lipton 说,风格是箭矢之羽,而非帽子上的羽毛。所以写作要

● 避免粗劣的文字,要我手写我口,用自己的话,还要让自己的文章念得出口。

● 要设身处地为读者着想。

● 要善于编排文章的结构

● 要有原创性

3.文献书名的引用注释规范。这就不说了。

4.剽窃(plagiarism)。剽窃的后果很严重。还举了个例子:

● The history of all hitherto existing society is the history of class struggles. Society as a whole is more and more splitting up into two great hostile camps, into two great classes directly facing each other: Bourgeoisie and Proletariat. Masses of labourers, crowded into the factory, are organised like soldiers. Not only are they slaves of the bourgeois class, and of the bourgeois State; they are daily and hourly enslaved by the machine, by the overlooker, and, above all, by the individual bourgeois manufacturer himself. The proletarians have nothing to lose but their chains. They have a world to win.

这是剽窃。

● Marx and Engels noted that the history of all hitherto existing society had been the history of class struggles. Society as a whole was more and more splitting up into two great hostile camps, into two great classes directly facing each other: Bourgeoisie and Proletariat. They observed that proletarians had nothing to lose but their chains. They had a world to win.

这仍是剽窃。

● In The Communist Manifesto, Marx and Engels (1973 edn. , p. 40) noted that ´The history of all hitherto existing society is the history of class struggles´. They argued that society was ´more and more splitting up into two great hostile camps, into two great classes directly facing each other: Bourgeoisie and Proletariat´(p. 41). ´Masses of labourers, crowded into the factory´were ´organised like soldiers … slaves of the bourgeois class, and of the bourgeois State´ (p. 52). They concluded that ´The proletarians have nothing to lose but their chains. They have a world to win´(p. 96).

这不算剽窃,可要是整篇文章都这样,说明你并没有理解这些观点,也就得不到好分数了。

● In one of the most famous first sentences ever written, Marx and Engels (1973 edn. , p 40) began The Communist Manifesto thus: ´The history of all hitherto existing society is the history of class struggles. ´They went on to exemplify this claim by showing how the structure of society had, in their view, developed into two interdependent but antagonistic classes: bourgeoisie and proletariat. The latter comprised factory operatives, who had been reduced to no more than slave labour; but as they became concentrated geographically, in the great factory towns of the industrial revolution, so they had the opportunity to organise themselves politically. Hence, the authors´conclusion that a communist revolution was not only desirable, but possible, leading them to issue their equally famous final exhortation (p. 96): ´WORKING MEN OF ALL COUNTRIES, UNITE! ´

这也许不是什么深刻的评论,但至少说明我尝试过!

5.哲学的一般性著作和系列。这些基础读本是有参考价值的:

● Routledge Arguments of The Philosophers.

● Oxford Readings in Philosophy.

● The Blackwell Philosopher Dictionaries.

● Cambridge Companions.

● Blackwell Companions to Philosophy.

● Routledge Philosophy GuideBooks.

● The Encyclopedia of Philosophy, ed. P. Edwards. Eight Volumes.

● The Routledge Encyclopedia of Philosophy, ed. E. Craig.

如今这种著作大概因其市场销量好,所以剑桥、牛津、布莱克威尔、劳特利奇等大出版社竞相出版,花样百出,值得参考,但代替不了对原著的阅读! ——这是我说的。

6. 世界上的所有著作。这是对图书馆、电子图书馆和书店的介绍。

到此,本章结束。后面的22章介绍的是各个哲学分支的阅读写作指南。当然,这22个分支基本上也就是课程的主题,因此,这22章实际上就是课程论文写作指南。每一章都包括如下部分:论文的要求;基本阅读材料;核心的历史文献;主要领域、基本问题和相关文献。非常有实用价值。试以第2章逻辑与形而上学为例:

1 The Paper:对逻辑和形而上学做了说明。

2 General Reading:十一部文选、六部专著

3 Topic:各领域的论题

● A 语言与逻辑

a 意义与指称:相关问题与文献:

How does language relate to reality? How is it that words can be about things or refer to things? Referring expressions or singular terms, expressions which pick out a particular object, are normally divided into three categories: proper names ('Julius Caesar', 'Rome'), descriptions ('the conqueror of Gaul') and demonstratives ('this', 'that', 'that city', 'this emperor'). Names and descriptions need to be treated separately. (Demonstratives are treated in the philosophy of language section of this Guide.) The standard reading for this topic is contained in the anthologies edited by Martinich and Moore mentioned a-

bove; there is an excellent introductory essay in sections 1 & 2 of Mark Sains-
bury, 'Philosophical Logic', in A. C. Grayling, ed. , Philosophy. There are
short versions of writings by Mill and Frege, with commentary, in Chapter One
of Reading Philosophy of Language, eds. J. Hornsby and G. Longworth (Ox-
ford: Blackwell forthcoming). Frege's classic theory of sense and reference is an
essential theme. Frege thought that there are two aspects to the meaning of any
term: its reference (what it applies to in the world) and its sense (the way in
which the term presents its reference). So the two terms ' Julius Caesar' and
'the Roman conqueror of Gaul' have the same reference but different senses.
See Frege, 'On Sense and Reference', in the Frege Reader, reprinted in Moore
and in Martinich. See also Michael Dummett, ' Frege 's Distinction Between
Sense and Reference', in Moore and in Dummett's Truth and Other Enigmas,
(London: Duckworth, 1978). For discussion, see Gareth Evans, The Varieties
of Reference, (Oxford: Clarendon Press, 1982), chapter 1; Gregory McCul-
loch, The Game of the Name, chapters 1&5; David Bell, ' Reference and
Sense: an Epitome', in C. Wright, ed. , Frege: Tradition and Influence, (Ox-
ford: Blackwell, 1984) and 'How "Russellian" was Frege? ', Mind 99
(1990): 267 - 277; and Dummett, Frege: Philosophy of Language, (London:
Duckworth, 1981) chapters 1, 5 & 6. For more on Frege see the section Phi-
losophies of Frege, Russell and Wittgenstein in this guide.

  b 摹状词:相关问题与文献

  c 名称

  d 条件句

  e Existence

  f 有效性与蕴涵

  g 非形式逻辑

  h 模糊性

 ● B 真与主观性(以下兹不详列)

● C 心与自然

● D 必然性与分析性

● E 同一性与实体

● F 共相与殊相

● G 因果性与规律

● H 时间与空间

上面介绍了这么多,目的是什么? 一是说人家考虑的周到,学生用起来方便;二是学生自此就可以确定有了自己的研究领域,循着哪些问题,读哪些文献,水平自然就提高了;三是,如果学生都是很好学、很认真的,那老师在其中能做什么呢? 他的教学方法是不是应当与时俱进了呢。

最后,上面的手册可以在网上查阅:http://www.ucl.ac.uk/philosophy/LPSG/

布里斯托大学据此也做了一个:http://www.bris.ac.uk/philosophy/current/undergrad/studyguide/

附录 3:哲学论辩练习题选^①

试结合以下辩题进行哲学论辩练习:

1. 温饱是/不是谈道德的必要条件。

2. 知难行易/知易行难。

3. 真理会/不会越辩越明。

4. 美是客观存在/美是主观感受。

5. 钱是/不是万恶之源。

6. 个人利益和群体利益可以/不可以两全。

7. 人类将会/不会毁于科技。

8. 就文化而言是/不是越是民族的就越是世界的。

9. 思想道德应该适应/超越市场经济。

10. 不破不立/不立不破。

11. 离婚率上升是/不是社会文明的表现。

12. 安乐死符合/不符合人道主义精神。

13. 医学发展应该/不应该有伦理限制。

14. 流动人口的增加有利于/不利于城市的发展。

15. 儒家思想能/不能抵御西方歪风。

16. 现代化等于/不等于西方化。

17. 全球化等于/不等于西方化。

18. 外来文化对民族文化的发展是/不是利大于弊。

19. 人类和平共处是/不是可能实现的理想。

20. 人性本善/人性向善。

---

① 改编自郭湛主编:《哲学素质培养》,中国人民大学出版社 2003 年版。

附录4:西方著名哲学家简介

1.泰勒斯(Thales,盛年约在公元前585年),古希腊哲学家,从亚里士多德开始被尊为西方哲学的始祖。

2.赫拉克利特(Herakleitos,盛年约在公元前504—501年),古希腊哲学家,辩证法的创始人之一。

3.巴门尼德(Parmenides,盛年约在公元前504—501年),古希腊哲学家,存在论(本体论)的奠基人。

4.德谟克里特(Demokritos,盛年约在公元前420年),古希腊哲学家,原子论的创始人。

5.苏格拉底(Sokrates,公元前468—399年),古希腊哲学家,与耶酥、孔子和释迦牟尼一同被尊为人类的导师,

6.柏拉图(Platon,公元前427—347年),古希腊哲学家,苏格拉底的学生,著有《苏格拉底的申辩》、《理想国》、《巴门尼德》、《智者》等对话体著作。

7.亚里士多德(Aristotles,公元前384—322年)柏拉图的学生,希腊哲学的集大成者,百科全书式的哲学家,许多学科的创始人,代表作《工具论》、《物理学》、《形而上学》、《尼各马可伦理学》、《政治学》。

8.伊壁鸠鲁(Epikouros,约公元前341—270年),古希腊哲学家,幸福主义伦理学的创始人之一。

9.皮浪(Pyrrhon,约公元前360—270年),古希腊哲学家,怀疑主义的创始人。

10.普洛提诺(Plotinos,约公元205—270年),晚期希腊哲学家,埃及人,新柏拉图主义的主要代表,著有《九章集》。

11. 奥古斯丁(Aurelius Augustinus,公元 354—430 年),中世纪教父哲学的最大代表,著有《忏悔录》、《上帝之城》。

12. 托马斯·阿奎那(Thomas Aquinas,1225—1274 年),中世纪经院哲学的最大代表,著有《反异教大全》、《神学大全》。

13. 弗兰西斯·培根(Francis Bacon,1561—1626 年),英国经验论的始祖,著有《新工具》等。

14. 笛卡尔(RenéDescartes,1596—1650 年),法国哲学家,近代哲学的创始人,唯理论的开创者,著有《方法谈》、《第一哲学沉思集》、《哲学原理》。

15. 斯宾诺莎(Benedictus de Spinoza,1632—1677 年),荷兰哲学家,唯理论的主要代表之一,著有《伦理学》等。

16. 洛克(John Locke,1632—1704 年),英国经验论的主要代表之一,著有《人类理智论》。

17. 莱布尼茨(Gottfried Wilhelm Leibniz,1646—1716 年),德国哲学家,唯理论的主要代表之一,著有《单子论》、《人类理智新论》。

18. 巴克莱(George Berkeley 或译贝克莱,1685—1753 年),英国经验论的主要代表之一,著有《人类知识原理》。

19. 休谟(David Hume,1711—1776 年),英国经验论的主要代表之一,著有《人性论》、《人类理智研究》。

20. 孟德斯鸠(Montesquieu,1689—1755 年),法国启蒙思想家,著有《波斯人信札》、《论法的精神》。

21. 伏尔泰(Voltaire,1694—1778 年),法国启蒙思想家,著有《哲学通信》等。

22. 卢梭(Jean - Jacques Rousseau,1712—1778 年),法国启蒙思想家,著有《人类不平等的起源和基础》、《社会契约论》、《爱弥尔》、《忏悔录》。

23. 拉美特利(Julien Offray de La Mettrie,1709—1751 年),法国启蒙思想家,机械唯物主义的代表,著有《人是机器》。

24. 康德(Immanuel Kant,1724—1804 年),德国古典哲学的创始人,著

有《纯粹理性批判》、《实践理性批判》和《判断力批判》。

25.黑格尔(Georg Wilhelm Friedrich Hegel,1770—1831 年),德国古典哲学的集大成者,以辩证法著称于世,著有《精神现象学》、《逻辑学》和《哲学全书》。

26.孔德(Auguste Comte,1798—1857 年),法国哲学家,实证主义的创始人,著有《实证哲学教程》等。

27.约翰·穆勒(John Stuart Mill,1806—1873 年),英国哲学家,实证主义代表之一,著有《孔德与实证主义》、《逻辑的体系》、《功利主义》。

28.叔本华(Arther Schopenhauer,1788—1860 年),德国哲学家,唯意志论者,著有《作为意志和表象的世界》。

29.克尔恺郭尔(Soren Aaby Kierkeggard,1813—1855 年),丹麦哲学家,存在主义的先驱,著有《非此即彼》、《恐惧的概念》等。

30.威廉·詹姆斯(William James,1842—1910 年),美国哲学家,实用主义的主要代表之一,著有《心理学原理》、《实用主义》、《彻底经验主义论文集》。

31.尼采(Friedrich Willhelm Nietzsche,1844—1900 年),德国哲学家,著有《善恶之彼岸》、《查拉图斯特拉如是说》、《强力意志》。

32.弗雷格(Gottlob Frege,1848—1925 年),德国数学家、逻辑学家、哲学家,分析哲学和数理逻辑的奠基人,著有《算术基础》。

33.索绪尔(Ferdinand de Saussure,1857—1913 年),瑞士语言学家,结构主义的创始人,著有《普通语言学教程》。

34.胡塞尔(Edmund Husserl,1859—1938 年),德国哲学家,现象学的创始人,著有《逻辑研究》、《现象学的观念》、《笛卡尔的沉思》和《欧洲科学的危机与先验现象学》等。

35.弗洛伊德(Sigmund Freud,1865—1939 年),奥地利心理学家,精神分析学派的创始人,著有《梦的解析》、《精神分析引论》。

36.斯宾格勒(Oswald Spengler,1880—1936 年),德国历史哲学家,著有《西方的没落》。

37.汤因比(Arnold Joseph Toynbee,1889—1975年),英国历史哲学家,著有《历史研究》。

38.海德格尔(Martin Heidegger,1889—1976年),德国哲学家,存在哲学的创始人,著有《存在与时间》、《形而上学导论》、《林中路》等。

39.维特根施坦(Ludwig Wittgenstein,1889—1951年),奥地利裔英国哲学家,语言哲学或分析哲学的创始人之一,著有《逻辑哲学论》、《哲学研究》。

40.卡尔纳普(Rudolf Carnap,1891—1970年),德国哲学家,逻辑实证主义主要代表之一,著有《世界的逻辑结构》、《语言的逻辑句法》。

41.赖尔(Gilbert Ryle,1900—1976年)英国哲学家,日常语言学派的代表之一,著有《心的概念》等。

42.伽达默尔(Hans - Georg Gadamer,1900—2002年),德国哲学家,哲学解释学的创始人,著有《真理与方法》等。

43.霍克海默尔(Max Horkheimer,1895—1973年),德国哲学家,法兰克福学派创始人,著有《批判理论》、《社会哲学研究》、《启蒙的辩证法》(与阿多诺合著)。

44.阿多诺(Theoder Wiesengrund Adorno,1903—1969年),德国哲学家,法兰克福学派主要代表之一,著有《否定的辩证法》等。

45.马尔库塞(Herbert Marcuse,1895—1979年),德国哲学家,法兰克福学派主要代表之一,著有《理性与革命》、《爱欲与文明》、《单向度的人》。

46.哈贝马斯(Jürgen Habermas,1929—),德国哲学家,法兰克福学派主要代表之一,著有《理论与实践》、《认识与兴趣》、《晚期资本主义的合法性问题》。

47.波普尔(Karl Popper,1902—1994年),英国哲学家,批判理性主义创始人,著有《科学发现的逻辑》、《猜想与反驳》、《客观知识》、《开放社会及其敌人》。

48.萨特(Jean Paul Sartre,1905—1980年),法国哲学家,存在主义的主要代表之一,著有《存在与虚无》、《存在主义是一种人道主义》和《辩证理性批判》等。

49.列维—斯特劳斯(Claude Levi–Strauss,1908—),法国哲学家,人类学家,结构主义主要代表之一,著有《结构人类学》、《野性的思维》。

50.奎因(Willard van Orman Quine,1908—2000年),分析哲学的主要代表之一,《从逻辑的观点看》、《逻辑哲学》。

51.库恩(Tomas Kuhn,1922—1996年),美国科学哲学家,科学史家,历史主义学派的代表,著有《科学革命的结构》、《必要的张力》。

52.拉卡托斯(Imre Lakatos,1922—1974年),匈牙利人,科学哲学家,波普尔的学生,著有《证明与反驳》、《科学研究纲领方法论》。

53.费耶阿本德(Paul Karl Feyerabend,1924—1994年),美国科学哲学家,波普尔的学生,著有《反对方法:无政府主义认识论纲领》、《自由社会中的科学》。

54.福柯(Michel Foucault,1926—1984年),法国哲学家,后结构主义、后现代主义主要代表之一,著有《知识考古学》、《规训与惩罚》等。

55.德里达(Jacques Derrida,1931—2004年),法国哲学家,后现代主义主要代表之一,著有《书写与差异》、《播撒》、《哲学的边缘》、《马克思的幽灵》等。

56.罗蒂(Richard. M. Rorty,1931—2007年),美国哲学家,后现代哲学的代表之一,著有《哲学与自然之镜》、《后哲学文化》。

57.詹姆逊(Fredric Jamason,1931—),美国哲学家、文学批评家,后现代主义主要代表之一,著有《马克思主义与形式》、《政治无意识》、《晚期资本主义的文化逻辑》。

58.哈耶克(Friedrich August von Hayek,1899—1992年),奥地利裔英国经济学家、政治哲学家,著有《通往奴役之路》。

59.罗尔斯(John Rawls,1921—2002年),美国政治哲学家,著有《正义论》、《政治自由主义》。

60.诺齐克(Robert Nozick,1938—2002年),美国政治哲学家,著有《无政府、国家与乌托邦》。

附录5:中国著名哲学家简介

1. 老子(前571—前471)姓李,名耳,字伯阳,谥曰聃,春秋时思想家,道家学派的创始人。他遗留下来的著作,仅有《五千文》即《道德经》,也叫《老子》。其核心观念是"道",提出了天道无为以及"道常无为,而无不为"的思想。

2. 孔子(前551—前479)名丘,字仲尼,春秋末期伟大的思想家、政治家、教育家,儒家学派的创始人。其学以"仁"为核心,崇尚"忠恕"之道,又以孝悌为仁之本。他相信天命,又重视人为;在教育上主张因材施教;政治上提出"正名"的主张,认为"君君、臣臣、父父、子子",都应实符其名;提倡德治和教化。主要著作有《论语》。

3. 曾子(公元前505—公元前436)春秋末鲁国南武城(今山东费县)人。名参,字子舆。孔子学生。以孝行著称。曾提出"吾日三省吾身"(《论语·学而》)的修养方法。认为"忠恕"是孔子"一以贯之"的思想。又主张"慎终、追远,民德归厚"、"犯而不校"等。《大戴礼记》中多记载其言行,相传《大学》亦为其所著。后世封建统治者尊其为"宗圣"。

4. 子思(公元前483—公元前402)战国初哲学家。姓孔,名伋,孔子之孙。相传曾受业于曾子。宣扬儒家道德观念"诚",以为"诚"是世界本原,以"中庸"为其学说核心。孟子曾受业于他的门人,将其学说加以发挥,形成了思孟学派。后世封建统治者尊其为"述圣"。《汉书·艺文志》著录《子思》二十三篇,已佚。现存《礼记》中的《中庸》、《表记》、《坊记》等,相传为其所著。

5. 墨子(约前468—前376)名翟,春秋末战国初思想家、教育家、学者,墨家学派创始人。墨子的学说和思想收录在《墨子》中,其中比较有代表性的《尚贤》、《尚同》、《兼爱》、《非攻》、《节用》、《节葬》、《天志》、《明鬼》、《非乐》、《非命》等篇目。

6. 孟子（约前 372—前 289）名轲，字子舆，战国时期伟大的思想家，儒家的主要代表之一。孟子继承和发展了孔子的德治思想，并发展为仁政学说；提出"民贵君轻"说；主张尽心知性知天；强调认识论和伦理学相统一的"天人合一"说；还指出了"劳心者治人，劳力者治于人，治于人者食人，治人者食于人"的历史事实。他的学说对后世影响极大，有"亚圣"之称。著作有《孟子》。

7. 庄子（约公元前 369—前 286）名周，字子休，战国中期著名思想家、文学家，道家思想的集大成者。他继承和发展了老子"道法自然"的观点，认为道是无限的、"自本自根"、"无所不在"的。其思想包含了朴素辩证法因素，同时又有相对主义和宿命论的倾向。庄子的哲学思想达到了很高的思维水平，对后世影响很大。著作有《庄子》。

8. 荀子（前 313—前 238）名况，号卿，战国末期儒家学派重要代表人物，是我国古代杰出的唯物主义思想家、教育家。现存的《荀子》三十二篇，大部分是荀子自己的著作，涉及到哲学、逻辑、政治、道德许多方面的内容。他相信人定胜天，提出"性恶论"，主张礼法兼治，坚持"正名"之说，强调封建等级，反对世袭，强调"学"的重要性。

9. 韩非子（约前 280—约前 233），战国时期韩国人，法家思想的集大成者，思想集中体现在《韩非子》中。

10. 董仲舒（前 179—前 104）西汉哲学家，今文经学大师，专治《春秋公羊传》。其学以儒家宗法思想为中心，杂以阴阳五行说，把神权、君权、父权、夫权贯串在一起，形成封建神学体系；该体系的中心是"天人感应"说；他还提出"三纲五常"的封建伦理和把人性分为上、中、下三品的论点；宣扬"黑、白、赤三统"循环的历史观。著作有《春秋繁露》及《董子文集》。

11. 扬雄（公元前 53—18）一作杨雄。西汉哲学家、文学家、语言学家。

12. 王充（27—97）东汉唯物主义哲学家。字仲任。会稽上虞（今属浙江）人。所著有《论衡》。

13. 韩愈(768—824)唐文学家、哲学家。字退之。河南河阳(今河南孟县南)人。自谓郡望昌黎,世称韩昌黎。早孤,由嫂抚养,刻苦自学。贞元颖成进士,任监察御史,以事贬为阳山令。赦还后,曾任国子博士、刑部侍郎等职。又因谏阻宪宗迎佛骨,贬为潮州刺史。后官至吏部侍郎。卒谥文,世称韩文公。政治上反对藩镇割据,思想上尊儒排佛。文学上力反六朝以来骈偶文风,提倡散体,与柳宗元同为古文运动的倡导者。其散文继承先秦、两汉古文传统,加以创新发展,气势雄健,人称为"唐宋八大家"之首。所作《原道》、《原性》,维护自尧舜至孔孟一脉相传的道统;又认为人性有上、中、下三品之分,上品之人天生为善,下品之人天生为恶,中品之人可引导至善或恶。但在《师说》中,又以为"人非生而知之者",并提出"弟子不必不如师,师不必贤于弟子"之合理见解。其诗力求新奇,以文入诗,有时流于险怪,对宋诗影响颇。所著有《昌黎先生集》。

14. 刘禹锡(772—842)唐文学家、哲学家。字梦得。洛阳(今属河南)人,自言系出中山(今治河北定县)。贞元间联登进士、宏辞二科。授监察御史。参加王叔文集团,反对宦官和藩镇割据势力。失败后,贬朗州司马,迁连州刺史。后以裴度力荐,迁太子宾客,加检校礼部尚书。世称刘宾客。和柳宗元交谊很深,人称"刘柳",后与白居易唱和甚多,又并称"刘白"。其诗通俗清新,善用比兴手法,寄托政治内容。《插田歌》、《竹枝词》及《柳枝词》等组诗,富有民歌特色,为唐诗中别开生面之作。在哲学上提出"天与人交相胜"、"还相用"的观点,认为自然的职能在于"生万物",人的职能在于"治万物",反对"因果报应"论和"天人感应"说。所著有《刘梦得文集》。

15. 柳宗元(773—819)唐文学家、哲学家。字子厚。河东解县(今山西运城县解州镇)人,世称柳河东。贞元进士,授校书郎,调蓝田尉,升监察御史里行。与刘禹锡参加王叔文集团,任礼部员外郎。失败后,贬为永州司马。后迁柳州刺史,故又称柳柳州。与韩愈皆倡导古文运动,同被列入"唐宋八大家"。在哲学观点上,认为"元气"是物质的客观存在,否认"元气"之上还有更高主宰。并提出天地、元气、阴阳不能"赏功而罚祸",反对当时流行的因果报应思想。《天对》一文,回答千年前屈原在《天问》中提出的有关宇宙、自然、历史等方面的问题。又有提倡儒、释、道三教调和的主张。所著有《河东先生集》。

16. 慧能(638—713)本姓卢,唐僧人,禅宗南宗创始人,被推为禅宗六祖。他以"菩提本无树,明镜亦非台,本来无一物,何处惹尘埃"表示他对佛理的体会;在禅宗上他宣传"见性成佛"。其说教在死后由弟子汇编成书,称《六祖坛经》。

17. 邵雍(1011—1077)北宋哲学家。字尧夫。因隐居苏门山,后人称其为百源先生,卒谥康节。其先范阳人,幼随父迁共城(今河南辉县)。屡授官不赴。后居洛阳,与司马光、吕公著等交游甚密。曾据《易传》关于八卦形成的解释,参杂道教思想,虚构成宇宙构造图式和学说体系,形成其象数之学(也称"先天学")。认为宇宙的本原是"太极",亦即"道"、"心"。"太极不动,性也;发则神,神则数,数则象,象则器,器则变,复归于神也。"(《皇极经世·观物外篇》)。所著有《皇极经世》、《伊川击壤集》等。

18. 张载(1020—1077)北宋哲学家,字子厚,世称横渠先生。理学创始人之一。讲学关中,故其学派称为"关学"。肯定"气"是充塞宇宙的实体,认为物质的气是永恒的、不生不灭的,批判了佛、道两家关于"空"、"无"的观点。主要著作《正蒙》、《经学理窟》、《易说》等,编入《张子全书》。中华书局于1978年出版《张载集》。

19. 朱熹(1130—1200)字元晦,一字仲晦,号晦庵,别称紫阳,南宋哲学家、教育家。他发展了二程关于理气关系的学说,集理学之大成,建立了一个客观唯心主义的理学体系,世称程朱学派。他的理学在明清两代被提到了儒学正宗的地位。主要著作有《四书章句集注》、《周易本义》、《诗集传》、《楚辞集注》以及后人编撰的《晦庵先生公文集》和《朱子语类》等多种。

20. 程颐(1033—1110年),字正叔,世称伊川先生,北宋著名理学家,洛阳(今属河南)人。早年与兄程颢师事周敦颐。宋仁宗皇末年,任职太学。宋哲宗元初,由司马光等举荐,任地位较低的秘书省校书郎、崇政殿说书等职。后因参与党争致祸,削籍送涪州(今四川涪陵)编管。宋徽宗时,又被定为奸党。后还朝复职，但不久辞官。他与兄程颢，被世人合称为"二程"。二程的思想学说基本一致，以"理"或"道"为万物的本原，认为"万事皆出于理"。提出了事物"有对"的朴素辩证法思想。主张"涵养须用敬，进学在格致"的修养方法。在宣扬伦理道德方面，程颐提出"饿死事小，失节事大"，作为衡量淑女的标准之一。二程著述被后人合编成集，收录较全的是《二程集》。

21. 程颢（1032—1085），教育家。字伯淳，人称明道先生，宋洛阳人。与程颐为同胞兄弟，世称"二程"。与弟程颐开创"洛学"，奠定了理学基础。在教育上，先后在嵩阳、扶沟等地设学庠，并潜心教育研究，论著颇巨，形成一套教育思想体系。

22. 陆九渊（1139—1193）南宋哲学家，字子静，自号存斋。于江西贵溪象山建"精舍"，聚徒讲学，学者称象山先生。为"心学"创始人。以"心"为构成宇宙万物的本原，提出"心即理"的命题，在"心"、"物"关系上，认为万物都包罗在我心中。其学由王守仁继承发展，世称"陆王学派"。著作经后人编为《象山先生全集》，1981年中华书局出版《陆九渊集》。

23. 王守仁（1472—1528）明哲学家、教育家，字伯安，卒谥文成。曾筑室故乡阳明洞，世称阳明先生。力倡"象山之学"，认为世界上的一切事物都依赖于心而存在，整个自然界以及人类社会一切事物都是"心"的表现。提出"知行合一"说，主张求理于吾心。著作由门人辑成《王文成公全书》，其中在哲学上最重要的是《传习录》和《大学问》。

24. 王夫之（1619—1692）明清之际思想家，字而农，号薑斋。晚年隐居于湘西蒸左石船山（今湖南衡阳县曲兰），学者称船山先生。总结和发展了中国传统的朴素辩证法和唯物论，认为宇宙是由"气"构成的物质实体，物质实体"气"和客观规律"理"，两者不可分离。著作后人编为《船山遗书》，其中哲学上最重要的有《周易外传》、《尚书引义》、《读四书大全说》、《张子正蒙注》、《思问录》、《黄书》、《噩梦》、《老子衍》、《庄子通》。

25. 康有为（1858—1927），又名祖诒，字广厦，号长素，清末广东南海人，著有《大同书》等。

26.章炳麟(1869—1936)中国思想家、学者。初名学乘,字枚叔(一作"梅叔")。因慕明清之际顾炎武之为人,曾改名绛,别号太炎。早期哲学具有唯物论倾向,认为"以太"是构成万物的基本物质,强调人的精神依赖于人体,否定灵魂不灭说和鬼神论。一生著述极多,有《章氏丛书》、《章氏丛书续编》、《章氏丛书三编》等。1982年起上海人民出版社已陆续分册出版《章太炎全集》。

27.梁启超(1873—1929)著名哲学家,字卓如,号任公,又号饮冰室主人。与康有为倡导变法维新,被合称"康梁"。哲学上认为"境由心造",强调"心力是宇宙间最伟大的东西",推崇明王守仁的"致良知"。著述宏富,编为《饮冰室合集》。

28.熊十力(1884—1968)哲学家,原名开恒,字子真。其哲学思想以儒为宗,糅合佛学。主要发挥《周易》、陆王心学和佛教唯识之学,融贯进柏格森的直觉主义,自建"新唯识论"体系。主要著作有《新唯识论》、《势力语录》、《佛家名相通释》、《原儒》、《体用论》、《乾坤衍》等。今中华书局编有多卷本的《熊十力论著集》。

29.李大钊(1889—1927)字守常,中国共产主义运动的先驱者,马克思主义思想家,中国共产党创始人之一,著名哲学家。哲学上持辩证唯物主义观点,肯定宇宙是无限的物质存在,规律则是物质存在本身所固有的。著作在1939年曾由鲁迅作序出版《守常全集》,被国民党政府查禁。中华人民共和国成立后,出版了《守常文集》、《李大钊选集》、《李大钊诗文选集》。1984年又出版《李大钊文集》,收录较全。

30.胡适(1891—1962)哲学家,原名洪骍、嗣穈,字希疆,参加留美考试时改名适,字适之。新文化运动的著名人物,1946年任北京大学校长,1957年任台湾"中央研究院"院长。"思想上受杜威和赫胥黎的影响最大",以纯粹经验论为其哲学基础,提出"大胆假设,小心求证"的治学方法。主要著作有《先秦明学史》、《中国哲学史大纲》(上卷)、《白话文学史》(上卷)、《胡适文存》、《胡适论学近著》等。

31.梁漱溟(1893—1988)哲学家。早年崇拜康有为、梁启超的政治主张,辛亥革命后潜心于佛学。哲学上糅合柏格森"生命派哲学"和孔、孟、王守仁的唯心主义哲学,提倡直觉主义和"理性至上主义",宣传人我一体、物我一体的神秘境界。主要著作有《朝话》、《东西文化及其哲学》、《中国文化要义》、《印度哲学概论》、《漱溟卅前文录》、《漱溟卅后文录》、《人心与人生》等。

32. 冯友兰(1895—1990)哲学家,字芝生,河南唐河人。1949年后努力接受马克思主义的观点和方法,对原有哲学观点和新理学体系作了一定的自我批判,又力图以中国哲学为中心,对于中国文化有所阐述,做中国"旧邦新命"的一个历史证明。主要著作有《中国哲学史史料学初稿》、《中国哲学史新编》、《中国哲学简史》、《三松堂学术文集》等。论著已编为《三松堂全集》。

33. 贺麟(1902—1992)哲学家。中华人民共和国成立后,专注于西方哲学,特别是黑格尔哲学的教学、翻译、研究。主要著作有《知难行易说与知行合一论》、《文化与人生》、《现代西方哲学演讲集》、《黑格尔哲学讲演集》、《知性改进论》、《伦理学》、《小逻辑》、《精神现象学》、《哲学史讲演录》等。

34. 金岳霖(1896—1984)中国现代哲学家、逻辑学家。字龙荪。浙江诸暨人士,生于湖南。金岳霖是中国20世纪著名的哲学家和逻辑学家,杰出的教育家,为中国第一批院士。张申府先生曾经提出:"在中国哲学界,以金岳霖先生为第一人"。著有:《逻辑》、《论道》和《知识论》。其中《论道》,其原创性思想之丰富,在中国现代哲学中罕见其匹,被贺麟称为"一本最有独创性的玄学著作"。

35. 宗白华(1897—1986),原名之木魁字伯华。哲学家、美学家、诗人。江苏常熟虞山镇人。1916年入同济大学医科预科学习。1919年被五四时期很有影响的文化团体少年中国学会选为评议员,并成为《少年中国》月刊的主要撰稿人,积极投身于新文化运动。同年8月受聘上海《时事新报》副刊《学灯》,任编辑、主编。将哲学、美学和新文艺的新鲜血液注入《学灯》,使之成为"五四"时期著名四大副刊之一。就在此时,他发现和扶植了诗人郭沫若。1920年赴德国留学,在法兰克福大学、柏林大学学习哲学、美学等课程。1925年回国后在南京、北京等地大学任教。曾任中华美学学会顾问和中国哲学学会理事。宗白华是我国现代美学的先行者和开拓者,被誉为"融贯中西艺术理论的一代美学大师"。著有《宗白华全集》及美学论文集《美学散步》、《艺境》等。

36.朱光潜(1897—1986),安徽桐城人,著名美学家、文艺理论家、翻译家,我国现代美学的开拓者和奠基者之一。主要著作有《文艺心理学》、《悲剧心理学》、《西方美学史》、《给青年的十二封信》、《谈修养》、《谈美》、《诗论》、《谈文学》等。

37.方东美(1899—1977),安徽桐城人。原名方珣,字东美,曾用名东英,后以字行世。早年就学于桐城中学,1917年考入南京金陵大学读书。曾参加少年中国学会,并主编该会发行的《少年世界》月刊。1921年赴美国留学,入威斯康新大学。二十六岁获得哲学博士学位。1924年夏回国,历任武昌高等师范大学(国立武汉大学前身)、东南大学、中央政校及中央大学哲学教授。1948年去台湾,任教于台湾大学哲学系。1973年6月在台大退休后为辅仁大学聘为讲座教授。方东美一生从事教育工作五十多年,精研哲学,声誉颇高,被称为"一代大哲"。死后,他的学生成立了"方东美先生全集编纂委员会",将其生前著述四百余万字,编辑出版。其中文著作有:《生生之德》、《人生哲学》、《科学哲学与人生》、《中国人生哲学》、《先秦儒家道家哲学》、《中国大乘佛学》、《华严宗哲学》、《宋明清哲学》、《中国哲学之精神及其发展》、《方东美先生讲演集》、《书札论学集》、《新儒家哲学十八讲》、《坚白精舍诗集》等。

38.张岱年(1909—2004),字季同,别号宇同,河北沧县人,著名的哲学家,哲学史家,国学大师,北京大学哲学系教授。张岱年先生1933年任清华大学助教,1936年写成名著《中国哲学大纲》。1952年调任北京大学哲学系教授。1978年起张岱年先生担任中国哲学教研室主任。1979年中国哲学史学会成立,张先生被推为会长。张先生长期从事中国哲学史研究,著作等身,有极高的造诣和广泛的建树。先后写了《先秦哲学中的辩证法》、

《秦以后哲学中的辩证法》、《颜李之学》、《中国元学之基本倾向》、《中国思想源流》、《关于新唯物论》、《辩证唯物论的知识论》、《辩证唯物论的人生哲学》、《谭理》等重要哲学论文,第一次系统梳理了中国古代哲学的唯物论思想,阐发了中国的辩证法思想,显扬了中国人本思想,而且做出了以马克思主义哲学观点解释社会人生的尝试。

39.牟宗三(1909—1995),字离中,山东栖霞县人。中国现代学者,哲学家、哲学史家,现代新儒家的重要代表人物之一。牟宗三毕生致力于弘扬民族文化,为中国文化的现代化与世界化作出巨大贡献。其许多著作被译成英、韩、德等文字。主要著作有《逻辑曲范》、《理性的理想主义》、《道德的理想主义》、《历史哲学》、《佛性与般若》、《才性与玄理》、《圆善论》等28部;另有《康德的道德哲学》、《康德纯粹理性之批判》、《康德判断力之批判》等3部译作。其哲学成就代表了中国传统哲学在现代发展的新水平,其影响力具有世界水平。英国剑桥哲学词典誉之为"当代新儒家他那一代中最富原创性与影响力的哲学家"。

40.徐复观(1903—1982)原名秉常,字佛观,后由熊十力更名为复观。湖北浠水人。中国现代学者,哲学家、哲学史家,现代新儒家的重要代表人物之一。徐复观在抗战时期曾师事熊十力,接受熊十力"欲救中国,必须先救学术"的思想,从此下决心去政从学。其为学不喜形而上学的哲学,以为探讨中国文化不能离开具体平实的现实世界,着重于历史时空中展现的具体世界。徐复观在先秦两汉思想史研究方面颇有建树。主张要在中国文化中找出可以和民主衔接的内容,力图揭示历史上个人主义与专制政体、道德与政治的对立和冲突。强调对中国封建专制主义与传统思想文化应加以区分,认为儒家思想在长期专制压迫下必然会歪曲和变形,说明专制政体压歪和阻隔了儒家思想的正常发展,却不能说儒学就是专制的"护符"。认为中国传统思想始于殷周之际,以人性论为其主干,而孔、孟、老、庄及宋明理学家的人性论就是中国人性思想的主流。提出一种不同于宗教恐怖绝望意识的"忧患意识"概念,认为正是在这种忧患意识的激发下产生了中国的道德使命感和文化精神,它成为中国传统文化的主流。主要著作有:《中国人性论史》、《两汉思想史》、《中国思想史论集》、《公孙龙子讲疏》、《儒家政治思想与民主自由人权》、《周官成立之时代及其思想性格》、《中国经学史基础》、《中国艺术精神》、《石涛研究》、《中国文学论集》等。

41. 唐君毅(1909—1978)四川宜宾人。中国现代学者,哲学家、哲学史家,现代新儒家的代表人物之一。唐君毅出身书香门第,幼承庭训,接受过良好的旧学教育。曾就读于中俄大学、北京大学、毕业于中央大学哲学系。青年时代颇受梁启超、梁漱溟、熊十力学术的影响。曾任教于华西大学、中央大学、金陵大学,任过江南大学教务长。1949 年起香港,与钱穆、张丕介等创办新亚书院,并兼任教务长、哲学系主任等职。1958 年与徐复观、牟宗三、张君劢联名发表现代新儒家的纲领性文章《为中国文化敬告世界人士宣言》。1963 年香港中文大学成立,受聘为该校首任文学院院长和哲学讲座教授,1967 年任新亚研究所所长。

42. 张君劢(1887—1968)原名嘉森,字士林,号立斋,别署"世界室主人",笔名君房,江苏宝山(今属上海市宝山区)人。近现代学者,被部分学者认为是早期新儒家的代表之一。主要著作有:《中西印哲学文集》、《新儒家哲学发展史》、《思想与社会序》、《民族复兴之学术基础》等。

43. 殷海光(1919—1969)原名殷福生,湖北黄冈人。中国著名逻辑学家、哲学家。曾从师于著名逻辑学家、哲学家金岳霖先生。西南联大毕业后,进入清华大学哲学研究所,并曾在金陵大学(原中央大学)任教。抗日战争爆发后,加入青年军。1949 年到台湾,同年 8 月,进入台湾大学哲学系任教。在几十年的治学生涯中,殷海光一直以介绍西方的形式逻辑和科学方法论到中国为己任,撰写了《思想与方法》、《论认知的独立》、《中国文化之展望》等著述。并且毕生热心于现代逻辑的研究、教学和宣传。其原因在于他认为中国文化中认知因素极为缺乏,而这必须依靠西方实证论哲学的输入来补救。他认为,中国传统文化中的认知因素不发达,从根本上说,归因于儒家文化的泛道德主义倾向和中国文化采取的"崇古"价值取向。于是,殷海光大力提倡"认知的独立",强调"独立思想"。殷海光终生秉持科学民主自由的精神,是一位富有批判精神的自由主义者。

44. 李泽厚(1930—),湖南长沙人,著名哲学家。1954 毕业于北京大学哲学系,中国社会科学院哲学研究所研究员、巴黎国际哲学院院士、美国科罗拉多学院荣誉人文学博士。成名于 20 世纪五十年代,以重实践、尚"人化"的"客观性与社会性相统一"的美学观卓然成家。20 世纪 80 年代,李泽厚不断拓展其学术论域,促引思想界在启蒙的路径上艰辛前行。

45. 冯契(1915—1995)著名哲学史家、哲学家。1935 年考入清华大学哲学系,抗战爆发后,曾赴延安,并辗转山西、河北等地,参加抗日工作。1939 年前往西南联大复学,1941 年毕业。1941 年至 1944 年在清华研究院读研究生期间,曾从学于金岳霖、汤用彤、冯友兰等。离开西南联大后,曾任教于云南大学、同济大学、复旦大学等,并在《哲学评论》、《时与文》、《展望》等杂志发表学术论文与杂文。50 年代初,开始在华东师范大学任教,并先后兼任上海社会科学院哲学研究所副所长、上海社会科学院副院长、国务院学位委员会第一届学科评议组成员等,主编《哲学大词典》、《中国近代哲学史》;个人的哲学著作是 10 卷本的《冯契文集》。曾任上海哲学学会会长、中国哲学史学会副会长、中国辩证逻辑学会会长、华东师范大学哲学系名誉主任。

46. 任继愈(1916—2009)山东平原人,著名哲学家、哲学史家。主要著作有《汉唐佛教思想论集》、《中国哲学史论》、《任继愈学术论著自选集》、《任继愈学术文化随笔》、《老子全译》等。主编有《中国哲学史》(四卷本)、《中国哲学发展史》(七卷本,已出四卷)、《中国佛教史》(八卷本,已出三卷)、《中国道教史》、《宗教大词典》、《中华大藏经》(汉文部分,一〇六卷)等。

47. 黄楠森(1921—),中国著名的马克思主义哲学家。曾任北京大学哲学系教授、系主任,《北京大学学报》(社科版)主编,中国马克思主义哲学史学会会长等职。黄楠森教授在北京大学一直从事马克思主义哲学的教学和研究工作,对马克思主义哲学及其历史的研究有很深的造诣。曾主讲马克思主义理论、马克思主义哲学原理等课程。主要著作有《〈哲学笔记〉注释》、《〈哲学笔记〉与辩证法》、《黄楠森自选集》等。

48. 高清海(1930—2004),黑龙江虎林人,满族,生于著名爱国将领家庭,当代中国著名哲学家。曾任吉林大学副校长、哲学系主任、吉林大学哲学基础理论研究中心顾问。在20世纪50年代,坚持独立思考,以巨大的理论勇气对当时流行的苏联模式的哲学教科书体系提出批评,先后出版了《论辩证唯物主义和历史唯物主义的关系》《辩证法的实质与核心》《剖析唯心主义》等著作,在学界产生广泛影响。1978年党的十一届三中全会以来,高清海重新焕发了学术青春,在中国哲学界展开哲学观念变革与哲学体系改革,以理论的方式推进了当代中国的改革开放。高清海先生的主要代表作《马克思主义哲学基础》(上、下册)、《哲学与主体自我意识》、《哲学的憧憬》等先后荣获国家级优秀教材一等奖、全国高校首届人文社会科学优秀成果一等奖、国家图书奖提名奖等奖励。1997年出版的6卷本《高清海哲学文存》,以及2004年出版的3卷本《高清海哲学文存》,为中国哲学界遗留下了弥足珍贵的哲学财富。

49. 方克立(1938—),湖南省湘潭人,中国社会科学院研究生院原院长,著名哲学家、哲学史家。1938年6月生于一个知识分子家庭,是知名历史学家方壮猷之子。1962年毕业于中国人民大学哲学系,历任南开大学哲学系教授、中国哲学教研室主任、博士生导师,国务院学位委员会哲学评议组成员,中国哲学史学会副会长,天津市社会科学界联合会副主席,国际中国哲学学会驻大陆代表。20世纪80年代初期,他开创了新儒学的研究,完成国家"八五"社科规划的重点课题,成为现代新儒学思潮研究的负责人,在海内外新儒学研究中产生了较大的影响。主要论著有:《现代新儒学的历程》、《现代新儒学研究论集》、《从孔夫子到孙中山》、《中国哲学名著选读》、《中国哲学史上的知行观》、《中国哲学大辞典》、《中国文化概论》、《二十世纪中国哲学·人物志》、《现代新儒学研究丛书》、《现代新儒家人物与著作》、《现代新儒家学案》、《现代新儒学与中国现代化》。

50. 郭齐勇(1947—),武汉市人,著名哲学家、哲学史家。曾任武汉大学人文学院院长、哲学学院院长、国际中国哲学会(ISCP)会长,现为武汉大学中国传统文化研究中心副主任、教授、博士生导师,国务院学位委员会哲学学科评议组成员、教育部高等学校哲学教学指导委员会副主任、国际中国哲学会副执行长、国际儒学联合会理事暨学术委员、中国哲学史学会副会长、中华孔子学会副会长等,2006 年获国家级教学名师称号。2008 年担任国家社科基金重大项目"中国哲学史"首席专家。主要从事中国哲学史的教学与研究,专长为儒家哲学与 20 世纪中国哲学。在海内外学术刊物上发表论文百余篇。主要著作有:《中国哲学智慧的探索》、《中国儒学之精神》、《中国哲学史》、《熊十力思想研究》、《郭齐勇自选集》、《文化学概论》等。主讲课程有:中国哲学史、《四书》导读、《老子》《庄子》导读、中国文化、儒家哲学、哲学史方法论、《礼记》会读等。

主要参考文献

1. [德]阿佩尔:《哲学的改造》,孙周兴、陆兴华译,上海译文出版社 1997 年版。

2. [德]恩斯特·卡西尔:《人论》,上海译文出版社 1985 年版。

3. [德]黑格尔:《小逻辑》,商务印书馆 1982 年版。

4. [德]康德:《历史理性批判文集》,商务印书馆 1990 年版。

5. [德]康德:《任何一种能够作为科学出现的未来形而上学导论》,商务印书馆 1978 年版。

6. [德]康德:《实践理性批判》,商务印书馆 1960 年版。

7. [德]赖欣巴哈:《科学哲学的兴起》,商务印书馆 1983 年版。

8. [德]文德尔班:《哲学史教程》(上、下卷),商务印书馆 1997 年版。

9. [德]雅斯贝尔斯:《智慧之路——哲学导论》,范进译,中国国际广播出版社 1988 年版。

10. [法]马克·布洛赫:《为历史学辩护》,张和声、程郁译,中国人民大学出版社 2006 年版。

11. [古希腊]亚里士多德:《形而上学》,商务印书馆 1983 年版。

12. [美]C·斯诺:《两种文化》,纪树立译,生活·读书·新知三联书店 1994 年版。

13. [美]J.P.蒂洛:《哲学:理论与实践》,古平、肖峰等译,中国人民大学出版社 1989 年版。

14. [美]L.J.宾克莱:《理想的冲突——西方社会中变化着价值观念》,马元德等译,商务印书馆1984年版。

15. [美]M. K.穆尼茨:《当代分析哲学》,复旦大学出版社1986年版。

16. [美]布鲁克·诺埃尔·穆尔、肯尼思·布鲁德:《思想的力量:哲学导论》(第6版),李宏昀、倪佳译,上海社会科学院出版社2009年版。

17. [美]大卫·格里芬:《后现代科学——科学魅力的再现》,马季方译,中央编译出版社1995年版。

18. [美]弗兰克:《科学的哲学》,上海人民出版社1985年版。

19. [美]奎因:《从逻辑的观点看》,上海译文出版社1987年版。

20. [美]罗伯特·保罗·沃尔夫:《哲学概论》,广西师范大学出版社2005年版。

21. [美]罗伯特·所罗门:《大问题:简明哲学概论》,广西师范大学出版社2004年版。

22. [美]罗蒂:《后哲学文化》,上海译文出版社1992年版。

23. [美]罗蒂:《哲学与自然之境》,三联书店1987年版。

24. [美]塞缪尔·亨廷顿:《文明的冲突与世界秩序的重建》,周琪等译,新华出版社1999年版。

25. [美]斯蒂芬·贝斯特,道格拉斯·科尔纳:《后现代转向》,陈刚译,南京大学出版2002年版。

26. [美]斯玛丽·帕特南·童:《女性主义思潮导论》,华中师范大学出版2002年版。

27. [美]托马斯·内格尔:《你的第一本哲学书》,宝树译,当代中国出版社2005年版。

28. [美]瓦托夫斯基:《科学思想的概念基础——科学哲学导论》,求实出版社1989年版。

29. [美]威廉·德雷:《历史哲学》,三联书店1988年版。

30. [美]威廉·詹姆斯:《实用主义》,商务印书馆1989年版。

31. [美]韦勒克、沃伦:《文学理论》,刘象愚等译,北京三联书店1984年版。

32. [美]约翰·洛西:《科学哲学历史导论》华中工学院出版社1982年版。

33. [西]何·奥·加塞尔:《什么是哲学》,商务印书馆 1994 年版。

34. [英]A·F 查尔默斯:《科学究竟是什么》,商务印书馆 1982 年版。

35. [英]爱德华·霍列特·卡尔:《历史是什么》,商务印书馆 1981 年版。

36. [英]波普尔:《通过知识获得解放》,范景中、李本正译,中国美术学院出版社 1996 年版。

37. [英]布伦丹·威尔逊:《简说哲学》,上海人民出版社 2005 年版。

38. [英]戴·赫·劳伦斯:《查太莱夫人的情人》,饶述一译,湖南人民出版社 1986 年版。

39. [英]琳达·史密斯、威廉·瑞珀尔:《智慧之门——宗教与哲学的过去和现在》,张念群译,中国社会科学出版社 2000 年版。

40. [英]罗素:《我的哲学的发展》,商务印书馆 1988 年版。

41. [英]罗素:《哲学问题》,商务印书馆 1959 年版。

42. [英]乔治·爱德华·穆尔:《伦理学》,中国人民大学出版社 1985 年版。

43. [英]维科:《历史哲学导论》,社会科学文献出版社 1991 年版。

44. 《当代英美哲学概论》(上册),社会科学文献出版社 2001 年版。

45. 《冯友兰学术精华录》,北京师范学院出版社 1988 年版。

46. 《冯友兰学术论著自选集》,北京师范学院出版社 1992 年版。

47. 《马克思恩格斯选集》,第 1—4 卷,人民出版社 1995 年版。

48. Avner Marcelo Dascal. The Institution of Philosophy. Open Court, La Salle, Illinois, 1989.

49. Kenneth Baynes, James Bohman, Thomas McCarthy. After Philosophy: End or Transformation. The MIT Press, Cambridge, 1987。

50. 玻恩:《我这一代物理学》,商务印书馆 1964 年版。

51. 蔡仲德编:《冯友兰研究》,第一辑,国际文化出版公司 1997 年版。

52. 单纯:《宗教哲学》,中国社会科学出版社 2003 年版。

53. 方克立、郑家栋:《现代新儒家人物与著作》,南开大学出版社 1995 年版。

54. 方克立:《方克立文集》,上海辞书出版社 2005 年版。

55.费孝通:《论人类学与文化自觉》,华夏出版社2004年版。

56.冯俊等:《后现代主义哲学讲演录》,商务印书馆2003年版。

57.冯契:《智慧的探索》,华东师范大学出版社1994年版。

58.冯契:《中国古代哲学的逻辑发展》(上、中、下册),上海人民出版社1983年版。

59.冯友兰:《贞元六书》(上、下),华东师范大学出版社1996年版。

60.冯友兰:《中国哲学简史》,北京大学出版社1985年版。

61.冯友兰:《中国哲学史新编》第一册,人民出版社1982年版。

62.傅伟勋:《从西方哲学到禅佛教》,三联书店1989年版。

63.伽达默尔:《科学时代的理性》,国际文化出版公司1988年版。

64.郭齐勇:《郭齐勇自选集》,广西师范大学出版社1999年版。

65.郭齐勇:《中国哲学史》,高等教育出版社2006年版。

66.郭夏娟:《为正义而辩——女性主义与罗尔斯》,北京人民出版社2004年版。

67.郭湛主编:《哲学素质培养》,中国人民大学出版社2003年版。

68.哈佛燕京学社:《理性主义及其限制》,生活·读书·新知三联书2003年版。

69.韩震:《西方历史哲学导论》,山东人民出版社1992年版。

70.何中华:《哲学:走向本体澄明之境》,山东人民出版社2002年版。

71.贺麟:《黑格尔哲学讲演集》,上海人民出版社1986年版。

72.洪谦主编:《逻辑经验主义》(上卷),商务印书馆1982年版。

73.洪晓楠、张秀芝:《马克思主义哲学与当代自然科学》,大连理工大学出版社1998年版。

74.洪晓楠:《当代西方社会思潮及其影响》,人民出版社2009年版。

75.洪晓楠:《当代中国文化哲学研究》,大连出版社2001年版。

76.洪晓楠:《第二种科学哲学》,人民出版社2009年版。

77.洪晓楠:《科学文化哲学的前沿探索》,人民出版社2008年版。

78.洪晓楠:《科学文化哲学研究》,上海文化出版社2005年版。

79. 洪晓楠:《文化哲学思潮简论》,上海三联书店 2000 年版。

80. 洪晓楠:《哲学的文化转向》,人民出版社 2009 年版。

81. 胡军:《哲学是什么》,北京大学出版社 2002 年版。

82. 华东师范大学哲学系编:《理性·方法·德性——纪念冯契》,学林出版社 1996 年版。

83. 怀特:《分析的时代》,商务印书馆 1986 年版。

84. 黄克剑:《东方文化——两难中的抉择》,江西人民出版社 1990 年版。

85. 纪树立:《科学知识进化论——波普尔科学哲学选集》,北京三联书店 1987 年版。

86. 江天骥:《当代西方科学哲学》,中国社会科学出版社 1984 年版。

87. 江怡主编:《走向新世纪的西方哲学》,中国社会科学出版社 1998 年版。

88. 蒋国保、周亚洲编:《生命理想与文化类型——方东美新儒学论著辑要》,中国广播电视出版社 1992 年版。

89. 考夫曼编:《存在主义》,商务印书馆 1987 年版。

90. 乐黛云:《跨文化之桥》,北京大学出版社 2002 年版。

91. 李维武:《20 世纪中国哲学本体论问题》,湖南人民出版社 1991 年版。

92. 李维武编:《中国人文精神之阐扬——徐复观新儒学论著辑要》,中国广播电视出版社 1996 年版。

93. 李银河:《女性主义》,山东人民出版社 2005 年版。

94. 李泽厚:《中国现代思想史》,安徽文艺出版社 1994 年版。

95. 林火旺:《伦理学入门》上海古籍出版社 2005 年版。

96. 刘大苓:《人类文化及生命形式——卡希勒、朗格研究》,中国社会科学出版社 1990 年版。

97. 刘述先:《文化哲学》,黑龙江教育出版社 1988 年版。

98. 罗岗、刘象愚主编:《文化研究读本》,中国社会科学出版社 2000 年版。

99. 罗慧生:《西方科学哲学史纲》,天津人民出版社 1988 年版。

100. 麦基:《思想家》,周穗明、翁寒松译,三联书店 1992 年版。

101. 麦克·彼得森:《理性与宗教信念——宗教哲学导论》,中国人民大学出版社 2005 年版。

102. 牟宗三:《四因说演讲录》,上海古籍出版社 1997 年版。

103. 牟宗三:《中国哲学的特质》,上海古籍出版社 1997 年版。

104. 牟宗三:《中国哲学十九讲》,上海古籍出版社 1997 年版。

105. 聂锦芳:《哲学原论》,中国广播电视出版社 1998 年版。

106. 欧阳康:《当代英美哲学地图》,人民出版社 2005 年版。

107. 庞学铨主编:《哲学导论》,浙江大学出版社 2005 年版。

108. 沈明贤、王淼祥主编:《科学哲学导论》,上海教育出版社 1991 年版。

109. 沈清松:《哲学概论》,贵州人民出版社 2004 年版。

110. 盛宁:《人文困惑与反思——西方后现代主义思潮批判》,生活·读书·新知三联书店 1997 年版。

111. 施太格缪勒:《当代哲学主流》,下卷,商务印书馆 1992 年版。

112. 舒伟光、邱仁宗主编:《当代西方科学哲学述评》,人民出版社 1987 年版。

113. 舒远招:《智慧的芳香——哲学概论》,科学出版社 2001 年版。

114. 苏珊·李·安德森:《陀思妥耶夫斯基》,马寅卯译,中华书局 2004 年版。

115. 孙正聿:《崇高的位置——世纪之交的哲学理性》,吉林人民出版社 1997 年版。

116. 孙正聿:《理论思维的前提批判》(第 2 版),中国人民大学出版社 2010 年版。

117. 孙正聿:《哲学导论》,中国人民大学出版社 2000 年版。

118. 孙正聿:《哲学通论》,辽宁人民出版社 1998 年版。

119. 汤一介:《我的哲学之路》,新华出版社 2006 年版。

120. 唐君毅:《哲学概论》(上、下),台湾学生书局 1996 年版。

121. 田海平:《哲学的追问》,江苏人民出版社 2000 年版。

122. 童庆炳:《文学理论要略》,人民文学出版社 1995 年版。

123. 涂纪亮:《分析哲学及其在美国的发展》(下),中国社会科学出版社

1987 年版。

124. 王德峰:《哲学导论》,上海人民出版社 2000 年版。

125. 王岳川:《后现代主义文化研究》,北京大学出版社 1992 年版。

126. 威廉·巴雷特:《非理性的人——存在主义哲学研究》,商务印书馆 1995 年版。

127. 维特根斯坦:《哲学研究》,商务印书馆 1996 年版。

128. 邬昆如:《哲学概论》,中国人民大学出版社 2005 年版。

129. 吴小英:《科学、文化与性别——女性主义的诠释》,中国社会科学出版 社 2000 年版。

130. 夏基松:《现代西方哲学教程新编》,高等教育出版社 1998 年版。

131. 谢遐龄编:《阐旧邦以辅新命》,上海远东出版社 1995 年版。

132. 许苏民:《文化哲学》,上海人民出版社 1990 年版。

133. 杨方:《元哲学初论》,湖南人民出版社 2002 年版。

134. 殷鼎:《理解的命运:解释学初论》,生活·读书·新知三联书店 1988 年版。

135. 尤西林:《人文学科及其现代意义》,陕西人民教育出版社 1996 年版。

136. 余英时:《中国思想传统的现代诠释》,江苏人民出版社 1989 年版。

137. 俞吾金:《思考与超越——哲学对话录》,上海人民出版社 1986 年版。

138. 张岱年、程宜山:《中国文化与文化论争》,中国人民大学出版社 1990 年版。

139. 张岱年:《中国哲学大纲》,北京三联书店 2005 年版。

140. 张世英:《哲学导论》,北京大学出版社 2002 年版。

141. 张天飞、童世骏:《哲学概论》,华东师范大学出版社 1997 年版。

142. 章仁彪:《哲学导论新编》,同济大学出版社 2005 年版。

143. 赵敦华:《现代西方哲学新编》,北京大学出版社 2000 年版。

144. 赵敦华:《作为文化学的哲学》,《哲学研究》1995 年第 5 期。

145. 朱谦之:《文化哲学》,商务印书馆 1990 年版。

146. 邹广文:《文化哲学的当代视野》,山东大学出版社 1994 年版。

后 记

　　《哲学通论十五讲》书稿在 2011 年中秋节来临之际终于修改完毕，回想这部书稿的历程，让我难以忘怀！

　　1991 年我研究生毕业之后留校任教，申请的第一项校级课题就是《哲学导论》，当时我把自己写完的申请提纲提交给导师文秉模教授审阅，文老师在稿子上用红笔做了多处改动，现在回想起来甚是感激！可以说自那时起，我就一直在思索着如何写一本哲学通论方面的教材和专著。随后，我一直阅读资料并积累了将近十万字的文稿。2007 年大连理工大学在人文社会科学学院进行文科大类招生，我主动承担起开设《哲学通论》这门课程，从而才有机会将原有文稿的大纲进行扩充，一边备课，一边讲授，一边修改，逐步形成了这部 30 多万字的书稿。原想两年前就出版，出版社也通过了选题申请，只是自己一边承担学院(部)行政事务，一边进行科学研究，没有整的大段时间进行修改和补充文献，也就只好拖到现在。除了平时的余暇之外，我主要是利用寒暑假来工作的。记得有一年寒假自正月初一开始到正月初七，我没有离开过自己的工作室，如果不是因为下雪，学校要除雪的话(在北方下雪就是命令)，我不知道自己能够关在家里承受多少天的炼狱？

　　在这些年中，无论是在国内出差，还是出国开会访问，我都比较留意国内外有关哲学通论方面的教材和专著，希望自己能够更多地吸收国内外的研究成果，这方面的具体情况，我已经在导论部分做了介绍，此不赘述。需要说明的是，国内讲授或出版《哲学通论》不可能不受到孙正聿先生这方面著述的影响,从一定意义上来说,孙正聿先生的很多观点在本书中已经是作为一种"前见"存在,在此我要向孙正聿先生表达自己的谢意!

写作和讲授《哲学通论》,必然还会受到一些哲学家"前见"/"前理解"的影响。因为,不存在超越任何哲学的哲学通论。就我个人而言,可能更多地受到了冯友兰、冯契、方克立、雅斯贝尔斯等人著作的影响。雅斯贝尔斯的《智慧之路》是我常读常新的著作,也是我极力推荐给学生们的一部佳作。从雅斯贝尔斯那里,我获得了对哲学大智慧的融通和理解;从冯友兰、冯契那里,我学到了如何理解中国哲学的发展历程,如何看待哲学史,如何真正"化理论为方法,化理论为德性"(我个人更愿意称之为"化智慧为德性,化智慧为方法");从张岱年、方克立、郭齐勇那里,我学到的更多的是如何在自己的研究过程中做到"融汇中西马,综合促创新"。我从学习物理学起家,然后转而学习马克思主义哲学,继而深造于科学技术哲学,因此,我的《哲学通论》必然更多地是受到马克思主义哲学的影响。

这本书可以算作是教学和科研相结合的一个"产儿"。我一向认为,不从事科学研究就不可能真正搞好教学,不把科学研究的成果渗透到教学(特别是研究生的教学)之中,就不可能真正提高教学和科研的水平。《哲学通论》课程作为大连理工大学的核心课程,同时作为人文与社会科学学部的精品课程培育项目,得到了学校、学部的大力支持,本书是这两个课题的最终成果,在此对这两个基金的支持表示感谢。

感谢人民出版社陈寒节先生,没有他的耐心,这部书稿也就不可能以现在这种形式出版;感谢人文与社会科学学部2007、2008、2009、2010级的本科生们,感谢你们的聆听!感谢邱金英,她在读研究生时利用课余时间,将我的10万字文稿变成了电子文档,虽然我的字迹潦草,但她还是尽最大努力辨认,精神可嘉!我的姑娘洪雨利用业余时间帮我输入了部分参考文献,在此一并表示感谢!

我的E-MAIL是:hxnharvard@yahoo.com.cn。由于本书涉及的范围非常广泛,在写作过程中参阅了大量学术成果,我已经尽力在参考文献中列出。有的由于时间太长,不一定及时补上了,难免挂一漏万,希望得到学术界的批评指正。此外,书稿的最后一讲,我受美国学者 J. P. 蒂洛的《哲学:理论与实践》启发良多,有部分节目引用较多,已经在书中标明;书中的部分思考题也借鉴了 J. P. 蒂洛的《哲学:理论与实践》一书中的练习题,特此说明并表示感谢! 我期待着学术界各位同仁对拙著提出宝贵的意见和建议。

洪晓楠
2011 年 9 月 11 日中秋节前夜
于大连理工大学新新园寓所